삼순이

삼순이

― 시대가 만들고 역사가 잊은 이름 ―

식모, 버스안내양, 여공

정찬일 지음

책과함께

차례

2부 버스안내양

프롤로그
한국 현대사의 그늘 '삼순이'

이 땅에서 한 세기 이전에 살았던 여성의 이름이 알려진 경우는 거의 없다. 아버지 이름은 신명화인데, 어머니는 용인 이씨였고 딸은 사임당이었다. 사임당은 당호堂號지 이름이 아니었다. 그의 진짜 이름은 무엇일까? 남존여비 사상이 지배했던 조선 시대에 여성은 반쪽 이름으로만 존재했다. '말년', '분이', '막동'으로 불리다가 시집가면 '○○댁', '○○실', '○○집', '○○어미(어멈)' 등으로 불렸다. 양반집 규수도 '김씨 부인'으로 부르면 그만이었다. 아이러니하게도 시집을 안(못) 간 여성들은 자기 이름을 끝까지 보전할 수 있었다. 의녀 '장금'이처럼 여자 천민에게는 대개 호칭 마지막에 '금'을 붙이곤 했다. 양반 출신 기생 박어우동은 죽을 때까지 어릴 적 이름인 어우동으로 불렸다. 그들이 누구의 부인이 되었다면 그 이름이 남아 있었을까? 다만 허난설헌의 이름은 '초희'임이 알려져 있다. '난설헌'이라는 호로 유명한 그는 글 짓는 재주가 뛰어

낳으나 시집간 후 요절했는데, 동생 허균이 안타까운 마음을 담아 누나의 문집을 발간하면서 본명이 알려졌다.

여성의 이름은 1894년 실시된 갑오개혁으로 공적인 효력을 갖게 되었다. 노비제를 비롯한 신분제가 폐지되고 그 영향으로 1896년 9월 호구조사규칙이 제정되었으나 완벽한 호구조사가 이루어지지는 못했다. 이어 일제는 식민 통치 기반 구축의 일환으로 1909년 3월 민적법을 제정했다. 신고를 게을리하거나 거짓 신고를 한 자는 태형이나 징역, 벌금형에 처했다. 강제적 조항 탓에 모든 여성이 이름을 '등록'했다.

이때 작명가들은 남자 아기의 경우 예전처럼 후세에 이름을 남기길 바라며 고민을 거듭한 끝에 이름을 정했지만 여자 아기는 달랐다. 딸이라 실망해서 '섭섭', 갓 낳은 아기라서 '간난', 어린년이라 '언년'이라고 즉흥적 이름을 지었다. 공문서에 등록만 했을 뿐이지 작명법은 예전과 달라지지 않았다. 이렇게 남녀별로 달랐던 작명 습관은 해방 후 산업화 시기까지 이어졌다. 1967년 발표된 방영웅의 장편소설 《분례기》에 나오는 주인공 '분례'는 어머니가 변소에 갔다가 똥(인분) 위에서 낳았다고 해서 붙여진 이름이다. '분례'는 사실 점잖은 축에 속했다. 주인공의 어릴 적 이름은 '똥례'였다. 세월이 흐르고 나서야 사람들은 '아무렇게나' 짓던 여성 이름에도 신중을 기하기 시작했다. 작명가들도 차츰 자신들이 바라는 '여성상'을 이름에 반영했다.

1940년 초 일제의 창씨개명으로 남녀노소를 막론하고 이름이 바뀌었지만, 해방 후에는 자신의 이름을 되찾을 수 있었다. 이때 태어난 여성 신생아의 이름을 살펴보면 작명가들의 선호도를 알 수 있다.

연도별 여성 신생아 이름 선호도

순위	1945년	1948년	1958년	1968년
1	영자	순자	영숙	미경
2	정자	영자	정숙	미숙
3	순자	정순	영희	경희
4	춘자	정숙	명숙	경숙
5	경자	영숙	경숙	영숙
6	옥자	영순	순자	미영
7	명자	정자	정희	영미
8	숙자	영희	순옥	정희
9	정순	정희	영순	정숙
10	화자	옥순	현숙	현숙

* 1945년 현황은 《조선일보》 2006년 9월 22일자, 1948, 1958, 1968년 현황은 《파이낸셜뉴스》 2009년 1월 25일자 참고.

이 표는 해당 연도에 태어난 여성 신생아 이름의 선호도 순서를 보여준다. 각각 '영자', '순자', '영숙', '미경'이 제일 많았다. 해방되던 해에 '자子'가 들어간 이름이 압도적이었는데 이는 일본식 작명에 영향을 많이 받은 것으로 보인다. '자'를 빼면 '순할 순順' 자가 1945년에 두 번째로 많고, 1948년에는 가장 많으며, 1958년에는 '맑을 숙淑' 자 다음으로 많다. '순' 자는 어떤 의미일까?

夫道和義　婦德柔順
남편의 도리는 온화하고 의로운 것이요, 부인의 덕은 유순한 것이다.

조선 시대 어린이들이 배우던 한문 교과서 《사자소학》에 나오는 구절이다. 조선의 아이들은 일찍부터 '여자는 순해야 한다'는 교육을 받왔다. '순'은 '순하다', '따르다'를 뜻한다. 해방 이후에도 할아버지, 아버지, 오빠 등 작명가들은 손녀와 딸, 누이가 '잘 따르는 순한 여자'가 되기를 바랐다. '맑을 숙' 자 역시 깨끗하다는 뜻 외에 '착하다', '얌전하다'는 뜻이 있다. 그렇게 해서 영순, 미순, 화순, 옥순, 금순, 순길, 순희, 순옥이라는 이름이 생겨났다. 그중 하이라이트는 일본식 이름 '자'와 결합된 '순자'였다. '순' 자를 넣되 큰 점이 있어서 '점순', 첫째라서 '갑순', 막내라서 '말순'이라 지은 경우도 드물지 않았다.

1963년 3월 23일자 《경향신문》은 '순'을 포함해 '자', '숙', '옥'이 포함된 이름이 이화여중 신입생의 40퍼센트가 넘었고, 숙명여대는 50퍼센트에 이른다고 보도했다. 그중에서도 '순'과 '숙'이 압도적으로 많았다. 그런데 언제부터인가 '순'은 라이벌 '숙'을 제치고 대한민국 여성의 대명사가 되었다. 왜 '순'이었을까? '숙'보다 부드러운 어감 탓이었을까?

1960~1970년대에 크게 유행했던 노래 〈갑돌이와 갑순이〉 가사에는 당시 청춘남녀의 실패한 연애 방식이 담겨 있다. 순이는 라디오든 텔레비전이든 드라마에 자주 등장했다. 대부분 조연 역할이었다. 2005년 50퍼센트가 넘는 최고 시청률을 기록했던 MBC 드라마 〈내 이름은 김삼순〉에서는 '순'이가 주인공이었다. 김삼순은 1975년에 태어났다. 삼순이라는 이름은 두 손녀 아래 또 여자 아기가 태어나자 화가 난 할아버지가 지은 이름이다. 이름에 콤플렉스를 가진 김삼순은 성공해서 '김은희'로 개명하는 것을 인생의 목표로 삼는다.

직업의 세계에서 '순이'의 근거는 더 명확하다. 전쟁 후 많은 여성들이 사회에 진출했다. 대부분 시골 출신인 그들은 1950년대에 태어난 10대 후반 연령대였고, 이 시기에는 '순' 자가 들어간 이름이 가장 많았다. 도시화와 산업화가 본격적으로 전개되면서 도시와 공장에는 '순이'들이 넘쳐났다. 어느덧 '순이'는 어린 직업여성의 대명사가 되었다. 실제로는 '순이'보다 '숙이'가 많았지만 한번 정착된 '순이'는 변하지 않았다.

'순이'는 직업에 따라 세분화되었다. 식모는 '식순이', 버스안내양은 '차순이', 여공은 '공순이'로 불렸다. 술집 종업원은 '빠순이'였다. 당시 여성들이 가장 활발하게 진출한 식모·버스안내양·여공은 뭉뚱그려 '삼순이'로 불렸다. 그러나 하이데거가 언어는 "존재의 집"이라고 말했듯 이 '순이'는 그들을 비하하는 단어로 쓰였다. 가족과 떨어져 사는 어린 여성은 가부장적 이데올로기가 지배하는 사회에서 약자일 수밖에 없었다. 동정보다는 유린이 훨씬 많았다.

이 책은 한국 현대사, 특히 해방 후 1980년대 초까지 흔하디흔했던 '순이'들, 그중에서도 '삼순이'에 관한 이야기다. 그 많던 삼순이들은 "어!" 할 새도 없이 연기처럼, 아니 냄새마저 사라졌다. 쏜살같이 빨랐던 격변기였고, 주변부에 자리했던 탓에 사라짐에 가속도가 붙었는지도 모른다. 그런 그들을 왜 들춰내는가?

우리는 그 유전자를 물려받은 첫 세대다. 다시 말해 삼순이는 몇십 년 전에 청춘이었던 지금 우리의 어머니 또는 언니, 누이였다. 그들의 청춘은 화창한 봄날이 아니었다. 화려한 경제 개발의 그늘에서 그들은 이름과 달리 '순하게 살 수 없었다. 인권 유린과 매연, 어둠침침한 조명 아래 살인적인 강도의 노동을 겪으며 청춘기를 보냈다. 이름과 반대로 억척스러워져야 했다. '억순이'는 가장 모순적인 이름이다. 모진 고생의 대가가 정당했는가? 그러지도 못했다. 세상은 한 술 더 떠 그들을 '삼순이'라고 조롱했다. 이 억압적인 상황에 이의를 제기한 삼순이는 극소수였다. 그때마다 작명가들은 자신들이 지은 이름대로 행동하기를 요구했다. 그렇게 그들은 묵묵히 참는 '곰순이'가 되었다.

그렇게 밀려나고 물러났어도 그들의 속살을 자세히 살펴보면 그 안에는 엄청나게 질긴 생명력이 흐르고 있음을 알 수 있다. 그것은 헤게모니 쟁탈을 좇는 욕망이 아니라 입에 풀칠하기 위한 처절함이었고, 타인을 위해 조각조각 부서지는 희생을 기꺼이 무릅쓴 숭고함이었다. 그들은 그것을 '팔자'로 받아들이면서 자연스럽게 시대의 민초가 되었다. 그런 그들에게 동정 말고 진심에서 우러나는 감사를 표했던 적이 있는가? 비아냥대거나 조연으로만 취급했지 주역으로 대접한 적이 있는가? 그리고 그들은 지금 바로 우리 곁에 있는데 이렇게 계속 외면할 텐가? 아니 그들이 누구인지조차 아는가?

이 책은 불과 한두 세대 전에 존재했으나 어느덧 기억의 저편에 머문 그들을 소환한다. 타인을 알기 위한 지름길은 그 사람의 '민낯'을 보는 게 아닐까? 따라서 필자의 의도(감정 이입과 평가)를 최대한 자제하면서 '실제 그런 일이 있었다'는 데 지면을 많이 할애했다. 기록과 통계가 간과하기 쉬운 시대 배경과 '현장의 목소리'도 비중 있게 다루었다. 또 삼순이와 관계된 '주변 인물'의 시선도 각색 없이 실어 독자의 이해를 넓히고자 했다. 이러한 종합선물세트 같은 서술 방식은 나름의 장점도 있지만 산만해지는 치명적 결함을 안고 있어 집필 중에 여간 조심스러웠던 게 아니다.

사실 진작부터 자료를 모았고 어렵게 인터뷰를 진행했음에도 어떻게 꾸릴지 확신이 없어 주저하고 있다가 다소 욕심을 부렸다. 먼저 '사라짐'의 가속도에 브레이크를 걸고 싶었다. 워낙 급변하는 세태에 조금만 시간이 흐르면 잊힐 것 같은, 전설로 남을 것 같은 우려와 초조함이 앞섰다. 그로 인해 애초 기획은 대상 범위가 넓었으나, 도서출판 책과함께 류종필 대표와 이정우 팀장이 '삼순이'로 국한할 것을 제안했다. 그 결과 기획 의도가 더욱 명료해져 집필에 상당한 도움이 되었고, 이후 과정에서도 출판사는 생각지 못한 편의를 제공해주었다. 그리고

수년 전 기획 단계부터 같이했던 아내 정정원 님에게도 감사하지 않을
수 없다.

그렇지만 이 책의 독자, 특히 왕년에 '삼순이'였던 독자들에게는 신경
을 곤두세울 수밖에 없다. '과연 삼순이라는 비하 표현이 합당한가?'라
는 문제에 봉착했다. 인생에서 가장 아름다워야 할 때 가장 고단했던
그들을 위로는 못 해줄망정 비하 표현을 해야 하는지, 마침표를 찍으면
서까지 고민했다. 하지만 시대 상황에 충실하기로 결단 내렸음을 양해
바란다. 본인의 경험과 다르다는 지적도 나올 수 있다. 굳이 변명하자
면 각자 처한 환경이 천차만별이라 '최대공약수'를 뽑기가 여간 어렵지
않았음을 고백한다. 마지막으로 알량하지만 필자의 인사를 받아주시
길 간청한다.

"고맙습니다."

정찬일

1부

식모

생명의 어미에서 '하녀'로

衆人皆有以, 而我獨頑似鄙

뭇 사람들은 모두 쓸모가 있는데 나 홀로 완고하고 비천한 것 같네.

我獨異於人, 而貴食母

나 홀로 뭇 사람과 다른 게 있다면 식모를 귀하게 여기는 것이지.

식모食母가 처음으로 등장한 문헌은 노자의 《도덕경》이 아닐까 싶다. 《도덕경》 제20장의 마지막 단어인 '식모'를 철학자 김용옥은 '생명의 어미'로 해석했고, 어떤 이는 '생의 뿌리'로 풀어냈다. 이렇게 거창한 의미를 지니고 있던 식모는 언제부터인가 '밥 짓는 여자'를 가리키게 되었다. 밥이 생명을 이어주므로 연결고리가 없는 것은 아니지만, 노자가 애초에 했던 말보다 식모의 의미가 대폭 축소된 건 분명하다.

《한국고전용어사전》은 식모를 "부엌일을 맡아서 해주는 여자"로 풀었다. '부엌일'은 밥을 비롯한 음식을 장만하는 데 그치지 않고 잔반 처리, 설거지, 아궁이에 불 때기 등 부엌에서 하는 온갖 일을 아우른다. 여기서 '부엌데기'라는 낮잡아 부르는 순우리말이 생겨났다. '식모'라는 말이 탄생한 중국에는 부엌데기와 비슷한 뜻의 '주랑厨娘'이 있다.

《민중엣센스국어사전》은 식모를 "남의 집에 고용되어 주로 부엌일을 맡아 하는 여자"로 정의했다. 신분이 고용인으로 명확해졌고, '주로'라고 표현한 데서 알 수 있듯이 식모의 일이 부엌일을 포함한 '집안일'로 확대되었다.

이윽고 식모는 1960년대에 '하녀'라는 말로 바뀌었다. 이 시기에 나온 《한국직업사전》은 식모를 '하녀'로 공식 표기하면서, 하는 일을 다음과 같이 적어놓았다.

개인가정에서 집 안을 청소하고 식사를 준비 제공하고 설거지를 하고 기타의 가사업무를 수행한다. 가구의 먼지를 털고 닦으며 집 안을 깨끗이 청소하고 유리창을 닦는다. 침구를 정치하고 음식을 장만하며 조리한다. 식기를 씻고 의류 등의 세탁물을 세탁하고 수선하며 다림질한다. 전화를 받거나 손님이나 외래인이 오면 문을 여닫거나 애완동물을 관리하며 식료품 및 일상용품을 구입하기도 한다.

－《한국직업사전》, 인력개발연구소, 1968

현재 식모의 공식 명칭은 '가사도우미'(표준직업분류 9511)다. 2012년에 나온 《한국직업사전》의 다음 설명을 보면, 1960년대에 비해 '일시적으로 도움이 필요한 가정'이라는 설명이 덧붙여졌다.

일시적으로 도움이 필요한 가정을 방문하거나 일정 기간 고용되어 집 안일을 돕는다. 가정의 화장실, 거실 등 집 안을 청소하고, 가재도구의 먼지를 제거하는 등 집 안을 정리 정돈한다. 의복, 이불 등을 세탁 건조하고 다림질한 후 정돈한다. 우편물을 보관하고 공과금을 대신 납부한다. 요청에 따라 음식을 만들고 대접하는 등의 가사업무를 수행한다. 가정용품의 구입을 대행한다. 고객이 원하는 장소에 방문하여 부모를 대신하여 자녀 혹은 노인을 돌봐준다.

– 《한국직업사전》, 고용노동부·한국고용정보원, 2012

식모의 전신은 관아에 있던 식비食婢라는 여자 공노비로 거슬러 올라간다. 식비는 주로 음식 관련 일을 했다는 점에서 집안일 전반을 도맡은 식모와 다르다. 식비 자체는 예전부터 있었을 테지만 이 단어는 조선 시대에 와서 등장한다. 민간에도 음식을 장만하는 식비가 있었는데, 식비는 노비 중 으뜸이었다. 지체 높은 집일수록 노비를 많이 거느렸고 주인은 이들을 효율적으로 쓰려 했다. 그 결과 분업화가 나타나면서 가사노동이 전문화되었다.

- **식모** 주인의 식사 담당.
- **유모** 주인의 갓난아이에게 젖을 먹임.
- **보모** 주인의 어린아이를 돌봄.
- **침모** 주인집의 바느질을 도맡아 함.
- **찬모** 반찬 만드는 일을 담당하며 '반빗아치' 또는 '찬비'라고도 함.
- **수모** 안주인과 신부의 단장 등을 곁에서 거들어줌.

형편이 넉넉지 못한 사람들은 필요할 때마다 삯 또는 품을 주고 사람을 고용했다. 젖먹이 아기가 있을 때는 유모를, 결혼식을 앞두고는 수모手母를 썼고, 바느질거리가 많으면 집 밖 아낙에게 맡겼다. 식모는 여자 노비의 마지막 보루로, 가세가 기울어 다른 노비를 팔더라도 꼭 남겨두는 존재였다. 그렇게 홀로 남은 식모는 음식 장만 외에 아이 돌보기, 청소, 바느질 등 집안일을 도맡았다.

여자 노비 중 으뜸이었던 식모는 조선 후기에 신분제가 흔들리면서 그 사회적 위치에 큰 변화가 찾아왔다. 왜란과 호란을 겪고 난 후 정부는 부족한 재정을 메우려고 납속책과 공명첩을 시행했다. 납속책은 돈이나 곡식을 받고 벼슬을 준 정책이고, 공명첩은 이름을 비워놓은 임명장이다. 누구든 돈만 있으면 벼슬을 얻고 양반이 될 수 있는 세상이 온 것이다. 결과적으로 양반이 크게 늘고 평민은 줄어들었다. 그런데 국가를 유지하려면 세금을 내고 군역을 지는 평민이 꼭 필요하다. 정부는 노비를 평민으로 만드는 정책을 펼칠 수밖에 없었다. 순조 때인 1801년, 관아에 속해 있던 공노비부터 풀어주었다. 1886년에는 고종이 노비 세습제 폐지를 공포했다. 8년 뒤 일어난 갑오개혁으로 노비제도는 공식적으로 종언을 고했다. 이는 수천 년 동안 이어져온 신분제 사회가 해체되는 상징적 변화였다.

이러한 변화는 양반들에게 그야말로 청천벽력이었다. 그들에게 노비는 사유재산일 뿐 아니라 자신의 의식주 일체를 해결해주던 수족이었다. 이들을 잃는다는 것은 생각만으로도 끔찍했다. 집안일을 해본 적이 없던 양반집 규수들은 발등에 불이 떨어졌다. 손수 밥 짓고 빨래하고 청소하는 모습은 상상조차 할 수 없었다. 노동의 강도는 둘째 치고 양반 체면이 말이 아니었다. 그들은 시대 변화에 맞춰 노동의 대가를 지불하기로 한다. 그런데 예상치 못한 일이 일어났다. 자립 능력이 없는 노비들은 주인집에 살면서 무상 노동을 제공하거나 적은 급료를 받길

원했다. 집주인이 이 제안을 거절할 리 없었다. 그러다 보니 과거의 예속적 관계는 여전했고, 그들은 노비나 다름없는 '하녀' 신세가 되었다. 이 과정에서 고용인이 가장 필요로 하는 사람은 식모였다.

일제 강점기 조선에 온 일본인들이 직업소개소를 통해 식모를 구하기 시작하면서 식모는 직업인이라는 인식이 전반적으로 퍼졌다. 이 무렵부터 식모는 다양한 형태로 나타났고 별칭도 무성했다. 지금은 거의 쓰지 않는 단어지만 당시를 배경으로 한 문학작품 속에는 다양한 식모가 등장한다.

- **안잠자기(안잠)** 여자가 남의 집에서 먹고 자며 그 집의 일을 도와주는 일.

"지금 마루에서 뒤주에 쌀을 퍼붓고 잇는 안쌈잭이는 물론이려니와 알에 생에서 연애 화투쌱을 찰삭어리고" — 염상섭, 〈니즐수업는사람들〉, 1924

- **행랑어멈** 행랑살이를 하는 나이 든 여자로, 안잠자기보다는 노동의 강도가 약함.

"나는 이곳에서도 남의 집 행랑어멈이나 아범이며, 노두에 방황하는 거지를 무심히 보지 않는다." — 최서해, 《탈출기》

- **드난살이** 임시로 남의 집 행랑에서 살며 집안일을 도와주는 사람.

"그 계집아이가 우리 집에 드난살이하는 형편이긴 하나 자네 집으로 가면 영락없이 굶어 죽게 될 것을 알고 있는 터에 부리는 노복이라 한들 어찌 함부로 중매를 설 수 있단 말인가." — 김주영, 《객주》

- **안저지(업저지), 애보개(아이보개)** 어린아이를 보살펴주는 여성 하인.

"옹점이가 우리 집으로 오기는 일곱 살 때였다고 했다. 어머니가 친정에 갔다가 친정 부엌에서 아기 동자아치로 자라던 것을 안저지 겸 허드레 심부름용으로 데려와 길렀다는 거였다." — 이문구, 《관촌수필》

"김 판관의 젊은 첩이 젖먹이 아기 업저지 등에 업히고 네 살배기 놈
은 걸려서 이웃 마을 가는 양 꾸미고 성 밖으로 피신했다."

- 현기영,《변방에 우짖는 새》

"취직은 또 무슨 취직이야?" "안 선생네 애보기라니까."

- 이광수,《사랑》

1928년 3월 2일자 《동아일보》는 안잠자기와 행랑어멈을 다음과 같
이 구분했다.

행랑방에 들어 있는 대가로 그 집 심부름이나 해 주고 빨래 같은 것을
해 주며 남편이 있으면 물 같은 것은 그 남편이 길어옵니다마는 남편
이 없으면 그것도 행랑어멈이 길어오는 경우도 있고 단출한 몸으로 남
의 집안에 들어가서 어멈살이를 하는 어멈은 그 집 살림살이의 모든
것을 명령하는대로 하면서 얻어먹고 좋은 주인을 만나면 춘추로 의복
가지나 얻어 입고 월급을 받는 경우도 있습니다. 이 두 가지 중 전자는
그다지 직업적 성질을 가지지 아니하였지마는 후자는 혹은 안잠자기
라 하여 혹은 드난살이라 하여 주인과 비교적 많은 관계를 가진 직업
입니다.

'침모針母'도 자주 등장하는데 이들은 부엌일을 제외한 주인집 아이
거두기, 청소, 집 지키기, 바느질 등 집안일을 맡았고 임금과 지위는 식
모보다 낮았다. 상류층 집에서는 식모와 여러 명의 침모를 두었다. 10
대 소녀 식모들도 이 시기에 대거 등장한다. 일본인 가정에서는 10세
미만의 조선인 아이보개도 심심찮게 볼 수 있었다. '전문화된 식모'로
대접받는 경우도 더러 있었지만, 이들은 어린 나이와 조선인이라는 이

중 차별을 받으면서 하녀로 전락해갔다. 이 10대 소녀의 등장으로 식모의 개념이 바뀌었다. 그 전에는 집안일에 베테랑인 기혼 여성이 식모였는데, 10대 소녀 식모의 등장으로 '모母'가 붙었음에도 식모는 미혼 여성을 지칭하는 개념으로 통용되기 시작했다.

식모에 대한 이러한 인식은 8·15 해방 후 더욱 강화되었다. 식모는 하녀와 진배없었다. 현재 《표준국어대사전》을 보면 '하녀'는 "사삿집이나 여관 따위에 고용되어 부엌일이나 허드렛일을 맡아서 하는 여자 하인"으로 정의되어 있다. 이는 1960년대 《한국직업사전》에 정의된 식모와 큰 차이가 없다. 식모가 가정을 파탄시키는 내용으로 1960년 개봉 당시 센세이션을 불러일으킨 영화가 있는데, 이 영화 제목도 식모가 아닌 〈하녀〉였다. 또한 식모는 부잣집의 전유물이 아니었다. 판잣집 단칸방에 살면서 노점으로 생계를 유지하는 서민들도 식모를 두었다. 심지어 열 살도 안 된 '어린이 식모'까지 등장했다. 이런 일이 어떻게 가능했을까?

1
조선어멈을 아시나요?

일본 가정을 선호한 식모들

우리나라 여성의 사회 진출은 일제 강점기에 대폭 확대되었다. 식민지 경제 수탈과 도시화의 결과였다. 무엇보다 농촌을 떠난 여성이 급증했는데, 1912년부터 1918년까지 실시된 토지조사사업이 결정적인 역할을 했다. 수탈을 목적으로 한 이 사업으로 조선총독부는 우리나라 전국토의 40퍼센트를 소유했고, 이 땅을 내지인內地人(일본인)과 친일파에게 불하했다. 그 결과 자작농들은 땅을 빼앗겼을 뿐 아니라 세습해오던 경작권마저 박탈당해 소작농이나 농업노동자로 전락했다. 국민의 90퍼센트가량이 농업에 종사하던 때였으니 그 폐해는 수치로 매기기 힘들 정도였다. 1924년 조선총독부 통계에 따르면 적자 농가는 64.6퍼센트였고, 1930년대 농촌 노동력의 48.7퍼센트가 과잉이었다. 농촌인구의 반이 농사짓고 싶어도 일굴 땅이 없어 빈둥빈둥 놀아야 했던 것이다. 고향을 등질 수밖에 없었던 이들은 도시로 향했다. 남성들은 값싼 노동력을 제공하면서 일본 자본의 광산과 공장에 취직했으며, '일본 드림'을 꿈꾸며 현해탄을 건넜다. 그러지 못하면 토목공사장의 일일노동자나 가마꾼 등 허드렛일을 하거나, 도시 주변을 배회하는 부랑자나 걸식자, 범죄자가 되었다.

여성의 움직임은 상대적으로 수동적이었다. 농촌의 가장들은 쉽고 익숙한 방법을 썼는데 딸을 일찍 시집보내는 것, 즉 조혼이었다. 어차피 남의 집 사람이 될 테니 좀 일찍 숟가락 하나 없애자는 심정이었다. 봉건 잔재인 이 조혼 풍습은 농촌에서 위기가 발생할 때마다 나타나는 현상이었다. 도시화·산업화 속도가 빨라지자 가장들은 어느 정도 장성한 미혼의 딸들을 가정경제에 도움을 주어야 하는 존재로 인식하게 되었다. 딸들은 취직해서 집안에 보탬이 되기 위해 출가당해야 했다. 그들도 도시를 동경했지만, 그 동경심이 집을 떠날 만큼 강렬한 것은 아니었다.

농촌을 떠난 여성들이 제일 많이 취직한 곳은 공장이었다. 나머지는 대부분 서비스업이었는데, 1930년 조선총독부 《조선국세조사보고》에 따르면 점원 및 여관과 음식점 등에서의 접객업, 그리고 '가사사용인'이 압도적으로 많았다. 업주를 제외하면 가사사용인이 가장 많았던 셈이다. 단일직종으로 제조업의 방직(1930년 19만 78명) 종사자 다음이었다. 가사사용인은 식모의 직업 명칭이다. 가정형편이 어려워 식모로 보내진 경우 나이가 대부분 어리게 마련이었다. 1930년 현황을 보면 13세 미만이 44.9퍼센트였으며, 15세 아래는 57.3퍼센트나 차지했다. 농촌에서 자란 10대 소녀에게 '가사'는 낯선 일이 아니었다.

서비스직 여성 인구(1930년)

직업	인원
물품판매업(업주 포함)	111,366
운수	590
통신	2,014
금융, 보험	678
접객업(업주 포함)	104,938
가사사용인	91,911
기타 상업적 직업	180

* 이 표는 내지인도 포함된 현황으로 물품판매업과 접객업 업주들은 대부분 여성 내지인이었다. 일제가 공창제도를 도입했기 때문에 예기·창기도 공식적으로 포함될 수 있었다.

　그런데 '식모 양산'은 공급만으로 설명되지 않는다. 수요가 있어야 했다. '내지인'들이 그 중심에 있었다. 1876년 개항 당시 조선에 사는 일본인은 54명에 불과했으나, 강제합병 때는 17만 명을 넘어섰고, 그 수는 식민지 통치가 안정화되는 1910년대 후반기에 두 배로 증가했다. 1934년에는 서울(경성) 인구 중 일본인이 28퍼센트에 이르렀다. 해방 직전에는 75만 명에 가까운 일본인이 조선에 있었고, 대부분 도시에서 살았다. 그들은 총독부 지원 아래 자신들이 사는 동네를 형성하고 시가지도 조성했다. 명동과 충무로는 조선 백성들이 일찍이 본 적이 없는 불야성을 이루며 식민지 제1의 번화가가 되었다.

　일제는 지배를 공고히 하기 위해 자국민들의 식민지 이주를 적극 장려했다. 조선을 '자원의 보고'이자 '순진하고 멍청한 사람'들이 사는 '기회의 땅'으로 선전했고, 이주는 개인적으로 이로울 뿐 아니라 조국 발전에 이바지하고 대동아공영을 실천하는 것이라는 국가주의 이데올로기를 주입했다. 이에 부응하여 일본 출판사들은 조선 이주 안내서를 발행하기 시작했다. 대표적인 책이 1904년 6월 발행된《최신 조선 이주

안내》와 강제합병 직전에 나온 《백 엔의 소자본 도한 성공법》이다. 《최신 조선 이주 안내》는 조선이 위험하지 않고 큰 밑천 없이 몇 년 만 고생하면 큰 재산을 모을 수 있다고 강조했고, 《백 엔의 소자본 도한 성공법》은 선배 이주자들의 체험을 바탕으로 성공 아이템을 중점적으로 소개했다.

식민 초창기에는 통치를 위한 관료 및 군인과 그 가족, 그리고 '한탕'을 노리는 투기성 이주자들이 많았다. 치안이 확립되면서 농업이민과 상업·제조업 등의 목적으로 들어왔고, 강점기 중기부터는 '내선일체' 이데올로기가 주입되면서 더욱 다양한 일본인들이 장기적인 체류를 목적으로 이주했다. 일제는 해외 식민지를 '외지'라고 불렀고 일본 본토를 '내지'라고 불렀는데, 이에 따라 조선총독부도 이주한 일본인을 '내지인'으로 명명했다. 이들은 식민지 백성들 사이에서도 일본인(혹은 일본 사람)보다 내지인이라고 더 많이 불렀다. 식민지에서 이들의 삶은 윤택했다. 공무원들은 높은 급료를 받았을 뿐 아니라 위계에 의한 부를 축적했다. 장사든 사업이든 돈을 벌러 온 사람들은 총독부의 비호와 이른바 '선진 기술'로 삽시간에 시장을 지배했다.

내지인들에게 조선인 식모는 절대적으로 필요한 존재였다. 단기체류나 나 홀로 이주는 식모의 필요성을 못 느꼈지만, 장기체류와 가족 모두가 오는 경우 사정이 달랐다. 낯선 땅에 정착하는 데 있어 내지인끼리 상호 부조로는 한계가 있을 수밖에 없었다. 내지인 주부들이 조선인 식모에게 의지할 것은 한두 가지가 아니었다. 집안일은 기본으로 하고 생활하는 데 필요한 기초적인 조선어, 기후와 지리 등 정보를 얻는 일차 창구가 식모였다. 이런 내지인들 사정에 부합하는 식모로는 집안일을 잘하고 세상 물정을 좀 아는 경륜 있는 주부가 적합했다. 그러나 농촌 출신의 10대 소녀들이 많아지자 부리기 쉬운 이들을 저임금으로 추가 고용했다. 내지인 부부의 아이를 돌보거나 소소한 심부름, 청소 등 허드렛일을 하는 어린 식모, 음식 만들기를 비롯한 전문적인 가사노동을 하는 '조선어멈'이 내지인 가정에서 식모 구성의 전형이었다.

식모 구하기 전선에 친일파 각료와 기업인 등 부유한 조선인 가정도 끼었다. 일부에서는 그들을 '하인'으로 부름으로써 자신들이 '주인'임을 은연중에 강조했다. 또 자식들이 새로운 가정을 꾸릴 때 부모들은 '신혼 선물'로 식모를 딸려 보내거나 새로 구해주기도 했다.

도시에서 식모가 되는 경로는 크게 두 종류였다. 고향 사람, 친척 등 지인의 소개로 들어가는 것과 직업소개소를 통하는 것. 일제는 당초 필요한 노동력을 동원하는 데 아무런 법적 규제 없이 만주와 일본으로 근로자를 끌고 갔다. 그러다 많은 저항에 부딪히고, 악덕 인력공급자가 기승을 부리자 1918년 '근로자모집취체규칙'을 공포했다. 이에 근거하여 1922년 행정기관으로서 경성직업소개소가 개설되었고, 1935년까지 모두 8개소의 직업소개소가 전국에 설치되었다. 이 직업소개소에서 구직과 구인이 가장 활발한 직업군은 식모였다. 조선에 아는 사람이 없는 내지인 주부들은 식모를 구하기 위해 이곳을 제일 먼저 찾았다. 그들이 중요하게 생각한 식모의 조건은 일본어 구사 능력이었다. 내지인 수요가 증가하면서 식모살이를 하려는 사람들의 발길도 많아졌다.

1924년 2월부터 4월까지 경성직업소개소를 찾은 조선인은 모두 1580명이고, 제일 많이 취직된 직종은 가사사용인이었다. 1933년 9월 인천의 직업소개소에서는 식모 구직자 100퍼센트가 취직했고, 1938년에는 전체 여성 구직자 2만 7014명 중 식모 취직자가 2만 3527명으로 87퍼센트가 넘었다. 1928년 3월 13일자《동아일보》경성직업소개소 탐방 기사에 따르면 이곳을 찾는 여성의 80퍼센트가 시골 출신이고, 나이는 최고 45세에서 최저 18세이며, 30세 이상이 20퍼센트로 그들 대

직업소개소의 조선어멈들. (《매일신보》 1938년 5월 3일자)

부분은 과부였다. 학력은 중등학교 졸업자가 3퍼센트 남짓이고 나머지는 보통학교 졸업 이하였다. 일본어 구사 능력에서 '잘하는 사람'은 5퍼센트, '약간 하는 사람'은 20퍼센트였다.

직업소개소를 찾는 사람들의 규모는 계절에 따라 달랐다. 찬물을 사용하는 겨울철에는 식모 자리를 구하는 사람들이 일을 꺼린 탓에 내지인 주부를 비롯한 구인자들의 발길이 더 많았다. 반대로 봄철이 되어 날이 풀리면 '보릿고개' 현상으로 구직자가 많아져 쉽게 식모를 구할 수 있었다. 이런 직업소개소 풍경은 신문에 다음과 같이 묘사되어 있다.

> (…) 10여 명의 어멈들이 늘어앉은 곳에 나타난 일본 남녀 (…) 혹은 "이것들 가운데에는 마음에 맞는 것이 없는걸요" 하며 사무원에게 다시 부탁하는 사람도 있고, 어떤 한 여자는 "마리자리 알아 있소? 이리 자리 하루 거시오" 하는 반벙어리 소리를 하여가며 이 사람 저 사람 어깨를 치고 다니는 호걸스러운 기풍을 가진 "오가미상"(안주인)도 있었다. 이리하여 조선낭자 조선옷에 일본버선 "게다"라는 기형적 스타일의 조선어멈이 하루 이틀 그 수효가 늘어갈 뿐이라 한다.
>
> — 《동아일보》 1928년 3월 15일자

일본어 구사 능력은 식모의 인건비 책정에 아주 중요한 요소였다. 내지인들은 식모가 일본어를 잘하면 초급으로 10~13원, 알아듣기만 해도 7~10원, 전혀 모르면 5~8원을 주었다(1928년 기준). 이 금액은 조선인 가정보다 두세 배 많았다. 따라서 식모 자리를 구하는 사람들은 대부분 내지인 가정으로 들어가길 원했다. 일본어를 못해도 월급이 많을 뿐더러 조선인 가정과 달리 오래 있을수록 월급이 올랐다. 집의 구조 및 주방 시설도 조선의 기존 한옥보다 일하기 편했다. 내지인들이 월급을 많이 주었던 것은 가정경제의 규모에서 비롯되었으나, 본토에 비해 식민지 인건비가 훨씬 쌌기 때문이다. 내지인 집을 선호하는 또 하나의 이유는 '체면'이었다. 식모 자리를 구하는 사람들 중에는 하층계급 여성뿐 아니라 중산계급에서 몰락한 부인들도 제법 많았다. 이들은 최소한 일본어를 알아듣기에 많은 월급을 염두에 두면서도 자신의 과거를 모르는 일본 가정이 편했다. 그래서 "나는 일본 사람의 집이 아니면 안 가겠다"는 조건을 붙였고, "진고개(현재 서울 중구 충무로2가 세종호텔 뒷길 고개로 일본인들이 모여 살던 곳)에서 제일 구석진 곳"을 요구하기도 했다.

저주받은 식모살이

고향을 떠나 남의 집에서 식모 노릇을 하는 그들의 실상은 어땠을까? 《매일신보》 1938년 11월 28일자는 식모들의 "산같이 밀린 일도 순서를 정해놓자"며 '안잠자기 시간표'를 제시했다.

아침 방문을 열고 – 비어 있는 방을 먼저 치웁니다. – 문간 또는 마당을 쓸고 – 신문을 집어들이고 – 아궁이에 불을 내놓은 다음 – 마루를 훔치고 찬을 사다가 반찬 – 밥을 짓는 것입니다. 식구들이 일어나거든 세수할 동안에 방설거지를 하고 – 아침 밥상을 치운 다음 설거지가 끝나거든 변소 소제 – 빨래를 하거나 점심을 준비할 때까지 주인이 내주는 일을 하는 것입니다.

낮 점심이 끝나면 한 시간을 쉬십시오. 저녁 찬거리를 사러 갈 때까지 바느질 혹은 잡용, 저녁을 합니다.

밤 저녁을 치우거든 그 이튿날의 아침 준비를 대강 해둡니다. 구두를 닦고 – 빨래를 걸어 들이고 떨어진 데가 있으면 그 자리에서 꿰매 도록 하십시오. – 9시가 되거든 마음대로 하십시오.

몇 시에 일어나야 한다는 지침은 없지만, 아침에 저 정도의 일을 하려면 필히 해 뜨기 전에 일어나야 했다. 그러고도 이 시간표대로 낮에 한 시간 쉬고, 저녁 9시 이후 자신의 시간을 갖는 식모들은 거의 없었다. "이것은 자칫하면 주인과 싸움을 하기도 쉬운 것이니 먼저 주인에게 양해를 얻어두어야 하는 것이고 양해를 얻었다 하더라도 자기의 일을 완전히 한 다음에 제 시간을 타야 하는 것입니다." 기사 말미 이 당부의 말인즉 주인의 허락 없이는 안 된다는 얘기였다.

낮에 손에 물이 마를 새 없이 이것저것 하고 발이 땅에 닿을 새 없이 종종걸음을 치고 나서 저녁밥 먹은 뒤에 노곤한 잠이 막 들었는데 또 무얼 하라고 주인이 부르게 되면 정말 짜증이 납니다. (…) 맛난 음식을 제 손으로 만들고 나서 맛도 못 보고 먹다 남은 김치찌꺼기만 치우게 되니 고만 비위가 뒤집힙니다.

– 《시대일보》 1926년 6월 30일자

《매일신보》 1933년 9월 28일자는 일과표와 함께 식모들이 갖춰야 할 자세를 강조한 '식모 독본'을 제시했다. 잔말쟁이로 너무 인사가 많고 말이 많아서는 안 됨, 뚱하고 있어 말대답을 잘하지 않으면 안 됨, 손을 더럽히는 것을 싫어해서는 안 됨, 꽁무니가 무거워서 날쌔게 당기지 못하면 안 됨, 일이 고되다고 중얼거려서는 안 됨, 자주 쏘다니고 심부름을 시키면 일상 늦어서는 안 됨, 분이나 허옇게 횟박을 쓰고 모양만 내서는 안 됨, 주인집 이야기를 나당기면서 흉보면 안 됨, 전에 있던 집 흉보면 안 됨 등이다. 그러나 식모의 일과표와 자세를 요구하기 전에 그들이 어떻게 지내고 있는지 살펴본다면, 이런 내용은 뜬구름 잡는 이야기임을 알 수 있다.

《동아일보》는 '돈벌이 하는 여자직업탐방기—여성의 이면과 표면'이라는 시리즈 기사에서 1928년 3월 2일과 3일 양일에 걸쳐 '삼천 세계에 몸 부칠 곳 업는 안잠자기와 행랑어멈'의 직업의 세계를 조명했다. 부제는 "식구는 열이라도 방은 단 한 간 / 몸은 하나라도 살림은 두 살림"으로 식모들의 실상을 동정적으로 묘사했다. 기사는 충청도 양반집 출신이지만 집이 망해 서울에서 '어멈생활'을 한 지 7년이 되는 한 여인의 사연을 소개했다.

그의 가장 큰 고충은 주인집을 자주 옮기는 것이었다. 주인 마음에 안 들어서, 작은 실수에도, 병이 나서, 대답을 늦게 해도 쫓아내 한 달에 몇 번씩 옮기기도 했다. 공평동 집에서는 1년 정도 있었는데 남자를 만나 임신을 했고 해산달에 쫓겨났다. 이유는 주인집 세 살배기가 아파서 무당집에 갔는데 "어멈에게 사귀가 붙어 있다"는 것이었다. 여인은 해산만 하게 해달라고 빌었으나 결국 만삭의 몸으로 집을 나왔다. 기자는 "그의 눈에는 세상을 저주하는 뜨거운 눈물이 방울방울 고였습니다"라며 안타까워했다.

신문은 이어 식모가 얼마나 힘든지를 독자에게 알려주고 있다. "하루 종일 한 번도 앉아보지 못하고 산더미 같은 빨래나 종일 하고 나면 전신만신은 맥이 풀려 송장", 새벽에 일찍 일어나므로 "세상에 이같이 고된 일이 없다", 겨울이면 종일 얼음 속에 손을 넣고 밖에 있으면 "얼이 빠진답니다" 등등 실상을 가감 없이 전했다. 그리고 보수는 불과 3,

4원이고 인심 좋은 주인은 5원이며, 먹는 것은 주인이나 손님이 먹다 남은 것 중 "거진 개돼지 밥에 들어갈 만한 것"을 준다고 했다. 기사는 "어멈! 그들은 과연 이 세상에서 저주받은 이들입니다. 옛날 노래도 이보다는 비애를 덜 가지지 않았을까. 그들의 그날그날 생활이야말로 눈물의 생활입니다"라며 '탐방기'를 마쳤다.

산더미같이 쌓인 일을 하느라 제일 먼저 일어나 제일 늦게 자는 식모들의 하루 평균 노동시간은 16시간 이상이었다. 틈틈이 쉬는 시간에도 주인의 명령과 지시에 대기해야 하므로 긴장의 끈을 놓을 수 없었다. 이런 마당에 정기적인 휴일이 있을 리 없었다. '마음씨 좋은 주인'을 만나면 한 달에 한 번 쉬거나 추석이나 명절 때 집에 갈 수 있도록 휴가를 보내주는 게 고작이었다. 《조선중앙일보》 1935년 4월 28일자는 "머리 빗을 시간도 없는" 식모들을 위해 일주일에 하루의 휴식시간을 줄 것을 당부하고, 그렇게 하는 것이 "일의 능률을 더 낫게 하는 것"이라고 강조했다.

임금도 최저 수준이었다. 조선인 가정의 경우 1910년대 중반까지는 월 3원 정도였고, 1920년대 후반에 5~6원, 1940년대 8~10원으로 인상되었다. 1921년 기준 쌀 한 가마니(백미, 80킬로그램) 가격은 16원 4전이었다. 두 달 뼈 빠지게 일해도 쌀 한 가마니 살 수 없었다. 반면 여공의 임금은 식모보다 동일 기간 대비 세 배 정도 많았다. 식모들은 인간 대접을 받지 못하는 설움도 삼켜야 했다.

하라고 명령한 일을 다 끝내기도 전에 또 다른 일을 시키고 나중 일을 처음 일보다 먼저 하라고 재촉하는 데는 딱 질색할 노릇입니다. 차라리 면대해서 꾸짖으시지 뒷공론으로 이러니저러니 말하지 마십시오. 마님은 아무 말도 없는데 바깥양반이 공연히 떠들썩하고 잔소리를 하는 집이 있는데 집안 살림살이 일은 역시 안마님이 말할 것입니다. 하인을 부려먹지 못한 집에서 자라난 마님은 안잠재기를 부릴 줄 모릅니다. 부엌일을 아주 안잠재기한테 맡겨버리는 마님이 제일 좋습니다.

– 《매일신보》 1935년 2월 6일자

때때로 수다스런 잔소리나 듣고 날카로운 눈침이나 맞을 때에는 고만 너무나 속이 상해서 혼자 실컷 울기도 한답니다.

– 《동아일보》 1925년 1월 1일자

이러한 처지의 식모들은 범죄에 희생되기 십상이었다. 주인이 갖은 핑계를 대며 월급도 안 주고 식모를 구타하는 사건들이 줄을 이었다. 무엇보다 주인집 남성이 저지르는 성범죄가 많았다. 성폭행을 당한 식모들은 생활고까지 겹쳐 자살하기도 했다. 그러지 못한 식모들은 수치심으로 이를 숨겼다. 성폭행범을 처벌하는 법도 명확하지 않았다. 계속 노리개로 있든지 눈물을 흘리며 주인집을 나오는 게 그들이 할 수 있는 일반적인 방법이었다. 식모를 포함하여 위계에 의한 강간 사건이 빈번하자 1940년 개정된 형법은 "업무 고용 기타의 관계로 인하여 자기의 보호 또는 감독하는 부녀에 대하여 위계 또는 위력을 써서 이를 간음한 자는 5년 이하의 징역에 처함"이라고 명시했다. 총독부 기관지인 《매일신보》도 이 개정 내용을 크게 알리면서 집주인이나 사장 등이 하녀 식모를 유린하면 중죄로 처벌받는다고 강조했다. 그러나 이 죄로 남성이 처벌받았다는 소식을 지면에서 찾기는 매우 어려웠다.

'식모범죄'도 많았는데 가장 흔한 사건은 주인집 물건을 훔치는 '절도'였다. 장롱에 있는 돈다발과 귀금속은 가난한 식모들에게 견물생심의 유혹을 불러일으켰다.

식모범죄 중 사회적으로 분노와 안타까움을 동시에 산 것은 유아와 관련된 사건이었다.《동아일보》1940년 1월 18일자에 실린 "불의의 씨를 잉태하고 고민하던 중 당일 옥녀를 분만하자 세상의 이목과 안성읍에 있는 본부에 대한 면목이 없을 뿐 아니라, 남의 식모 노릇을 하는 몸으로 어린애까지 있다가는 식모 노릇조차 뜻대로 되지 못할까 두려워하여 분만 즉시 목을 눌러 본의에 없는 참혹한 살아극을 연출시킨 것"과 같은 극단적인 사건도 있었다. 아이와 관련된 가장 흔한 사건은 자기가 낳은 자식을 '있어 보이는' 집 앞에 놓고 가는 경우였다. 잘사는 사람이니 최소한 아이를 굶기진 않을 것이라 기대했고, 혹 양자로 삼는다면 아기의 미래를 위해 더 낫다고 생각했을 것이다. 이렇게 버려진 아기들이 많아졌고 사람들은 이를 '개구멍받이'라 불렀다.《동아일보》1933년 7월 13일자에 실린, 아기 때문에 식모 자리를 구하지 못해 남의 집에 버렸으나 다시 찾으러 갔다가 경찰에 붙잡힌 사건이 대표적이었다. 1933년 12월 23일자《동아일보》는 1933년에 부모로부터 버림받은 아기는 모두 89명인데 개구멍받이가 39명에 이른다고 밝혔다.

(⋯) 아침 굶고 저녁 굶어 주린 창자가 등에 말라붙는다. 그러나 철없는 어린애는 말라붙은 젖꼭지를 빨고 빨고 빨다가는 울고 울다가는 빠는 것이다. 살기에 짜증이 난 그의 어미도 애꾸진(애먼) 어린애에게 화를 내는 것이다. 그러나 이 꼴을 물끄러미 내려다보는 그 어미의 눈에서는 자애의 눈물이 하염없이 엉키는 것이다. 그래서 철없는 어린애도 울고 철 있는 어미도 우는 것이다. 이 비극이 계속되는 사이 어린애는 남의 집 대문간에서 또다시 울게 되는 것이다.

이것이 사랑하는 자식의 장래를 위하는 모성애라 할까? 그렇지 아니하면 자비한 모성애의 위대한 사랑도 엄숙한 현실(생활난) 앞에는 어찌할 수 없이 정복이 되는 것일까? 명의의 진단을 기다리지 않고도 알 일이다. 남의 집 안잠자기 혹은 행랑살이로 골몰한 몸이 젖끝의 자식 으로 말미암아 사나운 주인의 미움을 사고 장차 그 끝에는 실직失職의 위험이 닥쳐오는 까닭에 마지못해 자기의 자식을 내다버렸다는 박정 한 고용살이 부인의 진솔한 고백도 없는 것이 아니다. (…)

– 《동아일보》 1933년 12월 23일자

식모들의 이러한 실상은 동정을 샀다. 인간 대접을 하고, 최소한의 휴식을 주고, 면전에서 '안잠재기' 또는 '어멈'으로 부르지 말 것을 주문 했다. 또한 조그만 잘못도 용서하고 불쌍히 여겨줄 것을 호소했다.

(…) 불쌍히 여겨줍시다. 우리가 사회에 나가서 큰 사업은 못하고 돈 내놓고 자선사업은 못할지언정 그들이 남의 집에 식모살이를 하러 오 기까지는 말할 수 없는 정신적 고통이 있었을 것입니다. 남이 가진 모 든 행복을 잃어버리고 불쌍한 생애를 보내는 그들의 생활에나마 좀 더 힘을 얻을 만한 이야기도 들려주고 잘못하는 것이 있더라도 부드럽게 일러주는 것으로써라도 위안을 주어봅시다. 그리고 몹시 고단할 때에 는 잠깐만이라도 피곤한 몸을 쉬이도록 합시다. 다만 한 달에 한 번씩 이라도 외출하는 시간을 허락해주어서 자기 친척을 찾는다든지 고향 사람을 만나든지 해서 아무 기운도 없는 그 생활에 자유로운 시간을 보내도록 하여줍시다. 이것이 우리 가정주부에게는 사회사업이 되고 자선사업이 될 것입니다.

– 《동아일보》 1937년 6월 9일자

식모들에 대한 동정심은 안주인들을 향한 비난의 화살로 변했다. 중등교육 이상의 교육을 받은 여성이 식모·침모·유모를 두는 것을 당연하게 여기는 세태를 꼬집기도 하고, 식모가 자주 바뀌는 것은 그 가정에 결함이 있기 때문이라고 주장하기도 했다. 또한 아이들 교육과 가정경제를 위해 최소한의 집안일은 식모의 손을 빌리지 말아야 하며, 주부들이 허리 병에 자주 걸리는 것은 식모들에게 집안일을 맡겨 편하게 지내기 때문이라는 의사의 진단을 소개하기도 했다. 그러나 안주인들도 할 말이 없는 것은 아니었다.

요사이 식모들은 한 집에 오래 있지 않습니다. 이만큼 주인에 대한 친밀한 맛이 없습니다. 이것은 물론 시대의 흐름이겠지만 좀 더 친밀한 관계를 맺지 못할까?

시골에서 새로 온 사람들은 대개 순박하여 좋습니다. 그러나 여러 군데 쏘다니어서 처음 선을 보러 와서부터 전에 있든 집 흉을 보는 사람은 싫습니다.

시골에서 갓 올라온 사람은 좋지만은 일반으로 위생관념이 퍽 희박합니다. 가령 감기가 걸려서 이불을 푹 쓰고 자라고 그래도 옷을 풀어헤치고 이불을 벌렁거리는 것이 있습니다.

말솜씨가 좋고 나쁜 것은 대번 알 수 있지만은 머리가 좋고 나쁜 것은 심부름을 시켜보면 알 수 있습니다.

식모들끼리 사이가 좋지 않아서 서로 으르렁대는 것은 주인에게 상관이 없어도 좋지 않습니다.

- 《매일신보》 1935년 1월 24일자

염상섭과 김동인의 불만

　열악한 조건이었으나 식모 자리를 구하려는 여성의 발길은 끊이지 않았다. 그러나 1930년대 중반부터는 변화의 조짐이 보이기 시작했다. 일제가 전쟁 준비의 일환으로 실시한 '농공병진' 정책이 영향을 끼쳤다. 일제는 방직, 고무 등 많은 노동력을 요구하는 군수 물자를 생산하는 공장을 설립하고 조선인 젊은 여성들을 이곳에 투입했다. 동시에 폭발하기 직전인 대지주와 소작농의 누적된 갈등을 해소하기 위해 지주의 자의적 수탈을 금지하여 농촌의 잉여노동력 문제를 해결하는 조치를 취했다. 일거리가 있는 곳에서는 떠날 이유가 적어졌다. 특히 1937년에는 전례 없는 풍년이 들어 그해 겨울 도시로 올라오는 농촌 여성들이 크게 줄었다. 이러한 환경 속에 '가사사용인'의 수는 해방까지 감소 추세를 보였다.

　도시에 남아 식모살이를 계속하는 여성들도 세상 물정을 알게 되어 더는 순박한 시골 아녀자가 아니었다. 결혼도 했으므로 가정을 부양할 책임이 한층 무거워졌다. 그들은 자신이 제공하는 노동력의 교환 가치를 따지기 시작했다. 월급을 비교하고 가사노동의 환경을 고려하는 '직업인'으로서의 자세가 체화되고 있었다. 공급이 줄어드는 추세까지 겹쳐 그들은 한결 유리한 위치를 점할 수 있었고 이는 가파른 인건비 상승을 불러왔다. 1930년대 말 내지인 가정에서 식모에게 지출되는 비용이 월 40원까지 치솟은 경우도 있었다. 이에 따라 조선인 가정으로 들어가려는 식모는 더욱 줄어들었다. 식모 시장에도 부익부 빈익빈 현상이 뚜렷하게 나타났다. 식모나 침모를 구하는 1단짜리 신문 광고도 등장했다. 내지인들은 보통 나이 든 조선인 식모를 '부인'이나 '어머니'의 일본식 발음인 '요보' 또는 '오모니'라 불렀다. 존중과 멸시의 중의적 단어였다. 그렇지만 민족적 멸시 따위는 그들에게 중요하지 않았다. 내지인들의 호칭이 그대로 전해져 조선 사람도 식모를 '조선어멈'이라고 불렀고, 이 명칭은 '안잠자기'나 '행랑어멈' 같은 식모 별칭을 몰아내면서 일제 강점기 식모의 대명사가 되었다.

조선어멈의 인건비가 오르고 조선인 가정에서 식모 구하기가 더욱 어려워지자, 직업소개소는 '국어(일본어)'를 모르면 월 4원 이상 주지 못하게 하는 특단의 조치를 내렸다. 식모의 고임금 문제를 해소하고 조선인 가정에서도 식모를 구할 수 있을 것이라 기대했던 것이다. 그러나 현실은 달랐다. 식모 자리를 구하는 사람들은 여전히 내지인 가정에 들어가길 원했고 '국어'를 몰라도 4원 이상을 요구했다. 수요와 공급의 법칙이 직업소개소의 임시방편 조치보다 강력했다.

《매일신보》에 '일일일문—日—文'을 게재하고 있던 소설가 염상섭도 식모를 구하려 했으나 실패한 사정을 다음과 같이 신문에 밝혔다.

> 모두가 내지인 가정이 지망이요 조선인 가정은 싫다는 것이니 첫째 급여가 적다는 것, 둘째 빨래와 다듬이가 싫다는 것, 셋째 하대받기가 싫다는 것이다.
>
> ―《매일신보》 1935년 7월 13일자

그는 이어 월급이 몇 년 전보다 많이 올랐고 내지인에게도 하대받기는 마찬가지라고 지적하고 "직업전선 중에도 비교적 유리한 여성직업 ― 또 그중에서도 가장 배부른 흥정을 하는 식모 ― 오마니 ― 안잠재기의 조선사람 가정을 버리는 유일 최대의 조건은 아니라도 유력한 일원인—原因이 의외에 있다는 것을 흥미가 있어 관찰"했다고 적었다.

내지인들이 조선어멈에게 갖는 가장 큰 불만은 오래 머물지 않는다

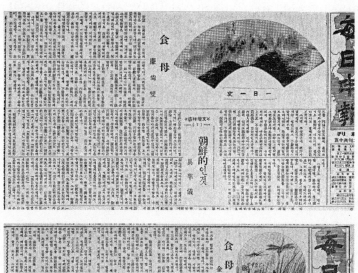

염상섭과 김동인이 말하는 조선어멈. (《매일신보》 1935년 7월 13일자, 8월 2일자)

는 것이었지만, 조선어멈의 입장에서는 몇 달 정도 모은 돈으로 가족을 돌봐야 할 시간이 필요했다. 그러나 이러한 식모들의 처지를 이해하기 보다는 책망하는 목소리가 많았다. 자주 옮기며 여기저기 집을 돌아다 니는 식모들을 '돌아먹이'라고 부르며 못마땅히 여겼다. 염상섭과 같이 당시 《매일신보》에 '일일일문'을 게재하고 있던 소설가 김동인도 그중 하나였다.

> (…) 돌아먹이 식모는 일은 잘한다. 무엇을 맡길지라도 척척 당當하여 나간다. 그러나 그들은 대개가 손버릇이 곱지 못하다. 돌아먹이가 아 니면 그 능률이 너무 얕다. 그 위에 힘든 빨래도 싫다, 새벽밥 짓기도 싫다, 잠자리가 불편하다 등으로 그야말로 상전을 섬기듯 하지 않으면 저편에서 도리어 불만으로 여긴다. 게다가 주가경제主家經濟는 자기에 게 관계없는 것이라고 시탄(땔감)이며 물이며 쌀이며를 그야말로 뿌리 듯이 남용을 한다.
> 식모에게 교양 있는 인격을 희망함은 도리어 망발일 것이다. 그러나 그들도 인간인 이상에는 한집안 식구로서의 정애를 느낄 수 없는지. 자본주의가 그다지 발달되지 않은 조선이건만 식모뿐은 마치 자본주 의하의 노동자와 같이 자기의 책무를 온갖 악의와 반감으로서 당해 나 가니 과연 딱한 일이다. 부리는 사람이 아무리 친밀미를 느끼고자 하 여도 부리우는 사람이 이런 태도로 응하면 거기는 반드시 불유쾌한 주 종관계가 생겨날 것이다.
> – 《매일신보》 1935년 8월 2일자

식모 구하기가 힘들어지자 식모를 배출하는 전문 기관 '식모학교'가 세워졌다. 1934년 조선가정부인협회가 식모의 직업소개 사업을 펼치기로 했다가 흐지부지되었다. 1936년 7월 애국부인회 조선본부로 경성 광통교 부근에 인보隣保사업을 목적으로 인보관을 설립했고, 애국부인 회는 특수사업으로 '근로부인양성소'를 운영했다. 언론에서 '식모학교'라 고 부른 이곳이 바로 한국 최초의 파출부 양성소였다. '도회지의 식모 로서 필요한 사항'을 배웠고 입학 연령은 15세부터 25세까지였다. 교육 기간은 10일, 교육비는 무료지만 숙박을 원칙으로 기숙사비로 1일 36 전, 10일에 3원 60전을 받았다. 돈이 없으면 취직 후 납입이 가능했다. 이 사업은 쌍방의 환영을 받았다. 학생들은 부인회에서 보증하는 안정 된 가정에 취직하고, 내지인 가정은 일본어를 알아들을 수 있고 조선 어멈보다 임금이 싼 식모를 구할 수 있었다. 일부였지만 조선인 가정도 이곳에서 식모를 구할 수 있었다. 그러나 부인회의 자금난 및 여러 가 지 사정으로 식모학교는 정기적으로 운영되지 않았고 배출하는 인원 수도 수요에 한참 못 미쳤다. 직업소개소는 여전히 식모를 구하려는 사 람으로 붐볐다. 1940년 1월 직업소개소는 각 지방자치단체 운영에서 국영으로 전환되어 좀 더 엄격한 관리에 들어갔으나 큰 효과를 보지는 못했다.

거듭되는 식모난은 식모 폐지에 힘을 실어주었다. 1930년 후반부터 언론은 "내 집 살림은 내 손으로"라고 주장하며 주부들의 각성을 촉구 했다. 《조선중앙일보》 1936년 2월 12일자는 "한 가족의 귀중한 생명의 줄을 잡고 있는 이 부엌의 관리를 어찌 잠시라도 무식한 식모나 아이 들 손에만 일임해두고 마음을 놓고 있겠으며 더욱이 귀한 자녀들까지 그들 손에 맡겨가지고 중차대한 육아의 책임까지를 소홀히 하는 것은 어디로 보든지 천만불합리한 일이라고 아니 할 수 없습니다"라고 했다. 《매일신보》 1938년 1월 4일자는 "식모 안 두니까 무척 경제가 됩니다" 라고 했다. 《동아일보》 1938년 1월 8일자는 '식모 없이 살 수 있는 방법'

으로 부엌을 개량할 것을 주문했다. 이 신문은 재래식 부엌의 불편한 이유를 부뚜막이 컴컴하고, 수채와 수도가 부엌 밖에 있으며, 배선대가 없기 때문이라고 지적하고 다음과 같이 개선할 것을 제시했다.

1. 부엌바닥을 방의 면과 똑같이 해서 오르내리는 곳이 없이 할 것
2. 풍로는 가장 적당한 곳을 정해서 시멘트로 만들 것
3. 조리대는 밝은 유리창 밑에 둘 것
4. 음식을 놓는 배선대를 설치할 것
5. 서랍에 적당히 칸을 만들어서 주걱, 칼, 수저를 따로 두고 행주와 앞치마도 놓는 곳을 마련
6. 그릇장을 만들어 그릇을 두게 할 것
7. 먹다가 남은 음식을 보관하는 음식장을 따로 정할 것
8. 식품 저장은 벽에 붙여서 좀 낮은 곳에 장을 만들 것
9. 쌀궤는 대두 한 사발씩 들어갈 만한 궤를 벽에 붙여서 만들어 쓸 것
10. 비, 쓰레받기, 물통, 마른걸레 등은 벽에 붙인 장문을 만들어 그곳에 걸어둘 것

1940년 물가가 높아지면서 식모로 인해 입은 손해가 1년에 240원이라는 계산도 나왔다. 《동아일보》 1938년 1월 12일자에 따르면 조선인 가정의 경우 월급 5~15원에 식모가 먹는 것 월 7원 50전이 그 근거였다. 또 식비와 각종 생활비를 절약하고 무엇보다 식모부터 폐지하는 것이 고물가 시대를 극복하는 방법이라고 강조했다. 일제 강점기 대표적인 신세대 여성이며 언론인으로 활약한 황신덕도 주택이 불편하여 부득이 식모가 필요하지만 "거기에 따라서 여러 가지 음으로 양으로 소비가 더 될 것은 사실"이라며 식모를 폐지하여 주부가 손수 함으로써

가정경제에 도움을 주고 가족들의 영양도 보살피자고 주장했다.

식모 폐지론 중 압권은 전쟁과 관련된 주장이었다. 일제는 1941년 12월 7일 영국령 말라야와 싱가포르, 홍콩을 침공하고 미군 기지인 하와이 진주만을 공격했다. 일제가 태평양전쟁을 일으키면서 식민지 조선도 전시 체제에 들어가 모든 인력과 물자가 전쟁에 동원되었다. 식모도 예외는 아니었다. 직업소개소 소장은 《매일신보》 1942년 5월 22일자를 통해 "젊은 식모 공장 보내고 아씨는 팔 걷고 나서라"라고 강력히 주장하며 노동력이 부족한 이때 식모를 두며 노는 것은 나라에 큰 죄를 짓는 것이라고 말했다.

전시하 총후에 있어서는 노무력이 부족하여 국가는 부인의 노동력을 기대하고 있습니다. 남자는 싸움터로 나가야 하고 총후에 남아서 대포와 탄환을 만들 직무는 여자가 맡아야 할 때입니다. 그런데 현실문제로서 반도의 유식계급 가정에서는 여성을 직장으로 내보내기를 꺼름칙하게 여기는 경향이 많은 것을 볼 수 있습니다. 남자가 전쟁에 나가니까 결원되는 관계도 있겠지만 관청이나 회사 방면에서는 반도의 지식여성을 퍽 많이 찾습니다. (…) 내지에서는 소학교만 나와도 공장으로 많이 보내서 일을 하게 하는데 반도에서도 이 점을 잘 이해하고 공장으로 진출케 했으면 합니다. (…) 식모를 두지 않고도 넉넉히 해나갈 가정이 많으리라 생각합니다. 노력이 부족한 이때에 일할 수 있는 부인들이 놀고 있는 것은 나라에 대한 큰 죄라고 생각합니다. 이런 생각을 가진 여성은 이 기회에 큰 반성을 하기 바랍니다.

일제는 또한 1943년 8월 전쟁 자금 확보를 위해 용인세와 급사세를 신설하기로 했다. 급사세는 요릿집, 유곽 등 여급을 둔 고용주들에게 한 달에 1인당 1원씩, 용인세는 식모를 둔 사람에게 연 1인당 2원의 세금을 거두는 것인데 용인세는 2만 5000원의 세금 징수를 예상했다. 그리고 직업소개소는 여성의 노동력 확보를 위해 1943년 9월 1일 부로 식모 알선을 정지하기에 이르렀다. 또한 치안 유지를 위해 서울로 이주하려는 사람들에게 면사무소의 퇴거명령서를 요구했는데 전시 체제에서는 이 서류의 발급 기능을 정지시켰다. 일자리를 구하기 위한 상경을 법적으로 금지한 것이다.

이렇게 국가 차원에서 식모를 폐지하려 했으나 식모의 수요는 내지인 가정에서든 조선인 가정에서든 사라지지 않았다. 식모 알선 금지 조치 이후에도 집에 환자가 있거나, 맞벌이여서 아이를 돌볼 사람이 필요하거나 등의 이유로 직업소개소에 식모를 구해달라는 사람의 주문이 이어졌다. 식모 구하기가 더욱 어려워지자 식모를 구하려고 길거리에서 싸우는 경우도 있었고, 어쩌다 식모 희망자가 나타나면 임금 경쟁이 붙기도 했다. 일제 강점기가 끝날 때까지 이 식모 폐지 정책은 효과가 없었다.

해방 이후에도 여성들의 취직 전선에서 식모는 빼놓을 수 없었다. 각 지역의 직업소개소에는 식모 자리를 구하는 여성들과 식모를 구하는 안주인들의 발길이 끊이지 않았다. 1950년 5월 서울의 직업소개소를 통해 취직한 여성은 190명이었는데 90퍼센트 이상이 식모였다. 해방 후 나라의 사정은 더욱 어려워졌고 그 피해를 입는 쪽은 여전히 '없는 사람'들 쪽이었다. 식모의 수요가 대폭 줄어든 반면 공급이 많아진 현실에 비례해 식모들의 근무 환경도 열악해졌다. '있는 집'들은 식모를 두었고, 이는 부유층의 상징이었다. 이에 서울시와 미군정은 1949년 6월 자영업자와 "일반가정으로서 고용인급으로 식모 침모를 가진 세대"는 배급에서 제외한다고 밝혔다. 그럼에도 1949년 가사사용인이라는 호칭으로 8만 5849명(남자 포함)이 조사되어 식모의 수요는 여전히 위세를 떨쳤다.

아이를 돌본 아이, 아이보개

식모 중에는 안잠자기나 조선어멈이 아닌 제3의 존재가 있었다. 1930년 총독부가 조사한 가사사용인 중 13세 미만이 44.9퍼센트였다. 이들은 나이가 어려 직업소개소의 문턱을 밟아보지 못한 미성년자로 식모 이전 단계의 존재였다. 공식적인 기록은 없지만 이들은 자식마저 기를 수 없는 가난한 가정 출신이거나 고아였을 것으로 추측된다.

그들이 남의 집에서 할 수 있는 일은 무엇이었을까? 나이가 어려 집 안일을 하기에는 미숙했지만 할 일이 아예 없는 것은 아니었다. 주인마님 또는 '아기씨'의 개인 비서로 가까이에서 잔심부름을 하거나, 조선어멈의 일을 거들 수 있었다. 과거로 말하자면 '어린 몸종'이었다. '공짜'로 먹여주고 재워주는 것으로 월급을 대신했다. 그러다가 성장하면 새로운 곳에 취직하여 나가거나 그 집의 '정식 식모'가 되어 월급을 받았다. 어려서부터 같이 자라며 정든 아기씨가 시집갈 때 딸려 보내지기도 했는데 노비가 아닌 이상 제 월급은 받았다. 식모 아닌 식모로서 그들은 사춘기까지 그렇게 지냈다.

여염집에서 이들을 받아들이는 또 다른 이유가 있었는데, '아이보개(애보개)'로 쓰기 위해서였다. 조선 시대 궁궐에 보모상궁이 있었던 것처럼 명문가에서는 별도의 보모를 두었다. 일제 강점기에 부유한 내지인과 친일파 권세가의 집도 예외는 아니었지만, 그들에 버금가는 부유층은 자기 아이를 돌봐줄 사람으로서 어린애를 아이보개로 썼다. 아이보개는 24시간 또는 잠잘 때를 제외하고 주인집 어린아이를 보살펴주면서 같이 놀아주거나 필요한 것을 챙겨주었다. 집안일 하느라 바쁜 조선어멈에게 아이까지 전적으로 맡길 수는 없었다. 아이보다 약간 나이가 많은 아이보개에게 전적으로 맡기는 것이 마음이 편하고, 누나로서 또는 언니로서 정서적인 안정을 줄 것이라 기대했다. 물론 별도의 비용(먹이고 재워주는 것 제외)이 발생하지 않는 게 가장 큰 장점이었다. 마음씨 좋은 주인은 명절 등 특별한 날에 아이보개에게 '용돈'이나 옷을 선물하곤 했다. 잘못했을 때는 자식의 훈육 방식처럼 회초리를 사용했다. 아이를 돌보는 게 주된 업무일 뿐 다른 일을 하지 말라는 의미는 아니어서, 아이가 잠든 한가한 시간에는 아이보개도 식모의 일원으로서 궂은 집안일을 해야 했다. 아이보개에 대한 공식적인 자료는 없지만 문학작품에는 많이 등장하는데, 시인 백석은 〈팔원〉에서 그들의 처지를 다음과 같이 그렸다.

차디찬 아침인데
묘향산행 승합자동차는 텅하니 비어서
나이 어린 계집아이 하나가 오른다
옛말속같이 진진초록 새 저고리를 입고
손잔등이 밭고랑처럼 몹시도 터졌다
계집아이는 자성으로 간다고 하는데
자성은 예서 삼백오십 리 묘향산 백오십 리
묘향산 어디메서 삼촌이 산다고 한다
쌔하얗게 얼은 자동차 유리창 밖에
내지인 주재소장 같은 어른과 어린아이 둘이 내임을 낸다
계집아이는 운다 느끼며 운다

텅 비인 차 안 한구석에서 어느 한 사람도 눈을 씻는다

계집아이는 몇 해고 내지인 주재소장 집에서

밥을 짓고 걸레를 치고 아이보개를 하면서

이렇게 추운 아침에도 손이 꽁꽁 얼어서

찬물에 걸레를 쳤을 것이다

백석은 1930년대 후반 관서지방(평안도)을 여행하던 중 영변에 있는 팔원이라는 마을에서 이른 아침 어린 계집아이 하나가 승합차에 타는 장면을 보면서 이 시를 지었다. 내지인 주재소장의 아이보개인 이 여자아이는 무슨 사연인지 모르지만 그 집을 떠나 묘향산 어디엔가 있을 삼촌을 만나러 먼 길을 간다. 아이보개는 정든 주재소장 가족과의 헤어짐을 슬퍼하고, 보내는 이들도 마음이 편치 않다. 그러나 주재소장의 아이를 돌보느라 밭고랑처럼 터져 있는 손등은 아이보개의 고단한 삶을 드러낸다. 아이보개는 박경리의 《토지》에서도 "토기점골 지주 집 아이보개였던 순진한 처녀가 머리를 쪽 찌고 분을 바르고 헌병 놈들을 보기 좋게 얼려 넘기고 있다"고 언급되었다.

부모와 헤어지고, 남의 집에 들어간 아이보개들. 감싸주는 이도 의지할 사람도 없는 그 낯설고 살벌한 곳에서 손등이 터질 만큼 고생한 그들의 심정은 어땠을까? 해방 후에도 그렇게 남의 집에 기거하는 아이들이 대거 나타나는데 이들은 아이보개가 아닌 '어린이 식모'였다.

主人物品竊取하고
懺悔끗헤 自殺

안잠자기의 깨끗한 최후
＝잘못을뉘우친효용을에싸워!＝

주인의 물건을 훔친 안잠자기의 안타까운 사연. (《동아일보》1926
년 9월 20일자)

직업소개소에서 일자리를 구하기 위해 대기하고 있는 조선어멈들.
(《동아일보》1928년 3월 13일자)

품파돈 千圓
學園에 喜捨

신성교와유치원에제공

故白禮恒女史遺志

식모를 하면서 푼푼이 모은 돈을 학교에 기부한 백례항 씨 미담 기사. (《동아일보》 1928년 8월 29일자)

食母
식모들에게도
노는날을주자!

×× 일만하는 그들에게는 ××
×× 위안이더욱필요 ××

"식모들에게도 노는 날을 주자!" (《조선중앙일보》 1935년 4월 28일자)

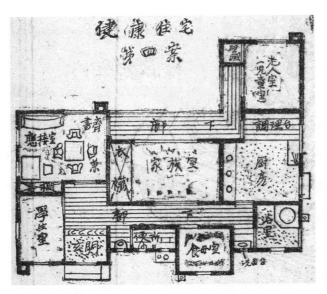

일제 강점기 중산층 주택 평면도. 식모방은 1970년 초 분양하는 아파트에도 있었다.
(《동아일보》 1930년 10월 11일자)

서양 황태자비의 사진. 신문은 이 사진에 대해 "아이를 데리고 다니
는 것은 행랑어멈이 하는 일로 아는 조선가정 부인들은 깜짝 놀랄
일"이라고 소개했다. (《동아일보》 1928년 3월 25일자)

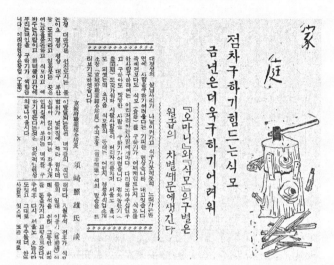

인건비 상승 등의 이유로 식모를 구하기 어려워진다는 기사. (《매일신보》 1937년 11
월 13일자)

가정경제를 위해 식모 폐지를 주장하는 글. (《조선
중앙일보》 1936년 2월 15일자)

식모 구인난의 여파로 1936년
경성에 설립된 '식모학교'. (《매
일신보》 1936년 7월 11일자)

2
식모 전성시대

전쟁과 식모

내 고향은 철원인데, 지금은 휴전선 이북에 있어 갈 수 없어. 우리 집이 꽤나 부자 지주 집이었지. 전쟁이 났을 때 처음에는 피난 가지 않았지만 중공군이 쳐들어오니까 어찌 될 줄 모른다며 땅문서를 항아리에 담아 마당에 묻고 내려왔어. 나하고 어머니, 여동생 셋인데, 아버님을 일찍 여의고 네 살 많은 오빠는 인민군으로 참전한 상태였지. 다행히 오빠 거제포로수용소에 포로로 잡혀 몸은 온전히 보전할 수 있었어. 전쟁이 끝나 서울로 왔지만 고향에 갈 수 없고 오빠도 언제 나올 줄 모르잖아. 일단 피난 때 가져온 패물로 거처를 마련했고 일자리를 찾아 다녔으나 있을 리 있나. 그러나 고향 아는 사람을 만나 부탁했지.

"어디 식모 자리 좀 알아봐 줄 수 있나요?"

그런데 식모살이로 돈을 모을 순 없잖아. 그래서 식모살이하면서 기술도 배울 수 있는 곳이면 좋겠다고 말했어. 전쟁이 끝났어도 식모를 구하는 집이 제법 있었거든. 그 양반이 우리 집 신세를 져서 모른 체할 수 없긴 했었지.

"부잣집 아기씨한테 힘들겠지만 그런 자리가 있긴 있는데…."

그가 알려준 아현동 갔더니 가정집인데 재봉틀 몇 대를 놓고 옷과 이불을 만드는 곳이었어. 날 보자마자 사장이 식모 자리는 있는데 월급은 줄 수 없고, 남는 시간에 재봉 기술을 배워 옷을 만들게 되면 그때 돈을 주겠다는 거야. 기술을 가르쳐주는 대신 식모살이를 하라는 말이었지. 남의 집 일을 하면서 언제 기술을 배울 수 있을까 걱정해서 약간 망설였으나 '뭐든지 해야겠다'라며 독한 마음을 먹었어.

새벽 5시에 일어나자마자 아궁이 연탄불을 보는 것이 하루의 시작이야. 밥 짓고, 설거지, 청소 등 집안일이야 손에 익숙했지만 아무래도 남의 집 일이니까 처음엔 서툴렀지. 그래도 주인아줌마가 같이 하면서 그리 힘들진 않았어. 쉬는 시간에는 약속한 대로 사장님이 가위질과 재봉틀 기술을 알려주고. 내가 손기술이 좀 있거든. 또 빨리 돈을 벌겠다고 마음도 굳게 먹었으니까 열심히 배웠어.

사장님이나 주인아줌마는 솜씨가 좋다고 칭찬해주셨어. 남들은 10개월 정도 걸려야 팔릴 걸 만든다고 하는데 난 6개월 정도 한 것 같아. 만든 옷벌 수대로 돈을 받았고 나중엔 나이가 어린데도 거기서 제일 많이 받았어. 당연히 집안일은 그만두게 되었지. 근데 그게 내 평생 직업이 되었어.

1937년에 태어난 전미순 씨(가명, 서울 성동구)는 열여섯 살부터 식모살이를 '잠깐' 했다. 아현동에서 나와 동대문으로 자리를 옮겼고 말단 공무원과 결혼하기 전까지 재봉틀을 만졌다. 결혼 후에도 동대문시장 포목점 가게의 주문을 받아 집에서 한복을 만드는 부업을 했고, 그 덕분에 남편의 박봉으로는 감당하기 힘든 2남 1녀 자식들 모두를 대학교 졸업시킬 수 있었다고 한다. 그는 60여 년 전 선택을 매우 자랑스러워했다. 정정당당하게 자기 힘으로 가족을 부양했고 자식들 공부까지 시킨 뿌듯함. 그래서인지 60년 넘게 시간이 흘렀어도 아현동 시절의 장면 하나하나를 또렷이 기억하고 있었다. 전미순 씨 본인의 의지도 중요했을 것이다. 그런데 식모들 모두가 '착한 주인'을 만난 것은 아니었다. 특히 전쟁이라는 특수 상황에서 전미순 씨는 드문 예일지도 모른다.

한국전쟁은 개인과 가정은 물론 사회 전체에 큰 상처를 남겼다. 무엇보다 인명 피해가 컸다. 남측은 군인, 민간인 포함 150만 명 이상이 사망하거나 실종되었고 부상자는 더 많았다. 북측의 피해 규모도 비슷했다. 부상자 포함 전 인구의 4분의 1, 즉 가족당 1명 이상이 인명 피해를 입었다. 이 중 남성은 100만여 명이 사망하고 70만여 명이 부상을 당했다. 희생자들 대부분은 경제활동의 핵심 계층이었다. 일제가 남긴 기형적 산업구조마저 파괴된 상태에서 이들의 부재는 가정경제에 절망적 타격을 주었다. 먹을거리와 잠자리가 절대적으로 부족한 황무지에서 여자들이 그 짐을 짊어져야 했다. 50여만 명의 미망인과 부상당한 남편의 부인들, 그리고 장성한 딸들은 가장이 되었다. 아니, 자신들 입에 풀칠하는 것부터 급선무였다. 1952년 14세 이상 여성 인구의 97퍼센트가 경제활동에 참여한 것으로 나타났다. 한반도 역사가 시작된 이래 초유의 상황이었다.

집 밖으로 나온 여성들의 경제활동, 즉 돈을 벌 수 있는 수단은 매우 제한적이었다. 도로를 보수하고, 집을 짓고, 에너지를 보급하고, 치안과 행정을 정비하는 일 등 안정된 '전쟁 특수'는 남성의 몫이었다. 사실 여

전쟁고아 소녀들. 한국전쟁 발발 후 부모를 잃은 소녀들과 남편을 잃은 여성들은 식모살이를 해야 했다. (국가
기록원)

성들은 그런 경력을 쌓을 기회도 없었으므로 그런 자리는 넘볼 수조차 없었다. 전화戰禍를 피한 극소수 단순노동의 노동집약적 공장도 정상 가동하려면 많은 시간이 걸렸다. 남자도 직업을 구하기 어려운 시절이었으니 여자는 오죽했으랴. 그러면 여성들은 어디로 갔을까?

> 당국의 말하는 바에 의하면 전란이 낳은 이 땅의 '전락 여성'들의 태반은 미혼 여성들이라고 한다. (…) 현재 남한에 약 5만 명에 달하고 있는 '거리의 여성' '몸 파는 여인' 중에서 전쟁미망인은 겨우 1할 정도라 하며 잔여 태반은 전쟁미망인이 아닌 독신 여성 혹은 미혼 처녀라는 것이다. 이와 같이 남편을 잃고 생활근거를 빼앗긴 빈곤한 전쟁미망인들은 갖은 고초를 겪어 가면서 혹은 행상 또는 노상 때로는 식모노릇까지 사양치 않고 인생 고해와 싸워 겨레의 고유 부덕을 아끼고 간직하고 있는 데 반하여 처녀의 몸으로 (…)
>
> ─ 《동아일보》 1953년 10월 30일자

몸을 팔거나 술잔을 따르는 '전락 여성'들을 향해 돌을 던지는 남성은 많았지만, 그 원인을 종합적으로 살피는 데까지 가지는 않았다. 남성의 막장은 양아치였고, 여성의 막장은 매춘부였다. 사회에 첫발을 내디딘 여성들 대부분은 본능적으로 막장을 거부했다. 행상(노점상)과 점원, 그리고 식모가 만만해 보였다. 행상에 나선 여성들은 생선, 콩나물, 미역, 양담배, 양말 등을 팔고 국밥과 국수를 거리에서 만들기도 했다. 돈이 있는 여성들은 포목점과 음식점에 주로 진출했다. 동대문시장, 중앙시장 등 도심의 전통시장들은 '여성들의 천국'이라 불릴 만치 여성들이 밑바닥 상권을 장악했고, 이 전통은 아직도 유지되고 있다.

식모는 인간 대접도 못 받으면서 저임금 장시간 노동에 시달렸지만 그들에겐 '익숙함'과 '절실함'이 있었다. 전쟁 전인 1949년에도 '가사사용인'이 9만 명에 이르렀다는 공식적인 통계가 있고, 일제 강점기에도 식모는 익히 들어봤던 직업이었다. 또 어려서부터 가사노동을 했던 터라 남의 집에서도 할 수 있다는 용기를 가져봄직했다. 가장 매력적인 장점은 숙식 해결이 가능하다는 점이었다. 연고도 거처도 없는 여성들에게 잠자리는 가장 먼저 해결해야만 하는 숙제였다. 식모 자리는 이를 해결해줄 수 있고 돈도 벌 수 있으니 마다할 이유가 없었다. 기혼 식모도 많았지만, 어린 여성에게 식모는 사회 진출의 전초 기지였다. 전쟁 후 여성들이 식모 직업에 종사하는 것은 대한민국의 현상만이 아니었다. 제1·2차 세계대전 후 영국을 비롯해 전쟁의 피해를 입은 국가들에서도 '가내 서비스(하우스 메이드)'가 전체 여성노동 중 비중이 가장 큰 단일 직업이었다.

식모 자리를 구하러 제일 먼저 들르는 곳은 '직업소개소'였다. 직업소개소가 전국에 15개 있었으나 전쟁으로 서울을 비롯해 9개만이 명맥을 유지하고 있었다. 그러나 사무실도 전담 인력도 제대로 갖춰지지 않아 본래의 제 기능을 하기에는 역부족이었다. 직업소개소에서 제일 인기가 많은 직종은 단연 식모였다. 1953년 4월부터 12월까지 9개월 동안 이들 직업소개소는 3448명 구직자 중 1560명에게 직업을 알선했는데 남성은 노역장 1104명, 여성은 점원 등 44명을 제외한 412명이 식모 또는 하녀였다. 1956년 보건사회부 발표에 따르면 전국의 직업소개소에서 1047명의 여성에게 취업을 알선해주었는데, 이들 역시 대부분 식모였다.

식모의 규모는 정확한 파악이 어렵다. 통계조사에 포함되는 공식적인 직업이 아니었기 때문이다. 1955년 인구센서스에서는 '가사서비스업'에 종사하는 사람이 4만 9105명으로 집계되었고, 1958년 조사에서는 '특수직업여성'으로 분류된 6만 3731명의 식모가 있었다. 이런 통계는 현실을 반영하지 못했다. 1958년 4월 15일 서울역 광장에 문을 연 '경찰안내소'에서 한 달 반 동안 식모 자리를 알선한 건수만 해도 221건이었다. 《서울연감, 1960》(서울신문사, 1959)에 따르면 서울에만 식모가 9만 명이 존재한다는 추정도 있다. 식모살이의 경로는 직업소개소보다 개인 또는 무허가 직업소개소의 소개가 훨씬 많아 통계 산정의 어려움이 많았다.

전쟁으로 수많은 가정이 피해를 입었지만 그렇지 않은 곳도 있었다. 식모를 두던 습관은 전쟁 후에도 계속 이어졌다. 식모 자리를 원하는 사람이 많아지니 식모를 구하기가 쉬운 것은 당연했다. 게다가 전쟁까지 겹치면서 식모를 구하는 사람들이 훨씬 유리해졌다. 경쟁이 심해지면서 식모 단가는 더욱 내려갔고 급기야 월급은 안 주고 잠자리와 식사를 제공하는 조건만으로도 식모를 둘 수 있게 되었다. 완벽하게 고용주 우선 시장이 형성되었다. 이에 따라 웬만한 집에서는 너도 나도 식모를 썼고 도시의 서민들도 식모 두는 것을 주저하지 않았다.

동난動亂이 가져온 선물 중의 하나로 어느 가정이나 식모를 두었다는 것을 들어 무방하다고 생각한다. 경제적으로 여유가 있는 가정에서는 물론 단칸짜리 셋방살이, 판자집 살림에도 환경과 가정 형편은 염두에도 없다는 듯이 서로 다투어 너도 나도 식모를 두고 있다.

– 〈식모에 대한 대우를 개선하자〉, 《여원》 1957년 11월호

이렇게 전쟁은 서민마저 식모를 둘 수 있게 만들었다. '전쟁과 식모'의 인과관계에서 또 하나 빼놓을 수 없는 게 식모의 연령대였다. 행랑 어멈이나 침모 등에서 볼 수 있듯이 식모는 사실 집안일에 능숙한 기

혼 여성에게 적합한 직업이었다. 돈을 받고 남의 집안일을 해주려면 그
에 상응하는 능력이 있어야 하니까 말이다. 그러나 전쟁을 겪으면서 식
모 나이는 10대로 대폭 내려갔다. 10대 소녀들이 식모시장에 진출한 배
경은 집안 사정을 외면할 수 없어서였다. 수요자들에게 10대 소녀의 가
장 큰 매력은 월급이 적다는 점이었다. 또 나이 든 식모는 걸핏하면 그
만두고 부리기 쉽지 않은데 어린 식모들은 그럴 가능성이 적었다. 일제
강점기에도 식모들이 오래 머물지 않는 게 집주인들의 공통적인 불만
이었다. 나이가 어릴수록 월급은 내려갔고, "월급을 주지 않아도 좋으
니 아이를 맡아달라"고 먼저 말하는 사람도 많았다. 이런 상황이니 어
린 식모를 마다할 이유가 없었다. 최옥자(가명, 서울 서초구) 씨도 삼촌
의 손에 이끌려 1954년 열세 살 때 식모살이를 했다.

피난 중 부모와 헤어져 작은아버지와 같이 살았는데 눈치를 주진 않았
지만 그 집도 여유가 있는 게 아니라서 괜히 군식구 느낌이 들잖아. 작
은아버지한테 남의 집에서 허드렛일 할 수 있게 알아봐 달라고 했어.
얼마 뒤 작은아버지 손잡고 어떤 집에 들어갔는데, 집주인이 나이가
서른 살쯤 되었나, 아주 나쁜 년이었어.

열세 살짜리가 뭘 알겠어. 그런데도 일 못한다고 부지깽이로 얼마나
맞았는지 몰라. 머리도 터졌다니까. 먹으라고 준 밥도 찬밥이나 누룽
지여서 물을 끓여 말아 먹어야 했고 반찬은 간장에 김치 대가리였나?
아랫목 이불 속 따뜻한 밥을 몰래 먹으면 얼마나 귀신같이 알아채는
지…. 월급은 아예 받을 생각조차 못 했지. 한 3년 넘게 있었을걸. 나이
가 어려서 처음엔 때리는 대로 맞고 무조건 잘못했다고 빌었어.

그날도 무슨 까닭인지 모르지만 매를 맞아 이대로는 못 살 거 같더라
고. 다음 날 아무도 없는 틈에 옷이랑 반지를 훔쳐 달아나는데 옆집 식

모언니가 부르는 거야. 사탕이나 과자 같은 먹을 것도 챙겨주고 옷도 꿰매준 착한 언니였는데 내 꼴을 보니 도망치는 걸 대번에 안 거지. 언니가 작은집으로 가지 말래, 잡힌다고. 근데 나중에 알고 보니 작은아버지도 이사 갔더라고.

언니네 엄마가 아파 한동안 병간하면서 같이 살다 삼각동 집에 식모로 들어갔어. 쥐꼬리 월급을 받긴 받았는데 거기서도 구박을 하는 거야. 주인집 아들놈도 눈치가 이상해서 무섭기도 하더라고. 그렇게 1년 정도 지내다 장보러 남대문시장에 갔는데 거기서 작은아버지를 만났어. 보자마자 막 눈물이 나 어린아이처럼 엉엉 울었어. 작은아버지도 미안하다며 울고.

다음 날 삼각동 집을 나와 작은아버지 옆집에 다시 식모로 들어갔어. 진짜로 하기 싫었는데 어쩔 수 있나. 거기서도 1년 있었는데 그렇게 나쁜 주인은 아니었어. 다행히 작은아버지 장사가 자리 잡아서 식모를 관두고 작은아버지 가게에서 일했지. 어휴! 어렸을 때 식모살이했던 걸 생각하면 아직도 치가 떨리는걸. 그래도 난 탈이 없던 축이야. 험한 꼴 당한 애들이 얼마나 많았다고.

최옥자 씨는 작은아버지가 중매 선 남자와 결혼했다. 부부는 장사수완이 좋아 얼마 뒤 돈을 벌었고, 둘째 아이를 낳자 식모를 두었다. 옛날 생각해서 잘해주었지만 식모들이 오래 머물지 않았다고 한다. 그래도 한 아이는 4년 있었고, 한동안 명절 때마다 인사하러 왔다고 말했다. 그는 자신의 인생에서 식모살이할 때가 인생에서 가장 '어두운 때'였다고 말했다. 전미순 씨와 최옥자 씨의 식모 경험은 대조를 이루지만, 전쟁은 그렇게 10대 소녀들을 식모로 내몰았다. 이 미성년 식모들은 최옥자 씨처럼 집 안에서 은밀히 자행되는 주인의 학대와 폭력에 무방비 상태였다. 돈 한 푼 못 받고, 도둑 누명을 쓰고, 매 맞고, 성폭력에 휘둘리고, 살해까지 당하는 피해는 미성년 식모일수록 심했다.

고향을 떠난 순이

전쟁이 끝난 후 더 많은 사람들이 도시로 모여들기 시작했다. 땅은 포탄으로 피폐해졌고, 부역자나 빨갱이 오명을 쓴 사람들은 고향을 등졌다. 정부의 정책도 농민에게 악영향을 끼쳤다. 전쟁 직전에 이승만 정부가 실시한 농지 개혁은 자작농 양성이 목적이었으나 중소지주가 대폭 감소하고, 가구당 경작 규모를 더욱 영세하게 만드는 결과를 낳았다. 1956년 미국산 양곡과 농산물 지원으로 식량 문제를 완화할 수 있었지만 국내 농산물 가격이 하락해 농촌경제는 더 위축되었다. 농민들은 고리채로 시달리고 춘궁기에는 양식이 떨어진 농가가 속출했다. 빌어먹을지언정 여기서처럼 굶어 죽지는 않는다는 희망을 안고 도시로 출발했다. 실제 1958년 기준 1인당 평균임금을 보면 농촌은 552환이었고 도시는 939환으로 1.7배의 격차가 났다.

이촌향도는 1960년대에 가장 활발하게 진행되었다. 그 원인으로 우선 인구 증가를 들 수 있다. 전쟁 후 어느 정도 안정기에 접어들자 베이비 붐이 일어났다. 교통이 발달해서 도시로의 이동도 편해졌다. 가장 큰 원인은 정부의 정책이었다. 쿠데타 정권은 1·2차 경제개발 5개년 계획을 추진하면서 노동집약적인 경공업을 육성했다. 이에 필요한 노동력을 확보하기 위해 저곡가 정책을 폈고, 수익이 악화된 농촌 사람들을 떠나게 만들었다. 1967년 농가소득은 도시의 절반에도 못 미쳤다. 1960년대 중반부터 해마다 50만~70만 명이 도시로 향하는 인구 대

이동이 시작되었다. 공업화가 본격적으로 시작되면서 젊은이들은 공장으로 갔고, 그러지 못한 사람들은 도시의 변두리 판잣집에 살며 불안정한 직업에 종사해야 했다. 1970년 한 연구에 따르면 1966년에 서울로 올라온 사람 중 40퍼센트가 직업이 없는 상태였고, 이들 중 55퍼센트가 4년이 지나도록 여전히 직업을 구하지 못했다.

서울을 비롯해 도시로 유입되는 사람 중 가족 단위가 아닌 단독으로 이동하는 경우의 대부분이 29세 이전의 미혼 남녀였고, 특히 여성은 15~19세가 많았다. 1969년 서울시 부녀과에서 조사한 바에 따르면 상경한 여성 6740명 중 18세 미만이 2527명을 차지했다. 5년 뒤인 1974년 이화여자대학교 농촌문제연구소 조사에서도 농촌을 떠날 당시의 나이가 13세 이하 9.0퍼센트, 14~15세 9.3퍼센트, 16~17세 27.2퍼센트, 18~19세 40.4퍼센트, 20세 이상 14퍼센트로 응답자의 86퍼센트가 20세 미만에 서울로 올라왔다. 서울시 부녀과가 운영하는 부녀상담소에 찾아온 무작정 상경 소녀는 1969년에 1만 554명이었는데 이는 1965년보다 세 배나 증가한 수치였다.

이들의 상경은 날씨가 풀리고 보릿고개가 한창인 춘궁기에 집중되었다. 지난해 가을 거둔 농작물로 각종 비용과 세금을 지급하고 나면 초여름에 보리가 수확될 때까지 버틸 수 없었다. 이때는 초근목피草根木皮, 즉 풀뿌리와 나무껍질로 끼니를 잇고 걸식이나 빚 등으로 연명할 수밖에 없었다. 일제 강점기부터 발생한 보릿고개는 곡물 원조로 완화되었으나 그것만으로 상경 물결이 잦아지진 않았다. 이후 도시화·산업화가 지속적으로 진행되면서 상경은 철을 가리지 않았다.

농촌이나 도시 빈민 가정의 빈곤 탈출 전략은 두 가지였다. '계층 상승'과 '한 입 덜기'. 이 전략을 실행하는 데에는 가부장적 가족주의 이데올로기가 작동했다. 빈곤층 가계에서 제일 많이 지출하는 게 식비였

고 그다음이 교육비였다. 가진 것 없는 집안에서 교육은 계층 상승의
유일한 사다리였고, 아들들이 사다리를 밟는 수혜를 누렸다. 반면 딸
들은 한 입 덜기의 최전선으로 내몰렸다. 딸은 어차피 출가외인이 될
것이므로 집안의 발전에 별 도움이 안 되었다. 밥상에서 숟가락 하나
를 빼야 할 상황이 닥치면 딸은 고려 대상 1순위가 되었다. 나아가 한
입 더는 데 그치지 않고 돈을 벌어 가정경제에 도움이 된다면 금상첨
화였다. 아들들에게는 '너의 발전이 집안의 발전'이라고 주문하고 강요
했지만 딸들에게는 '너의 발전'은 없이 '집안의 발전'을 위한 뒷바라지만
을 강요했다.

실제 직업안정소나 '희망의집'에서 상경 동기를 조사하면 취직해서
돈을 벌기 위해, 교육과 기술을 습득하기 위해, 가정불화 등 대부분 경
제적 이유였다. 무엇보다 농사일해서는 돈을 만지기 어렵지만 도시는
달랐다. 일한 만큼 돈을 벌 수 있고, 그 돈이 자신의 주머니에 들어오
는 점은 이제껏 누려보지 못한 기쁨이었다. 모험심 많고 혈기왕성한 젊
은이들은 기회가 많은 서울로 올라가면서 '산 입에 거미줄 치랴', '몸 하
나 붙일 곳이 없으랴' 하는 막연한 기대를 가졌다. 실제로 도시에 나가
고향에 돈을 부치는 이웃집 '순이'는 동네 또래의 부러움을 샀다.

노파   순이한테서 편지는 잘 오나?

이 씨   (근심스러운 얼굴을 지으며) 곧잘 편지 오드니 지난번에는 돈만
        오고 편지는 안 왔습니다.

노파   순이야 착실하고 몸이 건강하니 무스기 일이 있겠노. 그런데
        순이가 서울 식모살이 가서 돈을 부친다는 바람에 이 고을 가
        스나그 하나도 안 남겠다이. 오서방 딸도 서울 식모살이 갔제,
        옥이도 갔제 하니까 마을 가스나그들 마음이 들떴다이. 그놈에

서울이 그렇게 좋은지 서울 갔다 온 사람 말 들으니 자동차가 많고 높은 집들이 빽빽이 서 있다 카는데 나 같으면 고 속에 끼어 살가 싶지 않다.

이 씨 　(노파의 말에 웃음 지으며) 정말 우리 같은 촌사람이 가믄 얼빠질 겁니다. 그렇지만 젊은 사람들은 눈만 뜨면 서울 서울 하니 서울이 좋은가 보지요. 무엇보다도 일하면 돈이 생긴다 카니 농사짓는 거보다 편하지 않겠는기요.

－《동아일보》1959년 1월 19일자

　　돈 부치는 '순이'도 옆집 순이의 상경을 부추겼지만, 화려한 도시에 대한 동경도 이촌향도의 한 원인이었다. 텔레비전도 한 역할을 했다. 텔레비전은 1956년에 방송을 시작했고 1960년대 중반에는 시청 가능 지역이 전국으로 확대되었다. 보급률이 높지 않아 옆집에서 '동냥시청'을 했지만, 태어나서 처음 보는 '활동사진이 붙은 라디오'는 청춘들의 가슴을 뛰게 했다. 그리고 화면에 비치는 서울 상류층의 모습은 자신의 궁핍한 처지와 오버랩되면서 환상과 성공의 기대치를 높여주었다. 텔레비전 화면을 동경하며 보따리를 싸서 올라온 서울은, 그러나 기회의 땅이 아니었다. 가정에 도움이 되고자 하는 소박한 희망조차 허락하지 않았다.

　　텔레비 때문에 식모가 나갔다고 A 씨는 불평을 털어놓았다. 텔레비가 대체 식모와 무슨 관계가 있는 걸까? 시골 처녀들은 텔레비에 대한 호기심이 대단하다. 서울로 식모살이를 하러 온 이유 가운데 하나가 바로 텔레비를 구경하는 것이기도 하다. "뽕도 따고 임도 보고"가 아니라 "돈도 벌고 텔레비도 보고"이다. 그러나 불행하게도 A 씨 집에는 텔레

무작정 상경하는 시골 소녀들. (경향신문사)

비전이 없다. 그래서 식모들을 시골에서 데려오면 곧 떠버린다는 것이다. 이왕이면 텔레비 있는 집에서 식모살이를 하자는 속셈이다. "이쯤되면 한국의 문화수준도 대단한 것이 아니냐"고 A 씨는 약간 상기된 얼굴로 비꼬아 말한다. 아닌 게 아니라 그의 심정을 이해할 수도 있을 것 같다. 텔레비가 없으면 식모에게도 업신여김을 받아야 하는 세상이다.

－《경향신문》 1964년 2월 20일자

상경하는 소녀들이 걷잡을 수 없이 많아지면서 서울은 골치를 앓았다. 이로 인해 발생하는 사회문제가 한두 가지가 아니었다. 춘궁기와 여름철이면 각 신문 사회면에는 '봄의 골병 무작정 상경' '무작정 상경에 도사린 함정' '낭자군 상경' 등의 기사들이 단골로 등장했다. 이들을 근본적으로 막을 당국의 대책은 없었다. 식모 자리 같은 불안정한 직업을 알선해주거나 되돌려 보내는 것이 최선이었다. 1969년에 부녀상담소는 찾아온 여성의 38퍼센트를 고향으로 되돌려 보냈다고 언론에 밝혔다.

결국 당국의 대책은 고작 이들을 다시 고향에 돌려보내는 것에 그칠 뿐 근본적인 대책이 아쉽다. 고영복 교수(서울문리대)는 "도시 편중의 불건전한 가치관이 농촌개발 의욕을 막고 있다"고 지적, 도시와 농촌의 격차를 줄이는 것만이 근본대책이라고 진단한다. 농촌의 젊은이들이 스스로 고장을 위해 무언가 보람 있는 일을 찾아 지역사회 개발에 힘쓸 수 있는 여건이 마련되어야 한다는 것.

－《경향신문》 1970년 4월 25일자

농촌 살림은 '네 살짜리도 거들 일이 있다'고 할 정도로 일이 많다.

특히 소규모 경작을 하는 빈농 가정은 수확물이 생계에 직접적인 영향을 끼치므로 가족 구성원의 노동력은 허투루 쓰면 안 되었다. 논밭으로 일 나간 부모를 대신해서 소녀들은 산에서 나무해 오기, 어린 동생 봐주기, 밥하기, 빨래하기, 나물 뜯어 오기를 해야 했다. 어리광은 사치였다. 가족의 생계가 나의 문제라는 인식은 어려서부터 무의식적으로 축적된 산물이었다. 이렇게 가사노동이 손에 익은 상경 소녀들에게 식모살이는 필연적이었을지도 모른다. 비록 남의 집이라도 가정이라는 울타리에 있으므로 안심이 되기도 했다. 식모살이하는 집은 도시 적응 과정의 첫 번째 장소로 적합했다. 식모의 연령대는 13~18세가 제일 많았는데 이후 나이에서 급격히 감소하는 현상은 결혼 또는 다른 직장을 구하고 식모 생활을 청산했음을 의미한다. 1969년 서울시 부녀과에서 조사한 바에 따르면 상경 소녀들의 희망 직업은 직공이 제일 많았지만 취직하는 경우는 드물어 결국 일정 기간 식모살이를 한 다음 자신의 길을 찾아 나섰다.

한편 1960년대 초까지만 해도 10대 소녀가 공장에 다니는 데 대해 부모나 예비 식모 양쪽 모두가 두려워하는 시각도 있었다. 그들은 공장이라는 생소한 환경보다는 차라리 식모살이가 어린 소녀를 보호하고 미래에 그 소녀들이 가정에서 할 역할을 수행하는 데 도움이 될 것이라고 생각했다. 실제 당시 '요보호여성'이라 불린 여성들을 보호하던 '희망의집'에서도 남성과의 접촉이 잦은 공장에서 일하거나 점원 등으로 근무할 경우 도덕적 타락을 우려, 그들이 가정생활을 익히고 살림 살이하는 법을 배울 수 있는 '가정부'로 보내는 것이 가장 안심된다고 언급하기도 했다. 그러나 희망의 집 요보호여성들의 희망 직업은 은행원, 영화배우, 양재사, 미용사 순으로 식모는 아예 항목에도 못 끼었다. 이미 경험했던 식모살이의 실상을 알고 있기 때문이었다.

서울역 광장의 함정

식모의 취직은 일반적으로 지인의 소개나 '직업안정소', 부인회 등 시민단체의 알선을 통해 이루어졌다. 직업안정소는 일제 강점기의 직업소개소와 같은 역할을 하는 공적 기관이었다. 전쟁 전에는 지방자치 단체가 운영했으나 1961년 '직업안정법'이 공포되어 보건사회부장관 소속하에 직업안정소를 설치, 운영하도록 규정했고, 시행령에서 지방자치 단체의 조례로써 설치, 운영하도록 했다. 이에 근거하여 전국 44개소의 직업안정소가 지방자치단체에 의해 설치, 운영되었으나 별다른 실효를 거두지 못했다. 업무 자체가 전문적인 지식과 경험을 필요로 할뿐더러 곳곳의 조직들이 하나로 연결되어 정보 교환이 긴밀히 이루어져야만 효과를 거둘 수 있기 때문이었다. 그 후 경제개발계획이 진행되면서 인력 자원의 수급을 조절하기 위해 1967년 3월 직업안정법을 대폭 개정했다. 이에 따라 노동청이 주관하는 직업안정소 25개, 유료 직업소개소 310개(서울 87개, 지자체가 운영하는 14개 포함)로 재편되었다.

서울의 직업안정소는 용산에 자리 잡고 있었다. 도시 영세민, 상경 여성, 사람을 구하는 주부들이 많았다. 이곳 직원들은 방문자를 기다리기만 한 게 아니라 서울역으로 외근 나가 상경 소녀들과 상담도 했다. 운이 좋은 상경 여성은 마땅한 직업을 구할 때까지 부녀복지회관에서 숙식할 수 있었다. 1962년 기준으로 하루 먹고 자는 데 15원이 들었다. 시골에서 올라올 때 약간의 돈을 준비했으므로 그 정도는 개인이 부담할 수 있었다. 직업안정소에서 가장 활발한 소개 직종은 식모였다. 식모의 경우 구직자에게 주소와 동의서를 받은 다음 적당한 집을 무료로 소개해주었다. 동의서에는 식모가 사고를 치더라도 직업안정소와는 무관하다는 내용이 명시되었다. 식모가 범죄자로 둔갑하는 경우가 많아 이에 대한 책임을 피하기 위한 사전조치였다. 식모를 제외한 다른 직종, 예를 들면 직공이나 사무원 등은 원하는 자리를 구하기 힘들었다. 취직하는 데 필요한 조건(학력과 나이)이 안 맞았고, 직업안정소에서도 그런 안정된 일자리를 확보하지 못하고 있었다. 이런 현상은 직업안정소가 대대적으로 개편된 후인 1968년에도 마찬가지였는데, 그해 취업을 알선한 사람이 9만 2700명이었고 이 중 64퍼센트가 식모나 접객부(상점 점원)였다.

> 서울 '시립직업안정소'(용산구 갈월동 69번지)에는 하루 20~30명의 여성들이 취직자리를 구해달라고 찾아온다. 이곳에서 소개해주는 직장은 대부분 식모 안내원 차장 급사 등으로 한정되어 있으며 모든 편의를 무료로 맡아 보아주는 관계인지 많이들 이용하고 있다. 놀라운 것은 이들의 취직률이 100퍼센트에 가깝다는 것이다. 그러나 직업안정소에 찾아오는 사람들이 꼭 원하는 자리를 구하기는 힘든 편이요, 대개는 수월한 식모 자리를 구하는 수가 많다.
>
> ─《경향신문》1962년 9월 20일자

《동아일보》1963년 3월 26일자에 따르면 용산 직업안정소에 식모를 구해달라고 부탁하는 가정주부가 하루에 20~30명이고 식모 자리를 원하는 사람이 12~17명이었다. 직업안정소를 거친 사람들은 상대적으로 안정된 식모살이를 할 수 있었다. 담당 공무원이 집주인의 재력을 파악한 뒤 식모 자리를 소개해주었고, 그 후에도 관리 점검을 하기 때문에 월급 갈취, 비인간적인 대우를 어느 정도 예방할 수 있었다. 이곳은 기차역에서 막 내린 소녀보다는 어느 정도 도시 생활을 아는 20세 전후의 여성이 많이 찾았다.

직업안정소를 찾는 식모들은 어떤 집을 원했을까? 1962년 9월 20일 자 《경향신문》의 르포 기사를 보면 돈보다 '가족적인 집'을 원했다. 일터이면서 동시에 의지할 곳이 필요한 식모의 처지가 반영되었다고 할 수 있다. 가족 수는 일의 많고 적음의 기준이 된다. 식모들은 5인 가정을 원했으나 당시 서울의 가구당 인원은 6명이 넘었다. 5인 가족을 기준으로 20세 미만은 400~500원, 20세 이상의 성숙한 처녀는 600~700원을 받고 싶어 했다. "나이 어린(보통 15세) 처녀가 무턱대고 일은 힘겹더라도 돈을 많이 받고 싶어 하는 경우가 허다하다"라는 내용도 기사에 실렸다.

나이가 어릴수록 직업안정소보다는 지인의 소개 또는 무허가 직업소개소를 찾는 경우가 많았다. 이런 소녀들에게는 최종 목적지에 도착하기까지 몇 가지 위험이 도사리고 있었다. 서울역 개찰구에서 나온 상경 소녀들은 알을 깨고 바다로 향하는 새끼거북이와 같은 처지였다. 자연계의 포식자들이 그때를 정확히 알고 있듯 인간계의 포식자들도 소녀들이 서울로 온 이유를 훤히 꿰뚫고 있었다. 그들은 보따리를 가슴에 품고 광장에서 두리번거리는 소녀들에게 다가갔다. 매우 친절하게 '바로 갈 수 있는 식모 자리가 있다', '착하고 월급 많이 주는 아줌마가 급히 식모를 구한다', '남대문에서 장사하는 사람인데 돈을 많이 주겠다'고 말하면 세상 물정 모르는 소녀들은 운이 좋다고 생각하며 수줍은 미소를 지었다. '눈 떠도 코 베는 서울'은 희생자들이 남긴 교훈이었다.

아가씨의 고향은 강원도 정선군. 작년 4월 내의 두 벌만을 보따리에 싸들고 서울행 기차를 탔단다.

'식모라도 잘만 하면 남의 전답을 부치며 근근이 살아가는 부모의 힘을 덜어주고 하나뿐인 남동생도 중학교에 보낼 수 있겠지' 하고 청량리역에서 내려 두리번거리고 있을 때 40세가량의 아줌마가 친절하게 말을 걸어왔다.

"시골서 온 모양인데 내가 있을 데를 마련해줄 테니 가자"는 여인을 따라 역 근처 무허가 하숙집까지 갔다. 박 양은 식모로 가겠다고 했으나 그보다 수입도 낮고 재미있는 데가 있다는 여인의 말에 솔깃해 따라간 곳이 성동구 중앙시장 안 어느 술집이었다.

"처음엔 주인이 한복도 사주고 친절하게 해주어 얼떨떨했어요. 술만 따라주면 된다기에 며칠은 그대로 했죠. 그런데 며칠 후 주인이 시키는 대로 밤늦게 손님을 따라갔다가…. 그만두겠다고 했더니 '소개비와 옷값이 1만 원이 더 들어갔는데' 하면서 머리채를 쥐어뜯고 매질을 하더군요." "첫 달 월급은 화장품값 옷값이고, 둘째 달은 목욕값 받아 쓴 거 하고 단골손님이 안 낸 외상값이고…. 그러다 보면 빚만 쌓이죠. 내 친구 하나는 빚 때문에 창녀로 팔려갔다가 결국 자살까지 했어요." 이렇게 흔히 그들은 청춘을 짓밟히고 인생마저 남의 손아귀에서 희롱당하고 있다.

－《동아일보》1971년 3월 30일자

치안 당국은 서울역, 용산역, 영등포역 등 거점 지역에 '안내소'를 설치하여 상경 소녀가 이들 손에 넘어가는 것을 사전에 막았다. 이들을 검거하고, 취업(대부분 식모)을 알선하는 일을 하였으나 가장 중요한 일은 이 보따리 소녀들을 다시 고향에 돌려보내는 일이었다. 그러나 쏟아져 나오는 그들 모두를 감당할 수는 없었다.《동아일보》1970년 6월 1일자는 이런 문제점을 해결한답시고 다소 현실성 없는 방안을 제시하기도 했다.

1. 식모를 두는 집이나 접객업소, 사설소업소의 고용주는 피고용인의
   고향보호자에게 즉각 연락하여 승낙서와 주민등록초본을 첨부하여
   거주하게 될 지역의 경찰서 지파출소에 신고하게 한다.
2. 신고받은 지파출소에서는 보호자에게 연락하여 재확인한다.
3. 이를 이행하지 않을 때는 고용주에게 유괴죄를 준용한다.

역전에서 '유인의 그물'을 용케 빠져나왔더라도 식모가 되려면 건너
야 할 다리가 있었다. 신문에 '식모 구함'이라는 1단짜리 광고를 내는
무허가 직업소개소였다. 1968년 이전까지 전국에 44개 직업안정소가
있었으나 상경 소녀들을 받아주기에는 역부족이었다. 이 틈을 타 사
설 직업소개소들이 우후죽순 생겨났다. 전국의 무허가 직업소개소는
1968년 노동청 조사에 따르면 약 300~500개소였으나, 간판도 없이 비
밀리에 영업하는 곳도 많아 실제로는 훨씬 많았다. 서울에만 100여 개
있을 것으로 추산되었다. 무허가 직업소개소에서도 식모는 인기 직종
이었다. 어떤 곳은 아예 '식모 소개'라고 간판을 걸었다. '믿을 만한 식
모 구해줌'이라는 말로 주부들을, '가족과 같이 지낼 분', '최고 월급 줌'
같은 말로 예비 식모들을 유혹했다. 서울역 광장 공중전화 부스에는
상경 소녀들이 광고에서 본 무허가 직업소개소에 전화를 걸기 위해 줄
을 섰다. 주부들에게는 보통 1500원의 알선료를 받았고, 식모가 10일
이내에 나가면 700원을 반환하는 조건이 일반적이었다(1968년 기준).

사무실도 없거나 다른 점포의 한구석을 칸막이하여 전화 한 대 놓
고 영업하는 곳도 많았다. 이런 곳일수록 범죄의 온상일 가능성이 높
았다. 이른바 '악덕 직업소개소'는 정상적인 식모를 '취급'하지 않았다.
부잣집 마님이 오면 직업소개소 '끄나풀'이 그 자리로 들어갔다. 두둑
한 소개비를 받을 뿐 아니라 길면 한 달 정도 일한 후 그 집의 물건을

훔쳐 달아났다. 이들을 '악당식모'라고 불렀다. 꿩 먹고 알 먹는 이 수법에 주부들이 항의해도 "그런 일 없다"며 오리발을 내밀면 당해낼 재간이 없었다. 이는 악덕 직업소개소의 보편적인 범죄 유형이었다.

이들이 정작 노리는 먹잇감은 따로 있었다. 서울역에서 전화를 한 상경 소녀들이 사무실 문 열기만을 기다렸다. 악덕 직업소개소 사람들은 머물 곳이 없는 소녀에게 '며칠만 일하면 하숙집 두세 달 보증금을 벌 수 있는 곳'이라며 그들을 데려갔다. 인신매매나 다름없는 그들의 수법은 일사천리로 진행된다. 저녁 무렵 직업소개소 직원을 따라 도착한 곳은 가정집이 아니었다. 소녀는 일말의 불안감을 느끼면서도 그 뒤를 따른다. 미로나 다름없는 골목 끝에 다다르면 직원은 포주로부터 묵직한 돈다발을 받고, 소녀는 그 순간부터 빚을 떠안게 된다. 소녀는 이곳이 윤락가임을 얼마 뒤에야 알아채지만 도망갈 수 없다. 어디가 어딘지 모르는 도심의 어둡고 좁은 골목에서 소녀는 방향감각을 잃었고, 험악한 사내가 곳곳에서 눈을 부라리고 자신을 주시하고 있었다. 그곳에서 감금당한 채 몸을 팔아도 빚은 줄어들지 않았다. 1964년 8월 《동아일보》가 소공동에 위치한 무허가 직업소개소를 취재한 바에 따르면 무허가 직업소개소는 창녀의 경우 포주로부터 1000~1500원, 접대부의 경우 월급의 10퍼센트 소개비를 받았다.

무허가 직업소개소는 유괴 인신매매로도 사회적 물의를 일으켰다. 1969년 12월 초등학교 6학년 여학생이 직업소개소의 꼬임에 빠져 식모로 들어가 학대받다가 탈출했다. 이 학생의 부모는 정식으로 무허가 직업소개소를 고발했고 이 사실이 언론에 대대적으로 보도되자 당국은 일제히 단속을 실시했다. 그러나 단속은 일시적일 뿐이었다. 그 기간 동안 무허가 직업소개소는 잠시 간판을 내리거나 '자립생활상담소', '소년생활상담소'라고 간판을 바꿔 달고 영업을 계속했다. 언론은 '도심 속의 인신매매소' 또는 '악의 길잡이'라며 무허가 직업소개소의 탈법·위법행위를 맹비난했다.

양성화 이후 허가받은 유료 직업소개소도 문제가 많았다. 사무실이 술집에서 불러주길 기다리는 여성의 대기소로 전락하는가 하면 탈세도 빈번했다. 1972년 12월 경찰과 공무원 합동단속반은 대구 시내에 있는 직업소개소 36개를 일제히 수사, 미성년자를 식당과 가정에 식모로 소개한 10개 업소와 기준 미달 업소 11개소를 적발하고 탈세도 밝혀냈다. 이렇게 허가받은 곳에서도 계속 말썽이 나자 정부는 1979년에 직업소개소 허가를 모두 취소하는 강력한 행정 조치를 취했다. 정부는 폐쇄 조치 10년 후인 1989년 공인노무사 자격증 취득자와 자본금 1억 이상 등의 까다로운 조건을 붙여 영업허가를 재개했다.

상경 후 식모로 정착한 소녀들의 일상은 1970년대 중후반까지 도시의 풍경을 장식했다. 해가 뜨기 전에 일어나 연탄재를 집 앞 쓰레기통 옆에 내다버리고, 머리에는 하얀 손수건을 쓰고 허리춤에는 앞치마를 두른 채 밥 짓고, 쓸고, 아기를 업고 걸레질하고, 장바구니를 들고 주인 아줌마를 따라 시장에 갔다. 이런 식모들은 가정을 배경으로 한 영화나 드라마, 소설, 수필에서 가정을 묘사하는 데 어김없이 등장한 필수 배역이었고 드물게 주인공이 되기도 했다. 방송과 언론에서도 식모와 관련된 사건·사고를 끊임없이 보도했다.

식모를 둔 판자촌

식모들의 규모 및 노동조건에 대한 공식적인 기록은 찾아볼 수 없다. 그들은 '직업인'이 아니어서 조사할 필요도 없었다. 비공식적인 집계는 있다. 1965년 경찰은 서울에 식모 5만 명이 있을 것으로 추정했고, 1966년 《조선일보》는 서울의 100가구당 22가구가 식모 또는 고용인을 쓰고 있으며 약 7만 명의 식모가 있다는 조사 결과를 발표했다. 《조선일보》는 1970년대 초에는 식모가 약 24만 6000명으로 증가하여 서울 전체 가구의 31.4퍼센트가 식모를 두고 있다고 했다. 그러나 서울시청이 공식적으로 밝힌 1970년 서울의 가구수는 100만이 넘는다. 이 수치와 비교해보건대 31.4퍼센트라면 식모가 30만 명 이상이어야 하므로 이 통계는 정확한 것이 아니다. 《경향신문》 1970년 5월 8일자에 실린, 서울 각 구 150가구를 대상으로 한 조사 결과에 따르면 상류층은 식모가 없는 집이 없고, 중류층의 식모 고용률도 85퍼센트에 이르며 심지어 두 식구 단칸 살림에 식모를 두고 주인집 식모방에 재우는 주부도 있었다.

전 가구의 30퍼센트 이상이 식모를 두는 현상은 선진국에서도 상상할 수 없는 일이다. 웬만한 중산층도 인건비 때문에 엄두를 못 내는데 당시 세계 최빈국 중의 하나인 한국에서 어떻게 그런 일이 가능했을까? 이에 대한 답은 수학 문제의 정답처럼 명확하다. 식모들의 인건비가 매우 낮았기 때문이다. 식구 중 한 입이라도 덜고, 한 푼이라도 벌어야 하는 구직자들이 너무나 많았다. 그들은 달리 갈 데가 없었다. 고용주들이 우위에 설 수밖에 없는 상황에 더해 어린이들까지 이 대열에 합류했다. 작은아버지 손에 이끌려 열세 살에 식모살이를 한 최옥자 씨의 사례에는 전쟁이라는 특수한 배경이 있었다. 그러나 전쟁의 피해가 어느 정도 사라진 후에도 "먹여주고 재워주기만 하면 됩니다. 잘 부탁드립니다"라며 구걸하듯 사정하니 인건비는 하락할 수밖에 없었다. 급기야 서민들도 식모를 둘 수 있었다.

"밥만 굶지 않고 사는 서울의 가정이면 모두 식모를 두어야 하는 것으로 알고"　　　　　　　　　　　　　　　　　　　　 -《여원》1966년 5월호

"우리 동네 중류가정들, 빠듯한 수입원을 가진 가정에서도 식모를 두고 있다."　　　　　　　　　　　　　　　　　　 -《여성동아》1968년 4월호

"식구가 단출한 집, 심지어 겨우 월세방 하나 얻어 살림을 시작하는 병아리 주부도 식모를 거느려야 되는 줄 아니"　　 -《주부생활》1970년 2월호

"서울 성북구의 한 표본조사에 의하면 셋방 사는 가구의 7할 5푼이 식모를 두고 있다."　　　　　　　　　　 -《조선일보》1967년 1월 15일자

《조선일보》가 조사한 성북구는 당시 서울 판자촌의 대명사였다. 그야말로 식모 전성시대였다. 한국에 온 외국 주부들은 웬만한 가정마다 식모가 있다는 사실에 매우 놀랐다. 반대로 외국 경험이 있는 한국 주부들은 그들이 식모가 없다는 데 놀랐다. 상황이 이러니 식모를 둘 수 있는 형편인데도 두지 않으면 '알뜰 주부'보다는 '구두쇠'라는 소리를 들었다. 주부에게 식모는 없어서는 안 되는 가정필수품 같았고, 식모가 없는 주부는 그들 사이에서 손가락질을 받았다.

참으로 오랜만에 옛 친구 숙이가 왔다. 손꼽아보면 6년 만에 만남이었다. 그리 좋았던 때가 전설처럼 흘러간 지금 우린 서로 너무 많이 변했다. 결혼을 했고 또 귀여운 아기엄마가 됐으니까. 무엇부터 어떻게 얘기해야 할지 기쁨과 당황의 순간이었다. 난 따끈한 차라도 마시며 서로 헤어졌던 동안의 얘기를 나누어보려고 찻상을 숙이 앞에 놓았을 때 "이거 국산 홍차로구나. 국산은 맛이 없어." 찻잔을 거들떠보지 않는 숙이.

"난 네가 왜 동창들의 모임에 늘 빠지나 했더니 식모가 없어 그랬구

셋방살이하면서도 식모를 두었다. (《마산일보》 1966년 12월 25일자)

나." 싸늘하게 식어가는 찻잔을 앞에 놓고 어떤 조소가 담긴 듯한 단어들이 거침없이 그녀의 입에서 흘러나오고 있었다. 내가 대접해준 한 잔의 차가 그리도 못 마실 정도로 향기가 없었고 식모 없이 살아가는 나의 모습이 너무 안타까워 무심히 표현한 말이라면 그 표현방법이 내 마음에 너무나 큰 저항감을 안겨주었다는 사실을 그녀는 왜 몰랐을까.

– 《경향신문》 1972년 12월 8일자

이런 현상을 감안하여 추측해보면 식모가 한창 많았던 1960년대에는 서울에만 최소 40만 명 이상의 식모가 있었을 것이다. 이를 기준으로 전국의 식모 수를 환산해보면 어마어마하게 큰 숫자가 나온다. 인건비가 싸다 보니 살림이 좀 넉넉한 집에서는 3명 이상을 두어도 경제적으로 부담이 되지 않았다. 아쉬운 쪽은 식모여서 그들의 대우는 점점 열악해졌고, 어느새 '하녀'의 신분으로 전락하게 되었다. 과연 이들의 처우가 어느 정도였길래 '하녀'라는 표현이 결코 과장되지 않았을까?

서울역 광장에 마련된 '여경안내소'. 무작정 상경하는 소녀들을 안내해주는 역할을 주로 했다. (《동아일보》 1961년 11월 18일자)

수수료를 챙긴 뒤 식모를 빼돌린 악덕 직업소개소. (《조선일보》 1968년 7월 2일자)

외국인 가정에서 성실히 식모살이를 하다가 도미(渡美)에 성공한 식모. (《경향신문》 1962년 4월 27일자)

식모는 새벽 4시부터 일어나
일을 한다. (《매일경제신문》
1968년 5월 18일자)

식모살이하면서 야간학교를
다닌 끝에 일본 유학까지 마
친 임숙재 근황 기사. 식모였
다가 해방 후 숙명여대 초대
총장이 된 입지전적인 인물이
다. (《동아일보》 1926년 4월
25일자)

唯一한希望, 美容師
年中無休…酷使의連續
책 읽고프나 時間없고

이 일을 하게된 동기

부모가 안계셔서	54명
집이 가난해서	63
농사일이 싫어서	27
집이 싫어 나와서	92
아는 사람의 권유	3
입어서 떠나와서	2
딴 취직이 안되어	16

보수는 얼마나?

보수	인원
없다	28명
1,000환	11
2,000	13
2,500	36
3,000	58
3,500	22
4,000	28
4,500	17
5,000	20
5,500	15
6,000	9

어떤 직업을 원하나?

직업	인원
은행원	3
의사	1
영화배우	13
양재사	22
미용사	89
화장품	7
포목상	11
사무원	5
양장점	3
직공	7
교원	19
여공	4
공무원	2
여경	1
군인	17
기타	53

대학생들이 조사한 식모 현황. (《조선일보》 1961년 12월 28일자)

게으른 닭과 개의 대화 만평에 등장한 식모. (《경향신문》 1955년 5월 26일자)

1960년 4월 혁명 후 노동조합 난립을 비꼰 촌평. 하지만 '식모노조' 등은 없었다. (《경향신문》 1960년 9월 4일자)

남성 식모

얼핏 식모는 여성만의 직업이었을 듯하다. 그렇다면 남성 식모는? 남자의 부엌 출입이 창피했던 사회적 분위기 아래 남자들이 식모살이를 한다는 것은 예외적 상황이 아니고서는 있을 수 없는 일이었다. 그렇지만 여성이 되고 싶었던 남성이 여장을 하고 식모로 취직하는 경우는 가끔 있어 가십거리가 되었다.

주인공은 본적을 경기도 여주군 능서면에 둔 김○○(24). 서울 시내 성북구 장위동 106 소재 주업 박○○(65) 집에서 식모살이를 하던 새파란 청년. 김 군은 3형제의 장남으로 태어나 본적지에서 소학교를 마치고 17세 때 부모를 한꺼번에 잃었다는데 어려서부터 여자가 되기를 몹시 그리워하던 김 군은 부모를 잃은 뒤 20세 때 양평에 있는 어느 양조장에서 공용살이를 하면서 남몰래 치마저고리 등을 몸에 휘감고 여장을 하기 시작하여 점차 대담해진 김 군은 그 후로 완전한 여장을 하고 동네를 나다니면서 동네사람들한테서 손가락질도 받고 주인한테도 야단맞자 작년 11월 여장을 한 채 서울로 올라와 장위동에 있는 전기前記 박 씨 집에서 식모살이를 해왔다.

7일 저녁 청량리시장에 들렀다가 불심검문하는 여경원에게 정체가 드러나고 말았는데 김 군의 키는 5척 5촌가량. 경찰서에 연행될 때 김 군은 연두색 저고리에 검은 '비도르'치마 옥색 고무신이라는 완전한 여장에다가 '파마'머리에 연지까지 하고 있었다.

취조 형사의 말에 의하면 김 군은 밤새도록 자기가 여자라고 우겨대면서 힐죽힐죽 울기까지 하여 남자 형사들을 괴롭혔다는 것인데 천으로 '유방'까지 만들어 가슴에 끼고 있는 김 군은 음성도 여자애 비슷하여 김 군을 식모로 고용하던 박 노인은 "틀림없는 여자인 줄 알았다"고 하면서 빨래 비누질도 곧잘 하여 이웃집의 한 모 노파(80)는 수양딸로 삼고 있었다고.

김 군은 서울에 오기 얼마 전에 인천 어느 목로 집에서 작부 비슷한 노릇도 했었다는데 "남자한테 유혹을 받은 일이 없다는 것"이 특색. 키가 워낙 큰 데다 영리한 맛이 없고 예쁘장한 점이 없는 까닭인 듯.

– 《동아일보》 1967년 10월 9일자

이 기사에 등장하는 것처럼 '김 군'은 법적으로 남성이지만 '성소수자'로서 '남성' 식모라고 지칭하기에는 한계가 있다. 인구에 회자된 '진짜 남성'의 식모살이는 대부분 경제적 곤란 탓이었다.

18세부터 부엌일을 해온 남자 식모가 20년 동안 밀린 품삯을 받게 해달라고 29일 각계에 호소하고 있어 화제. 주인공은 삼천포시 동동 227에 사는 총각 식모 우○○ 씨(37. 별명 뚱보백수).

우 씨가 식모살이를 하게 된 것은 어부였던 아버지를 여읜 18세부터인데 품팔이하는 어머니를 따라 빨래하고 밥 짓는 법을 익히다 시내 선구동 강 모 씨(64) 집에 고용되어 20년 동안 부엌일과 빨래 등 여자가 해야 할 일들을 해왔다고.

여인들로부터 갖은 희롱을 받았다는 우 씨는 지난달 20일 외출이 잦다는 이유로 20여 년간 해오던 남자 식모 일마저 해고됐다면서 체불된

20여 년간의 월급이나마 받게 해달라고 호소.

-《경향신문》1969년 4월 30일자

　현실에서 남성 식모는 존재감이 없지만 픽션, 특히 영화에서는 성황을 이루었다. 1968년 개봉한 〈남자 식모〉(감독 심우섭)는 개봉 첫날 국제극장 전석이 매진되었고 그해 흥행 4위를 기록했다. 남자가 식모를 한다는 기발한 발상으로 제작한 이 영화가 성공을 거두면서 〈남자 식모〉속편, 〈남자 미용사〉, 〈남자와 기생〉 등 '남자 시리즈'가 개봉되었다. "매 3초에 한 번씩 웃겨준다"는 코미디 영화로서 주인과의 권력 관계를 역전시키는 식모 이야기다. 메시지에 한계는 있지만 가부장적 사회를 풍자한 영화였다.

　남자 주인공 구형구(구봉서 분)는 한국전쟁으로 부모를 잃고 어린 동생 학업을 뒷바라지하는 장남이다. 외판원이었으나 학력이 없다는 이유로 해고된 후 반창고(김희갑 분)의 식모가 된다. 안주인이 남성 식모를 고용한 이유는 남편 때문이었다. 반창고는 이전에도 식모들을 성적으로 괴롭히곤 했다. 호색가인 남편에게 질린 안주인은 그나마 착한 여성이었다. 식모를 탓하지 않고 "네 잘못이야 있겠니"라며, 고향에 갈 여비를 챙겨주었다. 구형구는 20년 동안 요리업계에 있었다는 거짓말로 무난히 식모로 취직할 수 있었다. 여타 식모와 다를 바 없이 집안일의 연속이다. 일찍 일어나 아침상을 차리고 구두와 요강을 닦고 빨래, 다림질, 바느질 등으로 하루를 정신없이 보낸다. 전쟁고아로서 가족들을 부양하기 위해 고된 노동을 마다하지 않고 또 남자 주인의 성적 대상이 되는 영화의 배경은 당시 일반적인 식모 모습과 다르지 않다. 그러나 구형구는 수동적인 식모가 아니었다. 오히려 뻔뻔스럽기까지 하다. 첫날, 탄 밥과 생선을 식탁에 내놓자 식구들은 화를 낸다.

식모를 소재로 한 다양한 영화들.

구형구 쌀을 계속 먹으면 각기병에 걸린다는 사실을 유치원 때부터 배
웠을 텐데요, 이를테면 각기병에 걸리면 이게 안 되거든요. 비
타민B가 많은 누룽지를 가끔 잡숴야 한다, 이런 논법인데 내 말
이 어려워 이해가 되실런지.

안주인 미스터 구의 말이 백 배 옳아요. 어서 식사나 하세요.

반창고 나 원 참!

반창고 여동생 이건 생선이 아니라 숯 아니야.

구형구 이것 봐요, 생선을 바짝 태워 뼈다귀째. 이게 석회질이 풍부하
여 남성은 정력이 왕성해지고 여자는 솜처럼 보드라운 피부를
갖게 된다, 이런 곡절이 의학으로 증명되기에 아가씨를 미스코
리아는 못 만들망정 준미스코리아 정도는 만들어보겠다는 간
절한 소망으로 본인이 특별히 요리한 것인데 나의 심정을 그렇
게 몰라주다니 원망스럽소, 원망스러워.

구형구는 계속해서 자신이 만든 요리를 불란서식 요리법, 과학 조리
법이라 속이고, 엉터리 영양학적 지식으로 위기를 모면한다. 엉터리 식
모라는 것이 발각되기는커녕, 이로 인해 반창고의 가족들은 그를 신뢰
한다. 구형구에게는 또 하나의 무기가 있다. 바람을 피운다는 사실을
들킨 반창고는 구형구가 아내에게 발설할까 노심초사다. 반창고는 식모
의 비위를 맞추기 위해 '비굴함'을 감수해야 했다. 식모를 집까지 업고
오고 이부자리도 펴준다. 그러면서 주인의 바람기는 서서히 잠재워진
다. 영화는 구형구가 동생이 출세하여 식모를 관두고 이웃집 식모(나중
에 알고 보면 주인집 딸)와 결혼하는 해피엔딩이다. 이러한 상하 권력 구
조의 전복은 현실에서 불가능하다. 제도의 개선이 아니라 개인을 강조
했다는 점에서 한계가 뚜렷하다. 그럼에도 관객들은 가족을 위해 희생

하는 주인공에 쉽게 감정이 이입되었고 대리만족과 카타르시스를 느꼈다.

외국에도 남성 식모를 그린 영화가 없지는 않다. 우리나라에서도 큰 인기를 끌었던 로빈 윌리엄스 주연의 〈미세스 다웃파이어〉(1993)가 대표적이다. 〈남자 식모〉와 마찬가지로 코믹 요소가 곁들여져 있지만 식모의 정체가 이혼으로 헤어진 아이들과 만나려고 여장으로 위장한 아버지라는 설정, 그리고 가족애를 그렸다는 점에서 다소 차이가 있다. 그러나 이 영화는 '남성 식모'가 서양에서도 흔치 않음을 확인하게 해 준다.

영화는 영화일 뿐. 직업과 일상생활에서 성적 역할을 확실히 구분했던 시절, 남성 식모는 숨어 지낼 수밖에 없었을 것이다. 식모살이를 했던 여성들도 남성 식모가 "있지 않겠느냐"고 짐작만 할 뿐 직접 본 적은 없다고 말했다. 손창섭의 소설 〈길〉에서 주인공의 남성 식모 시절을 다룬 내용이 있는데, 작가의 경험(간접 경험까지 포함)이 밴 것인지 상상력에 의한 것인지는 확실치 않다. 다만 남성 식모로서의 어려움을 사실적으로 표현하여 이목을 끌었다. 주인공 성칠은 "고향의 모친과 동생들을 위해" 상경하지만 직장을 구하기 힘들다. 그는 취직할 때까지 미옥의 집에 들어가 집안일을 도와주면서 남성 식모가 된다. 식모가 된 동기는 영화의 구형구와 비슷하다. 그러나 소설은 좀 더 현실적이다. "사내자식이 오죽 못났으면 식모 노릇을 하냐고 사람마다 비웃고 천시"를 받는다. 청소년기 남성 식모가 겪어야 하는 곤란도 직설적으로 그려졌다.

금방 벗어놓고 나간 분홍색이나 은행색의 얇고 보드라운 여자의 삼각팬티란, 감수성과 회심이 예민한 어린 총각의 손으로 다루기에는 너무나 자극이 강한 독주 같은 것이었다. 그것은 섹슈얼한 상상을 최대한 확대시켜주고, 체온마저 느껴지게 하는 생생한 여체의 일부였다. 그것을 주물러보고 펴보고 하면서도 성칠은 정신이 혼미할 정도로 아련한 음화의 세계를 방황하기 일쑤였다. 정신건강상 매우 좋지 않은 일이었다.

현숙한 주부란 여자 식모에게도 남편은 물론 자신의 아래내의까지 세탁을 맡기지 않으며 손수 빨아서 남의 눈에 띄지 않는 곳에 널어 말리는 법이다. 그럼에도 불구하고 거의 이틀거리로 땀과 채취가 밴 팬티를 성칠이더러 빨라고 태연히 벗어 팽개친다는 것은 역시 미옥이와 기숙의 교양과 기품과 직업의 천함을 말해주는 것이다.

그러나 성칠은 이런 여자들 사이에 끼어 식모살이를 할망정, 그리고 부단한 자극과 충동과 유혹에 시달리면서도 탈선을 하거나 변태적인 방향으로 굳어버릴 만큼 그 심성의 뿌리가 나약한 소년은 결코 아니다.

남성 식모의 실체는 매우 제한적으로밖에 접근할 수 없다. 위의 기사나 영화 소설에 나오는 이들의 공통점은 식모가 된 동기가 여성과 별반 다르지 않다는 것이다. 어쩌면 "사내자식이 오죽 못났으면 식모 노릇을 하냐"는 측면에서 남성 식모들은 여성들보다 더 절박했을지도 모른다.

3
하녀의 다른 이름, 식모

먹여주고 재워주기만 한다면

식모들의 실태에 대한 최초의 조사는 1961년 보건사회부 중앙사회
사업종사자훈련소 강사 김낙중 씨가 실시한 것(김낙중, 〈식모소녀 생활조
사 보고와 사회적 보호를 위한 소견〉, 보건사회부 중앙사회사업종사자훈련소,
《사회사업》 제2호, 1961)으로 서울 성동구와 영등포구에 거주하는 식모
257명에 대한 표본조사였다. 표본 집단이 전체 식모 수에 비해 지나치
게 적었지만 이 조사는 당시 식모들의 처지를 조금이나마 엿볼 수 있
는 유일한 실체적 자료를 제시했다. 이 연구를 상세 보도한 《조선일보》
1961년 12월 28일자는 "조사 지역은 서울 시내 생활상태에 의한 주택
가를 몇 군데 골라서 실시할 예정이었으나 협조해줄 조사원을 구하기
어려워"라며 표본조사 이유를 밝혔다.

조사 대상 연령은 13세가 26명, 14세 41명, 15세 37명, 16세 56명, 17세 63명, 18세 34명이다. 이 연령대는 서울로 상경하는 소녀들의 나이 분포와 비슷하다. 고향은 전북, 전남, 경남, 경북, 충남, 충북, 강원 순으로 서울은 5명에 불과했고, 지방은 예외 없이 도시가 아닌 농촌 출신이었다. 부모 양쪽 모두 생존한 식모는 34퍼센트(88명)였고 고아(54명), 편모(77명), 편부(12명), 계모(21명), 의부(4명) 순이었다(무응답 1명). 학력은 중학 중퇴자 3명을 빼고는 무학(103명)이거나 초등학교도 졸업 못 한 사람들이었다. 이들이 '남의 집 살이를 시작한 때'는 15~16세가 109명으로 가장 많고 그다음이 18세, 14세 순이었으며 12세부터라고 대답한 식모도 17명이나 있었다.

1. 기상·취침시간

기상시간	4시 30분	5시	5시 30분	6시	6시 30분
	12	82	136	25	2

취침시간	22시	22시 30분	23시	23시 30분	24시 이후
	7	19	92	80	59

대부분 아침에 새벽 5시에서 5시 30분 사이에 일어나고 자는 시간은 밤 11시 이후였다. 가장 먼저 일어나고 가장 늦게 잤다. 성장기에 꼭 필요한 절대적인 수면시간조차 모자란 것이다. 깨어 있는 시간 모두 가사노동에 투입한 것은 아니고 짬짬이 쉬는 시간이 있으나 이 시간을 제외하고도 매일 15시간 이상 일한다는 계산이 나온다.

2. 휴일

없다	한 달에 한 번	두 달에 한 번	기타
70	88	33	66

한 달 또는 두 달에 한 번 쉬는 식모가 47퍼센트였고, 나머지는 휴일이 없는 것이나 마찬가지였다. 명절 때 며칠 휴가를 얻어 집에 다녀올 수는 있었지만 날짜가 정해진 휴일은 조사자 모두 없었다. 휴일도 없이 날마다 15시간이나 일하니 자기계발에 대한 투자는 꿈도 꿀 수 없었다. 명절에 집에 가지 못해서 주인집 물건을 훔쳐 도망가고, 어떤 식모는 가족도 못 만나는 신세를 한탄하며 자살했다. 10대 소녀들에게 휴식이 없는 장시간 노동과 이로 인한 피로와 외로움은 지나치게 가혹한 것이었다.

3. 잠은 누구와 자나?

혼자	다른 어른과	주인과	아이들과	온 식구와
20	37	3	192	5

식구와 같이 잔다면 방이 한 칸이라는 말이다. 《경향신문》 1962년 12월 4일자에 실린 "신혼생활에서 식모와 한방을 쓴다는 것은 불편하기 짝이 없고 쥐꼬리만 한 가정경제에 영향도 커서 식모를 내어 보냈다"라는 증언과 "판잣집도 식모를 둔다"는 말은 과장된 표현이 아니었다. 주인집 아이들과 같이 자는 경우가 압도적으로 많은데 이는 식모가 집안일뿐 아니라 아이들 돌보는 일도 맡았음을 의미한다.

4. 밥은 누구와 먹나?

혼자	다른 어른과	주인과	아이들과	온 식구와
212	37	1	6	1

가족들과 함께 식사하는 경우는 매우 드물고 식구들이 밥상을 물린 후 따로 먹는 게 일반적이었다. 이와 관련된 질문으로 방에서 밥을 먹는 식모는 30명에 불과하고 '부엌에서' 159명, '때로 부엌에서'가 66명으로 압도적으로 많았다(무응답 2명). 한 지붕 아래 같이 살더라도 '너와는 다르다'는 메시지였다. 또 식모들에게 주는 음식의 질도 서민 가정일수록 매우 낮았다. 1964년 7월 16세의 식모가 음독자살했는데 유언장에는 "쌀밥 먹기가 소원"이라고 적혀 있었다.

5. 미용 및 문화생활

목욕	한 달에 한 번	한 달에 두 번	한 달에 세 번	한 달에 네 번
	137	59	22	16

옷 구입	본인 구입	주인이 사줌	헌 옷 고쳐서	아무거나 주면
	89	143	12	13

독서	못 읽음	안 읽음	책이 없음	틈이 없음	때때로 읽음
	102	97	13	38	7

목욕은 여름을 제외한 조사로 50퍼센트 약간 넘게 한 달에 한 번씩 가며, 이 표에는 없지만 두 달에 한 번 가는 경우도 23명이나 되었다. 식모들에 대한 불만으로 위생을 지적하는 주부들은 많았지만 식모들이 시간과 돈이 없어 목욕탕에 못 간다는 생각까지는 못 했다. 옷 구입에 대해 신문은 "자기 것은 자기 마음에 들게 처리하는 생활능력 배양

에 지장이 된다고 본다. 또 의생활에 있어 헌 옷을 고쳐 입는 일이 별로 없음은 검소한 생활의 본보기를 볼 기회가 없는 것으로 깊이 생각해볼 문제"라고 진단했다. 40퍼센트에 이르는 문맹률(앞의 표에서 '못 읽음')은 책을 보고 싶어도 못 보게 만들었다. 나머지는 책 볼 시간조차 없었다. 그 시간에 차라리 여윈잠이라도 청하며 수면을 보충하고 피로를 푸는 게 나았을 것이다.

6. 월급

보수	무보수	2000환 이하	3000환 이하	4000환 이하	5000환 이하	무응답
	28	24	84	50	20	51

소비	못 씀	혼자 씀	집에 보냄	저금	돈놀이	곗돈	학자금
	28	79	26	32	46	43	3

수령 시기	매월	한 달 걸러	대중없이	시집갈 때
	99	57	22	79

무보수 식모는 대부분 어린 식모들로 한 입이라도 덜어야 하는 궁핍한 가정환경이나 고아 출신이 많았다. 이들에게 노동의 대가는 없었다. 1961년 식모들의 월급은 4000환 이하가 대부분이다(1962년 실시한 화폐개혁에 의하면 400원 이하). 1961년 연탄(19공) 한 장이 60~70환, 쌀 한 가마니가 1만 3000환, 택시 기본요금이 250환이었고 공무원 평균월급이 4만~5만 환이었다. 당시 공무원 임금은 사무직 중 하위였다. 식모들은 80킬로그램 쌀 한 가마니를 벌기 위해 3~4개월을 꼬박 일해야 했다. 월급을 '대중없이' 주는 경우 갈등을 샀고 이는 식모범죄로 이어지기도 했다.

시집갈 때 돈 줄게

경제활동 인구 중 가장 적게 받는 식모들의 임금은 좀처럼 개선되지 않았다. 1964년 가톨릭청년회의 조사에 따르면 대체로 월 500~600원을 받았다. 이해 연탄 한 장 값은 7.6원, 쌀 한 가마니는 흉년으로 3700원이었으니 실질임금은 더 낮았다. 1968년 식모 중 많이 받는 사람이 2000원대였으나 동시대 버스안내양 월급의 50퍼센트에 불과했다. 전체 노동자 월 평균임금이 1만 1640원이었고, 1970년 교환수 2만 1009원, 직조 편물공 8500원 등 다른 직업과 비교하면 아무리 주거비가 해결된다고 해도 최저 중에 최저였다.

'시집갈 때' 주는 방식은 식모가 있는 동안 월급을 미루었다가 가정을 꾸리게 되면 주인이 결혼자금으로 목돈을 주는, 일종의 적금이었다. 이 조건이 성립된 원인은 시대적 상황과 맞물려 있다. 1960년대 초 여성의 평균 결혼연령은 20대 초반이었으나 후반기에는 18세로 낮아졌다. 산업화·도시화가 진행되면서 여성의 결혼연령은 일반적으로 늦어지는데, 역전된 것은 전쟁으로 남녀 인구 구성비에서 남성이 절대적으로 부족했기 때문이다. 전쟁 당시 열 살 안팎이었던 남성들은 10대 후반 또는 20대 초반이 되는 1960년대 중반에 이르면 전쟁으로 대가 끊긴 후손을 하루빨리 이어야 하는 의무가 있었다. 형제가 많으면 전쟁 같은 위기 상황에서도 한 명이라도 살아남을 확률이 높았다. 대를 잇는 가장 확실한 방법은 결혼을 빨리하는 것이다. '베이비 붐' 시대였다. 이에 따라 결혼적령기가 낮아졌고, 단란한 가정이 최종 목표인 식모들도 '시집갈 때 준다'는 조건을 받아들일 만했다. 다달이 받는 '현금'은 낭비하기 쉬웠다. 그럴 가능성을 원천적으로 방지하고 서너 해 눈 감고 고생하면 결혼자금을 마련할 수 있기 때문이었다. '시집 잘 보내달라'는 부탁은 낯설지 않았고, '시집보내준' 주인은 보람과 성취감을 느꼈다.

이 조사에서 식모가 된 동기는 '집이 싫어서' 92명, '집이 가난해서' 63명, '부모님이 안 계셔서' 54명, '농사일이 싫어서' 27명, '다른 취직이 안 되어서' 16명 순으로 이는 상경 소녀들의 현실을 고스란히 반영한 것이었다. 처음 서울에 올라올 때에는 대부분 식모, 직공, 점원으로 취직해서 돈을 벌려 했다. 식모살이하면서 도시에 적응하고 나서는 더 구체적이고 더 높은 목표를 세웠다. 희망직종으로 미용사가 압도적으로 많았으며(69명) 차장(버스안내양, 30명) 양재사(22명), 직조공(19명), 백화점 점원(17명), 영화배우(13명) 순으로, 이하 다양한 직업이 고루 분포되어 있었다. 차장이 많은 것은 1961년 8월 도시 지역의 버스차장을 여성으로 교체한 정부 정책에 영향을 받은 것으로 보인다. 의사나 교원, 은행원, 포목상 주인, 여군과 여경 등도 있었다. 눈여겨볼 것은 식모살이를 계속하겠다는 사람은 단 한 명도 없었다는 점이다.

조사자는 이런 식모의 실상이 "불우한 것임에 틀림없다"라고 결론짓고 이를 개선하기 위해 첫째, 인권을 존중하는 아동복리법 제정, 둘째, 휴식 등을 위한 소년근로법의 기준 갱신, 셋째, 문맹자를 위한 특별교육 실시, 넷째, 직업보도시설 마련, 다섯째, 온 국민의 아동애호사상을 발양, 여섯째, 농촌 지역사회 발전을 위한 강력한 시책 확립 등을 제안했다.

식모들의 노동력 착취와 비인간적인 대우 및 학대, 범죄로 인한 희생 등 많은 문제점이 발생했다. 이에 사회 각계에서 동정하며 여러 방안을 내놓았지만 식모들의 처지는 좀처럼 개선되지 않았다. 1961년 조사로부터 10여 년 흐른 1972년 조선대학교 실태조사 결과는 앞선 조사와 크게 다르지 않았다. 전수조사는 아니었으나 광주 전 지역에서 무작위로 425명을 조사했다. 연령대는 16~20세가 가장 많았고(60.5퍼센트) 그

다음은 21~25세, 15세 이하 순이었다. 학력은 무학이 4.2퍼센트, 초등학교 중퇴가 44.0퍼센트, 초등학교 졸업 48.9퍼센트였고 중졸은 2명뿐이었다. 96.2퍼센트가 읍과 면에 본가 소재지를 두어 지방 도시라도 역시 절대 다수는 농촌 출신이었음을 알 수 있다.

보수는 3000~4000원(59.8퍼센트)과 4000~5000원(30.1퍼센트)이 대다수로 10년 전과 비교하면 임금이 10배가량 올랐으나 물가상승률을 감안하면 실질임금은 더 줄어들었다. 동년 대비 공무원 월평균 급여도 월 5만 원으로 비슷한 상승세를 유지했다. 외출은 '가끔 허용된다'와 '허용되지 않는다'가 각각 51.1퍼센트, 45.9퍼센트로 여전히 외출은 자유롭지 못했다. 식모가 된 동기가 가족 부양, 장래를 위해 저축하기 위해, 도시의 동경, 의지할 데가 없어서 등으로 나타난 것도 앞선 조사와 비슷했다. 희망직종은 여공, 차장, 전화교환원, 타이피스트 순으로 나타났다. 식모의 만족도에서도 98.4퍼센트가 보통이나 불만으로 나타나 식모를 그만둘 마음은 언제든지 갖고 있었다.

이 조사에서 주목할 점은 식모와 주인 간의 관계다. 가족들의 존중을 받고 있다고 생각하는 식모는 2.8퍼센트였고 나머지는 관심 밖이거나 무시를 받고 있다고 대답했다. 자신의 의사가 반영된다는 의견도 10.1퍼센트에 그쳤다. 그럼에도 가사를 능동적으로 처리하고 있다고 대답한 식모는 32.7퍼센트였다. 이에 대한 주부들의 생각은 어땠을까? 먼저 '외출을 자주 허용한다'와 '가끔 허용한다'가 27.1퍼센트와 45.4퍼센트로 나타나 식모 응답과는 큰 차이를 보였다. 식모를 존중한다는 응답도 77.1퍼센트에 달했고 '식모의 의사를 반영하지 않는다'는 12.1퍼센트에 그쳤으며, 식모가 일 처리를 능동적으로 한다는 대답도 7.8퍼센트에 불과했다. 이 상반된 결과는 식모와 주인의 입장이 그만큼 크다는 사실을 보여준다.

1960년대 열악한 실태는 계속 제자리였다. 이는 1973년 YWCA가 회원집의 식모 195명을 대상으로 실시한 조사에서도 그대로 나타난다. 19세 이하의 식모가 42퍼센트로 가장 많고 학력은 62퍼센트가 초등학교 졸업 이하였다. 대부분 새벽 4시에 일어나 밤 10시에 잠들며 월급은 최하 수준이었다. 식모가 된 동기로 미혼의 식모들은 '부모가 가난해서 먹고사는 것을 돕기 위해서'와 '결혼자금을 마련하기 위해서'가 제일 많았고 기혼 식모는 '아이들 교육비를 마련하기 위해'가 압도적으로 많았다. 일이 벅차고 식구들과 같은 상에서 밥을 먹지 못하며, 호칭 문제에 있어 '가정부'나 '아주머니'로 불러주길 원했다. 특히 남에게 '식모'로 소개하는 게 제일 큰 불만이었다. 195명 중 '이대로 좋다'라고 응답한 사람은 단 1명이었다.

식모가 하는 일은 일일이 손으로 꼽을 수 없다. 집안일 전부를 책임지기 때문이다. 새벽에 일어나 제일 먼저 연탄불을 갈고, 아침 밥상을 차린다. 밥을 먹고 외출하는 식구들을 배웅하고 설거지하고 청소하고 빨래를 하고 걷은 빨래는 개어서 각 방에 놓는다. 아이가 어리면 포대기에 싸서 돌본다. 그리고 세탁소와 우체국 등 잔심부름. 시간은 후딱 지나가고 저녁 준비를 위해 장에 가거나 주인을 따라 시장에 나선다. 저녁상을 물리고 설거지를 끝내고 늦게 오는 바깥주인을 위해 별도의 상을 준비한다. 이미 깜깜한 밤이지만 밀린 일거리는 언제나 쌓인다. 자기 전 아궁이를 확인한다. 이런 일상 외에 집주인 손님을 대접하고, 집안의 경조사 때에는 그야말로 손이 열 개라도 모자랄 정도로 시달린다. 한가한 틈을 내서 낮잠을 자지만 집주인의 불시 호출에 깊은 잠에 들 수는 없었다.

가장 큰 고역은 겨울에 찬물로 일하는 것이다. 찬물로 밥 짓고 설거지하고 빨래하고 걸레질하노라면 손이 떨어져 나갈 것 같다. 물을 데워

고단한 식모살이를 표현한 만평. (《동아일보》 1962년 12월 10일자)

쓰는 건 아궁이 사정이 좋을 때고, 시간을 벌기 위해 찬물로 후딱 해 치운다. 겨울에 손등이 밭이랑처럼 터도 어쩔 수 없다. 도시에 사는 어린 여성이 손등이 텄다면 그는 십중팔구 식모였다. 당시에는 수도관 동파 사고가 잦았는데, 수도관 녹일 물을 길어오는 것도 식모의 몫이었다. 물지게를 지거나 양동이를 들고 이웃집 또는 우물에서 물을 채워 몇 번 왔다 갔다 하면 어깨와 팔이 쑤시고 다리가 후들거린다. 그렇게 고생해서 솥에 붓고 물을 데우면 씻는 것조차 아깝다. 그나마 석유곤로가 대중화되어 고충을 조금이나마 덜 수 있었다.

가장 신경 쓰이는 집안일은 연탄불 관리였다. 불이 꺼지면 주인에게 된통 혼날 뿐 아니라 집안일하기에도 애를 먹어 반드시 하루 세 번 이상 살펴봐야 한다. 만약 불이 꺼지면 만사를 제쳐두고 숯을 사 불을 지펴 다시 살려야 했는데 연탄이 물에 젖어 있을 때에는 특히 애를 먹었다. 적화탄(일명 '번개탄')이 일찍 나왔다면 누구보다 반길 이는 식모였을 것이다. 연탄불을 갈 때도 기술이 필요했다. 붉게 탄 아래 연탄과 위 연탄의 구멍을 정확히 맞추는 게 관건이었다. 아궁이가 방마다 있어 그 작업을 여러 번 해야 했다. 시골에서 장작불을 때던 소녀들은 연탄가스에 민감해 어질어질했다. 다 탄 연탄재를 쓰레기통 옆에 쌓아두면 쓰레기차가 와서 치워주는데, 그 전에 누군가가 지나가다가 연탄재를 발길로 차면 산산이 부서져 집 앞이 더러워졌다. 빗자루를 든 식모 입에서는 욕지거리가 나오게 마련이었다.

요즘 웬일인지 구공탄이 잘 안 타고 꺼져버리기 일쑤다. 그래도 지금 여름이기에 망정이지 겨울철까지 이런 구공탄 상태라면 나는 어찌할까. 그렇잖아도 아침 5시에 일어나 저녁 12시에야 잠자리에 들 수 있는 고달픈 생활에서 운수 나쁜 날은 밤중 2, 3시에 또 일어나 아궁이를 들여다보고 탄을 갈아 넣어야만 잘 수 있는 것이 나의 일과이다. 만약 꺼져버린다면 새로 불을 피운다는 것은 여간 힘드는 일이 아니다. 언젠가 한밤중에 아궁이를 만지작거리다가 무언가 모르게 머리가 핑 돌아 한참 정신을 잃었었다. 마침 변소에 가느라고 일어나신 주인이 이상히 여겨 부엌까지 내려왔기에 내가 살았지. (…) 요즘은 연탄만 보면 신경질이 날 지경이다. 게다가 다 타고난 재를 버리기에도 큰일이다. 그 무거운 놈을 세 개, 네 개 머리에 얹곤 쓰레기차를 기다리고 있느라고 대문 앞에 서있는 꼴이란. 이 무슨 내 팔자냐 말이다.

-《조선일보》 1966년 8월 22일자

감히 택시를 탄 식모

식모들은 열악한 상황보다 집안에서 존재감이 없다는 데 더 억장이 무너졌다. 처음 주인집에 들어올 때는 '가족처럼' 지내기를 바랐다. 고향의 가족만큼은 아니어도 한솥밥을 먹으니 외로움을 달래고 의지할 수 있다고 믿었다. 그러나 식모의 절대 다수가 부엌에서 혼자 밥을 먹어야 했고, 주인집의 경조사나 소풍을 준비하느라 뼈 빠지게 일하면서도 정작 그 자리에는 끼지 못했다. 주인은 식모가 입은 헌 옷이 보기 싫고 비위생적이라며 구박만 했지 옷을 사주지는 않았고, 마음을 쓰더라도 고작 자기네가 입던 옷을 던져주었다. 식모들은 가족에게라면 하지 않을 '더럽다', '둔하다', '게으르다' 같은 핀잔과 구박을 주인에게 노상 들었다. 그럴 때 주인은 감당키 어려운 일을 시키거나, 음식을 적게 주거나, 추운 데서 지내게 하거나, 부엌에서 혼자 밥을 먹게 하는 등의 벌을 주었다.

식모범죄 중에는 '절도'가 가장 많았다. 가난한 소녀들이 금품에 눈이 어두워 도둑질한 경우도 있고, 원한이나 밀린 월급이 원인이 되기도 했다. '도둑식모' 범죄가 기승을 부리자 주인들은 외출할 때면 장롱과 안방 문을 잠갔다. 식모살이를 마치고 집을 나갈 때 보따리를 검사하고, 돈이나 물건이 없어지면 무턱대고 식모부터 의심했다. 이는 식모가 한 식구가 아니라 타인, 주변인이었음을 입증한다.

글을 알고 학업을 병행하는 식모들은 '가소롭다'는 소리를 자주 들었다. 다음 글은 19세 식모였던 최 모 씨가 쓴 것이다. 그는 "구구법도 못 외우는 친구까지 중학교엘 가는데 일등에 반장까지 한 내가 갈 수 없다니" 하며 상급학교에 진학하기 위해 1년만 식모살이를 하기로 결심하고 서울로 올라왔다. 그러나 그는 꿈을 접은 채 4년째 식모살이를 하고 있었다.

"식모가 신문을 읽어." 엄마를 따라 놀러온 이웃 6살배기의 말이다. "제까짓 게 뭘 안다고 밤낮 책만 들고 있담. 같잖어서." 주인아주머니가 아가씨에게 하는 말을 엿들은 말이다. 식모는 책도 신문도 읽어서는 안 된다는 말인가? 손발이 문둥이처럼 트고 일을 하건만 내의 한 벌 사 입을 수 없는 월급. 그래도 이웃 식모처럼 몇 달씩이나 밀리지 않으니 고맙다.

이제 나에게는 아무 희망도 없다. 왜 살고 있는지도 모르겠다. 오직 한 가지 책을 읽는 것만이 낙이다. 4년간 모은 책이 대여섯 권은 된다. 앞으로도 계속 사모(식모)를 할 작정이다. 식모라는 내 이름과 어울리지 않는다고 세상 사람들이 비웃을 것을 생각하니 가슴이 어두워진다.

－《조선일보》 1964년 1월 22일자

식모 배제는 주택 구조에서도 여실히 드러난다. 중산층 집은 식모들 방을 따로 두는 게 일반적이었다. 1962년 대한주택공사(현재 한국토지주택공사) 개량주택 평면도를 보면 식모방은 크기가 제일 작으며 1~2평 사이로 오늘날 고시원보다 약간 크다. 이 경우 위치가 현관문 바로 앞에 있지만 어떤 집은 제일 안쪽에 있고, 어느 곳이든 부엌과 맞닿았다. 가급적 주인 가족과 마주치지 않거나, 부르기 좋은 위치에 있었다.

1970년대 9월 우리나라 중산층 아파트의 효시가 된 한강맨션아파트가 준공되었다. 시공사인 대한주택공사는 "좌식생활을 벗어나 서양식 생활양식을 도입"했다고 밝혔다. 당시 32평형 도면을 보면 식모방의 크기와 위치는 과거와 같다. 식당과 베란다(혹은 창고)로 통하는 문은 있지만 거실로 통하는 문은 없다. 당시 아파트 '입식 구조'는 집안일하는 주부의 편리함과 효율성을 고려하여 설계되었다. 다시 말해 식모가 굳이 필요 없는 서양식 아파트를 지향했는데, 그런 곳마저 식모방을 둘 만큼 식모는 '대중적'이었다. 식모방에 거실로 통하는 문이 없는 것은 주인집 식구와 마주치는 동선을 최소화하기 위한 건설사의 '배려'였다. 식모는 가정의 범주에 속하는 존재가 아니었다. 이러한 설계는 이후 본격적인 아파트 시대를 알리는 여의도시범아파트와 반포아파트에서도 그대로 적용되었다.

식모가 '주변인'임은 호칭에서도 나타났다. 집주인은 식모 나이가 어리면 이름 뒤에 '아'를 붙여 '○○아'라고 부르거나 '식모'라고 불렀다. 아니면 '아주머니', '언니', '누나'로 부르며 가족끼리 하듯 불렀다. 그러나 주부들 사이의 대화에서는 사뭇 달라졌다. 일 잘하는 식모 구하는 법, 식모 평가, 고용조건 등 식모는 주부들의 단골 메뉴일 수밖에 없었다. 이런 이야기를 하며 주부들은 자기 집 식모를 '밥 해먹는 애', '부엌데기', '우리 계집애', '그년'으로 스스럼없이 불렀다. 이를 직접 듣거나 옆집 식모에게 전해들은 식모는 소외감을 느낄 수밖에 없었다. 한 신문 기자는 주인을 향한 식모들의 '불평과 요구'를 다음과 같이 정리했다.

첫째, 사람대접을 해다오. 아이들 앞에나 남의 앞에서 애매하게 마구 꾸짖거나 욕질을 하면 정말 참을 수 없다.

둘째, 도둑 취급을 말라. 물건이 없어지기만 하면 으레 것 식모부터 의심한다. 죄인처럼 기를 못 편다. 버선목이 아니니 뒤집어 보일 수도 없고 참 딱한 때가 많다.

셋째, 시간을 정해다오. 새벽에 일어나니 일찍 재워주면 좋겠다. 9시 이후 주인의 시중은 주부가 했으면 좋겠다. 밤에도 깨워 뭘 사 오라, 술상을 차려라 하는 것이 제일 질색이다.

넷째, 주부가 할 일은 주부가. 식모가 하는 일은 밥 짓고 집 치우고 빨래나 하는 것이지 바깥주인의 구두닦이 노릇까지는 할 수 없다.

다섯째, 남에게 흉을 보지 마라. 흉보기 전에 집에서 타이르면 얼마나 좋은가.

여섯째, 잠자리를 정해다오. 주인집 가족 틈에 끼어 잔다든가 다 자란 아이들(특히 남자)과 같은 방을 쓰라면 이 이상 못할 짓은 없는 것이다.

– 《조선일보》 1960년 10월 13일자

청운의 뜻을 품고 도시로 온 소녀들. 냉혹한 현실 앞에서 그 희망은 쉽게 깨졌다.

서울에서의 생활은 말로 듣던 거와는 하늘과 땅 차이. (…) 밥을 실컷 먹여 준다더니 내게 돌아오는 밥은 언제나 간에 기별도 차지 않고, 자기네는 전부 방에서 먹는데 나만 부엌에 혼자 앉아 덜덜 떨면서 먹어야 했다. 내게 약속한 새 옷은커녕 입고 간 옷이 다 절을 때까지 헌 옷 한 벌 물려주는 게 없었다. (…) 밤에는 12시가 되어야 겨우 바닥에 등을 붙이게 될까 한데 새벽 5시가 되기가 무섭게 깨워댔다. 그때부터 다시 밤 1시가 될 때까지 청소하고 아기 기저귀 빨고 설거지하고 나머지는 하루 종일 아기를 돌봐야 했다.

– 윤정용, 《식모살이 가기 싫어서 시집갔는데》, 남희출판사, 1996

'주인 대 식모'의 일방적인 관계에도 훈훈함이 없지는 않았다. 글을 모르면 가르쳐주고, 고향에서 온 편지를 읽어주며 편지를 대신 써줬다. 약속대로 월급을 차곡차곡 모았다가 시집갈 때나 그 외 꼭 필요할 때 쌓인 돈을 온전히 건네주었다. 처음으로 접하는 '도시의 맛'에 취해 낭비하는 10대 소녀를 인생 선배로서 나무랐다. 예를 들어 값비싼 옷과 화장품을 사고 데이트하느라 돈을 모으지 않으면 '애정 어린 충고'와 '사랑의 회초리'를 들었다. 집안일도 분담했다. 어쩌다 시골에서 올라온 식모 가족을 기꺼이 살갑게 맞이하는 주인의 자세는 식모에 대한 최고의 예우였다. 간혹 소개되는 '역경을 딛고 일어선' 식모의 성공 미담에는 이렇게 '마음씨 좋은 주인'의 깊은 배려가 빠지지 않았다. 그럼에도 주인과 식모의 수직적 관계를 탈피하여 고용인과 피고용인의 '계약'으로 발전하지는 않았다. 식모가 (가사)노동자로 대접받기까지는 아직 많은 시간이 필요했다.

식모는 집 밖에서도 식모였다. 그들을 향한 동정의 시선도 없지는 않았지만 '부엌데기'나 '식순이'로 불린 그들의 처지는 윤락 여성이나 술집 작부보다 얼마나 나았을까? 식모들은 사회적 '약자'로서의 조건을 다 갖추고 있었다. 나이가 어리고, 여성이고, 가난하고, 무식하고, '촌뜨기'였다. 허드렛일과 심부름을 하면서도 보수는 최하로 받거나 아예 못 받았다. 사회적 보호막도 은밀한 가정에서는 작동할 수 없었다. 서민도 식모를 둔 탓에 '하녀'로 무시하는 공감대가 사회에 만연해 있었다. 식모는 놀림감이 되고 무시당하며 사회적 편견에 고통받았다.

> (…) 가장 천하고 못나고 무식한 인간이 하는 일이라 생각들 하니 서글픈 마음 금할 길이 없다. 언젠가 길거리에서 청년들이 걸어가는 한 숙녀의 다리를 가리키며 "다리통이 뭐 저러냐? 저건 식모다리 같구나!" 하는 것이었다. 나는 금방 내 다리가 내려다보였다.
> 그래도 희망에 차서 살아보려고 발버둥을 치는 약한 우리들에게 세상 사람들은 그 정도로밖에 대접을 안 해 준다. "도대체 그런 인간이 지어 놓은 밥은 왜 먹는담!" 하는 생각이 치밀어 올랐다. 식모라는 글자 자체를 따지고 보면 결국에 가서는 여성 모두가 그렇게 되고 마는 것이 아닐까? 그렇지 않다면 그 여성은 벌써 여성 될 자격이 없다.
> ─《경향신문》 1963년 12월 10일자

1955년 서울과 지방 5개 대학의 대학생 1692명을 대상으로 '모럴'을 조사한 결과는 충격적이었다. 당시 대학교에 다닐 정도면 '있는 집'에 속했다.《조선일보》 1956년 1월 7일자를 보면 이 조사에서 "개를 식모나 사동보다 더 소중히 여기는 것은 용납할 수 없는 잘못은 아니다"라는 문항에 45퍼센트가 동의한다고 답변했다. 여대생을 따로 집계하면 58퍼센트로 절반을 훨씬 넘었다. 조사 시점이 전쟁 직후여서 고아 출신의 식모가 많던 상황을 감안하더라도 인간과 개를 비교하는 내용의 문항도 놀랍고, 이른바 '지성인'들조차 그렇게나 많이 동의한 것은 충격적이었다. 물론 시간이 흐른 뒤 똑같은 문항으로 조사한다면 그 수치는 급격히 하락하겠지만 식모가 차지하는 사회적 위상이 어떠했는지

1960년 개봉해서 큰 반향을 불러일으킨 영화 〈하녀〉의 한 장면. 당시에는 식모보다 하녀라는 말을 많이 썼다.

단적으로 보여주고 있다. 기사는 말미에 "중산층에 속하는 대학생들이 사회정의에 대해 민감하기는 하나 철저하지 못한 것 같다"라거나 여대생을 향해 "귀족 취미"라고 점잖게 질타만 했다.

당시 라디오나 텔레비전 드라마에 나오는 식모 태반이 충청도 사투리를 썼다. 지역 차별 같은 특별한 이유는 없었지만, 충청도가 서울과 가까운 데다가 대도시가 없는 농촌 지역이고 느린 말투가 애교 있고(?) 어리숙해 보여 식모 역할에 안성맞춤이었으리라 짐작만 할 뿐이다. 이에 대해《동아일보》1964년 2월 3일자에서 권영대 서울대 교수는 "물론 우리 농민들은 가난하니까 식모살이를 하는 사람이 많을 줄 안다. 그러나 충청도 태생의 식모가 그 대표가 되어야 한다는 이론도 서지 않을 것이며 설사 충청도 사투리가 애교가 있다손 치더라도 하필이면 식모의 입을 빌어서 등장시킬 것까지는 없지 않을까"라고 의견을 피력했다. '왜 (충청도) 사투리를 써야 하는가에 대한 지적이지, '왜 식모를 천하게 다루는가'에 대한 문제 제기는 아니었다.

1968년 10월 국회 상임위는 버스와 택시 요금 인상 건을 다루었다. 당시 강서용 교통부장관은 인상 필요성을 주장하면서 "택시 요금이 너무 싸서 업자들이 수지가 안 맞을 뿐만 아니라 식모들이 장 보러 가는 데도 택시를 타는 형편"이라고 말했다. 국회의원들이 "택시가 서민화한 요즘 식모가 탄다고 해서 요금을 올려야 한다는 게 이유가 되느냐"고 반발하자 장관은 발언을 취소했다. '감히 택시 타는 식모'는 허용되지 않는 사회였다.

어린이 식모

한국의 식모는 근대화의 산물이면서도 봉건적 잔재인 이중적 행태를 보여주었다. 서민도 식모를 두고, 그 식모가 대부분 10대라는 점은 다른 나라에서는 흔치 않은 현상이었지만 설명이 불가능한 것은 아니다. 그러나 '어린이 식모'가 존재했다는 사실은 이해의 범위를 뛰어넘는다. '어린이'를 사회 통념상 5~13세 정도로 볼 때, '과연 그 어린 나이에 집일을 할 수 있을까?' 하는 질문이 자동적으로 따라온다. 식모라고 부르기도 민망한 나이였다. 누가 '어린이 식모'가 되었을까? 일제 강점기에도 어린 나이에 주인집 아이를 돌보는 아이보개 같은 일을 하는 경우가 종종 있었지만 그들을 식모라 부르지는 않았다.

전쟁은 10만여 명의 고아를 낳았다. 국제구호기구, 종교단체 등에서 보육원과 고아원을 설립하여 그들을 돌보고 갓난아이는 해외에 입양되었다. 정부도 복구 사업을 벌이며 고아 문제를 비중 있게 다루었지만 수용 시설이 턱없이 모자랐고 프로그램도 빈약했다. 고아원 인권 유린과 운영 비리 사건도 속출했다. 고아원 소속이 아닌 아이들은 조마리 (거지 왕초) 휘하의 범죄 조직에 들어가거나, 거지나 부랑아들의 움막에서 심부름을 하면서 동냥하며 지냈다. 날씨가 따뜻해지면 고아원을 '탈출'하는 아이들이 이 대열에 합류했다.

여자아이는 상대적으로 남자아이보다 범죄 집단에 발을 들여놓을 확률이 적었다. 고아원을 탈출하는 경우가 흔치 않았고 어느 정도 성장한 후 고아원에서 나왔기 때문이다. 그런데 소녀 고아들은 고아원보다 남의 집으로 보내지는 경우가 더 많았다. 고아를 챙겨줄 형편이 안 되는 친척이나 이웃은 아는 사람 집에 아이를 맡겼다. 고아원이 멀 뿐 아니라 흉흉한 소문이 많아 믿을 만한 가정에 보내는 게 낫다고 생각했다. 자기 형편에서 할 수 있는 최선의 방법이기도 했고, 고아원에 '버리는' 죄의식도 덜었다. 우연히 만난 고아를 남의 집에 들여보내거나 자기 집으로 데려간 사람도 있었다. 경찰이나 공무원도 아이가 필요한 관할 지역 지인의 가정에 고아를 맡겼다. 범죄 집단은 여자아이를 데리고 있기보다는 식당이나 여관 같은 곳에 돈을 받고 팔았다. 일부 가정은 고아원에 찾아가 '자기가 기르겠다'며 여자아이를 데려가기도 했다. 고아원 관계자들도 열악한 환경의 고아원보다는 어른들의 보살핌을 받는 게 아이들의 미래를 위해 낫다고 생각할 정도였다. 아이를 보낼 때 '믿을 만한' 가정환경을 고려했겠지만 그 후 아이가 어떻게 지내는지에 대한 관심은 멀어졌다.

'믿을 만한'의 최소 기준은 아이가 굶지 않고 지내는 것이었다. 그렇다면 일반 가정에서 왜 어린이들을 받아들였을까? 측은지심의 선의도 없지는 않았겠지만 대다수는 식모로 쓰기 위해서였다. 물론 아홉 살, 열 살밖에 안 된 계집애에게 집안일을 맡길 수는 없었다. 밥 짓기, 바느질 같은 고난도 일은 천천히 배우게 했다. 그렇지만 걸레질, 설거지, 물 길어 오기, 작은 빨래, 구두 닦기, 쓰레기 버리기, 잔심부름 정도는 조금만 알려주면 할 수 있는 일이었다. 즉 '어린이 식모'로 쓰기 위해서였다. 이런 일은 아무래도 남자아이에게는 어울리지 않았다. 또래의 자기 자식에게는 그럴 리 없지만, 아이를 맡은 가정에서는 생면부지의 남의 집 자식을 먹여주고 재워주고 입혀주는데 그 정도는 요구할 수 있다고 생각했다. 다시 말해 기본적인 의식주 제공 대 최소한의 가사노동 제공이라는 '거래'가 묵시적으로 성립되었다. 이 거래에서 월급 따위는 개입될 여지가 없었다. 먹어봐야 얼마나 먹겠는가? 숟가락 하나만 놓으면 될걸. 더 어린 아이도 1, 2년 지나면 자기 밥값은 하게 될 것이었다. 아이를 맡기는 사람이 아이에게 "아주머니 말 잘 들어!"라고 당부한 것도 이 거래 성립을 위한 모종의 암시였다.

"순이야 물 길러 왔니?" (…) 12살 난 순이는 자기 몸보다도 크게 보이는 물통을 끌다시피 하면서 비탈길을 올라오다가 숨이 벅차 동상을 입고 갈래갈래 만신창이 된 두 손을 입에 모으고 "휘–!" 하니 입에 입김을 내뿜으며 한숨을 돌린다. 바로 옆을 지나 학교를 다니는 아이들은 보기에도 훈훈한 털옷을 입고 쓰고 두르고 즐거운 듯이 떼를 지으며 뛰어간다. 순이는 계집아이인데도 사내아이가 입다가 해어져서 버리게 된 사내양복만 얻어 입기 마련이고 속에는 발기발기 해어진 셔츠를 입었을 뿐. 순이 발가락은 동상을 입어 아프지만 누구에게도 호소할 수 없는 딱한 신세.

동란 통에 부모를 잃고 남 모를 집에 몸을 의탁한 이래 순이는 한 푼의 보수도 받지 못하였음은 물론 제대로 남과 같이 입어보지도, 먹어보지도, 잠자본 일도 없다. 요즘도 밤중에 몇 차례씩 나가서 연탄불을 돌보아야 했고, 학교 다니는 주인집 아이를 위하여 새벽밥을 지어야 했고, 주인집 식구 빨래까지 모두 맡아 빨아야 한다. 순이의 노동시간은 그야말로 꼬박 24시간. 순이에게는 노동조건 같은 것은 문제도 안 되고 마치 짐승같이 부려먹는 심술궂은 주인집 마누라가 제발 장작개비로 호통을 치거나 패지나 말아주었으면 하는 것이 유일한 소원 (…)

– 《동아일보》 1955년 12월 18일자

어린이 식모와 주인집 아이의 갈등은 필연이었다. 주인집 아이가 부모가 하는 대로 식모를 아랫사람으로 여기고 무시하니 아이들끼리 다툼이 일어날 수밖에 없었다. 또래에게 "엄마 아빠도 없는 게"라는 소리를 들은 식모는 모멸감과 슬픔을 동시에 느꼈다.

어른들이 식모의 인권존중에 마음을 써도 어쩔 수 없는 벽에 부닥치는 수가 있다고 하는데, 또래의 집안 어린애가 있어서 이렇다 할 두렷한 이유 없이 사이가 나빠져서 거의 생리적인 염오감을 느끼게 되는 일이라 한다. 부모가 꾸중을 하거나 타이르게 되면 더욱 엇나가게 마련이라니 어쩐지 인간의 운명적인 상극이나 원죄조차 생각게 하여 딱하다. 그럴 때 《레미제라블》의 '코제트' 이야기나 '신데렐라' 이야기도 이렇다 할 효용이 없을는지 모르겠다. 어떻게 해서 태어났건 열려 살게 된 사람끼리는 되도록 좋게 살아야 남의 눈물을 보고 어찌 자기 마음인들 편하겠는가.

-《조선일보》1961년 12월 29일자

어린이 식모들은 부당한 일을 겪더라도 너무 어려서 불평할 수가 없었다. 그들이 어떻게 지내는지를 집 밖에서 살펴보기는 어려웠다. "구두 딱개!", "한 푼 주세요"를 외치는 전쟁고아들도 보살피기 힘든 마당에, 굶지도 않고 '어른의 보살핌도 받는' 어린이 식모의 인권 유린과 노동 착취를 감시할 여유가 없었는지도 모른다. 소수였지만 어린이 식모 문제는 꾸준히 제기되었다. 우리나라 최초의 동화작가 마해송은 14회 '어린이날'을 맞이하여 다음과 같은 참회록을 썼다.

너도 남같이 할아버지 할머니가 계셨을 것이요 아버지 어머니에 형제도 있는 아이였다. (…) 안주인은 대단히 반기어 너를 맞아들였다. "이 애가 시집갈 때까지 맡아 기르죠. 시집도 보내고 잘해줄 터이니 염려 마세요." 그런 말을 하고 너는 우리 집 식구가 되었다. 네 또래의 우리 딸이 입던 떨어진 쉐터에 아들아이가 입어서 해진 양복바지를 줄여서 너에게 입혔다. 너는 양복바지를 처음 입는다고 우수어하기도 했다.

어린이 식모 만평. (《동아일보》 1955년 12월 18일자)

안주인도 너에게 친절했고 아이들도 너를 좋아했었다.

그러나 며칠이 지나서 형편이 달라졌다. 너는 연탄을 넣을 줄 몰랐다. 시간이 늦어서 꺼뜨렸다. 안주인에게 야단을 만났다. 너는 울었다. (⋯) 너는 아침 5시면 일어나야 했다. 불을 보고 쌀을 안치고 마당을 쓸고 마루를 닦고 국을 끓이고 상을 보고 그때쯤 해서 모두 일어나면 너는 세수를 대령해야 했다. (⋯) 빨래를 해놓고 방에 들어오면 고단해서 소르르 잠이 왔다. 그럴 때 밖에 나가던 주인이 들어온 일이 있었다. 대문 흔드는 소리에 놀라 깨어 뛰어나가서 대문을 열면 온갖 욕설을 들으며 뚜드려 맞았다. 도둑놈이 들어오면 어쩌겠느냐, 일은 안 하고 낮잠만 자느냐고 궁둥이도 맞고 다리도 맞고 대가리도 맞고 (⋯)

부엌에서 계란 한 개가 없어진 일이 있었다. (⋯) 나도 안주인 편을 들어서 너를 꾸짖었다. 너는 그날 나가서 돌아오지 않았다. 너나 내 딸이나 무엇이 다른단 말이냐. 남의 귀여운 딸을 데려다가 죽도록 부리고 갖은 욕설을 퍼붓고 설움을 주어야만 하는 까닭이 무엇이냐 말이다. 대한민국의 다음 세대를 짊어진 너는 마땅히 아버지와 어머니와 한 집에 살고 학교에 가서 공부를 해야만 할 것이다. 너희 아버지가 힘껏 일하면 함께 살 수 있는 그런 세상이 되어야 하고 그것은 너희 아버지 어머니가 그런 사람을 만들어 줄 수 있는 사람을 대통령으로 뽑으면 되는 것이다. 나는 또 식모 없이 살 수 있는 세상을 생각해본다. (⋯)

― 《동아일보》 1956년 5월 5일자

마해송 같은 동화작가마저 어린이 식모에게 설움을 주던 시대였다. 마해송은 이 참회록을 쓴 그해 "우리나라에 많은 어린 식모들의 복을 비는 나의 기도"로 동화 〈앙그리께〉를 발표했고, 한국동화작가협회 동료 작가들과 '어린이 헌장'을 성문화했다. 1957년 3월 1일 보건복지부가 이를 보완 수정하여 같은 해 5월 5일 내무부·법무부·교육인적자원부·보건복지부 등 4부 장관 명의로 〈어린이 헌장〉이라는 명칭으로 9개 항으로 된 내용을 선포했다. 헌장은 강제력이나 법적 구속력이 없지만 국가와 사회가 어린이에 대한 규범과 의무, 책임을 지겠다는 약속이었다. 1988년 개정되기 전 제3항 "어린이에게는 마음껏 놀고 공부할 수 있는 시설과 환경을 마련해주어야 한다", 제4항 "어린이는 공부나 일이 몸과 마음에 짐이 되지 않아야 한다", 제6항 "어린이는 어떠한 경우에라도 악용의 대상이 되어서는 아니 된다"에 따르면 어린이 식모와 거리의 고아들 및 그 외 소외된 어린이는 국가의 구제를 받아야 했다.

〈어린이 헌장〉의 실현을 위해 정부는 1961년 12월 아동복리법(현재 '아동복지법')을 제정하고 다음 해부터 시행에 들어갔다. '아동'을 18세 미만으로 규정했고, 제15조에는 금지 행위를 명시했다. 아동 이용 걸식 행위, 14세 미만 곡예 행위, 14세 미만 주점 종사 행위, 음행시키는 행위, 유괴 및 이에 준하는 행위, 유해한 유기 행위, 학대 행위 등이며 이를 위반 시 20만 환 이하부터 최고 5년 이하의 징역에 처하도록 했다. 그러나 어린이 식모의 가장 큰 문제점인 '노동'에 대한 부분은 빠져 있었다. 또한 이 법이 시행된 지 많은 시간이 흘렀음에도 처벌받는 경우가 드물어 사문화되었다. 어린이 식모는 일시적인 전쟁 후유증이 아니었다. 도시화·산업화 과정에서 계속 이어졌다.

어린이 식모 중에는 유괴된 여자아이도 많았다. 이 당시에는 인신매매와 유괴가 기승을 부렸는데, 아주 어린 남자아이는 자식이 없는 집에 대를 잇게 하기 위해, 여자아이는 식모로 삼기 위해 유괴했다. "예쁜 옷 사줄게", "엄마 보러 가자" 같은 말로 유괴한 다음 집과 멀리 떨어진 지방에 여자아이를 팔았다. 낯선 곳에 홀로 남아 두려움으로 우는 아이는 매로 다스렸고, 조금 커서 부모에게 돌아가겠다고 말하면 "지금까지 길러준 돈을 내라"며 감금하다시피 했다. 그러다 보니 유괴되었다가 돌아온 사연들이 신문의 지면을 장식하곤 했다. 유괴된 여자아이는 하나같이 식모살이를 한 공통점이 있었다. 아홉 살 때 유괴되어 식모살이 11년 만에 성인이 되어 가족을 만난 사연은 다음과 같다.

> 양○○은 9살 때 알고 지내던 육군 사병이 "할머니 집에 데려다주겠
> 다"라며 유괴를 당한 후 손 모 대령 집에서 식모살이를 했다. 앞니가
> 부러지는 매를 맞는 등 5년 동안 학대 끝에 탈출하여 집에 갔으나 부
> 모는 딸을 찾기 위해 집을 팔아 계속 수소문하면서 전국을 헤매던 중
> 이었다. 양○○은 이후 3년 동안 이 집 저 집 식모살이를 전전하다 사
> 연이 방송을 타 부모와 극적으로 만나게 되었다. 손 모 대령 부부는 그
> 사병이 외조카라며 데려왔으며 학대한 적 없다고 군수사기관에 말했다.
>
> ―《동아일보》 1967년 1월 23일자 기사 요약

1964년 6월에는 제주도 우도로 아홉 살 때 유괴되어 8년간 모진 식모살이 끝에 탈출한 식모가 10세 전후의 어린이 50여 명이 유괴 유인되어 우도에서 식모 겸 해녀로 혹사당하고, 섬이어서 탈출하기 어렵다는 사실을 언론에 폭로했다. 발칵 뒤집힌 제주도 경찰과 당국은 즉각 우도로 공무원과 수사진을 급파했다. 그러나 조사 결과 '어린이 식모'로 있는 아이 중 연고지가 없는 고아나 부모나 친척이 맡긴 경우가 대부분이었다. 이 사건은 전국에 걸쳐 어린이 식모가 그만큼 많았다는 사례이기도 하다. 평범한 가정의 아이는 물론 어린이 식모들도 유괴당하곤 했다. 자기 집에서 일하던 식모가 유괴된 일을 겪은 한 여성은 '식모는 유괴해도 좋은가?'라는 제목의 기고문을 다음과 같이 신문사에 보냈다.

일전에 한 식구와 다름이 없었던 식모애가 감쪽같이 자취를 감추었다. 직장에 나가고 없는 틈에 누가 감언이설로 꾀어낸 것이다. 자가수사진(?)을 펴서 맹활약한 결과 서너 집을 거쳐서 되찾아오긴 했지만 그 사건에 관련된 사람들이 교양깨나 있는 여성들인데는 한심할 따름이다. 식모 유괴는 우리 주변에서 흔히 볼 수 있는 사건이다. 내 집에 손이 모자라서 착하게 잘 있는 식모를 갖은 꿀발림으로 꾀내는 일이나 돈에 눈이 어두워 남의 자식을 유괴하는 일이나 비중의 차이는 있으나 결과적으로는 동일한 나쁜 심리로밖에 볼 수 없을 것이다.

후진국의 주부며 직장여성이기에 감당해야 하는 고초, 내 살 꼬집어 아프면 남의 살 아픈 것도 알아야지. 뜀박질하는 물가 때문에 주부들의 주름은 늘어만 가고 사면을 돌아보아도 시원할 것 없는 이때 식모 유괴로까지 얼굴을 붉히고 고성을 발하기는 딱 질색이다. 남을 해치면서까지 내 편리한 것만 찾는 교양 있는(?) 여성, 제발 주위를 흐리지 말았으면 한다.

- 《동아일보》 1963년 6월 7일자

당시 유괴범 중에는 식모도 많았으며, 주로 주인집 어린이가 범죄의 대상이 되는 게 일반적이다. 1962년 7월에는 열일곱 살의 식모가 서울 충무로 거리에서 만난 열한 살 소녀를 유괴했다. 그런데 이유가 기가 막혔다. 주인집 언니네 식모로 삼기 위해 유괴를 한 것이었다. 이 범죄는 아이가 주인집 폭행에 못 이겨 20개월 만에 탈출하면서 발각되었다. 식모가 아이를 식모로 쓰기 위해 유괴한 이 사건은 당시 유괴가 얼마나 흔했는지를 보여준다. 더 기막힌 건, 유괴된 아이의 엄마도 남의 집에서 식모살이하는 사람이었다는 사실이다.

집주인의 폭행

식모는 육체적 학대에 무방비 상태였다. 어릴수록 그 강도가 심했다. 학대는 대부분 말을 안 듣는다고, 게으르다고, 밥을 못 짓는다고 등 일상생활에서 비롯되었다. 메밀가루에 물을 많이 부었다고, 말대꾸한다고, 동네 꼬마들과 많이 논다는 이유로도 맞았다. 차마 식모라 부르기도 민망한 여섯 살 식모가 말을 안 듣는다고 구타, 밥상을 들고 오는 몸에서 변 냄새가 난다고 아홉 살 식모를 구타, 밥 훔쳐 먹었다고 아홉 살 식모를 구타 살해, 아이에게 1원어치만 사주라고 했는데 5원어치 사주었다고 열 살 식모를 구타, 아이를 잘 돌보지 않는다고 열두 살 식모를 살해 암매장, 동네 사람이 부부 싸움 구경하도록 그대로 두었다고 열세 살 식모를 구타, 다른 집으로 가게 해달라고 한 열세 살 식모를 구타 살해 등등. 이 사건들은 사망하거나 병원에 실려 갈 정도의 심한 폭행이어서 신문에 보도되었을 따름이다.

10대 소녀 식모들에게 가해지는 폭행의 가장 흔한 이유는 옷, 시계, 귀금속, 현금 등을 훔쳤거나 누명을 쓴 경우였다. 집주인들은 식모를 혼쭐내거나, 사법 당국에 고발하기 전에 직접 식모의 죄를 응징했다. 이른바 '사형私刑'이다. 언론에 나온 사형은 잔인했다. 삭발하고 며칠 밥을 주지 않으며 장작과 부지깽이로 구타하는 폭행 정도는 관심을 끌지 못했다. 거꾸로 매달아 매질, 14세 소녀 식모를 발가벗겨 10일 동안 '린치', 감금 등 경악할 사형들이 신문 지면을 채웠다. 《경향신문》 1955년 7월 17일자에는 끔찍한 사건이 보도되었다.

(…) 주인 홍 씨는 지난 11일 오후 8시 30분경 식모 김 모 양을 인근에 있는 빈집에 인치 감금하고 철봉과 고무줄로써 고문하기 시작하여 그

이튿날 오전 8시까지 무려 12시간에 걸쳐 사형을 가하고 심지어는 김양의 의복을 찢고 삭발까지 하는 혹독한 방법으로 돈의 행방을 추궁하였다 한다.

그런데 주인 홍 씨는 의식을 잃은 김 양이 다시 소생하는 것을 기다려 이번에는 자기 동서와 함께 김 양을 자기 집에 옮긴 후 삽과 고무줄로 사형을 가하기 시작하여 동일 오후 6시까지 김 양의 전신에 무수한 상처를 입히는 한편 끝내는 혼수상태에 빠지게 하였다는데 (…)

《동아일보》 1961년 10월 9일자에는 삭발인 머리에 상처로 만신창이가 된 얼굴의 식모 사진이 올라와 큰 충격을 주었다.

(…) 김 씨는 작년 10월부터 고용한 식모 박신자 양(21)이 남편인 이문재(50) 씨와 정교관계를 맺고 있다고 의심한 끝에 지난 3일 밤 10시경 박 양을 감금하고 무수히 구타 –

박 양이 매에 못 이겨 자백을 하자 "너 같은 년은 맛을 보아야 한다"며 가위로 머리를 자르고 자기 손톱을 날카롭게 깎아 국부 안면 등 전신을 빠짐없이 할퀴어 전치 4주일치 중상을 입혔다. (…)

주인의 학대로 자살한 식모들도 여럿 있었다. 도둑 누명을 쓰고, 꾸지람 듣고, '식모년'이라는 업신여김을 당하고, 구타를 못 이겨서, 병이 들어 쫓겨나 스스로 목숨을 끊었다. 자신의 처지를 비관하여 극단적인 선택을 한 경우도 부지기수다. 딸린 자식 때문에 식모살이조차 못 해, 부모 형제와 헤어져서, 추석 때 집에 못 가서, 주인집 가정교사 대학생 오빠와 결혼할 수 없어서, 혹은 사귀고 있는 남자와의 교제를 집주인이 허락하지 않아서, 식모살이가 너무 힘들어서 등등. 경찰 조사 결과

주인의 폭행이 아닌 자살로 판명 난 식모의 어머니가 "수개월분 월급도 지불하지 않고 있으니 장례비라도 지출해달라"고 한 애달픈 사연도 있었다. 자살 방법은 우물에 몸을 던지거나 목을 매거나 극약(쥐약, 양잿물, 청산가리)을 먹는 게 많았고, 심지어 분신한 식모도 있었다. 교통사고로 죽으면 돈이 나온다는 말에 차에 뛰어든 식모도 있었다.

> (…) 영등포 4가 1번지에 집을 두고 을지로 4가 '박' 정골원에서 식모살이를 하던 서 양(20)은 극도로 빈곤한 나머지 동생이 집을 나가고 어머니마저 식모살이를 하는 것을 비관해오다가 교통사고로 죽으면 50여만 환의 위자료가 나온다는 말을 믿고 자기가 희생하여 가족을 구할 마음으로 9일 하오 7시경 용산구 2가에 있는 미8군사령부 정문에서 대기하다가 마침 지나가던 미군 승용차에 뛰어들었는데 차가 급정거하는 바람에 실패하고 말았다.
>
> 서 양은 즉시 한미합동순찰대에 의해 영등포서로 인계되었는데 피해는 입지 않았다 한다. 서 양의 딱한 사정을 전해들은 영등포서 숙직 주임 남석우 경위와 강대훈 경사는 일천 환씩 각각 주머니를 털고 한미합동순찰대의 남춘희 순경도 600환을 희사하여 서 양을 위로하였다 한다.
>
> – 《경향신문》 1960년 12월 10일자

성폭행은 식모가 받은 육체적 학대의 대표적 사례다. 어리고 혼자이며 집 안에서 같이 생활하는 여성들은 위계가 확고한 주인집 남성의 욕망에 희생당하기 쉬웠다. 1956년 10월 4일자 《동아일보》 '상담실' 란에는 다음과 같은 글이 실렸다. "집주인에게 가인이 없는 사이에 폭력으로 정조를 빼앗기고 분한 끝에 즉시 귀가를 하여 울고 있습니다.

(…) 사실을 부인하며 증거를 대라고 도리어 '명예훼손'으로 고소한답니다. 사실을 입증할 증거도 없고 보니 이 억울한 사정 참고 나가야 합니까. 법에 호소할 길을 아르켜 주십시오." 상담자는 식모의 언니였다. 그러나 이와 같이 신문에 호소하는 일은 이례적이었다. 순결과 정조를 중시하는 봉건적 관념 때문에 성폭행 피해자면서도 수치로 여겼고, 반항하거나 발설할 경우 그나마 있는 식모 자리도 위태로웠다. 만에 하나 고소하더라도 법에 무지한 그들이 주인에 맞서 증거나 증인을 자신의 힘으로 확보하기란 불가능에 가까웠다.

식모가 주인아저씨 또는 아들에게 강간당했다는 사실을 안주인에게 어렵사리 말해도 돈으로 무마하여 나가게 하고, 오히려 "네가 먼저 꼬리를 쳤다"며 내쫓기 일쑤였다. 1962년 3월 20일자 《경향신문》은 주인과 관계 맺은 게 들켜서 안주인에게 쫓겨나 거리를 헤매던 중 '양아치'에게 걸려 다시 강간당하고 살해된 비극적인 사건을 보도했다. 물론 남편에게 이혼을 청구하는 주부들도 있었다. 식모와 정을 통한 남자가 자기 부인을 죽이는 사례도 발생했다. 남편과의 관계를 의심해서 '유혹하는 식모'를 구타하는 일은 너무 흔해서 뉴스로서 가치도 없었다.

이 과정에서 원치 않은 임신을 하면 그 뒤처리 감당은 언제나 여자 몫이었다. 겁탈당한 후 임신 사실을 알게 되어 스스로 목숨을 끊거나 남자에게 죽임을 당한 사건, 고교생 아들이 임신시켰는데도 도리어 식모를 폭행하고 내쫓은 사건, 몰래 낙태를 시도하다 자신이 죽음을 맞이한 사건, 자식을 낳아주고 쫓겨나야 했던 '씨받이' 식모 사건 등등. 1956년 12월 17일자 《동아일보》는 경찰의 사창가 단속에 걸린 여성이 임신 5개월째였는데, 주인에게 능욕을 당한 후 윤락의 길을 걷게 된 경우라고 보도했다. 강간 후 임신시킨 뒤 아기를 버리고 식모의 현금을 갈취하고 이도 모자라 중국집에 식모로 판 악마 같은 주인도 있었다.

사회 지도층이 저지른 두 성범죄 사건도 세간에 관심을 끌었다. 주인공은 서울 시내 ㅎ대학교 설립자와 현역 육군 준장이었다. 김○○ 총장은 1961년 8월 식모 2명을 1000만 환짜리 가게를 마련해주겠다며 간음한 협의로 검찰에 기소되었다. 이 사건은 재판 과정에서 추악한 변태 행위가 드러나 더욱 큰 화제가 되었다. 검찰은 징역 3년을 구형했으나 법정은 "죄과는 인정하나 20여 년간 교육계에 종사하였을 뿐만 아니라 반공투사로도 많은 활약을 한 점을 참작"하여 선고유예를 내렸다. 육군회계감사단장 김○○ 준장은 1962년 11월 식모로 있던 여성이 그만둔 뒤 여관으로 끌고 가 간음하여 임신시켰다. 김 준장이 낙태를 종용했으나 여성은 결국 분만했고, 이 여성이 양육비를 요구하자 김 준장은 거절하면서 구타했다. 그러나 고소인이 고소를 취하하면서 김 준장은 불기소 처리되었다.

재벌의 아홉 번째 첩의 집에서 일하던 식모가 귀금속을 훔쳤다고 고발당했는데 경찰이 식모에게 누명을 씌우기 위해 고문한 사건도 있었다. 자신이 훔쳤으나 도둑맞았다고 허위 신고한 열두 살 식모를 여관에 끌고 가 난행한 경찰도 있었다. 병원 원장이 마취제 주사를, 약사 주인은 수면제를 먹여 자기 집 식모를 능욕하는 등 사회적 약자인 식모는 범죄에 희생되기 일쑤였다.

살인식모·유괴식모·악당식모

식모들이 범죄의 피해자만은 아니었다. 범인이자 가해자인 식모도 지면에 자주 등장했다. '식모범죄' 중 절도 사건이 가장 많았다. 주인집의 현금, 시계와 귀금속, 재봉틀, 의류, 가재도구 등은 가난한 그들에게 커다란 유혹이었다. 훔친 게 들통 날까 봐 강도가 들었다고 허위 신고를 하거나, 식구들에게 주는 밥에 쥐약을 탄 살인미수범 식모도 있었다. 추석 때 집에 안 보내준다고 유리창을 깨고, 협박편지로 돈을 타내려 하고, 옆집 아이의 손목시계를 강탈한 뒤 우물에 밀어 넣은 열네 살의 잔인한 식모가 있는가 하면, 사람들이 놀라는 게 재미있어 야심한 밤에 집에 돌을 던져 '도심의 도깨비 소동'을 일으킨 철없는 식모도 있었다. 식모가 뜨거운 방에 방치한 아이가 죽게 되어 과실치사로 입건된 사건이 보도되기도 했다. 그러나 이 아이 엄마는 이 기사에서 언급되지 않았다.

원한 관계로 인한 범죄도 많았다. 강간으로 고소했으나 증거불충분으로 풀려나온 주인을 칼로 찌르고, 학대한 주인집을 방화한 경우도 있었다. 이 외에 식모들은 집 안에 24시간 상주하기 때문에 그 집을 노리는 범죄에 이용당하기도 했다. 무허가 직업소개소가 상경한 소녀를 겁박하여 식모로 취직시킨 후 그 집 물건을 훔쳐 도망 나오게 한 사례는 앞서 소개한 바 있다. 집안 사정을 잘 아는 식모가 도둑이나 강도와 범행을 사전에 모의, 실행하기도 했다.

식모범죄에는 아이들과 관련된 경우가 많았다. 식모는 원한 관계로 주인집 아이를 길에 버리고 도망가거나 죽이고, 몰래 주인집에 아기를 낳고 도망가기도 했다. 《경향신문》 1956년 7월 31일자를 보면, 고종형부에게 능욕을 당한 후 복수하기 위해 두 아이를 구타하고 물에 빠트려 죽인 식모가 경찰서에서 "내가 죽을 각오로 복수를 한 것이다"라고 떳떳이 말해 주위를 놀라게 했다. 존속살인 범죄도 드물지 않게 발생했다. 불륜으로 낳은 자신의 아이를 죽이거나, 아이가 딸린 채 식모살이를 할 수는 없어서 죽이는 비극적인 사건도 일어났다.

(…) 9일 서울지검에 보고된 바에 의하면 서울시 용산구 한강로 3가 65번지 정 모 씨의 집에 사는 배○○(20) 씨는 영아살해 혐의로 용산서에서 구속되었는데 조사에 의하면 배 씨는 남편이 군에 입대하자 의지할 곳이 전혀 없이 4개월 전부터 임신 6개월의 몸으로 전기前記 정 씨 집에 식모로 들어갔다고 한다. 그 후 지난 11월 28일 하오 1시 반경 정 씨 집에서 여아를 낳자 식모살이로서는 도저히 아이를 키울 수 없다고 생각한 나머지 5시간 만에 아무도 없는 틈을 타서 목을 졸라 죽인 것이라 한다.

— 《동아일보》 1959년 12월 10일자

식모범죄가 기승을 부리자 《조선일보》는 1965년 8월 13일자에서 세 가지 '케이스'를 알리며 주부들의 주의를 당부했다. 첫 번째는 살인식모, 두 번째는 유괴식모, 세 번째는 악당식모였다. 기사에 언급된 사건들은 하나같이 충격적이었다. 다음은 이 기사를 재구성한 내용이다.

살인식모 당시 영화배우 송○○ 씨는 뇌성마비 장애 아들이 있었다. 촬영 도중 아이가 위독하다는 소식을 듣고 집에 왔을 때 아이는 피투성이가 된 채 죽어가고 있었고 식모는 시계와 옷가지를 훔치고 달아난 상태였다. 이웃들은 식모가 예전부터 "병신 새끼 뒈져라!"라며 마구 쥐어박고 시멘트 바닥에 던지는 장면을 목격했다고 전했다. 송 씨는 식모 고○○(18세)가 서울역 앞에서 서성거리는 것을 불쌍히 여겨 집에 데려와 아들을 잘 보살펴달라며 글도 가르치며 극진히 위했다고.
유괴식모 갈 곳이 없어 식모살이하겠다고 제 발로 찾아온 30대의 식모가 9개월 후 주인집 아이를 데리고 나가 19일 동안 소식이 없어 아이 부모가 넋을 잃고 있음.

유괴당한 검사 아들과 식모의 시신이 발견된 사건은 당시 큰 충격을 주었다. (《동아일보》 1955년 9월 25일자)

악당식모 직업소개소의 소개로 구한 식모가 주인집에서 돈을 훔쳐 잡혔는데 알고 보니 직업소개소에서 "주인집 돈을 훔치지 않으면 죽인다"고 협박을 받았던 것.

1950~1960년대 한국 사회에서는 유괴가 횡행했다.《경향신문》1963년 4월 15일자에 '특히 조심해야 할 사례'로 잠든 아기를 훔쳐 간 예, 식모가 아이를 업고 도망간 예, 길을 가르쳐달라고 꾀는 범인, 아버지의 친구인 체하고 아기를 안아 간 예, 자전거를 태워가지고 간 예, 무턱대고 위협해서 데려간 예, 열차 안에서 유괴당한 예 등이 제시될 정도였다. 이 기사에도 나왔듯이 식모가 유괴범으로 자주 등장한다. 아이들은 너무나 손쉬운 '표적'이었다. 식모의 사회적 신분을 알 리 없는 주인집 어린이들에게 식모는 친척뻘 '언니'나 '누나'였다. 같이 놀아주고 재워주고 씻겨주는 언니나 누나의 "창경원 구경 가자"는 말을 의심하는 어린이는 없었다. 말이 안 통하는 젖먹이들에게도 식모의 포대기는 엄마 품만큼 익숙했다. 기혼의 식모도 아이들을 데리고 나가기는 어렵지 않았다.

식모가 아이를 유괴하는 목적은 주로 돈이었다. 주인집에서 월급을 못 받자 아이를 유괴하여 식모로 팔았고, 젖먹이는 불임여성에게 넘겨 큰돈을 받을 수 있었다. 집주인은 아이가 유괴되면 아이의 소재를 알려주는 사람에게 현상금을 걸었는데 이를 노리는 '거짓 유괴'도 있었다. 식모가 일당과 짜서 아이를 유괴하고, 현상금이 걸리면 그 일당이 아이를 데려오는 방식이었다. 돈과는 상관없는 범죄도 제법 있었다. 주인집 남성에게 지속적으로 폭력을 당하다가 복수심으로 아이를 유괴하고, 아이를 못 낳아 남편과 시집의 구박을 받다가 유괴하고, 아이가 딸린 채로 식모 생활을 할 수 없어 자식을 버렸는데 남편이 데려오라고 하자 버린 자식을 찾지 못한 끝에 주인집 아이를 유괴하는 사건도 발생했다. 유괴되어 식모가 되는가 하면 한편에서는 식모가 유괴범이 되는, 뫼비우스 띠 같은 상황이었다.

빈번히 발생하는 식모범죄는 사회적 문제로 대두되었다. 서울시 경찰국은 범죄 예방의 차원으로 1966년 4월 1일부터 파출소 단위로 특별 호구조사를 해서 식모의 성질, 소행, 연고 등의 신원 조사와 일종의 '신상카드'를 만든다고 발표했다. 경찰 당국이 밝힌 식모범죄의 현황에 따르면 1965년 경찰에 적발된 식모와 피고용인 절도 건수는 1828건으로 전체 절도 범죄의 5퍼센트를 차지했다. 유괴 사건은 6퍼센트가 식모가 했거나 식모가 연관되었다. 또 허위 강도신고의 절반이 식모였다. 그러나 이 조치는 여성계의 강한 반발을 불러일으켰다. 소설가 박경리가 반대한 이유는 다음과 같다.

(…) 그들도 엄연한 민주사회의 인간이고 생활수단으로 본의 아닌 식모노릇을 하는 게 아닌가. 물론 그들 중에는 계획적으로 범죄를 저지르는 사람도 있지만 다른 직업을 가진 사람들 중에도 더 큰 범죄를 저지르는 사람이 있지 않은가? 그렇다면 다른 직업을 가진 모든 사람도 우범자로 보고 '신상카드'를 만들어야 할 것이다. 식모만 특수층으로 생각하여 그들이 멸시받고 '요주의 인물'로 보인다는 의식을 갖게 한다면 사회에 오히려 하나의 신분계급제를 만들어 주는 결과밖에 안 될 것이다. 그들이 천대받는 신분이라는 의식을 그들 자신에게나 주위 사람들에게 넣어 주어서는 안 된다.

－《경향신문》 1966년 3월 28일자

같은 지면에서 여성문제연구회 회장 이희조 역시 식모들이 "한평생

식모살이를 할 것인가?"라고 반문하고 우범자로 보는 것은 인권 유린이라고 단언했다. 그러나 한 주부는 '식모'라는 이름만 바꾸면 '신상카드'에 원칙적으로 찬성한다고 밝혔다. 권순영 변호사는 신상카드가 범죄를 예방하면서 "어린 식모들을 보호하는 의미에서 좋고 이렇게 해서 고용주와 고용인이 더욱 좋지 않겠는가"라며 찬성했다. 갑론을박 속에 이 제도는 결국 위헌적인 소지가 있어 시행되지 못했다.

신문들은 주인집의 횡포보다는 식모가 저지른 범죄를 더 많이, 더 비중 있게 다루었다. 이는 실제로 식모에게 가해진 폭행이나 횡포가 많지 않음을 의미하기보다는 식모와 주인이라는 종속적 관계 속에서 주인이 식모에게 저지른 범죄가 어느 정도 사회적으로 묵인되었음을 의미한다. 예를 들면 당초 약속한 조건보다 낮은 수준의 대우를 하거나, 월급을 안 주거나, 회초리로 때리는 등의 '가벼운' 횡포는 너무 많아 관심을 살 수 없었다. 식모도 주인의 가벼운 폭행(?)은 일상으로 받아들여 밖으로 드러내지 않았다.

'왈순아지매'에서 '봉순이 언니'까지

소설, 영화 등 가상 세계에서 그리는 식모의 모습도 현실과 크게 다르지 않았다. 1960~1970년대 연속극에서는 식모가 식구들 주변을 도는 엑스트라로 어김없이 등장한다. 사실 식모가 빠져도 극의 줄거리에 지장을 받지는 않지만 식모가 없으면 평범한 가정집같이 보이지 않았다. 식모는 드라마가 최소한의 현실성을 갖추기 위한 장치였다. 영화에서도 비슷하며, 대중소설에도 식모가 많이 등장하는데 다 비슷비슷한 역할이다.

《여원》 1958년 8월호에 처음 게재된 〈왈순아지매〉. 식모가 주인공인 이 만화는 《대한일보》, 《경향신문》, 《중앙일보》를 거치면서 2002년까지 연재됐다.

식모를 주인공으로 해서 대중의 관심을 끈 최초의 작품은 〈왈순아지매〉다. 여성잡지 《여원》의 편집장이었던 소설가 최일남은 만화가 정운경에게 한국을 대표하는 '여성만화', '가정사만화'를 만들어보자고 제안했다. 이에 정운경은 경상도 식모 아줌마 '왈순'을 주인공으로 한 만화를 1958년 8월에 처음으로 선보인다. 왈순은 순박한 식모로 주인집 부부와 자녀들까지 챙겨야 하는 중노동에 시달리느라 늘 허둥댄다. 시골과는 다른 도시의 생활 방식에 왈순은 당황했고, 왈순의 살림 방식에 주인집 사람들도 당황했다. 그래도 할 말은 하는 왈순을 보며 독자들은 즐거워했다. 이후 〈왈순아지매〉는 《대한일보》와 《경향신문》, 《중앙일보》로 '이사'하면서 시사에 초점을 맞춰나가며 김성환의 〈고바우영감〉, 안의섭의 〈두꺼비〉와 함께 한국의 3대 시사만화로 손꼽히는 작품이 된다. 그러나 〈왈순아지매〉는 당시 식모의 연령대보다 한참 위고, 할 말을 하는 식모가 있을 수 없었다는 점에서 현실과 거리가 멀었다.

1960~1970년대 대중이 가장 사랑한 매체는 영화였다. 이 시절 영화에서도 '식모'는 단골 소재였다. 〈하녀〉, 〈식모 삼형제〉, 〈식모?〉, 〈남자 식모〉, 〈팔도 식모〉, 〈영자의 전성시대〉 등이 식모를 정면으로 내세운 영화 중 인기를 끈 작품이다. 그 시대 영화들이 그렇듯 식모살이의 고단함 속에서도 희망을 잃지 않는 모습을 그렸고, 해피엔딩의 계몽적인 요소들이 녹아 있었다. 그러나 〈하녀〉와 〈영자의 전성시대〉는 식모를 있는 모습 그대로 그렸고 개봉 당시 관객이 가장 많았던 작품으로 오늘날까지 '명작'으로 평가받고 있다. 1960년에 개봉한 김기영 감독의 영화 〈하녀〉의 줄거리는 다음과 같다.

동식은 방직공장의 음악부 선생이다. 그는 새집으로 이사하느라 과로한 아내를 위해 공장 여급으로 있던 은심이를 집으로 들인다. 셋째를 임신한 아내가 휴양차 친정에 간 사이, 하녀 은심이는 동식을 유혹해 관계를 맺고 임신을 한다. 이후 동식은 아무 일도 없었던 듯 행동하지만 은심이는 자신은 이제 동식의 첩이라며 노골적으로 접근한다. 결국 동식은 부담감을 못 이겨 아내에게 고백한다. 아내는 배신감을 느끼면서도 은심이를 설득해 아이를 유산시키도록 한다. 아이를 잃은 은심이는 점점 난폭해져가고, 그 와중에 동식의 아내는 셋째 아이를 낳는다. 분노를 느낀 은심이는 결국 주인집 아이를 계단에서 떨어뜨려 죽인다. 그러고는 동식에게 자신과 함께 독약을 마시면 죽어주겠다고 한다. 동식은 참담해하며 독약을 들이켠다. 그러나 은심이 옆에서 죽을 수는 없다면서 아내의 곁으로 가 숨을 거둔다.

주인공 은심의 캐릭터가 당시 영화로서는 상당히 이례적이었고 연출과 결말도 파격적이어서 세간의 관심을 끌었다. 제목처럼 그 시절 식모는 하녀와 같은 존재였다. 잘생긴 유부남 동식은 '가정을 지키기 위해' 여공들의 애정 공세에도 흔들리지 않았지만 하녀에게는 그 정도의 도덕적 기준을 세울 필요가 없었다. "교양과 인격이 있는 남자가 하녀에게 유혹됐다는 걸 이해 못 하겠어요"라는 아내의 말에 동식은 "난 그렇게 생각 안 해. 우리 부부 생활을 봐도 절반은 하녀한테 맡기고 있거든? 체취가 밴 옷을 빨아주고, 현관에서 맞아주고, 언제나 손 닿을 곳에 하녀를 두고 있단 말이야"라며 하녀를 소유물처럼 여기는 태도를 보여준다.

이 영화에는 식모를 가정을 파괴하는 팜파탈femme fatale의 존재로 보는 당시 주부들의 편견이 고스란히 반영되었다. 아내는 새집에 오기 전 가정경제에 보탬이 되고자 끊임없이 재봉틀을 돌렸고, 가정이 깨질 위기에 처해서도 재봉틀을 돌리며 의연한 태도를 보였다. 그가 항상 입는 하얀 한복은 가정을 수호하는 순결과 숭고함의 상징이다. 반면에 하녀는 검은색 짧은 치마를 입고 담배도 피우며 아내에게 도발적으로 행동했다. 실생활에서의 식모의 모습은 아니지만 착한 아내와 나쁜 하녀를 대비시키는 영화적 장치였다. 낙태 후 미안해하기는커녕 "저 계집애를 우리 집에서 해를 넘기지 않고 떠나보내야 한다"는 아내의 대사는 가정을 파괴하는 자에 맞서는 주부들의 마음가짐을 대변했다.

한편 1973년 발표된 조선작의 소설 〈영자의 전성시대〉 줄거리는 다음과 같다.

> 영자는 시골의 아픈 어머니 병원 치료비와 동생들의 학비를 벌기 위해 상경하여 철공장 사장 집에 식모로 취직했다. 철공장 직원 창수는 영자를 보고 사랑에 빠졌으나 영자는 돈 벌러 온 거지 연애하러 온 게 아니라며 마음은 있지만 창수를 거절한다. 그러다 창수가 베트남 파병을 가면서 둘은 이별한다. 그 사이 영자는 사장의 망나니 아들에게 겁탈을 당하고 책임진다는 말을 믿었지만 농락만 당한다. 그 사실을 안 주인집 아줌마는 영자를 집에서 쫓아낸다. 이후 영자는 재봉공장 시다와 술집 작부 생활을 하다가 버스안내양이 되었다. 그러나 사고로 한쪽 팔을 잃고 사고로 받은 금액 전부를 고향에 보낸 뒤 자살을 시도하지만 실패한다. 영자는 외팔이 창녀 생활을 하면서 창수를 다시 만나 잠시 새로운 삶의 희망을 품었으나 결국 창녀촌에 화재가 나서 죽음을 맞는다.

1975년 같은 제목으로 개봉된 영화에서는 영자가 화재로 죽지 않고 절름발이 남자와 서울 변두리에서 애를 낳고 사는 결말로 바뀌었다. 시골에서 서울로 올라온 영자의 꿈은 분명했다. 돈을 벌어 식구들을 부양하고 단란한 가정을 꾸미는 것. 이 영화는 주인공이 사장 아들에게 속수무책으로 강간당하고, 창녀촌에서 손님과 잠자리를 갖는 장면으로 '호스티스 영화'의 족보에 올랐지만, 식모 - 봉제공장 시다 - 버스안내양 - 창녀로 이어진 영자의 궤적은 상경 소녀의 시대상을 그리며 사회적 메시지를 전했다. 실제 윤락여성 중 식모 출신이 압도적으로 많았다. 1962년 4월 경찰의 단속에 걸린 윤락여성 374명에 대해 서울시 윤락여성 선도위원회에서 조사한 바에 따르면 이전에 하던 일은 농사 55명, 식모 49명, 주부 38명, 학생 21명 순으로 나타났다. 호스티스도 마찬가지였다.

주인은 불쑥 들어와서 "밥 가져와!"라고 명령하고, 밥상을 뒤엎곤 한다. 영자는 쏟아진 밥상을 치우며 고된 식모살이를 하지만 꿈을 잃지 않았다. 그러나 식모 자리를 쫓겨나면서 그는 꿈에서 멀어진다. 영자를 다시 만난 창수가 "영자 같은 애가 왜 그렇게 됐느냐"며 울분을 토하는데 그 답은 관객들이 잘 알고 있었다.

소설에서 식모가 전면에 등장하는 작품은 〈영자의 전성시대〉 외에 〈가을 나들이〉(최일남, 1972), 〈전야〉(전상국, 1974) 등으로 식모를 사회학적 관점에서 조명했다. 1960년대 소설에서는 식모가 소재에 불과했지만, 이들 작품은 그렇지 않았다. 〈가을 나들이〉는 식모를 대하는 사회의 편견 속에 정체성을 잃은 주인공의 이야기이고, 〈전야〉는 순진한 식모가 주위 남자들에게 성적 착취를 당하면서 겪게 되는 피해 상황을 다룬 소설이다. 이 소설들은 산업화가 절정에 이르던 1970년대 초반을 시간대로 하여, 남성 중심 이데올로기 속에서 약자인 식모들이 겪는 정신적·육체적 피해 상황의 근본적인 원인을 파헤쳤다는 점에서 의의가 있었다. '식모 소설'의 백미는 1998년에 공지영이 발표한 《봉순이 언니》다. 작가의 고향인 서울을 배경으로 다섯 살이 된 '짱아'가 식모인

'봉순이 언니'와의 만남을 통해 세상과 소통하고 삶에 눈떠가는 과정을 촘촘하게 복원한 성장소설이기도 하다. 줄거리는 다음과 같다.

짱아가 갓난아기였을 때부터 가족같이 지내던 봉순이 언니는 짱아 아버지가 돌아오면서 생활이 나아지자 식구들에게 점점 귀찮은 존재가 되었다. 봉순이 언니는 짱아 엄마의 반지를 훔쳤다는 누명을 쓰게 되고 억울함이 받아들여지지 않자 평소 마음을 줬던 동네 세탁소 총각 병식과 떠난다. 하지만 얼마 지나지 않아 봉순이 언니는 아이를 밴 채다시 짱아네로 돌아온다. 봉순이 언니는 짱아 어머니의 강요로 아이를 지우고 떠밀리다시피 결혼을 하게 된다. 그러나 그 결혼도 사별로 인해 실패하게 되는 등 봉순이 언니의 시련은 끊임없이 반복되며, 종국에는 아비가 다른 네 자식을 두고 다시금 도망쳐버린다.

이 소설에는 식모 봉순이 언니를 중심으로 1960년대 인간의 군상들이 매우 사실적으로 묘사되었다. 작가는 봉순이 언니의 삶을 비극적으로 그리지 않았다. 기구하고 고단했던 인생을 끝내 포기하지 않는 봉순이 언니의 삶은 짱아에게는 '희망'이었다. 작품 말미에는 어머니와 통화를 마친 주인공이 며칠 전 지하철에서 우연히 봉순이 언니를 만났던 장면이 묘사되었다. 이때 봉순이 언니는 몹시 더럽고 누추한 모습을 하고 있으면서도 여전히 희망을 버리지 않은 눈빛을 간직했다.

이 소설의 다음 장면은 주인집 식구들로부터 소외된 식모의 현실을 적나라하게 묘사했다. 식모였던 독자들을 울린 장면이다.

처음에 아버지가 놀러 가자는 말을 꺼냈을 때 봉순이 언니는 새 옷을 갈아입으며 들떴다. 하지만 어머니는 말했다.

"너까지 가면 집 볼 사람이 없잖니?"

언니는 순간 얼굴이 팍, 하고 굳어지더니 고개를 푹 수그렸다. 아버지가 미국에서 돌아오던 날 언니 몫의 선물이 없다는 것을 알았을 때 짓던 그런 표정이었다. 그러고는 아주 힘이 없는 목소리로 말했다.

"아주머니 저도 가면 안 될까유? 옆집 할머니가 집 봐준다고 했는데… 다음엔 안 따라갈게유… 그냥 이번 한 번…."

하지만 엄마는 대답했다.

"짱이 새로 산 원피스 입혀라."

봉순이 언니는 혼자서 방구석의 장판이 벗겨진 곳에 한참 시선을 주고 있다가 시무룩한 표정으로 나들이옷을 벗었다.

어머니는 정말 집을 봐줄 사람이 없어서 언니를 데리고 가지 않았던 것일까. 나는 이제 알고 있었다. 그건 거짓말이었다. 그전에, 아버지가 돌아오시기 전에도 나들이를 갈 때면 이웃집 할머니께 저녁상을 차려드리고 봉순이 언니까지 모두 외출을 했던 기억이 있었던 것이다. 이웃집 할머니는 우리가 새로 산 텔레비전만 틀어드리면 밤이라도 샐 수 있다고 말했던 것이다. 우리가 봉순이 언니 대신 아버지와 첫 외출을 하는 날 언니는, 어머니 말대로 느려터지고 손재주도 없지만 억척스레 일도 잘하고 그저 심성 하나 고운, 순한 봉순이 언니는 대문 앞에서 오래오래 손을 흔들었다.

- 공지영, 《봉순이 언니》, 푸른숲, 1998

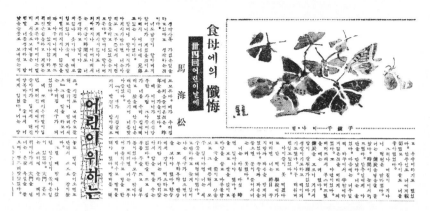

동화작가 마해송은 어린이날을 맞아 어린 식모에 대해 참회록을 썼다. (《동아일보》 1956년 5월 5일자)

식모 범죄 중 절도가 가장 많았고 주인집 아이 폭행 및 유괴 사건도 자주 발생했다. (《조선일보》 1965년 8월 13일자)

1965년 5월 경찰의 '외설서적' 단속에 걸려 압수된 《식모》 표지.

사람待遇못받는食母

警察 또 私刑事件摘發코主人拘束

이번엔少女가飲毒重態

도둑질
했다고
가두고굶기고

견디다못해自殺까지企圖

숨먹고殺人

加害者處罰을

治安局長 美軍嚢

女主人등喚問
蒙忠洞食母事件

어린 食母 욕뵈고殺害

瑞山郡 잠업계원拘束

【洪城】瑞山署는 瑞山농청 잠업계직원 변총명（36）을 살인능협의 보구속했다.

변은 지난달 28일밤 9시쯤 식모 김양（12）을 산으로유인, 추행하고살해, 엿곳에 버린혐의이다.

大統領顧問을사칭
百萬원騙取犯拘束

서울지검은 27일상오 대통령특별고문운사칭, 1백만원을 편취한 富成기업사장 蔡成溶씨（52）를 법날사무취급단속법반혐의로 구속했다. 蔡씨는 지난 66년5월25일부터 같은해 7월15일까지 대통령특별고문이라고사 청·金成遠씨에게 서울서소문육교밀 연쇄상가의

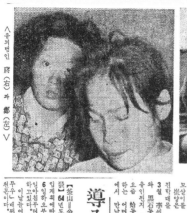

〈유괴범인 羅(右)와 鄭(左)〉

〈유괴됐던 松子〉

少女를 誘拐 食母로 부려

세女人立件

7일상오 서울西大門署

純潔을 뺏긴 食母의 경우

「未婚어머니」恥辱두려워
발버둥치다가 竊盜까지

導入小來

일거리에

연약한 식모들은 내연관계 의심, 절도, 게으름, 일을 잘 못해서 등의 이유로 주인으로부터 고문과 폭행에 시달렸고, 이 과정에서 골절과 실명 등 부상을 입거나 심지어 목숨까지 잃었다.

식모자리없어자살

...식모살이를하
기위해 시골서상경
한 모녀가 애가있
어 식모자리조차구
하지못한것을비관,
극약을먹고 자살한
가난이빚은 비극의
한토막.

◇...12일하오6시경 시내
中區회현동1번지南山충덕
숲속에서 文愛男(36·강원
도삼척군부평읍이도리)여인
과 그의딸 金美淑(8·가
명) 어린이가 극약을먹
고 신음중인것을 南山파출소 成
혜용순경이 순찰도중발견,
시립충부병원으로 옮기는도
중 숨졌다.

◇...文여인은 지난 10월
남편 金某씨가 철을 얻어
집을 나가자 생활고에 겹쳐
식모살이라도 하려고 삼척
에서 상경했으나 애가있어
이런참극을 빚어낸것.

서울大文理大구내食堂서
두食母自殺

厭世? 警察선屍體를放置

한편 봉하발은 洪씨측
온「임대차계약을 맺어오
다가 작년에 줄든다고 정
하고있다.
「임대차계약을 맺어오
집터를 만들고있다」고말
당하게 불을받고있
지금 서가
2일아침7시쯤 해
서무과 서무과근무두 朴炳純
문을열어 봤더니 방
떴으나 인기척이없어
장국을먹으로 유게실을
썼가
했으나, 축시경찰에
울발견, 즉시경찰에
고갔우 이들이넘도독시하
신고것
무체를도서관구내에 내버려
체를 도서관내에

2일새벽 2시쯤 서울들
路구東崇31 서울대학교
文理大구내식모 田順
전되었다. 이들의시체는서
울대학교 도서관 서무과
직원 朴熙純(47)씨가발
견, 경찰에신고했는데 경
찰은염세자살로보고있다.
玉(24)양과 金明淑(19)
양이 부엌방에서 함께극
약을먹고 자살한시체로발

梨泰院洞에불

3일 상오5시쯤 서울
龍山구梨泰院동57 朴銀榮
(46)씨집 라디오에서발
(언반과열은 火가게
에서 「라디오」불이
붙은가게
전날밤숙직자였으면 대학도
어나 가게를전부태우고
15
분만에 꺼졌다.

식모들은 경제적 이유, 누명 등으로 스스로 목숨을 끊기도 했다.

4
그 많던 식모는 어디 갔나

주부들의 항변

식모를 대변하는 목소리는 소수였지만 꾸준히 나왔다. 엽기적인 식모학대 사건이 일어날 때면 "노예제도 아래서나 볼 잔인하고 참혹"한 일이라며 식모를 "한솥밥 먹는 식구"로 대접해줄 것과 함께 식모의 인권을 강조했다. 그리고 이 동정론 뒤에는 주부들을 향한 비난이 잇달았다. "노력을 산 것이지 식모의 인권까지 산 것은 아니다"라거나, "먹여주는 것만으로도 고맙게 알라는 식으로 업신여긴다"라고 일갈했다.

주부들의 처신도 문제 삼았다.《경향신문》1962년 8월 3일자는 "주인의 몰이해이다. 자기가 알아서 처리해야지, 똑똑한 체하고 자기 멋대로 굴었다가 주인마님한테 또 무슨 걱정을 듣고 벼락이 떨어질지 겁이 난다는 것이다. 현명하고 어진 '마님'이라면 식모가 좀 실수하기로서니 그렇게 심한 꾸중은 않는 법이고 식모의 기를 죽여 놓지도 않는 법이다. 마님의 걱정이 심하면 심할수록 식모는 더욱 어리둥절해질 수밖에 없고 '등신'이 될 수밖에 없다'라고 지적했다. 또 다음과 같이 16, 17세 식모들을 선호하는 이유에 대해서도 냉정하게 꼬집었다.

> 그 이유는 순진해서 함부로 부려먹기 좋고 힘겨운 일까지 해낼 수 있는 최대공약수가 바로 이 나이인 것이다. 어른보다 싼 월급으로 돌릴 수가 있다. 비위에 거슬리면 월급을 안 주거나 내쫓는 데도 말썽이 없다. 말하자면 최대한의 착취를 할 수 있는 적령인 것이다.
>
> -《경향신문》1960년 9월 2일자

1966년 신년을 맞아《경향신문》은 '인간 존중'에 대한 기획 기사를 시리즈로 연달아 실었다. 기아, 교통지옥, 윤락여성, 어린이 근로, 피의자와 피고인, 집단자살, 살인, 어린이 교육 문제 등 당시 횡행했던 사회의 부조리 실태를 고발했고, 1월 17일에는 각계 전문가들의 좌담회 내용을 실었다. 어린이 식모가 특히 문제 되었는데 "주부의 교양문제", "인건비가 너무 싸기 때문에 식모를 거느리는 가정이 많은 것도 문제" 또는 "고용주와 피고용주의 계약관계가 아니고 주종관계로 머무르는 게 탈"이라고 지적했다.

이런 소리를 듣는 주부들은 할 말이 없었을까? 주부들은 집안일을 자기 대신 해줄 식모를 구하기 위해 주의를 기울였고, 구한 후에도 세심하게 신경을 썼다. 직업안정소를 찾은 주부들은 제일 먼저 '신원이 확실한가'를 살폈다. '도둑식모'가 그만큼 많다는 반증이었다. 다음 조건은 질병 여부와 보수였다. 언론은 '현명한 주부'라면 이렇게 구한 식모를 잘 다루어야 한다며, 다음과 같은 '식모 다루기' 방법을 제시했다.

(…) 부리는 아이라 하여 제반사에 일일이 야단을 치게 되면 용기가 있는 사람은 반정反情과 반항심을 높이게 되고 어리석은 아이는 점점 위축해서 주인 앞에 나오는 것을 두려워하게 되는 것입니다. (…) 장래를 위해서 바르게 일러주고 꾸짖어주는 것이라는 성의를 알도록 하고 스스로 반성하고 주의할 수 있도록 해야 합니다. (…) 약간의 인정과 세심한 주의를 주는 것은 그들을 즐겁게 할 수 있는 동시에 한 가정에 커다란 효과를 가져오게 될 것입니다. (…) 장점에 대해서는 하나하나 칭찬을 해주는 것이 그들의 노고를 위로해 줄 수 있는 방법입니다만 너무 칭찬만을 하게 된다든지 그 자신이 수긍할 수 없는 점을 분수없이 말하면 도리어 주부로서의 품위를 손상시키게 되는 수도 있습니다.

– 《동아일보》 1955년 10월 4일자

《경향신문》 1962년 11월 27일자에는 한 미혼 여성이 가정경제 문제, 식모들의 낭비, 가정불화, 도난, 아이들 구박, 가정교육 등을 이유로 "식모를 두지 말자!"라며 "주부들이여 부엌으로 들어가자!"라는 도발적인 글을 기고했다. 며칠 뒤 신문사에 이 글에 대한 의견이 쏟아져 들어왔는데 찬성보다는 반대 글이 많았다. 도난 문제는 소수의 문제고, 가정불화는 식모에게 지나치게 많은 것을 의존하기 때문이며, 식모가 아이를 구박하는 것은 있을 수 없는 일이라며 반박했다. 주부들은 미혼녀여서 사정을 잘 알지 못해 쓴 주장이라며, "무용성보다는 유용성이 더 많고, 대가족제도의 우리 가정에서는 식모가 얼마나 고맙고 필요한 존재인지 모른다"라고 핀잔을 주기도 했다. 반대로 남성 중에는 이 미혼 여성의 글에 찬성 입장을 보이는 사람이 많았다. 그들의 주장은 한마디로 아내는 부엌에 있어야 한다는 것. 최초 글을 기고했던 여성은 다시 신문사에 글을 보내 "도대체 식모의 존재를 높이 평가하는 주부들은 여성으로서 자격이 있을까? 남편의 밥을, 옷을, 그리고 아이들의 시중을 들어주기보다 구정물에 손을 넣기 싫어하고 안일한 생활만을 원하고 있어 속을 썩이면서도 식모를 두는 것을 찬성하는 것은 자기기만"이라고 더 강하게 비판했다.

식모들은 고마운 존재였지만, 그들에 대한 불만도 많았다. 예나 지금이나 가장 큰 불만은 '오래 있지 않는다'는 것이었다. 한 달도 안 돼 일이 많고 힘들다며 나가고, 월급이 적다며 나가고, 집안일에 적응될 즈음에는 몇 푼 올려주는 곳이 있다면서 그동안 쌓인 '정'을 싹 무시하고 떠나기 일쑤라는 것이었다. 일제 강점기 때 내지인들의 조선어멈에 대한 불만과 일치한다. 잘 대해주었으나 결국 물품을 훔치고 달아난 식모에게 주부들은 '배신감'을 느끼기도 했다.

한나절이 넘었는데도 어딜 가서 여태 오지 않을까? 궁금히 생각하여 대문소리에 귀를 기울이고 "방에서 옷을 가지고 갔구나" 하시는 할머니 말씀에 뛰어 들어가 보니 옷장이 비어 있었다. 그저께 새로 들어온 식모의 소행이다.

오랜만에 오신 작은엄마께서 강원도에 가셨다. 기차에서 만났다고 서울에 처음 올라오는 스무 살 되는 처녀를 혼자 보낼 수가 없어서서 우리 집까지 데려오신 것이다. 악의가 없고 순진한 촌색시였는데, 사뭇 놀랍기만 하다. 입고 온 옷이 더럽다고 어머니께서 내가 입던 속내의 부라우스를 입히고, 나도 집 애기를 재미있게 듣고 웃었는데 (…) 이렇게 큰 배반을 하다니 분이 풀리지 않는다. 요새 방 도배를 해서 바쁜 틈에 싸가지고 간 모양이다. 선행을 하신 작은엄마께서 아신다면 얼마나 섭섭히 생각하실까.

모처럼 호의가 고작 이렇게 돌아오다니 정말 못 믿을 건 사람의 마음인가 보다. '다른 집에 가서도 순진한 촌색시로 사람을 골탕 먹게 하겠지' 하고 생각하면 소름이 끼칠 지경이다. 옷이 아깝지 않은 것도 아니지만 그것보다 더 무섭고 아쉬운 것은 서로 마음을 털어놓고 웃고 지내던 며칠이 사실은 도둑질을 하기 위한 틈을 엿보는 작전이었다는 사실이다. 더구나 아직도 때 묻지 않은 순진한 처녀여야 할 스물한 살 촌아가씨가 저지른 일이었다는 사실이 더 슬프다. 화창한 5월의 날씨에도 나의 마음은 한층 더 어둡기만 하다.

-《경향신문》1966년 5월 18일자

그 외에 자기 일을 알아서 하지 않고 수동적으로 일하려고만 하고, 위생관념이 없고, 좋은 말로 타일러도 기분 나빠하거나 말대꾸를 한다는 것에 불만이 많았다. 반면에 어떤 주부는 잘해주지 못한 미안한 마음을 표시했다.

집에서 7년간이나 있던 식모가 시집을 가서 고향으로 돌아갔다. (…) 성격이 좀 이상해서 꾸지람도 많이 들었지만 아침저녁으로 우리들 밥 해주고 빨래해주느라고 정말 고생을 하였다. (…) 그런데 7년 동안 한 번도 그 아이 생일을 지내주지 못했다. 아니 생일잔치는커녕 그 아이 생일이 언제인지도 모르고 지냈으며 어른이나 아이들 생일날 그 아이 혼자 집에 두고 가족이 모두 외식까지 하면서 식모아이 생일 같은 것은 아예, 전혀 떠오르지 않았다.

-《조선일보》1961년 12월 28일자

주부들은 또 가옥 구조상 식모를 안 쓸 수 없다고 항변했다. 가장 큰 문제점으로 부엌과 안방의 거리가 멀어 밥상을 나르는 게 힘들고,

부엌 구조상 아궁이, 설거지하는 곳, 요리하는 곳이 따로 떨어져 있어 많이 움직일 수밖에 없는 점을 꼽았다. 밖에서 날아온 먼지가 자주 쌓여 청소를 자주 해야 하는데 그때마다 허리가 부러질 지경이었고, 시시각각 방마다 있는 아궁이 연탄불을 신경 써야 하는 것도 고역이었다. 겨울에 빨래하기 위해 부엌 아궁이에서 데운 물을 수돗가까지 나르는 것도 여자로서는 힘겨운 일이었다. 주부들은 이 모든 집안일을 혼자 감당하기는 힘들기 때문에 식모가 필요하다고 목소리를 높였다. 그리고 식구들이 모두 외출할 때 집에 도둑이 드는 것을 방지하기 위해서라도 식모는 있어야 한다고 강변했다. 사실 그 당시 주택은 방범에 취약해 집집마다 가시철조망을 설치하거나 깨진 병과 사기그릇 조각을 담 꼭대기에 박아 월담을 방지하는 자구책을 쓰는 게 일반적이었다.

> 도대체 식구의 건강을 식모에게 모두 맡긴다는 건 말이 아니요. 그래서 집, 특히 부엌만 개량되면 식모를 안 써도 되는 거지요. 제가 가정학회의에 참석차 미국에 갔을 때 일부러 극빈자의 집을 많이 방문했는데요, 목욕탕도 수세식 변소도 아닌 것은 우리나라와 비슷했지만 부엌만은 남자들이 편리하게 머리를 써서 매만져 주고 있는 것이 눈에 띄었어요.
>
> —《경향신문》 1959년 1월 16일자

1973년 5월 8일 서울 YWCA는 '한국가정구조와 식모'에 관한 '안방세미나'를 열었다. 이 자리에서 주부들은 "가정 구조로 보아 식모를 두는 것은 불가피하다" 하여 한국의 '주부사'는 '식모와의 생활사'라고 말하면서도 "식모를 둘 경우 득실을 논할 때 득보다는 실이 크다고 생각"한다고 밝혔다. 식모의 기분에 주부의 기분도 좌우되고 마찰이 오면 전체 가족 분위기도 깨져서 우울해지고 다툼도 발생한다는 것. 경제적인 측면에서 "식모들은 주식 부식을 막론하고 아낄 줄 몰라서 가정생활에 낭비를 가져온다"는 지적도 나왔다. 따라서 믿고 맡기는 태도도 좋으나 철저한 감시가 필요하다는 이야기가 나왔다. 어떤 주부는 "27년 주부 생활 중 37명의 식모를 두었으나 즐거웠던 기억은 한 번뿐이고 나머지는 불유쾌한 에피소드만 남겼다"고 밝혔다.

그러나 이 세미나에 참석한 식모들은 "인간 대접을 못 받고 있고 임금노동자로 생각하기보다 봉건사회의 노비로 생각하고 있다"는 것을 전제했다. 그리고 노동시간에 제약이 없다는 점('부르면 언제나' 식이다), 임금이 너무 싸다는 점, 가정불화 시 화풀이 대상이 된다는 점, 먹는 것마저 차별하는 가정이 많다는 점, 급료의 계약이 없어 악질 주부는 계를 들어준다는 미명 아래 급료까지 착취한다는 점, 가정에 물건이 없어지면 소지품 검색 등 식모만을 주목한다는 점을 들었다.

이러한 양측의 입장에 대해 '중개자'로 나선 이화여고 교사 오혜식은 "식모는 고마운 존재이지만 자기가 필요함을 약점으로 불시에 '나는 간다'고 가버려 정신적으로 피해를 입는다"고 말하고, "(식모를) 상전 모시듯 했지만 대부분 배신을 당했다"고 강조했다. 그는 이어서 "피차 이런 불신은 사라져야 한다"며 "주부들이 식모를 두지 말고 시간제 가정부를 두는 문제를 고려"할 것을 주문했다. 그는 "주부가 손수 할 경우 가족 누구나 협력하여 능률적 생활을 할 수 있고 성의를 지니고 생활하게 되어 가족이 화목해지고 근면해진다"고 덧붙였다.

2012년 2월 열린 〈여기는 대한민국 1970KHz〉 전시회에서 재현한 1970년대 도시가정의 부엌. 주부들은 부엌이 좌식이고 수돗물도 없어 불편하기 때문에 식모가 필요하다고 주장했다.

식모, 주부들 타락의 주범으로 몰리다

1960년대 후반이 되면 식모의 수요와 공급이 줄어드는 추세가 된다. 공급 부족이 먼저 발생했다. 공업화가 진행되면서, 상경하던 10대 후반 젊은 여성들은 각 공단과 공장으로 발길을 돌렸고, 기존의 식모들도 집 밖으로 나오기 시작했다. 노동집약적 산업 육성 추진 정책에 저임금 여성노동력은 필수였는데, 여공의 임금은 아무리 낮아도 식모보다 높았다. 어차피 상경 소녀들에게 '식모'는 다음 단계로 가는 징검다리에 불과했다. 최저 수준의 임금으로 고된 노동에 시달리며 인간 대접마저 못 받는 그곳을 떠나지 못한 유일한 이유는 갈 곳이 없기 때문이었다. 그러나 이제 사정이 달라졌다. 노동시간이 반 가까이 줄어들면서도 월급은 더 많은 공장이 그들을 기다리고 있었다. 식모의 주된 연령층인 10대 후반의 소녀들도 더는 식모 시장을 기웃거리지 않았다. 식모범죄와 학대 등 부정적인 인식이 축적되고 교육 기회의 확대로 학교에 머무르는 기간이 늘어난 결과였다. 식모 기근의 시대가 찾아온 것이다.

수요 시장 중 식모를 둔 서민가정에서 먼저 변화가 시작되었다. 그들은 원래 식모를 둘 처지가 아니었지만 먹여주고 재워주는 대신 월급을 안 주거나 최소로 준 덕분에 식모를 거느릴 수 있었다. 그들에게 더 좋은 곳으로 가려는 식모를 붙잡을 당근은 없었다. 중산층 집에서도 공급 시장의 변화로 식모 '최적'의 나이인 16, 17세 소녀를 구하기가 점점 어려워졌다. 식모에 익숙해진 주부들은 대우를 잘해주거나 비용을 더 들여서라도 베테랑 혹은 나이가 든 식모를 구해야 했다. 식모를 구하는 광고의 문구부터 달라졌다. 세 식구, 두 식구를 강조하고 현대식 집이며 용돈과 옷을 준다고 강조했다. 어렵사리 식모를 구했다고 하더라도 안도의 한숨을 쉬기에는 일렀다. '주인과 하녀'라는 봉건적 관계를 고집했다가는 식모들의 저항에 부딪히기 십상이었다. 오래 머물게 하기 위해 식모의 월급을 계에 들도록 하고, 비위를 맞추는 가정이 많아 '식모 상전'이라는 말이 유행했다. 수요자 우위시장에서 공급자 우위시장으로 바뀐 것이다. 식모 상전 현상은 '근대화 시대' 바람직한 모습으로 해석되기도 했다.

> 식모를 얻기가 더욱 어려워지고 물질적 대우를 높여야 하고 더욱이 인격적 존중을 하여야만 되는 시기가 온다면 이는 환영할 만한 일이다. 어려운 집 처녀들도 소득이 높은 직장을 얻기 용이해지고 따라서 굉장히 많은 돈을 지불하지 않고는 식모를 채용할 수 없고 채용하더라도 상당한 인격적 대우를 해주어야만 되는 사회가 바로 '근대화'된 사회가 아닌가 생각한다.
>
> – 오갑환 서울대 교수,《조선일보》1972년 12월 15일자

이러한 변화 속에 '식모 폐지'의 목소리에도 더욱 힘이 실렸다. 식모 구하기도 힘들고, 비용도 늘어나고, 식모와의 갈등도 계속될 바에야 식모를 두지 말자는 것. 식모 폐지 주장은 그 전부터 제기된 문제였다. 식모 구하기 쉬웠던 시절에 왜 식모를 두지 말자고 했을까? 식모들의 불우한 처지를 동정해서? 식모범죄가 많아서? 아니다. 물론 그런 까닭도 없지 않았겠지만 식모를 폐지해야 하는 제일 큰 이유는 주부들이 가정에서 제 역할을 하지 않거나 등한시하는 원인이 바로 '식모'에 있다고 진단했기 때문이다.

> 인텔리층 여자들이 부엌제도에 대해서 그것을 건의라도 할 수 있는 여자들이 왜 등한히 했느냐 하면 그러한 여자들은 자기 손으로 일을 하

지 않습니다. 식모가 있어 일하고 빨래하고 바느질은 침모가 있어요.
그래서 불편을 느끼지 않습니다. 대개 말마디나 하는 지식층 여자들은
식모 두고 살기 때문에 그 식모가 죽어나지요.

-《동아일보》1956년 1월 18일자

수백만 환짜리 다이아몬드 반지 게니 양단치마 게니 하여 부엌살림은
식모에게 맡기고 몰려다니던 서울 주부들에게 들려주고 싶은 얘기

- 수원에서 주부들이 쌀 절약한다는 운동을 소개하면서 적은 글,

《경향신문》1961년 10월 30일자

돈푼이나 있는 가정주부들이 식모네, 침모네, 유모네 하고 손톱 하나
까딱하려 하지 않고 오정 가까이 일어나 수 시간을 걸쳐 화장을 하고
하는 짓이라고는 백화점 행각이나, 계를 하러 다니고 자모회 간사 노
릇이나 하는 광경도 아름답다. 그러나 이것은 퇴폐미다.

-《동아일보》1963년 9월 27일자

식사는 물론 유아 보는 일까지 식모에게 맡기고 주부의 지위가 점차
허공에 뜨는 경향이 있다. 가정에서 제일 귀중한 일 하면 식사와 육아
다. 그것을 식모에게 일임하고 있으니 본말의 전도가 아닐까. 식모의
밥을 먹고 식모의 손에 자라는 것이 한국의 어린이들이다.

-《경향신문》1964년 7월 16일자

"식모를 두고 남편을 속여가며 '계'니 '댄스'니 뭐니 하고 어울려 한가
히 몰려다니면서 추문을 던지는 일이 적지 않다"며 주부들을 도덕적
타락자로 몰기도 했다. 아내가 가정을 지키고 아이를 잘 돌보길 바라

1963년 7월 15일 무허가 '댄스홀'에서 '춤바람' 난 주부들이 재판받는 모습. 가사를 팽개친 주부 타락의 한 원인으로 집안일을 대신해주는 식모가 꼽혔다. (경향신문사)

는 가부장적인 남성들에게 식모는 걸림돌이었다.《동아일보》1963년 3월 11일자에 실린 수기도 같은 맥락이다.

결혼 후 식모 없을 때 남편은 내게 미안해하며 집안일을 거들어주고 나를 위했다. 그러나 아기가 태어나서 식모를 두었는데 오붓한 밥상에 식모가 끼게 되고, 남편의 퇴근시간은 늦어지고, 못 먹던 술 냄새까지 났다. 나도 외출이 잦아지고 우리 부부는 자주 다투게 되었다. 게다가 쌀도 부족하고 비누며 참기름이며 당해낼 수 없었으며 저금통장은 줄어들었다. 그러던 차 설날 식모가 집으로 갔다. 꼼짝없이 집안일에 매였는데 의외로 일찍 퇴근한 남편이 "여보, 추운데 혼자서 얼마나 애썼소"라며 껴안듯 속삭이며 빨래를 개고 방을 쓸었다. 별안간 집 안이 환해졌다. 단둘이 앉은 밥상. 이렇게 밥맛이 좋은 적은 처음이다. 나는 당장 시골로 편지를 띄워 식모가 필요 없게 되었음을 전했다.

식모 폐지론의 근거로 주부 타락 방지 외에 가정경제의 효율성이 강조되었다. 식모에게 지불하는 월급이 갈수록 커져 평균적인 가정에서도 부담이 되고, 식모들은 살림을 아낄 줄 몰라 깨진 독에 물 붓기라고 지적했다. 식모를 폐지하기 위해 선행되어야 할 점으로는 주부들의 인식 변화와 함께 부엌을 비롯한 주택 구조 개선이 시급하다고 입을 모았다. 예를 들면 부엌 바닥에 마루를 깔고 아궁이와 조리대를 높여 허리를 굽히지 않고 요리할 수 있도록 하며 거실과 부엌 사이 벽을 터서 동선을 줄이면 일도 한결 편해지고 남편이 부엌일을 도와주어 굳이 식모 쓸 일이 없게 된다는 것이었다.

진원중 서울대 교수는 1967년 초 '식모 폐지론'을 나름의 입장에서 전개하여 주목을 끌었다. 교수라는 지위에 있는데도 식모를 안 두는 이유는 첫째, 근대적 고용에서는 정규 샐러리에게 보너스를 주는데 서울대에서는 보너스가 없으므로 식모에게도 줄 수 없음, 둘째, 청소년 피고용자를 야간학교에 보낼 힘이 없음, 셋째, 상경하는 농촌 소녀들을 막음, 넷째, 집 구조가 식모에게 독립성을 보장하기 취약함, 다섯째, 아이가 거짓말을 식모에게 배워서는 안 됨, 여섯째, 아이들에게 일하는 것이 천한 것으로 가르치고 싶지 않음, 마지막으로, 찾아오는 사람에게 물이라도 남이 끓인 것을 대접하고 싶지 않기 때문이라고 했다. 개인적인 입장의 식모 폐지론이지만 시사하는 바가 많은 풍자의 글이었다.

시간제 식모의 출현

사회 지도층의 식모 폐지 목소리는 주부들의 호응을 얻지 못했다. 집주인 집에서 먹고 자는 전통적 식모 제도가 붕괴된 계기는 앞서 말했듯이 공급의 부족이었음은 두말할 나위가 없다. 주부들에게는 아직 식모의 손길이 필요했다. 그들은 대안을 찾기 시작했다. 시간제로 근무하는 파출부에 관심을 보이기 시작했다. 파출부는 기원을 보면 조선시대, 아니 그 이전으로 거슬러 올라간다. 남의 집에 큰일이 있을 때 일정 기간 노동력을 제공하고 대가를 받는 아낙네들이 많았다.

1958년 3월 여류 인사들이 '대한여자연업보도소'를 창설했다. 이곳에서는 불우한 환경에 있는 18~30세 여자들을 대상으로 요리, 금전 취급법, 세탁 등 고도의 가사노동 교육을 시켜 외국인 또는 한국인 가정에 취업토록 했다. 주로 전쟁미망인들을 위한 사업이었고, 개인의 사정에 맞춰 시간제 근무도 알선했다.

1964년 3월 사단법인으로 창립된 '가사원'은 시간제 식모에 대한 사회적 인식을 넓혀주었다. 이곳은 회원제로 운영되었는데, 가입하려면 숙련된 가사노동뿐 아니라 신원보증이 반드시 필요해 거절당하는 여성들이 많았다. 그러나 주부들 사이에서 소문이 돌아 인기가 높았다. 가사원은 회원들을 '수고 엄마' 또는 '수고 아줌마'로 호칭하며 기존 식모와의 차별화를 시도했다. 1966년 기준으로 매일 중식비와 교통비를 받고 월간 계약은 3000원, 보름 계약은 하루 150원, 하루 계약이면 200원 보수를 받았다. 당시 1000원에서 1500원 사이였던 식모 평균월급에 비하면 매우 비싼 편이어서 중산층 이상의 가정이 이용했지만, 주부들은 "식모도 매월 1000원 이상 월급에, 방 하나와 이불, 연료와 식사 등이 들어가던 생활비를 계산하면 그만큼 지출되는 일은 그렇게 맵고 짜게 하지 못한다"며 만족해했다. 《동아일보》 1966년 3월 3일자에 따르면 1966년 '수고 엄마'들은 모두 248명, 고졸 이상이 반이 넘고 대졸자도 22명이나 된다고 가사원 측은 밝혔다. 그리고 주부들이 '수고 엄마'를 이용하는 이유를 "첫째, 든든한 보증이 있어 믿고 맡긴다. 둘째, 집안일을 책임 있게 해치운다. 셋째 합리적 계약관계여서 인간적인 면에서 쓸데없는 신경을 안 쓴다. 넷째, 교양 있는 가정부는 자녀교육에 도움이 된다"로 들었다. 가사원을 취재한 기자는 '출퇴근하는 새 식모'라고 소개하고 "식모라는 전근대적인 고용 방법에서 진일보한 것"이라고 평가했다.

서울 YWCA는 시간제 식모 제도를 정착시키는 데 큰 역할을 했다. 대부분 회원이 중산층 기혼 여성이어서 당시 급증하는 식모 문제에 대해 내부적으로 논의가 활발히 이루어졌다. YWCA는 가사원과 달리 희망자를 모집해 가사 교육을 자체적으로 10일 정도 시킨 다음 회원 가정집에 파견하는 방식을 택했다. 시범적으로 1966년 12월 야간공민학교 학생 10명을 훈련시켜 파견하여 한 달 동안 실시한 결과 양측의 만

1968년 새롭게 개관한 YWCA 회관 건물 전경. YWCA는 여권 신장의 요람으로서 '전통적' 식모를 폐지하는 데 큰 영향을 끼쳤다. (경향신문사)

족도가 높게 나왔다. 1967년 2월 이 사업을 18세 이상 45세 이하의 여성 대상으로 확대했고, 신원보증과 더불어 교육의 질도 높였다. 처음에는 8시 출근과 20시 퇴근으로 시간을 정했고, 일당이었으나 월급제를 원하는 사람이 많아 월 1500원을 책정했다. 다음 연도부터는 월 4000원으로 인상하고 근무시간도 줄였다. 시장가보다 비싼 축이었지만 회원들은 시간제 식모를 선호했는데, 이유는 '수고 엄마'를 이용하는 주부들의 이유와 비슷했다.

시간제 식모는 그 일에 종사하는 여성들에게도 장점이 많았다. 종속관계를 벗어나 자유 계약을 맺음으로써 '직업여성'으로 자존감이 생기고 정당한 대우를 받는 것이 이전 식모와 근본적으로 다른 점이었다. 주부들은 시간제 식모가 출근하면 그날 해야 할 일을 지시하기 때문에 해도 해도 끝이 없는 집안일의 진척 정도와 마무리가 확실해졌다. 시간제 식모는 출퇴근하므로 퇴근 후 기혼 여성은 자신의 가정을 돌볼 수 있고, 미혼 여성은 남는 시간을 활용할 수 있으며 임금 수준도 만족할 만했다. 고용인 신분이 확실하기 때문에 처음에 약속한 월급 규모와 지급 시기에 대해 노심초사할 필요 없이 자신이 맡은 일만 하면 되었다.

'식모'라는 말도 차츰 사라지기 시작했다. 인간 대접을 못 받는 인상이 워낙 강해 '식모'라는 말 자체가 비하하는 단어로 굳어졌다. 하녀, 식순이, 부엌데기보다는 나았지만, 식모들은 자신을 '식모'라고 부르는 데 강한 거부감을 갖고 있었다. 식모에게 동정의 시선을 보내는 사람들은 이 호칭이 문제가 많다고 지적했다. 여성단체에서는 '식모'라는 용어 대신 '가정부'로 부를 것을 호소하기 시작했다. 1964년 문화공보부가 방송용어심의를 실시하여 같은 입장을 보였지만, 권고 사항이어서 효력을 발휘하지 못했다. 호칭이 '가정부'로 대체된 것은 가사노동을 바라보는 관점과 철학의 변화라기보다 정서적 의미를 고려한 것으로 볼 수 있다. 가정부家政婦의 '정'은 가정家庭의 '뜰 정庭' 자를 쓰지 않고, '정치 정政' 자를 쓴다. 즉 가정부에는 '가정을 다스리다'라는 존중의 뜻이 담겼다. 시간제 가정부는 '파견'과 '출장'의 의미가 담긴 '파출부'라고도 불렸다.

'식모' 용어에 대해 여성단체는 대중에게 막대한 영향을 끼치는 방송국에 꾸준히 문제를 제기했다. 그러다가 1972년 MBC 아나운서들을 중심으로 구성된 '방송용어순화위원회'가 방송용어를 다듬기 시작했다. 이 위원회는 '식모'를 금기어로 정하고 '가정부'로 대체하기로 결정했다. 방송의 파급력은 컸고 '가정부'라는 말이 '식모'를 몰아내고 일반화하기 시작했다. 정부도 이러한 추세를 반영해 1975년 4월 보건사회부가 '식모'의 호칭을 '가정관리원'으로 변경하여 직업여성의 범주에 넣었다. '가정부'는 1980년대 초 '직업에 귀천의식을 지운다'는 취지에서 '가사보조원'이 되었다가, 1986년 아시안게임을 앞두고 '도우미'라는 이름이 생긴 뒤 '가사도우미'라는 새로운 이름을 얻었다. 가사도우미는 지금까지 공식 명칭으로 쓰이고 있지만, 전국 가사도우미들의 결속 단체인 전국가정관리사협회(2004년 설립)는 가사노동의 전문성을 나타내는 '가정관리사'로 명칭을 변경할 것을 주장하고 있다.

한편 시간제 가정부가 '식모 문제'를 해결하는 대안으로 각광을 받자 정부에서도 이를 적극 지원하기 시작했다. 1967년 2월 보건사회부와 서울시 후원 아래 '영등포은성보도소'에서 '가정부학교'를 개설했다. 중학교 졸업 이상의 학력 소유자로 17~36세 여성을 대상으로 6개월이라는 짧지 않은 시간에 가정부 교육을 시키고 기숙비와 식사를 무료로 제공했다. 보건사회부는 또 그해 3월 29일 봉급생활자에게 풀타임 식모제는 부담이 크다는 여론에 반응하여 시간제로 바꾸고, 가정부를 요리·세탁·육아·청소 등 전문적인 기술을 익혀 하나의 직업인으로 양성하여 인권 유린을 막고 가정부 권익을 옹호하기 위해 '가정부 직업훈련안'을 마련했다. 1975년에는 대통령의 특별 지시로 가정부의 전문화 및 직업여성으로서의 긍지를 위해 자격증 제도를 도입, 이를 위해 관계 법령을 개정하고 전국 11개 시도부녀직업보도소에 가정관리과정을 신설, 무료교육을 실시하기로 했다. 그러나 이 자격증 제도는 현실과 멀어 유명무실한 정책으로 끝나버렸다.

식모 공급이 부족한 가운데 가정부도 직업여성이라는 인식이 퍼지면서 가정부의 월급은 1969년부터 가파르게 상승하기 시작했다. 그러다가 1975년에는 하락하는 현상을 보였다. 종전보다 2000~3000원 내려 미혼 가정부는 7000~8000원 선, 기혼 가정부는 1만 2000원 선이 되었다. 이유는 1973년 10월 발발한 제4차 중동전쟁으로 국제유가가 급등한 데 있었다. 이른바 '유류파동'이었다. 한국 경제는 수출 지향적 경제정책에 산업에너지를 절대적으로 석유에 의존하고 있어 유독 큰 타격을 입었다. 대량으로 여성 인력을 고용하던 방직공장 등 섬유업계와 가발공장은 버티지 못하고 문을 닫거나 많은 직원들을 해고했다. 이때 실직한 여성들이 가정부로 일자리를 찾으면서, 공급이 급증하여 식모 구하기가 쉬워졌고 수요와 공급의 법칙에 따라 가격이 하락한 것이다. 《매일경제신문》 1975년 2월 1일자는 실직 여성들이 가정부 자리를 찾는 데는 "그간 여공 생활이 가정부보다 낮은 1만 원 이하의 저임금에 건강을 상할 정도의 작업 환경과 나쁜 음식 그리고 잠자리 등으로 여공 생활에 실증을 느낀 처녀들의 전업이 크게 작용"했다고 진단했다. 그러나 경제가 회복되면서 이는 일시적인 현상으로 그쳤다.

주인집에서 기거하며 최소 임금으로 노동력을 제공하던 전통적인 식모들은 이러한 사회적 변화 속에 1970년대 중반부터 급격히 사라지기 시작했다. 1975년 여성의 해를 기점으로 우리나라의 여성 인권이 크게 향상되어 어린 식모들에게 가해지던 소소한 인권 유린도 죄악시되는 풍토가 조성되었다. 핵가족화, 주택 구조의 개선, 가전기기의 발달 등은 주부들의 집안일을 줄여주었다. 그렇게 식모는 우리 언니, 누이와 어머니의 전설이 되었다.

신문에 실린 식모 구인 광고.

일제 강점기에도 식모 폐지 목소리가 있었으나 이는 전시 준비를 위한 노동력 확보의
일환이었다. (《동아일보》 1938년 1월 8일자)

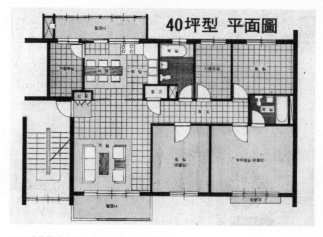

1970년대 중반까지도 아파트에는 부엌과 맞닿은 식모방이 따로 있었다.

1970년대 서울 중류층 및 서민층 부엌 모습. 불편한 부엌을 개량하자는 주장이 많았다.

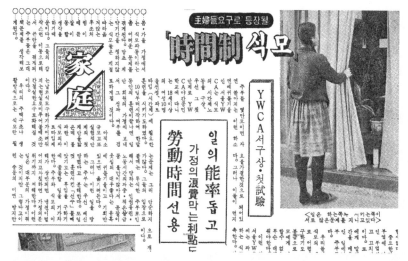

시간제 식모의 등장. (《동아일보》 1966년 11월 10일자)

'신생활'로 낙향하는 식모들. (《경향신문》 1962년 1월 1일자)

식모 살림은 폐습이라고 풍자한 만평. (《동아일보》 1972년 3월 27일자)

식모 자리를 옮기지 않고도
월급을 올리는 법

소설 《동토》 작가로 유명한 박경수는 1972년 단편 소설 〈어느 식모 이야기〉를 발표했다. '가나안' 복지원장 김 장로(가나안 농군학교 설립자 김용기를 이르는 듯. 필자 추정)에게 들은 사연을 각색한 작품이다. 식모 정숙은 월급이 너무 적어 다른 집을 구하기 위해 김 장로를 찾았다. 월급 2000원을 받고 있으나 내년 양친 환갑잔치를 준비하고 동생들 학비를 대기 위해 5000원 받기를 원했다. 그러나 김 장로는 군이 다른 집에 옮기지 않아도 지금 집에서 그 이상을 받을 수 있는 방법이 있다고 말했다. 그는 꼭 실천하겠다는 정숙의 다짐을 받고는 다음과 같이 알려주었다.

첫째, 밥 짓는 것부터 말해야겠다. 끼니때마다 쌀낟을 입에 넣어 깨물어보고 밥물을 부어라. 쌀가마니마다 건조도가 다르고 같은 쌀가마니의 쌀도 윗부분과 아랫부분이 또 다르다. 뚝 하는 소리가 나거든 밥물을 나우 붓고 딱 하는 소리가 나거든 좀 적게 부어라. 그렇게 밥을 짓되 찬밥이 남지 않게 누룽지가 눋지 않게 짓고 밥을 그릇에 담을 때도 맨 윗밥을 젖혀놓고 아래서부터 바깥주인, 안주인, 아이들 그런 순서로 담아라, 전분이 모두 갈앉아서 솥바닥 부분일수록 영양가가 높은 법이다.

둘째, 저녁에는 주인의 이불을 깔아드리고 아침에는 개고, 그리고 주인이 잠자리에 들기 전에 이불 속에 손을 넣어 보고 온기가 션찮거든 불을 더 때라. 셋째, 주인의 출근에 앞서 신을 닦아놓고 겨울철이면 그것을 네 방 아랫목에 이불을 덮어놓았다가 내드리고, 가방을 들고 대문 밖까지 나가 인사를 하여라. 넷째, 주인네 집에서 과일을 사다 먹거든 그 껍질을 버리지 마라. 사과거든 그 껍질을 주어모아 말렸다가 달여서 설탕을 넣고 사과차를 만들고, 귤이거든 역시 말려두었다가 여름에 주스를 만들어라. 그것을 주인 내외에 아침저녁으로 한 컵씩 드려라. 다섯째, 주인네 집에서 먹는 계란껍질도 버리지 말아라. 사료상에서 계란껍질 백 개에 계란 한 개씩을 주게 되어 있으니 그것을 바꾸어다가 계란 프라이를 만들어 그렇게 바꾼거라 하고 주인에게 드려라. 여섯째, 치약껍질을 버리지 말고 주워 모아라. 스물네 개를 모아 치약상에 갖다주면 치약 한 개를 준다. 그것을 주인에게 말하여 쓰도록 하라. 일곱째, 휴지를 버리지 말고 한 관씩 되거든 팔아서 그걸로 화장지를 사다가 주인에게 드려라. 여덟째, 생선이며 그 밖의 찬거리를 살 때는 꼭 성한 것으로 사고 또 1원이라도 남거든 꼭 주인에게 돌려드려라. 아홉째, 주인네 아이들을 네 친동생같이 사랑하고 저녁에 옷 벗기는 것, 아침에 옷을 입히는 것, 세면하고 머리 빗기는 것, 목욕시키는 것 모두 안주인을 대신하여 네가 하도록 하여라. 열째, 그동안 월급을 한 손으로 받았거든 다음부터 두 손으로 받고 감사합니다 하는 소리를 잊지 말고 하여라.

– 박경수, 〈어느 식모 이야기〉, 1972

검소와 근면을 강조하는 '가나안 농군학교'다운 실천 지침이었으나 1960~1970년대 식모들이 가져야 할 덕목이자 주인들이 바라는 식모의 이상형이었다. 김 장로는 정숙에게 6개월 실천한 후 마지막 월급날에 "주인님, 그동안은 여러 가지로 신세가 많았습니다. 제가 앞으로 한 닷새쯤만 더 있어 드리겠으니 그동안에 다른 식모를 하나 구해주십시오"라고 말하도록 했다. 이어 주인이 연유를 물으면 부모님 환갑잔치와 중학교 올라가는 동생 학비를 벌기 위해 고향에 내려가 무엇이라도 하겠다고 대답하라고 했다. 김 장로는 5000원 이상 받지 못하면 그 이상을 받는 곳을 소개해주겠다고 약속했다.

6개월 뒤 정숙은 어떻게 되었을까? 정숙이 오기로 한 날 김 장로는 온종일 바깥 소리에 귀를 기울였다. 그러나 정숙은 오지 않았고, 이후에도 아무런 소식이 없었다. 쉽지 않은 일이라 약속을 못 지키고 다른데로 갔거나 무소식이 희소식이라고 그 집에서 잘 지내거나 둘 중 하나였다. 그로부터 다시 6개월이 흘렀다. 볼 일이 있어 서울에 온 김 장로는 거리에서 우연히 정숙을 만났다. 정숙은 보자마자 눈물까지 흘리며 반가워했다.

정숙은 김 장로가 하라는 대로 한 후 고향에 내려가겠다고 말했다. 그러자 주인이 "우리 집에서 나가면 우리 집은 어떻게 하라는 거냐"면서 붙들고 월급을 5000원으로 인상하고, 주인 내외가 시골까지 직접 내려와 환갑잔치를 치러주었다. 동생도 주인집에서 정숙과 함께 지내면서 서울에서 학교를 다니도록 했다. 그리고 주인 알선으로 주인 회사의 사원과 약혼했다는 소식도 전했다. 소설은 다음과 같이 끝을 맺는다.

"그래 곧 시집을 가게 되어 얼굴이 그렇게 환하구먼."
하고 김 장로도 기뻐서 웃음의 말을 하자,
"아이, 장로님도."
하고 정숙이는 그 환한 얼굴을 더욱 환하게 붉히며 기뻐하였다.

　다분히 동화적인 스토리지만 사회적으로 덕망이 높았던 김용기 장로의 경험담이라면 사실일 가능성이 높다. 이 사례 역시 당시 동정심 많은 지식인들조차 제도의 개선보다는 개인의 노력에 초점을 두었다는 점에서 영화와 같은 한계를 보여준다. 이 미담에서 정숙은 성실히 일한 '보상'을 받았다. 그렇지만 과연 정당한 보상을 받은 식모들이 얼마나 될까? 언론 등에 나타난 식모와 주인의 전형적인 미담은 식모가 시집갈 때 주인이 그동안 모아둔 돈을 주고 아쉬운 석별의 정을 나누는 것이었다. 딸처럼 아끼며 끝까지 보살펴주는 주인들도 없지는 않았지만 일하는 동안 식모의 월급을 올려주는 경우는 극히 드물었다. 따라서 식모들이 월급을 올리는 가장 쉬운 방법은 좀 더 많이 주는 집으로 옮기는 것이었다. 1970년대 초반 '식모 구함'이라는 1단짜리 신문 광고가 많이 등장했다. 이를 보고 김종수 전남대 교수는 다음과 같이 일갈했다.

　신문의 구인광고란에 '식모를 구함'이 눈에 많이 띄는 것을 보아 (⋯) "이 어린 것을 식모로 두고 있어요" 하고 본인 앞에서 대화가 이루어질 때 부모를 떠나서 가뜩이나 애정에 굶주리고 있는 이들 소녀들의 심정은 어떠할까? 이들 소녀들이 하는 일이 잔심부름이나 치다꺼리 혹은 어린애 보는 것이 일이라면 식모로 호칭되는 것이 격에 맞지 않거니와 남의 자식이지만 자기 자녀와 같이, 즉 양녀 정도로 보살피고 지도하면서 부려야지 종래의 비종의 관념으로 대한다면 이들은 기회 있는 대로 더 좋은 곳을 찾아 떠나고야 만다는 것을 알고 있다. 그러니 이런 가정에서는 연중 '식모 구함'으로 고생해야만 한다.

– 《동아일보》 1970년 10월 24일

2부

버스안내양

영화 〈도시로 간 처녀〉의 주인공들

    스물네 살 청년이 1964년 당대 최고 권위를 인정받던 제10회 동인문학상을 수상하면서 문단은 충격에 빠진다. 역대 최연소 수상자인 그는 해방 후 한글로 정규교육을 마친 세대답게 문장력과 표현력에서 이전의 작가와는 확연한 차이를 보였다. 선배 작가들에게 '수모'를 안겨주며 1960~1970년대를 대표하는 작가로 자리매김한 김승옥. 〈무진기행〉과 〈서울 1964년 겨울〉 등은 50년이 지난 지금도 문학도들의 습작 단골메뉴다.

    순수문학 작가로서는 드물게 대중적으로도 인기를 끈 김승옥은 1980년 《동아일보》에 연재소설을 쓰기 시작했다. 그러나 이 소설은 14회 만에 중단되었다. 신문사는 1면 사고를 통해 "사정에 의해 중단"이라고 짤막히 밝혔으나 속사정은 작가의 '일방적' 절필이었다. 그는 그해 5월 전라남도 광주에서 일어난 신군부 민간인 학살 사건(5·18 민주화운

동)에 충격을 받았고, 이 사건에 대한 언론의 침묵과 왜곡 보도에 분노
가 치밀었다. 6년 전 친구 김지하가 사형선고를 받았을 때도 "편하게
글을 쓰고 앉아 있을 수 없다"라며 절필을 선언한 적이 있던 그였다(김
지하는 1975년 2월 석방되었다).

김승옥은 서울의 북쪽 끝인 상계동으로 거처를 옮겼다. 그 지역에는
시내버스회사 종점이 몇 곳 있었다. 작가는 신문소설 연재 중단 후 6개
월 동안 이 지역 여관에 머물며 시나리오를 집필했다. 영화 대본 각색
은 몇 번 했지만 오리지널 시나리오 작업은 처음이었다. 내용은 버스안
내양의 현실을 담은 것으로 제목은 〈도시로 간 처녀〉였다.

> 시골 출신의 세 처녀 문희(유지인 역), 옥경(이영옥 역), 승희(금보라 역)
> 는 도시로 와 버스안내양이 된다. '삥땅'에 대한 죄의식이 없이 흘러가
> 는 대로 사는 옥경, 자신의 일을 자랑스러워하며 누구보다 열심히 일
> 하고 동료들에게 모범을 보이는 문희, 세상 물정 모르는 순박한 승희.
> 이 세 처녀의 이야기가 얽히면서 영화는 전개된다. 문희는 버스 안에
> 서 행상하는 상수(김만 역)를 만나 백년해로를 기약하는 행복한 꿈을
> 꾸는데, 동료의 삥땅이 적발되고 문희도 몸수색을 당한다. 문희는 이
> 를 거부하지만 남자 직원 앞에서 속옷까지 벗겨지는 치욕을 당한다.
> 문희는 회사 건물 옥상에 올라가 투신자살을 기도한다.

김승옥이 버스안내양을 소재로 삼은 이유는 구체적으로 밝혀지지
않았지만, 당시 양식 있는 기성세대들이 버스안내양에게 동정심을 보
이는 일은 드물지 않았다. 버스안내양에 대한 승객들의 인식은 이중적
이었다. 승객들은 시루 속 콩나물처럼 빼꼭히 갇힌 채 급정거·급커브
에 몸이 휘청거렸고, 제시간 발차 요구, 요금 시비 등 불만이 많았다. 버

스안내양은 이러한 불만을 한 몸에 받아야 했다. 이 과정에서 무시와 조롱, 비난은 다반사였다. 손님 대 종업원, 어른 대 어린 것, 남자 대 여자, 배운 것 대 못 배운 것의 대립 구조에서 버스안내양은 후자였다. 반면 어린 나이에 고향을 떠나 도시에서 새벽 4시부터 밤 12시까지 일하면서 부모 형제를 뒷바라지하는 그들에게 따뜻한 시선을 보내는 사람도 있었다. 고된 노동으로 피로에 찌든 그들을 보며 안타까워했고, 자신의 딸과 여동생을 떠올리며 감정이 이입되었다. 버스안내양은 사회적 노출 빈도가 가장 높은 직업여성으로서 언론과 행정 당국에서도 많은 관심을 보였다. 김승옥도 그중 한 명이었을 터. 광주에서의 거대악을 목격하면서 몸서리쳤던 작가에게 리얼리즘 영화의 시나리오 작업은 도피처이자 어쩔 수 없는 선택이었을지도 모른다. 그렇지만 막상 개봉된 〈도시로 간 처녀〉는 오히려 '순화된' 논픽션이었다. 김승옥은 무거울 수 있는 메시지를 관객들이 부담 없이 받아들이도록 하기 위해, 또 당국의 살벌한 검열을 고려해 연애 장치를 마련하면서 감각적인 대사를 넣는 데 주력했다.

1981년 2월에 크랭크인 한 〈도시로 간 처녀〉는 언론의 스포트라이트를 받았다. 당대 최고의 작가 김승옥의 첫 번째 오리지널 시나리오에 당시로서는 드문 동시녹음으로 제작했으며, 1만 명이 넘는 엑스트라와 100대 이상의 버스와 택시를 동원했고 제작비도 2억 원에 달했다. 판권계약은 순조로웠다. 제작사는 태창흥업이었고, 김승옥과 마찬가지로 대중성과 예술성을 겸비했다는 평을 듣는 김수용 감독이 메가폰을 잡았다.

촬영은 순조롭게 진행되었다. 전두환 정권의 3S(screen, sport, sex) 정책으로 영화 검열이 완화되어 '옷 벗기기 영화'가 범람했는데, 〈도시로 간 처녀〉는 그 제목만으로도 이 범주의 영화라는 상상을 불러일으켜 제작 과정에서 본의 아닌 누명을 쓰기도 했다. 촬영과 편집 후 상영 전당국의 검열을 앞두고 작가와 제작진은 긴장할 수밖에 없었다. '불온한 작품'이라고 '상영 불가' 판정을 받을 수 있었다. 그러나 오히려 '우수 영화'로 선정되는 영광(?)을 얻었다. 이 소식이 알려지자 대종상 수상의 유력한 후보로도 떠올랐다. 컬러 텔레비전 방송이 시작하던 해여서 영화 산업의 위축을 걱정했던 영화인들도 큰 기대를 걸었다. 드디어 1981년 12월 3일 서울 명동 입구에 위치한 중앙극장에서 막이 올랐다. 그런데 며칠 뒤 〈도시로 간 처녀〉는 한국영화사에 빠져서는 안 될 사건의 주인공이 되었다.

상영 첫날 관객 동원은 기대만큼 성과를 올리지는 못했지만 실망할 수준도 아니었다. 그러나 뜻밖의 곳에서 문제가 터졌다. 12월 7일 한국노총 산하 전국자동차노동조합연맹은 문화공보부에 상영 금지 조치를 취해달라고 진정을 냈다. 그들은 뻥땅 알몸 수색의 과장 묘사, 안내양과 운전기사를 도둑 취급하여 인권 유린, 안내양과 기사의 불미한 관계를 그려 마치 성 모럴이 없는 것처럼 왜곡 처리, 조합장이 안내양의 사물함을 뒤져 노조 어용화 등을 들며 "버스안내양의 인권을 침해했다"고 문제를 제기했다. 이어 12월 9일 서울 보문동 노동조합 사무실에서 서울 시내버스 안내양 150명이 상영 중지를 요구하며 철야 농성에 돌입했고, 극장 앞에서 시위 농성도 불사하겠다고 밝혔다. 전두환 정권 초창기 억압 체제 아래 노동자들의 시위 감행은 웬만한 용기가 없으면 안 되는 일이었다.

저희들을 보는 사회의 눈이 이제 옛날하고는 판이하게 달라졌습니다. 손님에게 불친절하고 뻥땅이나 하는 그런 부정적인 차원에서가 아니라 사회를 위해서 열심히 일하는 성실한 근로자들이라고 말입니다. 그런데 이 영화가 상영됨으로써 수많은 버스안내양의 생활이 많은 사람들에게 왜곡되지 않을까 합니다. 저희들도 떳떳한 직장인으로서 보람과 긍지를 갖고 열심히 살아가고 있는데 (…) 시골에 계신 부모님이나 형제들은 객지에서 고생이 많지만 올바르게 살아가고 있다는 것을 자랑으로 생각하고 있습니다. 그런데 이 영화를 보시면 우리를 어떻게 생각하시겠습니까?

－《교체계》 1982년 1월호

김승옥 작가가 쓴 것으로 보이는 "울창한 빌딩의 숲에서 모래알 같은 인파에 밀려 살을 에는 아픔을 씹을지라도 나쁜 짓 안 해요. 우리 몸에 손대지 마세요"라는 포스터 속 카피는 영화의 성격을 가장 정확하게 대변해주는 것이었다. 그러나 영화 포스터에서 주인공이 알몸 수색을 당하는 장면과 "순결한 몸에 손대지 마라"는 메인 카피는 선정적인 영화로 비칠 소지가 있었다. 버스안내양에게 동정심을 가진 사람들도 안내양을 '옷 벗기기 영화'의 제물로 삼았다는 섣부른 판단을 하기 시작했다. 논란이 수그러들지 않자 대종상심사위원회는 〈도시로 간 처녀〉를 심사 대상에서 제외했다. 정부 당국(문화공보부)의 태도도 여론에 따라 변하기 시작했다.

영화사는 "조만간 각계각층의 인사를 초청해 시사회를 열고 이 영화가 단지 우리 사회의 어둠만 강조한 것인지 심판을 받겠다"고 입장을 표명했다. 김수용 감독은 "이 영화는 계몽영화지 고발영화가 아니다"라고 항변했고, 김승옥 작가 역시 "사실을 바탕으로 쓴 것"이라고 강조했다. 그러나 이들의 주장은 설득력을 얻지 못했다. 결국 상영 8일 만인 12월 10일 간판을 내렸다. 중앙극장 측은 "한국노총에서 문공부장관에게 종영을 정식으로 건의했으니 제작사의 난처한 입장을 고려해

한국영화 최초로 상영 중 간판을 내린 〈도시로 간 처녀〉 신문 광고. 버스안내양 실상을 그린 영화가 오히려 인권을 유린했다는 누명을 써야 했다.

달라"고 짤막하게 밝혔다. 즉 제작사의 요청에 의한 것이었다는데, 태창흥업은 이에 대해 어떤 입장도 내놓지 않았다. '당국의 압력'을 미루어 짐작할 수 있었으나 영화사 사장은 끝까지 침묵했다. 이보다 3개월 앞선 1981년 9월 상영한 〈만다라〉도 불교계가 내용을 문제 삼아 상영 중지를 요구했지만 원만히 해결된 적이 있었다. 한국 영화 역사에서 특정 집단의 요구로 상영 중인 영화가 간판을 내린 일은 〈도시로 간 처녀〉가 처음이었다. 영화가 중단되자 '표현의 자유'에 대한 거센 논쟁이 지면을 채웠다.

시나리오작가협회는 "안내양의 주장과는 달리 밝고 계도성 있는 영화"라고 결론지었다. 성명서를 발표하여 "창작의 자유를 침해한 중대한 사건"으로 규정하고, 작가와 제작자의 권익 보호 대책, 상영 중지의 법적 근거와 경위, 대종심사상 자진 취하의 경위, 이에 따른 작가의 명예 권익 보상 등의 문제를 묻는 결의문을 채택했다. 작가뿐 아니라 영화 감독과 촬영 스태프 등도 가세하여 논란이 확산되었다. 문공부는 담당 공무원을 작가협회에 보내 "관여하지 않았다"는 공식 입장과 함께 "원만하게 끝낼 것"이라는 당부를 전달했다. 자신들이 검열하여 '우수 영화'로 통과시킨 영화를 자신들이 중단시키는 모순에 빠진 문공부였기에 저자세로 나갈 수밖에 없었다.

이후 노동조합과 영화사 측은 두 차례 시사회를 가져 4곳의 장면과 대사를 삭제했고, 1개 장면을 수정했다. 문공부가 1982년 3월 2일 재상영을 허가하여 영화는 6월 2일 종로 서울극장에서 관객들과 만나게 된다. 영화사와 노동조합은 재상영 시 관객들에게 여론을 물어 '공정한 심판'을 받는 '특별시민법정'을 개최하기로 합의했다. 설문 내용 형식으로 진행되었는데 제시된 문항은 '이 영화의 상영금지는 부당하다', '버스안내양의 인권을 유린한 악랄한 쓰레기다', '사회부조리를 고발한 작품이다', '이 영화가 상영금지되었던 사실을 전혀 몰랐다' 등이었다. 그러나 이 설문조사 결과는 밝혀지지 않았다. 문제 되는 장면과 대사를 삭제한 후 영화의 완성도는 떨어질 수밖에 없었다. 알 수 없는 이유로 재상영 기간도 33일로 제한되었다.

〈도시로 간 처녀〉를 둘러싼 논란은 이렇게 사그라졌다. 그러나 영화 중단에 따른 외압과 표현의 자유, 영화 제작 관계자의 권익 보호 등이 무성하게 거론되었을 뿐 정작 영화의 주제인 버스안내양들의 현실은 거대 담론에 묻힐 수밖에 없었다. 재상영 기간 동안 작가가 말하고 싶었던 인권 유린 현장과 열악한 노동환경에는 아무도 주목하지 않았다. 버스안내양들도 간판을 내리는 데 성공했지만 자신들의 현실을 다룬 영화의 본질을 꿰뚫지 못했다. 사실 그들 중 영화를 본 사람은 극히 적었다.

1981년 겨울은 쿠데타를 일으킨 신군부의 정권이 안정화에 접어든 시기였다. 정치 체제는 유신 독재보다 더 견고해졌고 표현의 자유 등 기본권은 더 정교하게 억압당했다. 노동운동과 민주화 투쟁도 유신 때보다 더 위축되었다. 이런 동토의 시기에 버스안내양들은 어떻게 집단행동에 나설 수 있었을까? 예전에도 각 버스회사에서 안내양들이 인권 유린에 저항한 적이 있었지만, 여러 곳에 떨어져 있는 시내버스회사의 안내양들이 한자리에 모여 집단행동을 한 것은 처음이었다. 더욱이 그들은 회사의 허락을 받지 않고서는 근무시간에 근무지를 비울 수 없었다. 그런 현실에서 어떻게 버스안내양들의 집단행동이 가능했을까?

이 집단행동은 버스회사 사용자 및 노동조합의 각본이었음이 나중에 드러났다. 각 버스회사에서는 안내양들의 노동을 착취하고 인권을 유린하는 일이 빈번했다. 그리고 버스기사 및 정비원들(남성) 중심의 노동조합은 어용화되어 이를 눈감아주면서 기득권을 유지하고 사익을 챙기기 바빴다. 그런데 〈도시로 간 처녀〉에서 그들의 치부가 고스란히 드러났다. 영화는 사용자와 노동조합의 '공동의 적'이라는 기묘한 구도가 형성되었다. 제작 전부터 화제를 불렀던 이 영화가 성공하면 사회적 여론은 자신들에게 불리하게 돌아갈 테고, 정부의 관리도 더욱 엄격해질 게 뻔했다. 사용자들은 노동조합을 사주했고, 노동조합은 이에 부응하여 버스안내양들에게 '안내양 옷 벗기기 영화'라고 규정하며 분노를 유발했다. 각 시내버스회사 사용자들은 노동자의 이익을 대변하는 노동조합의 활동을 지지하고, 근무 중 '동원'을 눈감아주었다. 버스안내양들도 신문 광고와 포스터에 실린 글과 사진을 보고 치욕스럽게 느끼던 차였다. 마침내 회사의 '묵시적 허락'하에 버스안내양들은 노동조합 간부들의 지휘 아래 집단행동인 농성을 하게 되었다.

버스안내양들의 참혹한 노동 현장과 인권 유린을 고발한 영화 〈도시로 간 처녀〉는 오히려 당사자들에 의해 종영되는 아이러니를 낳았다. 이에 대해 김수용 감독은 자신의 책에서 다음과 같은 자조의 글을 남겼다.

그래, 영화에 무슨 사회성이냐? 폭로 항변 메시지는 잠시 접어두고 좋은 세상 만날 때까지 사랑하고 정사하고 눈물 짜는 이야기나 찍자.

– 김수용, 《나의 사랑 씨네마》, 씨네21, 2005

김승옥이 쓴 〈도시로 간 처녀〉의 원본은 사라져 지금은 볼 수 없다. 가위질당한 버스안내양은 상당 부분 축소되어 스크린 속에 갇혔다. 이들의 진짜 모습은 어땠을까?

1
로맨스를 흩뿌리던 '뻐스걸'

집채만 한 차, 경성을 달리다

우리나라 대중교통은 1899년 5월 20일 경성에서 전차가 운행하면서 부터 시작되었다. 전차 개통은 일본 교토에 이어 아시아에서 두 번째였다. 노선은 서대문-종로-동대문-청량리 8킬로미터. 전기로 움직이는 차를 구경하러 시민들이 몰려드는 통에 시내는 발 디딜 틈이 없었다. 생업을 내던지고 전차만 타는 사람이 있는가 하면, 전차를 타기 위해 상경하는 사람도 많아 파산자가 속출하기까지 했다고 한다. 전차를 운행한 회사는 경성전기주식회사(이하 '경전')였다.

전차의 강력한 라이벌, 버스는 대구에서 그것도 경성보다 8년이나 앞서 등장했다. 영남 내륙의 중심지 대구는 1905년 경부선이 개통되면서 인구가 늘고 상공업도시로 성장했지만 시내에 전차가 없었다. 버스

도입 아이디어를 낸 사람은 대구 시내에서 호텔을 경영하던 일본인이었다. 그는 기차역에서 호텔까지 고객을 수송하고 시민들도 이용할 수 있도록 대구부(대구시)에 '자동차 경영' 허가를 신청했다. 1920년 7월 1일 대구역을 기점으로 하는 22인승 자동차 네 대가 시동을 걸고 대구 시내를 활보했다. 우리나라 버스의 효시였다.

> 각 중요한 곳에는 정유소를 설치해 정류장에서 타고 내리게 할 것이며, 또 전차와는 달리 운행하는 도중에서도 타고 싶은 사람이 손만 들면 곧 정거해 태운다 하니 대구 시내교통이 자못 편리하겠더라.
>
> -《동아일보》 1920년 6월 7일자

대구에서 버스가 등장하자 사업가들은 경성에 눈독을 들였다. 1927년 6월 경전과 또 다른 민간 사업자가 버스사업 신청을 총독부에 제출했다. 두 사업자가 치열한 경쟁을 벌인 가운데 총독부는 이듬해 3월 경성부에 이 사업을 인가했다. 공익사업이어서 민간보다는 경성부가 '부영'으로 직접 운영하는 게 취지에 부합하다는 이유였다. 제일 신경 쓰이는 부분은 노선이었다. 공공성과 함께 수익성도 고려해야 했다. 세도가들도 자신과 이해관계가 있는 지역의 노선을 확보하기 위해 치열한 로비를 벌였다. 면밀한 조사 끝에 경성역(서울역)을 시발점으로 대화정(중구 필동), 고등상업학교(현 동숭동), 경성운동장(현 동대문역사문화공원)으로 하는 제1노선을 확정했다. 행정기관이 자리하고 내지인들이 사는 지역 중심이었다. 22인승(좌석 14개, '가죽 손잡이에 매달리어 타는 인원' 8명) 승합자동차 열 대를 제1노선에 먼저 투입하며, 배차 간격은 10분, 요금은 1구간(한 정류장 간격) 7전으로 정했다. 하절기(4~10월)에는 아침 6시부터 밤 10시까지, 동절기에는 아침 8시부터 밤 7시까지 운행

키로 했다.

1928년 4월 22일 버스 개통식이 있던 날, 장안이 술렁거렸다. 마침 일요일에다 창경원·창덕궁·장충단에 만개한 '사쿠라'를 만끽하기 딱 좋은 화창한 날이었다. '봄꽃 나들이'는 일제 강점기 경성 부민들의 가장 큰 오락거리로 이날이 행사 마지막이었다. 작년 같으면 상춘객들이 전차 정류장으로 향했겠지만 이날은 다른 곳으로 발길을 돌렸다. 전차 (3전)보다 갑절 이상 비싼 7전이지만 '집채만 한 큰 차'를 탈 수 있었고 봄꽃 나들이에 그 정도 비용은 기꺼이 지불할 용의가 있었다. 버스가 출발하는 경성역 앞에는 구경꾼과 승객이 몰려들어 순경까지 출동했다. 멀리서도 확연히 눈에 띄는 22인승 대형 차량은 서양 문물의 상징이었다. 이날 예고보다 한 시간 늦은 9시 첫차가 시동을 걸고 경성역을 출발하면서 버스 시대의 막이 올랐다.

> 7전짜리 자동차가 낫다는 소문이 신문지상에 발표되자 노인네들은 죽기 전에 나 한번 타보겠다고 7전씩을 손에 땀이 나도록 쥐고 자동차정류장으로 몰려든다. 그러나 하루 열 대밖에 운전하지 않는 터이라 기다리다 못하여 거리가에서 졸고 있는 백립 자리도 곳곳이 있다.
>
> ─《매일신보》1928년 4월 24일자

버스는 전차가 그랬듯 지방에서 올라온 사람들이라면 꼭 타봐야 할 경성의 명물이었다. 7전으로 자동차를 탈 수 있다는 점도 매우 매력적이었다. 사람들은 버스에 '7전짜리 자동차'라는 애칭을 붙여주었다. 경성부는 노선 확대와 버스 증편을 단행하고 차장을 한 대에 두 명씩 배치했다. 한 달간 영업 실적은 예상을 훨씬 웃돌았다. 총수입 5204원 4전으로 순이익 1662원이었다. 운전사와 여차장은 임금의 70퍼센트를

일제 강점기 경성의 대중교통, 전차와 버스. (《매일신보》 1930년 6월 10일자)

부영버스 운행을 반대하는 경성의 인력거꾼. (《매일신보》 1928년 3월 14일자)

보너스로 받았다. '부영 방침의 성공'을 목격한 대구부도 1928년 12월 1일부터 부영버스를 운행했다.

그러나 버스는 1930년 초 제1노선을 제외한 나머지 노선에서 적자가 발생하기 시작했다. 가수요 거품이 가라앉은 게 가장 큰 원인이었다. 승객이용률 증가세가 멈추었고, 승객들은 훨씬 저렴한 전차에 몸을 실었다. 경성부는 1932년 4월 종업원 임금을 삭감하는 구조조정을 실시했다. 여차장은 근무시간 한 시간 연장, 현금수당(1일 5전) 폐지, 근로 외 시간 근무수당 일급 10분의 1 지급(종전보다 3전 삭감), 무사고수당 폐지 및 정근무수당 신설로 조퇴·지각 건마다 10전씩 삭감, 공장 출근 수당 20전 삭감 등으로 전체 임금이 30퍼센트 하락했다. 운전사의 삭감 수준도 비슷했다.

자구책에도 불구하고 적자가 개선되지 않자 경성부는 골칫덩어리를 경전에 매각하기로 결정했다. 경성부와 경전은 몇 차례 협상 끝에 1933년 3월 매각에 최종 서명했다. 경전은 21만 8000원 매각 대금과는 별도로 거금 100만 원을 경성부에 기부했다. 매각 전까지 부영버스 노선은 18개, 차량은 56대였다. 1932년 9월 당시 노선은 190쪽의 표와 같다.

인수 과정에서 난제였던 인력 문제는 192명 전원 승계키로 했다. 경전은 은색 바탕에 청색 띠를 둘러 산뜻하고 눈에 잘 띄게 버스를 도색하고 경전 마크를 붙였다. 전차와 가까운 노선을 조정하고 버스와 전차의 환승 제도를 실시했다. 이러한 경영 합리화의 결과 전차와 버스 양쪽 승객이 동시에 증가하는 '윈윈 효과'가 나타났다. 일제를 싫어하는 데 둘째가라면 서러워할 카프 문학가들, 그들 중 가장 극좌적이었다는 평가를 받는 소설가 김남천도 '버스 예찬론'을 폈다.

경성 부영버스 노선(1932년 9월 기준)

노선	경로	구분	운행거리 (km)	운행시간 (분)	비고
1	서울역-창덕궁-총독부-소공동-서울역	순환	8.9	30	부정기
2	서울역-소공동-총독부-창덕궁-필동-서울역	〃	8.9	30	〃
3	삼각지-을지로-을지로4가-창경원-동소문	왕복	15.0	51	정기
4	삼각지-종로-종로4가-창경원-동소문	〃	15.0	51	〃
5	삼각지-을지로-서울운동장-동대문	〃	13.3	45	부정기
6	삼각지-종로-동대문운동장-장충단	〃	16.0	54	〃
7	삼각지-을지로-장충단	〃	13.4	46	〃
8	영천-을지로-동대문-을지로-영천	순환	11.4	39	정기
9	영천-을지로-동대문-종로-영천	〃	11.4	39	〃
10	영천-의주로-남대문로-서울역-삼각지	왕복	16.2	55	부정기
11	삼각지-종로-동대문	〃	13.2	45	〃
12	영천-종로-동대문-운동장-장충단	〃	13.2	45	〃
13	영천-을지로-운동장-동대문	〃	12.5	42	〃
14	삼각지-노량진	〃	7.2	24	정기
15	영천-종로-종로4가-창경원-동소문	〃	12.2	41	〃
16	영천-서대문-의주로-서울역-종로-삼각지	〃	9.3	31	〃
17	삼각지-서울역-을지로4가-충무로5가-묵정동입구	〃	10.5	35	〃
18	영천-홍재내리-화장장	〃	4.5	15	〃

출처: 서울시사편찬위원회,《서울교통사》, 서울시, 2000년 12월 (원 자료에서 운행거리 단위는 '마일'이나 이를 킬로미터로 변환함)

버스에 올라앉아 상쾌한 '바운드'를 향락하면서 창틈으로 불어 들어오는 아침 공기를 면도한 얼굴 위에 희롱하며 둘 없는 만족을 가지게 된 것은 미상불 내가 혜화동에다 하숙을 잡고 동소문에서 안국동을 아침 아홉 시마다 이 친구의 신세를 지게 된 때부터일 것이다. (…) "종로방면 갈아타세요" 하는 소리에서 아침 공기에 조화되는 명랑한 음률을 느끼게 되고 까불니는 바운드에서 안락교자의 쾌미를 상상케 될 때에 나는 비로소 양도야지 같은 얼굴에 코끼리 같은 궁둥이를 가진 이 은색의 버스를 귀여워할 줄 알았다. 은색의 '코끼리'가 제비같이 날세게 달아나는 까만 택시보다 으뜸 될 때는 아침밖에 없다. 그것도 경학원

입구에서 창경원으로 휘어 돌 때와 원남동서 돈화문으로 달려 너울거리는 푸른 가로수를 창밖으로 내던지면서 뛰뛰! 소리 기운차게 아스팔트를 지치듯이 기어 올라갈 때가 그의 극치다.

- 《조선중앙일보》1935년 7월 10일자

소설가 이광수에게 버스는 싫지만 꼭 필요한 존재였다.

(…) 9시에 신문사에 가고 버스를 싫어하지마는 편리 때문에 버스를 타고 날마다 이 불결하고 추하고 까불고 낮은 버스를 안 타자고 맹세하면서도 날마다 타고 그리고 윤전기가 돌아 신문이 제시간(오후 4시 20분 이전)에 나오는 것을 보고 나면 만족으로서 내 하루의 시간이 끝이 난다. 그러고는 곧 타기 싫은 버스를 타고 집으로 오고, 일 있으면 동광사에 들르고 (…)

- 이광수, 〈나의 하루〉

1930년대 후반 일제는 전쟁 물자 비축을 위해 가솔린 공급을 제한했고, 경전도 일부 노선을 축소하거나 폐지해야 했다. '목탄버스'와 '카바이드버스'가 등장한 것도 이때다. 목탄이나 카바이드를 태워서 나오는 가스를 연료로 썼고, 차체에 연소 장치가 달려 있었다. 이 버스는 힘이 없어 언덕에서는 어린이 걸음보다 느렸다. 경전은 1940년 3월 목탄버스 50인승 대형 버스를 도입하여 차장을 앞뒷문에 1명씩 배치했고, 줄어든 수익을 보존하기 위해 1941년 1월부터 환승 제도를 폐지했다. 1944년 6월에는 총독부가 "중요공장 종업원 수송에 전담"을 이유로 전국 버스 30퍼센트 감축 운행을 지시했다. 결국 버스산업은 1945년 해방까지 하락세를 면치 못했다.

담 밖으로 나온 규중처녀

경성부는 버스 개통 전 운전사와 여차장 각각 12명을 모집한다고 밝혔다. 운전사는 '운전수 면허증' 소지자 중 18세에서 30세 사이의 남성으로서 '현지 실시운전' 및 '구술' 시험을 치러야 했다. 차장은 16세 이상 20세 미만(1929년부터는 25세 미만)의 미혼 여성으로 학력은 보통학교(1941년 '국민학교'로 개편, 현재의 초등학교) 졸업 수준을 요구했다. 시험 과목은 산술과 일본어·조선어 회화였다. 차장은 일당 60전에 매월 특별근무수당, 현금취급수당 등을 합치면 평균 일당은 80전이었다. 그런데 '차장'에서 '장'은 '어른 장長'이 아닌 '손바닥 장掌'이다. 즉 차장은 운전을 제외하고 차 안의 모든 일을 하는 사람이었다. 물론 가장 중요한 업무는 요금 수납, 정류장 안내, 정차·발차 신호였다.

전차 차장은 남자인데, 왜 버스차장은 여자였을까? 아무리 시대가 달라졌어도 조선 사람들은 남녀유별 사고방식에 젖어 있었다. 대낮 시내 한복판에서 젊은 처녀가 남자 승객들을 상대하는 모습은 진풍경이 아닐 수 없었다. 온종일 흔들리는 버스에서 승객들과 실랑이하는 업무도 사실 남성에게 유리했다. 그러나 전차 차장을 맡은 남자들은 승객들과 자주 다투고 횡령 사고도 빈번했다. 경성부는 전차보다 승차 인원이 적고 요금도 비싼 버스 승객들이 상대적으로 '교양'이 있을 것이라고 전망했다. 부드럽고 상냥한 여성이 차장을 맡으면 서비스의 질이 높아져 영업에 크게 기여할 것이라는 판단도 있었다(이는 1961년 버스차장을 '버스안내양' 여성으로 전면 교체했을 때와 유사한 이유다). 공장을 비롯해 사회에 진출하는 여성들이 점점 늘어나면서 여성의 사회적 인식도 20여 년 전 전차 개통 때와는 많이 달랐다. '직업여성'과 '직업부인'들이 조명을 받고 '모던보이'에 이어 '모던걸'이 출현하던 시기였다. 서양식 옷을 입고 단발머리에 백구두나 뾰족구두를 신는 등 새로운 스타일로 정체성을 드러내는 신세대 여성이 눈에 띄던 때였다. 그래도 불특정 다수의 처녀들이 차장을 맡는 것은 대담한 도전임에 틀림없었다. 언론들도 이제껏 보지 못한 여차장 출현에 집중적인 관심을 쏟아냈다.

> 늦어도 4월 중순에는 운전수와 차장 등의 모집과 기타 설계에 분주하는 중인데 운전수는 의례히 남자이니까 구하기 어려울 것이 없다 하나 차장은 반드시 여자를 쓰리라는 점과 조선말과 일본말 두 가지에 능통한 사람이 아니면 사용할 수 없다 하여 필경 조선여자를 쓰게 될 터이라는 바 복장은 흰저고리 검정치마로 할는지 순양장으로 할는지는 확정되지 아니하였으나 직업부인의 종류가 하나 늘 모양이라더라.
>
> -《동아일보》1928년 3월 13일자

보통학교 졸업 수준의 학력을 요구한 이유는 일본어를 할 줄 아는 여성을 구하기 위해서였다. 당시 보통학교에서 가장 중요한 과목은 '국어(일본어)'였다. 원서 접수 결과 총 75명이 지원서를 제출했고, 이 중 59명이 응시하여 4월 2일 부영회관에서 시험을 쳤다. 언론들은 응시자가 예상보다 많고 학력이 높은 데 놀라움을 감추지 않았다. 응시자 59명 중 보통학교 졸업 39명, 여자고등보통학교 졸업 2명, 여자고등보통학교 중퇴 16명, 일본소학교 졸업 2명으로 이는 당시 여성들의 평균 학력을 훨씬 웃돌았다. 1929년 당시 보통학교 취학률은 18.4퍼센트에 불과했고, 여성의 취학률은 이보다 낮았다. 중등교육 이상 배운 여성이 그보다 훨씬 적었음은 물론이다. 일제 강점기 중등교육기관으로 일본인이 재학하는 중학교(5년제)와 조선인이 재학하는 고등보통학교(4년제)가 있었고, 1928년 전국의 여자고등보통학교는 6개(경성, 평양, 공주, 대구, 광주, 부산. 이상 개교 순)에 불과했다(남자는 16개교). 여성이 고등보통학교를 졸업은 물론 중도에 그만둬도 '인재'로 손색이 없던 때였다. 그런 여성들이 차장에 지원했으니 놀랄 수밖에.

> 일급 80전을 받고 하루 12시간이나 되는 노동시간에 그와 같이 지원자가 많이 있었다는 것과 더욱이 규중처녀가 많아 현재 조선을 잘 말하는 현상이었더라.
>
> —《매일신보》1928년 4월 3일자

> 세태의 변하여 가는 관계로 규중에서 자라나 규중에서 늙을 줄만 알던 부녀들도 직업을 찾아 혹은 공장으로 기업소로 몰리어 나오기 시작한 지도 이미 오래전부터이나 바야흐로 심하여 오는 생활난은 이제 와서는 가냘픈 규중소녀를 흥미만장의 가두에서까지 서게 하였으니, 지난 부영버스차장 12명 채용에 75명의 지원자가 몰리어 심술궂은 소객을 상대로 하루 12시간이나 되는 승무에 종업하겠다고 앞을 다투어왔는데 이들 중 2명을 제외한 전부 조선여자이었으며 전부가 초등교육을 마치고 그중 얼마는 또 중등교육을 받은 처녀들이라는 것을 보면 얼마나 그들의 생활 이면이 절박되어 있는 것을 알 수 있는데 (…)
>
> —《중외일보》1928년 4월 5일자

> 한창 학교에서 배울 연령에 부친의 무직으로 생활에 쫓기어 스스로 돈벌이를 하려고 나서는 여자가 많게 된 것은 매우 주목할 만한 현상
>
> —《동아일보》1928년 4월 5일자

'규중'이란 단어에서 엿볼 수 있듯 여성 차장의 등장은 당시 남성들

에겐 충격이었다. 젊은 처자들이 뭇 남성들을 상대하는 일은 유곽에서나 볼 수 있었다. 더구나 버스차장에 지원한 이들은 '교양'을 쌓은 여성들이었다. 차장에 지원한 가장 큰 이유는 임금 때문이었다. "일급 80전을 받고 12시간이나 되는 노동"이지만 이는 다른 직종 여성에 비해 매우 높은 수준이었다. 1929년 당시 조선 남성의 일일 평균 임금은 1원이고 여성은 59전이었다. 1928년 쌀 한 가마니(백미, 80킬로그램) 가격이 25~30원 안팎이었다. 직업여성 중 더구나 10대 후반에 월급으로 쌀을 그만큼 살 수 있는 여성은 손가락에 꼽을 정도였다. 여기에 승객이 많을 때는 별도 수당 10원을 받아 최대 34원을 받을 수 있었다. 베테랑 조선어멈의 당시 월급이 10원 안팎이었으니 이들이 얼마나 고임금 여성이었는지 알 수 있다. 경성부도 '국어'를 할 줄 아는 여성을 구하기 힘들 것을 예상해 그렇게 높이 책정했을지 모른다. 부영버스는 이 조건으로 1년에 두 차례씩 10명 안팎의 여차장을 채용했는데 이때마다 10 대 1의 높은 경쟁률을 보였고 지원자들의 학력은 갈수록 높아졌다.

경전은 인수 후 임금 체계를 손질했다. 기본적으로 시간제는 마찬가지였지만, 3개월 견습기간에는 1시간당 6전, 하루 10시간 근무가 기본이므로 일급은 60전이었다. 견습기간이 끝나면 3개월마다 5퍼센트씩 인상했다. 근속 연수가 많을수록 임금이 높아지는 구조로 바뀐 이유는 인건비 비중을 낮추고 장기 근속자를 우대하기 위해서였다. 이 방식에 따르면 2년 정도 근무하면 월 27원 넘게 받았다. 여차장들의 근속기간이 1년 안팎이어서 이러한 임금 체계 변경은 숙련된 인력의 유출을 막고 실질임금 총액을 줄이는 효과를 낳았다.

1934년 경전은 새로이 여차장 50명을 채용했다. 매각 전 부영버스가 신입 여차장을 모집하지 않은 데 따른 결원을 메우기 위해 대규모 채용을 실시한 것이다. 그러나 모집 공고를 따로 내지 않았다. 지원자가

부영버스와 차장.

차장의 여름 복장. (《동아일보》 1929년 7월 5일자)

많을 경우 채용 사무가 복잡해지기 때문이었다. 내부 관계자들을 통해 알음알음해서 지원서를 받았는데도 정원의 18배인 900여 명이 응시하여 사람들을 다시 놀라게 했다. 그중 300명에 가까운 지원자가 고등보통학교 졸업자였다. 결국 3일 동안 시험을 치렀고, 합격자에 한해 다시 체력시험을 쳐서 선발하는 절차를 밟아야 했다. 임금 하락에도 기록적인 경쟁률을 보인 것은 그동안 부영버스 여차장 채용이 없었던 데다 취업난이 겹친 결과였다. 경전은 이후에도 매년 20명 안팎을 채용했고 경쟁률은 이전과 비슷한 선을 유지했다. 1937년 기준 견습기간 시급이 40전으로 하락하여 버스차장은 더는 고임금 노동자가 아니었다. 그러나 경쟁률은 떨어지지 않았다. 여성들의 취업난이 더 심해졌기 때문이었다.

여차장을 선발하는 데는 시험 과목인 산술과 구술 말고 또 하나의 보이지 않는 기준이 있었다. '아름다움'이었다. 이력서에 상반신 사진을 첨부해야 했는데 이는 몸매를 확인하기 위함이었다. 경쟁률이 높았으므로 이왕이면 아름다운 여성을 채용했다. 1929년 차장 모집 때 《조선일보》 1929년 11월 26일자는 "36명이 응시했는데 미인은 그리 많지 못하였다"라고 보도했다. 1933년 6월 대구부영버스는 여차장 채용 공고에서 "보통학교를 졸업하고 얼굴이 아름다운 이"라고 공개적으로 명시했다. 《동아일보》 1936년 2월 20일자는 '여자의 대표적인 직업'으로 간호사, 전산원 등과 함께 차장을 꼽았고 "어떤 자격자를 쓰며 어찌하면 뽑힐까"를 소개했다. 자격으로 손아귀 힘, 꾀꼬리 같은 목청, 아름다운 얼굴 등이 등장했다.

사실은 다른 직업보다도 여차장은 쉬운 것 같으면서 어려운 점이 있으니 그것은 목소리가 꾀꼬리같이 고아야 하고 또 항상 표를 찍으니 손아귀 힘이 억세야 한답니다. 얼굴은 어떠야 하나? 하루면은 여러 백 명의 손님을 치루는 것인 만큼 물론 얼굴이 이뻐서 손님으로 하여금 버스에까지 애착을 부치게 되야 한다는 또 이와 반면에 여차장이 모두이뿌고 보면 유혹이 심하여짐으로 감독자로서는 여간 두통거리가 아니라고 합니다. 그리고 이상한 일에는 그동안의 경험으로 보아 얼굴이이뿌면 대개가 산술이 부족하여 돈 거슬리는데 오산이 많다고 합니다. 그러니 얼굴 반절, 산술 반절이고 얼굴이 원체 미우면 산술은 하늘의별을 헤일 수 있다 하더라도 소용이 없다 합니다.

극단적으로 말하면 '얼굴은 아름답지 못하지만 산술 실력이 뛰어난여성' 대 '산술은 못하지만 아름다운 얼굴의 여성' 중 하나를 선택한다면 후자였다. 경성부나 경전 모두 합격 후에도 차장의 미모를 특별 관리했는데, 화장을 게을리하면 꾸지람을 들어 차장들의 지출 항목 중화장품 구입비가 만만치 않았다.

경전은 승객들의 만족도가 높아지자 1935년부터 전차에도 여차장을 배치했다. 근로·임금 조건은 동일하게 전차와 버스를 합쳐 50명 내외로 선발했는데 역시 매년 10 대 1 이상의 경쟁률을 보였고 학력도 고등보통학교 출신자가 50퍼센트를 넘었다. 그때마다 언론들은 '조선 여성의 취업난'을 언급했다.

여차장의 정년은 정해져 있지 않았다. 《동아일보》 1936년 2월 20일자는 "날마다 눈에 띄는 여차장이 영영 보이지 않는 것이 많이 있는데이것은 혹은 일정한 연령만 되면 회사에서 그만 내어 쫓는 것이 아닌가 하는 생각이 날 것입니다. 그러나 한번 채용되어서 규칙에 어그러지는 허물만 없으면 몇 살까지도 관계가 없다 하여 현재는 23살 된 여차장도 있답니다"라고 보도했다. 여차장은 근무 기간이 1년 남짓으로 매우 짧았는데 퇴직 사유는 대부분 결혼이었다.

여차장에게 쏟아지던 인기와 관심은 전시 체제에 돌입하면서 버스 사업 위축과 함께 수그러진다. 공개 채용을 하지 않고 소수 인원만 뽑았으며, 만성적인 만원버스에 시달리면서 근무환경이 열악하여 점차 고학력 여성들의 외면을 받았다. 해방을 맞이하여 여차장은 점점 숫자가 줄었고, 그로부터 16년 후에 다시 등장한다. 그러나 이때의 여차장과 일제 강점기의 여차장은 하늘과 땅만큼이나 사회적 대우 면에서 격차가 컸다. 또 일제 강점기 여차장에게는 임금 말고도 다른 그 무엇이 있었다. 16년 후 여차장들에게 그 이야기를 들려주면 분명히 '거짓말'이라고 손사래를 칠 것이 분명한 그 무엇이….

애간장 녹는 총각들

"어이구, 세상 말세로다. 아니 저런 다 큰 처자가 밑동아리를 훤히 내놓고 저게 무슨 꼴이여. 망측한지고."

"할아버지 고정하세요. 어어어, 어쩌자고 담뱃대로 버스를 탕탕 치세요. 생채기 나면 할아버지 돈으로 물어주셔야 해요."

"아, 이놈아 울화가 치밀어서 그런다. 남녀칠세부동석인디, 감히 처녀가 저런 해괴망측한 옷을 하고 부끄럽지도 않은감!"

"할아버지, 세상이 옛날 같지 않아요. 아 지난해에는 경성방송국이란 게 생겨서 할아버지도 신기하다고 껄껄 웃으셨잖아요. 이게 서양바람이라는 거예요. 우리 젊은이들은 얼마나 좋아하는지 아세요?"

모시고 가던 손자의 핀잔도 아랑곳없다.

"야 이놈아, 시집도 안 간 처자가 몸둥아리를 훤히 남정네 앞에다 내놓

고는 실죽실죽 웃어야 되겠냐. 그게 개화바람이란 게냐? 난 죽어도 그
꼴 못 본다."

"아이, 할아버지 부영버스 한 번 타 보세요. 좋아하실 거예요. 타실 거
예요 아니 타실 거예요? 떠납니다. 오라잇."

– 전영선, 〈최초의 시내버스와 안내양 전영선의 자동차 이야기〉,

《카라이프》, 2000년 3월호

정확히 말하면 사람들의 관심은 '7전짜리 자동차'보다 여차장에게
쏠렸다. 《동아일보》 1928년 4월 25일자에 따르면 버스 여차장들은 "코
발트빛 정복에 커다란 혁대로 왁살스럽게 허리를 잡아 매고 앞에는 가
죽가방을 시골 농군 담배쌈지처럼 내려트린 채 코발트빛에 멍덕 같은
모자를 귀를 덮어 깊숙이" 썼다. 당초 경성부는 여차장 유니폼을 여학
생들처럼 흰 저고리에 검은 치마로 할지 또는 별도의 양장을 제작할지
고민하다가 과감하게 양장 스타일로 정했다. 이렇게 범상치 않은 옷차
림의 여성 등장은 신기한 서양 문물과는 차원이 다른 충격이었다.

그들은 버스가 설 때마다 큰 가위를 들고 목청껏 이렇게 외쳤다. "여
기는 종로올시다. 여기는 남대문이올시다." "오라잇オーライ, all right, 스
톱stop!" 경성전기는 미국과의 전쟁 이후 1942년 6월부터 '오라잇, 스톱'
이 귀에 거슬려 금지하고 일본어인 '핫샤發車, 데이샤停車'로 바꾸기로
했다. 그러나 '요꼬橫(옆으로) 오라잇'과 '우세로後(뒤로) 오라잇' 같은 경
우 적당한 말을 찾지 못해 대외적으로 공모까지 했지만 달리 마땅한
말을 찾지 못했다. 이 '오라잇, 스톱'은 이후 버스안내양의 대명사가 되
었고, 1980년대 중반 안내양이 사라진 후는 물론이고 지금도 일상생활
에서 쓰일 만큼 생명력이 질기다.

버스차장이 첫선을 뵌 다음 날 언론은 그들을 '모던걸'에 빗대어 '버

스걸'이라 불렀다. 행색이 모던걸과 다르지 않았기 때문이다. 그렇지만 '신세대 여성'이 주는 당당함과는 다른 뉘앙스였다. 일제 강점기 '직업여성'이라면 인텔리 계층에 속하는 기자, 의사, 교사와 대중적인 직업으로 전화교환수, 간호부, 타이피스트 등이 있었다. 이들은 실내에서 소수의 남성들만 대면하기 때문에 목소리가 담장 밖으로 나가는 일이 없었다. 차장은 달랐다. 조선 팔도 중 사람들의 이목이 가장 많이 집중되는 경성 한복판에서 몸매와 종아리를 드러낸 옷을 입고 소리를 지르는 젊은 처녀의 모습은 너무나 낯설었다. 또 좁은 공간에서 뭇 남성들과 부대낄 수밖에 없는 근무환경은 '남녀칠세부동석' 원칙을 깡그리 무너뜨리는 것이었다. "시집갈 나이의 규수들이 어찌 저럴 수 있는가?" 사람들은 문화적 충격에 휩싸였다. 언론과 지식인들이 '규수'들이 거리에 나온 이유를 경제적 측면에서 해석하며 안타까워한 것도 가부장적 이념에서 나온 불편한 심정의 편린이었다.

버스 운행 첫날부터 언론은 처음으로 마주치는 여차장과 승객들의 아슬아슬한 순간들을 집중적으로 조명했다. 승객들은 혀를 차기보다는 오히려 즐기는 말초적 반응이 많았음을 보도했다. 차장에게 치근덕거리는 건달들도 심심치 않게 목격되었다.

맥주병을 왼손으로 옮겨들은 곰보는 거칠데 없이 버스 승강대에 오른발을 척 올려 디디며 그의 팔은 승강주乘降柱를 감아 잡았다. 외편 다리는 대롱대롱 매어달린 채 공지에 고리를 그리고 있다. 군데군데 좀먹고 거무데데한 낯짝에 누런 이를 내보이며 흉측스러운 웃음으로 어린 여차장의 앞에 구리구리한 아양을 피운다. "여보시오, 차장 나도 좀 태워주구려." 여자는 그 흉한 얼굴을 잠깐 노려보다가 험상궂은 세상에 기막혀서 아무 말 없이 고개를 뒤로 틀어버린다. 검은 얼굴은 한

번 실룩 웃더니 "어서 가요, 어서 가. 이렇게 가면 됐지. 흐흐" 하고 여
자 뒤에다 대고 눈을 지그시 감는다. 여자는 입을 벌려 얇은 입술이 찢
어지는 소리로 "내려요, 내려" 하였다. 양장녀에게는 꾸지람도 달다던
가? 그 녀석은 검은 피가 왼얼굴로 치밀어 올라 "왜 이럽시오. 으흐 예
쁜데." 차체는 스르르 움직인다. 곰보는 "잘 가요. 또 뵙지요. 으흥" 하
고 통 내려선다. "별 아니꼬운 녀석을 다보겠네." 달아나는 차 안에서
소小여차장의 안타까운 꾸지람.

-《동아일보》1924년 4월 29일자

'버스걸'에는 미인이 많다지. '모던보이'들은 앞을 다투어 필요도 없는
시중 여행을 하며 자동차를 이것저것 바꾸어가며 아직도 사람에게 치
어나지 못하여 부끄러워하는 처녀 차장을 붙잡고 이 소리 저 소리로
'히야까시'를 한다. (…) "고 어린 것이 어여쁘기도 하다" 하며 차표 찍
는 옥수를 함부로 잡는 노인도 있다. (…) 차가 흔들리면 그만 그대로
손님의 무릎에 가서 주저앉아버리기도 한다. 깜짝 놀라 돌아볼 때에
말쑥한 양복쟁이가 빙그레 웃고 앉아 있다. (…)

-《매일신보》1928년 4월 24일자

도시 총각들은 여차장 등장에 입을 다물지 못했다. 세련된 양장에
꾀꼬리처럼 맑은 목소리, 고운 얼굴. 국어(일본어)를 읽고 쓸 줄 아는 것
은 물론 '교양'까지 갖췄으니, 그야말로 재색을 겸비한 여성들이 무방비
로 나타난 것이다. 이러한 조건의 여성과 마주하려면 귀찮은 절차를 거
쳐야 하고 특별한 기회나 특정 공간이 아니면 만날 수 없는 시절이었
다. 그러나 여차장들은 마음만 먹으면 언제든 만날 수 있고, 얼마든지
기회를 만들 수 있었다. 이렇게 버스걸들은 청년들의 가슴에 불을 지르

며 장안을 누볐다. 돈을 써가며 '시중 여행'을 하는 '버스걸 바라기'들이 속출했다.

> 부영버스 구경꾼이 정류장마다 만원이다. 젊으나 젊은 친구들이 어안이 벙벙하여 버스를 치어다보고 있으니 무슨 구경이 그리 좋담. 버스 차장이 미인이라니까 그런지. 미인구경도 좋긴 하렸다마는 먼지를 흠뻑 먹으면서 입까지 헤하게 벌릴게야 무엇이냐.
>
> – 《동아일보》 1928년 4월 25일자

버스걸의 인기는 요즘으로 치면 연예인급이었다. 실제로 일제 강점기 후반 배우로 이름을 날렸고, 해방 후에도 영화와 텔레비전 드라마에 출연했던 한은진 씨는 경전버스 차장에서 연극배우로 발탁된 경우였다. 운전기사는 최고의 신랑감 후보였고 차장은 일등 신붓감이었다. 차장들은 화장 기술과 미모가 뛰어났기 때문에 그들의 얼굴 잔주름 없애는 노하우가 신문에 실리기도 했다.

> 제일 주의할 것은 피부를 씻은 후에는 완전히 물기를 훔쳐 낼 것입니다. 피부를 적신 채 공기에 말리면 매우 피부에 나쁩니다. 또 한 가지는 분이나 크림에 닦은 때 같은 것이 주름 사이에 막힌 채 내버려두면 점점 그 주름이 깊어질 따름입니다. 반드시 잘 때에나 집에 있을 때에는 말짱하게 씻어버려야 합니다. 그리고 주름살을 좀 들게 하거나 펴려면 마찰을 매일 끊임없이 해야 됩니다.
>
> – 《동아일보》 1929년 11월 5일자

여차장들은 총각들의 연애 공세에 시달려야 했다. 숫기 없는 남자들

'7전짜리 자동차 등장'과 '뻐스걸' 모습.
(《매일신보》 1928년 4월 24일자)

"버스와 로맨스, 사랑의 중개기관".
(《매일신보》 1930년 6월 10일자)

"새 옷을 입은 미인 차장들". (《매일신보》 1928년 4월 21일자)

의 강력한 무기는 연애편지였다. 초창기 차장들은 버스 차고지(현재 동대문 밖 을지로6가 국립의료원 근처) 기숙사에서 합숙했다. 기숙사 돌담은 가시덤불로 둘러싸였는데 돌담을 넘지 못한 연애편지들이 가시덤불에 수북이 쌓였다. 용감한 청년은 버스에서 내릴 때 직접 편지를 건네며 먼발치에서 바라보았다. 의도적으로 차장과의 신체 접촉을 시도하다가 '풍기문란죄'로 입건되기도 했다. 한 신문은 〈버스와 로맨스〉라는 르포 기사를 게재했다. 부제는 '사랑의 중개기관', '달리는 차체와 같이 젊은 이들의 온몸에 달음질치는 정열의 혈조'였다.

> 부영버스가 생긴 지 3년 동안 서울에는 버스와 버스걸을 중심으로 가지가지 로맨스가 많이 생겼다. 기러기의 짝사랑 모양으로 혼자서 버스걸을 사모해 불붙는 정열을 억제하지 못하는 젊은 청년이 대낮에 버스걸의 손목을 잡았다가 경찰서 유치장 신세를 진 것은 말할 것도 없고, 이름도 성도 모르는 버스걸 때문에 정신이상이 생긴 청년도 있다고 한다. 그리고 그 외에도 또 훈련원에 있는 버스차고에는 지금도 날마다 '00호 차장 전'이라는 애끊는 염서가 하루에도 수십 장씩 들어온다 하니 버스는 사랑의 중개장이라고나 할까.
>
> – 《매일신보》 1930년 6월 10일자

1935년 11월에는 영등포고등보통학교 남학생이 무기정학 처분을 받은 사연이 보도되었다. 버스로 등하교하던 이 학생은 차장에게 매일 '러브레터'를 보냈다. 차장이 거절해도 편지는 그치지 않았고 마침내 협박까지 했다. 차장에게 이 사실을 보고받은 경전은 해당 학교에 공식적으로 항의했고 학생은 무기정학 처분을 받았다. 이 외에도 차장과 청년의 확인되지 않은 러브스토리가 경성뿐 아니라 지방 곳곳에서 호사가들의 입방아에 올랐다. 이루지 못한 사랑으로 괴로워하다가 극단적인 선택을 하는 사람도 있었다. 1932년 10월 경상남도 밀양에서 차장을 사모한 젊은이가, 1936년 6월에는 경성에서 "매일같이 만나는 버스걸 이○○(19)을 연모하였으나 그가 받아주지 아니하므로 세상을 비관"한 젊은이가 쥐약을 먹고 자살했다. 1937년 6월에는 유부남인 운전사와 차장이 '연애'한 사실이 발각되어 둘 다 해고당했으며, 남자는 결국 자살했다.

여차장의 근속 기간이 짧은 이유도 사실 연애와 무관하지 않았다. 여차장의 정년은 정해진 바 없지만 근무 기간은 대개 1년 안팎이었다. 치열한 경쟁 끝에 취직한, 높은 임금의 안정된 직장이었음을 감안할 때 지나치게 짧은 기간이었다. 퇴직의 원인은 대부분 결혼이었다. 그렇지 않은 경우 《매일신문》 1930년 6월 10일자의 표현에 따르면 "죄의 씨를 처치하기 위함"이었다. 결혼 적령기의 차장들은 배우자 선택의 폭이 넓었다. 조건이 좋은 남성들도 그들을 가만두지 않았다. 이 과정에서 '죄의 씨'를 잉태해 해고당한 것이다.

차장은 등장과 동시에 신세대 직업여성의 반열에 올랐다. 세상 사람들의 관심을 반영해 언론도 이들의 소식을 전하는 데 게으르지 않았다. 입사 경쟁과 작업 환경은 물론이고 순직과 장례, 결혼 소식까지 지면에서 다룰 정도였다. 차장들은 인터뷰 대상으로 많이 등장했고 신문과 잡지에 기고도 자주 했다. 차장의 사회적 지위는 간호부, 교환원의 위상보다 훨씬 높았다. 1929년 10월부터 《동아일보》는 '조선여성들은 남성을 어떻게 보나'라는 시리즈 기사를 연재했다. 교사, 의사, 무용가, 배우, 기생, 주부 등등이 자신의 관점에서 보는 남성들의 특징을 묘사했는데, 차장 안○○은 다음과 같이 자신의 의견을 과감하게 표현했다.

그런데요, 아무튼 남자는 원기가 넘쳐서 그런지 대개가 말썽부리기를 좋아하는 것 같아요. 늙은이와 젊은이는 말할 것도 없거니와 어린아이들까지 요사이 남자는 수다하고 말썽스럽습니다. 무슨 사건이나 그럴듯한 것은 나도 그럴듯하게 통정을 하겠는데요, 늘 보면 일종의 심심풀이로 장난삼아 말썽부릴 트집을 잡는 것이 더 우습고 딱하지요. 그들에게는 그만큼 여유가 많은지 또는 그밖에 할 일들이 없는지 도무지 어떻게 인정을 해주어야 정당할지 모르겠는걸요. 그러니까 남자들에게는 조금도 조촐한 맛이란 없습니다, 그려. 나와 같은 직업을 가진 여자에 대한 이해가 없어서 남자들이 특별히 우리 앞에서만 비루한 행동을 한다 치더라도 나로서는 아무리 해도 '남자는 고상하다'는 생각을 가질 수 없습니다.

-《동아일보》 1929년 11월 5일자

기자는 인터뷰를 마치고 "콕 찌르는 듯한 마지막 말마디가 기자의 귀에 더욱 심하게 울리었으며 (안○○) 양의 영리하게도 반짝거리는 눈의 매력이 얼른 사라지지 안 했든 것이다"라고 평가했다. '사상 차장'도 제법 있었다. 종로 파고다공원을 지날 때에는 "여기는 만세공원이올시다"로, 경찰국 앞을 지날 때에는 "여기는 악박골이올시다"로 정류장 이름(악박골은 원래 현재 서대문구 영천동의 버스정류장 이름)을 바꿔 불러 조선인 승객들의 입가에 미소를 짓게 하기도 했다. 또한 자신들의 권리를 찾는 데 주저하지 않고 행동했다. 임금 하락 시 파업에 동참했고, 상관의 부당한 지시에 맞서 싸우기도 했다.

차마 말하지 못한 속사정

여차장들은 안정된 일자리에 높은 임금을 받았고, 사회적 관심과 청년들의 구애를 받을 만큼 겉모습이 화려했다. 하지만 '버스걸'로서의 자부심은 없었다. 집에 얌전히 있다가 시집가야 할 '규수'들이 밖으로 나온 이유는 그저 집안 형편 때문이었다. 《매일신보》 1928년 7월 20일자는 이런 속사정에 대해 "연로하신 부모가 있고 집안에는 돈벌이할 오라비 하나 없어서 지극히 생활을 하여 갈 수 없는 형편상 부득이 직업을 구하여 나왔다는 효녀"로 표현했다. 이들의 태도는 자신의 일에 당당하고 그를 통해 자아실현을 하며 남성의 편견에 이의를 제기하던 '모던걸'의 태도와 근본적으로 달랐다.

'스톱' '오라잇' 하고 차 안에서 곤두질을 치며 시가지로 달리게 되기까지는 나로서는 여러 가지 사정이 있었습니다. 첫째 저는 부모를 잘 만나지 못하였습니다. 부모가 자식의 덕을 보려는 것이 틀렸다고 생각합니다. 더구나 딸의 덕을 보려고 하는 것 같이 비루한 것은 없습니다. 세상 사람들은 기생어머니를 욕합니다. 그것은 자기의 딸의 육신을 천 갈래 만 갈래로 찢어서 팔아가지고 자기네의 편안함을 구하는 까닭인가 합니다. 그러므로 자기 딸의 덕을 보려는 것은 이 기생어머니의 심리나 다름이 무엇일까요. 저는 우리 불쌍한 처지에 있는 여러 여성 가운데에 기생어머니 같은 어머니를 모신 까닭에 일평생에 기생 아닌 기생노릇을 하게 되는 이가 퍽이나 많습니다. 우리들 동무 가운데에는 그러한 생활을 피하려고 '스톱' '오라잇'을 유성기처럼 반복하는 이가 퍽이나 많습니다. 물론 여자라는 것이 가정에서 남편이 벌어주는 것으로 살림을 잘하는 본분인 줄도 압니다만은 이와 같이 본분을 지키게 될 때까지가 문제입니다.

- 《동아일보》1929년 10월 27일자

월 27원을 받는 익명의 차장 가정의 생활가계부 분석을 한 1937년 6월 10일자 《동아일보》 기사는 이 사실을 뒷받침한다. 그는 40세 홀어머니와 보통학교 6학년인 남동생을 돌보고 있다. 27원 중 10퍼센트는 신원보증금으로 예치하고 요금 계산 착오로 5전(10전＝1원) 정도 메우면 24원이 남는다. 여기서 쌀가게와 반찬가게의 한 달 빚이 14~15원이고, 방세 5원, 동생의 교육비 평균 2원을 빼면 남는 건 3원 남짓이다. 이 돈으로 먹을거리, 화장품, 장작(석탄), 가족들 옷 등 생필품에 지출하고 나면 저축할 돈은 거의 없었다. 이 차장은 어머니 바느질 품삯은 큰 도움이 되지 못한다고 밝혔다.

가부장제로부터 자유로울 수 없던 그들은 직업을 드러내기를 꺼렸다. 특히 몸의 실루엣이 드러나고, 종아리를 내놓아야 하는 유니폼은 치마저고리만 입던 그들에게 부담스럽지 않을 수 없었다. 그들은 유니폼을 싸가지고 다니면서 근무할 때 갈아입었다. "비록 버스걸 노릇을 하고 있으나 기름때 사람때 묻은 업무복을 그대로 입고 거리로 나서서 부모 앞이나 동네 사람 앞으로 다니기는 차마 어려운 것"《매일신보》1928년 7월 20일자)이었다. 무엇보다 얼굴도 모르는 남성들과의 신체 접촉이 불가피했기에 소문이 날까 두려워 자신의 직업을 더욱 감추었다. 같은 노선에서 움직이므로 유니폼을 벗고서도 얼굴을 알아보는 사람이 많아져 "저기 가는 애가 여차장"이라며 수군거리기 일쑤였다. 《동아일보》1929년 10월 27일자에 실린 인터뷰에서 어느 차장은 "들을 때에 불쾌한 생각도 없지 않지만 우리는 우리 힘으로 스스로 산다는 의미에서 버스걸이란 말이 부잣집 첩 덕이란 말보다 명예스럽게 생각합니다"

라고 자위했다. 초창기 신문에는 차장들이 자신의 이름을 당당히 밝혔지만 시간이 갈수록 익명 처리 기사가 많아졌다.

근무 중 상해 사고도 빈번히 발생했는데, 대부분 운행 중 버스에서 떨어지는 경우였다. 즉사한 사고도 여럿 되었다. 도심 한가운데서 참혹한 광경을 목격한 사람이 많아 신문에 자주 보도되었고 이는 차장들의 실상을 알리는 계기가 되었다. 그들을 괴롭히는 일 중 가장 많은 것은 남성들의 성희롱과 '무시'였다. 쓸데없는 말을 걸거나, 일부러 몸을 스치고 돈과 차표를 교환할 때 슬며시 손을 잡는 행위가 다반사였다. 처음에 수치스럽게 여기던 차장들은 나중에는 부끄러움이 사라지고 화가 치솟아 맞섰다. 이런 일을 겪은 차장들은 자신들을 '중성화'되었다고 표현했다. 술 취한 승객들과의 시비도 어린 여성이 감당하기 힘든 일이었다. 힘에 부치면 운전사의 도움을 청할 수 있지만 위급한 상황일 경우에만 가능했다. 다음은 차장에서 감독관으로 승진한 아주 드문 여성을 인터뷰한 기사다. 그는 차장 당시 가장 기뻤던 일로 또래 여학생과의 만남을 들었다.

문 이 직업을 가지신 후 가장 즐거웠던 일을 말씀하여 주십시오.
답 내가 차장으로 들어간 후 한 1년쯤 되었을 때 손님 가운데 한 여학생을 알게 되었는데 이 여학생이 아주 친절하게 대해주며 결국에는 그의 집까지 놀러가게 되었습니다. 그뿐 아니라 그 학생의 어머니 되시는 분이 참으로 친딸같이 어떻게 귀여워하여 주셨는지 모른답니다. 저는 겨우 버스차장이요 딸은 여학교 학생임에도 불구하고 차별 없이 대해주실 때 이 직업과 관련하여 좋은 친구를 사귄 것이 가장 즐거운 일이었다고 하겠습니다.

─《매일신보》 1941년 1월 8일자

이 감독관도 "가장 쓰라렸던 일"을 묻자 "술 취한 승객 또는 좋지 못한 마음으로 야유를 하려는 승객"이라 답했다. 또 "차장의 친절을 오해하는 승객으로 인하여 잘못하면 다툼까지" 하고 "무임승차를 하려고 한다든가, 공연히 질벅질벅하여 괴롭게 구는 승객"이라고 말해 승객에게 받는 괴로움이 가장 크다고 말했다. 요금 시비도 승객과 가장 많이 부딪치는 부분이었다. 만원일 때 무임승차하거나 구간별 요금을 적게 내는 경우 차장들은 매우 예민하게 반응했다. 정산 시 차표와 수금한 돈이 맞지 않을 경우 부족분은 자신들의 임금에서 삭감되기 때문이었다. 부끄러움을 무릅쓴 이유가 돈벌이였기에 차장들은 이 부분에 있어 남녀노소 가리지 않고 승객과 시비가 붙었다. 승객과의 마찰 과정에서 차장들의 불친절로 눈살을 찌푸리는 일도 심심치 않게 발생했다. 요금 시비로 차장이 승객에게 오물을 쏟아부은 장면을 목도한 소설가이자 기자 조용만은 잡지 《조광》 1937년 5월호에서 〈차장〉이라는 수필을 통해 다음과 같은 소회를 밝혔다.

대체로 볼 때 그리고 딴 곳 여자들과 비해 볼 때에 확실히 친절하고 명랑한 점에 있어서 예의에 돈독하고 사교에 숙련한 점에 있어서 손색이 있는 것은 사실이다. 차장의 경우로 볼지라도 물론 그것이 악의에서 나온 것이 아닐 것이나 거의 성격화하여 버려서 의례히 그런 투로 언동이 나오는 것을 볼 때에 딱하기 짝이 없다.

또래 남학생의 업신여김과 조롱은 도저히 참기 어려운 일이었다. 1936년 7월 14일자 《동아일보》는 "전차 버스를 타면 제일 눈에 거슬리는 것이 인제 16, 17세에 불과한 중학생이 차장을 가지고 별별 소리를 다하여가며 히야까시를 하니 이래서야 어디 장래 조선을 쌍견에 짊어질 학생이라고 할 수 있나"라고 일갈했다.

차장들의 가방 속에는 항상 현금과 차표가 수북이 쌓여 있어 범죄 자들의 표적이 되곤 했다. 소매치기들은 버스가 번잡할 때 잽싸게 손을 넣어 빼 가고, 날치기들은 차장이 정류장에 하차해 서 있을 때를 노렸다. 소매치기당한 차장 뉴스는 신문에 심심치 않게 등장했다. 그런데 그 가방은 차장들도 유혹했다. 노선을 왕복하면 그 가방 안에는 자신들의 월급보다 많은 돈이 들어 있었다. 그래서 정산할 때면 감독관과 차장 사이에 긴장감이 감돌았다.

감독관의 비인간적 대우가 종업원들의 불만을 사는 일도 많았다. 1932년 9월 경성부는 운전사와 차장 13명을 동시에 면직시켰다. 가족과 지인들에게 요금을 받지 않았고, 요금을 횡령했다는 이유였다. 그러나 해고의 진짜 이유는 횡포를 부리는 감독관을 징계하지 않자 그들이 반발하여 집단행동을 했기 때문이었다.

1934년 12월 5일 평양에서 일어난 엽기적 사건은 평양부를 발칵 뒤집어놓았다. 이 사건을 보도한 《조선중앙일보》 1934년 12월 11일자의 기사 제목은 '버스걸 나체 검사'였다. 남자 감독관은 저녁에 퇴근하는 차장 10여 명을 1명씩 자기 숙소로 불러 횡령 혐의로 옷을 벗겼다. 차장은 실 한 오라기 걸치지 않은 알몸이 된 채 "유방은 물론 부끄러운 곳까지 손을 대어 가며 검사"당하는 추행을 당했다. 이 기사는 당시로서는 매우 대담하게 묘사해 사회적 충격을 주었다. 차장들은 수치심에 말도 못 하고 몰래 울면서 속앓이해야 했다. 그러나 가족들이 이 사실을 알고 평양부로 달려가 격렬하게 항의했다.

1930년대 후반에는 다른 직업여성의 임금도 많이 올라 차장의 급여와 차이가 없었다. 차장은 급여에서 빠지는 날이 있고 근무시간이 많아 시간당 단가는 오히려 적었다. 그래서 가방에 손을 대는 차장이 많았으나 금액은 크지 않았고 회사에서 이를 눈감아주기도 했다. 운전수들은 차장들의 '삥땅'을 약점으로 삼아 자신들의 욕구를 채우기도 했다. 1939년 5월에는 운전사 2명이 19세의 차장을 동시에 농락한 사건이 경찰에 발각되었다. 경찰은 이례적으로 경전에 직원들의 '풍기문란'을 강력히 경고했다. 경전은 5월 7일 다음과 같은 사과문을 발표했다.

> 하필 차장만이 풍기를 어지럽게 하는 것은 아닐 것입니다. 그런데 수입문제에 있어서는 첫 번째 채용했을 때에는 6전씩밖에 아니 주나 오래 있으면 자동승급이 됩니다. 풍기를 어지럽게 하였다는 것은 미안한 일입니다. 그리고 장차 대우 개선에 있어도 연구를 하고 있는 중이며 한편 일반 종업원에 대하여는 풍기문제에 있어서는 특별한 주의와 단속을 시키고 있는 터입니다.

한편 차장들은 남자들에게 말 못 할 고민이 있었다. 버스나 전차가 쉬는 날 없이 운행했기에 종업원들의 휴일을 특별히 정하지 않았다. 개인적인 사정이 있어 결근하거나 조퇴 또는 지각하면 해당 시간만큼 임금을 삭감했고, 감독들은 특별한 사정이 아니면 결근을 허락하지 않았다. 이러한 분위기 속에서 여종업원, 즉 차장들은 남성 감독관이나 운전사들에게 차마 생리 때문에 결근한다고 말할 수 없었다. 직장여성의 생리휴가가 법적으로나마 보장된 것은 1953년이다. 차장들은 매월 그날이 와도 버스에 몸을 실어야 했다.

> "늘 서고만 있으면 다리가 안 아파요?"
> 젊은 차장은 방긋이 웃으며
> "이따금씩 허리가 아픕니다. 그리고 제일 귀찮은 때가 저… 아시겠어요?"

삥땅 의심 나체 검사 파동. (《조선중앙일보》 1934년 12월 11일자)

"모던걸 복장에 자부심이 없는 버스차장". (《중외일보》 1929년 10월 8일자)

그것은 생리적으로 오는 여자 독특한 고민의 호소인 것을 여성인 기자
는 가슴이 선뜻하게 깨달았다. 호강하는 처녀들이면 학과로 배우는 체
조시간에도 이런 때만은 결석을 시키는데 하고 나는 거들었다.

"그래, 결근을 하면 역시 싫어하지요" 하니까

"물론입니다. 맨 날을 결근하여도 안 될 터인데 어떻게 번번이 할 수가
있습니까."

글쎄 그렇지 않느냐고 동의를 구하는 듯이 나의 얼굴을 들여다보며 웃
는다. 나는 무어라고 대답을 해야 좋을지 몰랐다. 다만 같이 웃어버렸다.

－《중외일보》 1929년 10월 8일자

일제 강점기 직업여성의 생리 문제는 비단 차장만 해당되는 게 아니
었다. 다른 직업여성들도 비슷한 고충이 있었다. 다만 여학생들은 생리
때 체육 시간은 열외였는데 남녀공학이 없던 시절이어서 자연스럽게
빠질 수 있었다. 차장들의 상황이 열악했던 것은 실외에서 치마를 입
은 채 온종일 서 있고, 버스가 흔들려 생리 때는 몸가짐에 더욱 신경을
써야 했기 때문이다. 차장의 질병으로 가장 많이 거론되는 것도 생식
기 질환이었다.《동아일보》 1936년 1월 4일자는 버스처럼 종일 서서 진
동이 있는 곳에서 일하는 여성의 경우 "물리적 영향으로 골반 속에 있
는 장기가 계속적으로 장해를 받아서 자궁병, 상습적 유산, 변비, 치질
등이 생기어서 불임증, 이상유산 혹은 조산, 이상분만 등이 생긴다"고
소개했다. 이 의학적 소견은 1960~1970년대에도 버스안내양들을 '돌계
집'이라고 비하하는 주요 원인이 되기도 했다.

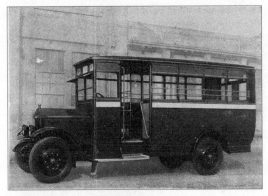

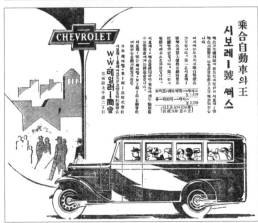

경성의 부영버스로 선정된 미국 GM사의 '시보레' 자동차(맨 위)와 신문 광고들. (《동아일보》1929년 6월 16일자, 8월 29일자, 12월 3일자)

써쓰의 女車掌도 뽑는다

京城府營市內乘合自動車에 乘務할 女子車掌을 새로히 募集케 되얏다는데 그 規程은 아래와 갓다더라

一, 未婚女子일것
一, 十六歲以上二十歲外지
一, 京城府內에 通勤이나 訓鍊所에 留宿하는데 自助車係나 訓鍊所에 보낼 것
期은 三月十日
採用試驗은 三月
中旬頃에 擧行함

차장 모집 광고. (《매일신보》 1929년 2월 10일자)

녀 선 조
은 들 성

남성을 어떠케 보나

용감하기는 하나

대개 말성부리기를 조하해

이것이 조흘해 보일리치가업다

녀긔자 安永慶濂

童話
새벽에부르는놀애
崔秉和
兒童

'뻐스걸'이 보는 조선남성들. 타원형
사진 속 인물은 인터뷰한 '뻐스걸'.
(《동아일보》 1929년 11월 5일자)

최초 버스 여차장 모집 합격자 명단 발표. (《매일신보》 1928년 4월 8일자)

감독 해임을 요구하며 파업에 나선 운전기사와 차장 들. (《매일신보》 1932년 7월 20일자)

昨日브러開通호往十里電車

1913년 12월 개통한 왕십리 전차 노선. (《매일신보》 1913년 12월 28일자)

기차와 충돌한 버스 사고. (《동아일보》 1938년 12월 6일자)

滿員써스에
女車掌殉職

【大邱】 대구（大邱）에서달리는 만원『써스』에서 녀차장（女車掌）이쩌러져죽은사건이 생겼다 二十四日오후두시十五분쯤에 조선철도주식회사（朝鐵） 소유인대구 안동사이 （大邱-安東） 로다 니는『써스』는 경북 제八三三호에 정원二十二명의 차에三十명이나 되는승객을 태우가지고 대구부 원대동리（院垈洞里） 의국도（國道）로 달려가다가 맞은녀차 장 정춘환（鄭細煥）（一） 이쩌러 저 그자동차뒷박퀴에 즉사하엿 다고한다

女車掌貞操蹂躪事件

有力證人等申請

告訴者側에서 檢事局에

注目되는 事件의 展開

法宗出世記念

消費都市! 京城의

一二ㅏ그一끝三

만원버스 차장 사망 사고와 '정조유린' 사건 기사.

2
남성 차장

교통지옥의 시대

전쟁에 패망한 일제는 우리나라에서 물러가면서 쓸 만한 차를 모조리 가져갔다. 트럭, 버스 같은 대형차는 고향으로 가는 마지막 내지인들을 싣고 현해탄을 건넜다. 그해 우리나라에 남은 버스는 1156대였고 모두 목탄·카바이드 차였다. 서울에는 10대의 버스가 있었지만 노후화되어 제대로 운행할 수 없었다. 전차 101대, 택시 30대가 시민의 발이 되어야 했다. 해방 전 서울 인구는 90만 명이었으나 1946년에는 127만 명으로 40퍼센트 넘게 급격히 증가했다. 전차는 언제나 만원이었고 결국 몇 개월 못 가 47대가 부서졌으니, 해방 후 서울은 그야말로 '교통지옥'이었다.

이런 상황에서 자전거를 개조하여 꽁무니에 좌석을 단 '쾌차', 말이 이끄는 '승합마차'가 출현하여 시대를 역행하는 풍경을 연출했다. 1948 년 서울에만 200여 대의 승합마차가 활보하여 버스가 본격적으로 운행되기 전까지 전차와 더불어 시민의 발로서 큰 역할을 했다.

경전은 운행권을 미군정으로부터 허가받아 1946년 6월부터 버스를 다시 운행하기 시작했다. 낡은 목탄버스를 수리한 버스였지만 교통지옥에 시달리던 시민들은 환영했다. 목탄버스가 언덕길을 올라갈 때면 승객들이 내려 버스를 미는 진풍경을 연출하기도 했다. 지방도 사정은 마찬가지여서 노선이 긴 시외버스의 경우 정류장마다 '조수'가 차에서 내려 차체 뒤에 있는 목탄통에 목탄을 넣고 불을 지폈다. 한 번 충전으로 평균 60리(24킬로미터)를 갈 수 있었다.

1949년은 버스산업의 전기를 이룬 해였다. 서울시는 경전이 독점으로 운행하던 버스사업을 민간인에게 개방했다. 교통난 완화와 택시 요금 인상 억제를 위한 조치였다. 당시 택시업계도 택시를 개조하여 9~11 인승 좌석을 만들어 신세계백화점 - 노량진 노선을 운행하고 있었다. 시민들은 이를 '중형버스'라 불렀다. 서울시는 1949년 8월 19일 부로 중형버스 157대와 대형버스 105대(16개 민간 사업자)의 운행을 허가하고, 승합마차 운행 정지를 명령했다. 대형버스는 대부분 군용트럭을 개조한 것이었는데 운행 첫날 12대에 불과했다. 서울시가 대표자들을 불러 엄중 경고하고 나서 일주일이 지나자 대형버스가 30여 대로 증가했다. 계획에 못 미쳤던 주요 원인은 부품과 휘발유 부족이었다. 특히 휘발유 부족 사태는 향후 몇 년간 교통난의 주범으로 자주 등장했다. 16개 대형버스회사와 중형버스를 운행하던 서울합승(주)이 모여 1949년 10월 23일 '서울버스협회'를 결성했고, 이 협회는 이후 버스사업자조합으로 발전하여 현재까지 버스업계의 이익을 대변하는 단체로 성장했다.

1950년 6월 25일 한국전쟁이 일어났고 부산이 임시 수도가 되었다.

전국의 피난민과 군인들이 집결된 부산 대중교통 사정은 불을 보듯 뻔했다. 수요와 공급의 법칙에서 절대적으로 유리했던 버스공급업자, 버스회사의 횡포는 극에 달했다. 정류장 정차시간 지연은 물론이고 뒤차가 와야 떠나는 관행까지 생겼다. '대기시간'에 한 사람이라도 더 태울 수 있었기 때문이다. 짐짝 취급을 당한 승객들은 아우성 쳤지만 버스회사나 차장들은 눈도 깜빡하지 않았다.

> "개 눈에는 똥밖에 안 보인다"는 속담도 있지만 요즘 시내 버스업자들의 너무 지나친 탐욕에는 구역질이 날 지경. 어제 서면행 모 버스 안에서 버스걸과 중년 남자 손님 간에 벌어진 언쟁 한 토막. 손님을 이삿짐 싣듯이 차곡차곡 쟁여 실어놓고도 떠나지 않고 더구나 차장은 밖에 나가서 손님 소리소리 부르며 더 태우려고 눈부신 활동! 이 얄미운 버스에 골이 난 전기 중년 손님. "인제 그만 태우고 갑시다!" 하고 버스걸에 한마디 항의. 그러니 "뒤차가 와야 떠납니데" 하고 당당히 답변. 더욱 골이 난 손님 "그러면 한 시간 되어도 뒤차가 와야만 간단 말이야" 하고 분노는 폭발. 뒤차가 와야만 앞차가 떠난다는 버스업자의 규칙은 대한민국이 민주주의적 법치국가임에서인가?
>
> – 《동아일보》 1953년 5월 14일자

당국은 버스 종점 주차장에서 3분마다 출발하도록 지시했지만 승객들은 30분 이상 기다렸다. 버스가 기어이 사람들을 다 태운 다음에야 출발하니 한 정류장만 지나도 만원이 되었다. 전쟁 통에 정부는 버스에 신경 쓸 여유가 없었다. 이 틈을 탄 업주들의 횡포는 브레이크가 없었다. 간혹 '배차계원'을 현장에 파견 감시했지만 버스회사들은 아랑곳하지 않았다. 승객들이 뭐라 하면 차장은 "당신이 맡겨놓은 차요?"라며 오히려 승객에게 핀잔을 놓았다. 임시수도에서의 교통난은 전쟁이 끝난 후에도 계속되었다.

1951년 3월 서울 재탈환 후 서울로 올라온 사람이 급증했다. 그나마 전쟁 통에 사람과 군수물자를 옮기던 트럭을 버스로 개조하여 버스 부족 문제를 어느 정도 해소할 수 있었다. 정비업소와 운수회사들은 미군 트럭을 싼값에 불하받아 부품을 골라내 버스로 개조했다. 엔진이랑 차대를 떼다가 '도라무깡ドラムかん(드럼통)'을 달구면서 망치로 살살 펴 지붕과 문짝을 만들었다. 트럭이 버스로 변신하는 데 3개월이면 충분했다. 미군들은 "코리안은 손재주가 좋다"고 칭찬했다. 2.5톤짜리 군용 GMC 트럭은 40~50인승 버스로 탈바꿈했고, 중형인 쓰리쿼터(4분의 3톤) 트럭은 12~25인승 '합승택시'로 변신했다. 이때가 버스업자들에게는 황금기였다. 차의 가격은 싸고 손님은 넘쳐났다.

차츰 버스와 전차 사정이 좋아지기는 했지만 차량은 여전히 모자랐다. 1953년 7월 서울에서 버스 108대, 택시 50대, 전차 105대가 운행 중이었다. 전차는 물론 버스도 최대 수용 범위를 넘어 초만원을 이루었다. 사람들을 하도 많이 쑤셔 넣어 '고무로 만든 차'라는 별칭까지 생겼다. 더는 태울 수 없어 정류장을 서지 않고 지나치기 일쑤였다. "민중의 공기인 버스를 타는 날이면 그날 아침 먹은 것이 송두리째" 올라오기 일쑤였다. 정류장 장기 정차도 승객들의 불만을 초래했다. 승객이 안 차면 버스는 정류장에서 보통 20~30분이나 머물렀고 뒤차가 와야 출발하는 등 부산에서의 '버스 횡포'가 일상화되었다. 이 시기에는 버스 교통사고도 잦았다. 전차와의 충돌, 전복 등 대형 사고가 연이어 발생했다. 정비 불량, 만원버스 등 구조적인 문제점이 낳은 필연적 결과였다. 1959년 12월 26일 이승만 대통령이 교통사고 방지를 위한 8개 특별지시를 내릴 만큼 버스 교통사고는 사회적 문제였다.

미군 군용트럭을 개조한 버스. 엔진과 보닛은 그대로 두고 적재칸 부분만 개조했다. (1954년 의료봉사를 펼치던 영국인 의사 존 코스 촬영)

전쟁 후 서울은 그야말로 교통지옥이었다.

사실 이 모든 문제의 근본 원인은 '지입제도'에 있었다. 1949년 버스 사업이 민간에 이양될 때 버스사업자들은 서울시의 요건을 채우기 위해 차주들을 모집하여 그 규모를 채웠고, 이후 사세를 확장할 때도 이 방법을 썼다. 그 결과 1957년 전국 버스의 70퍼센트가 지입차였다. 즉 한 버스회사에 사장이 여러 명인 기형적 지배 구조가 되었다. 이는 택시업계도 마찬가지였다. 차주들은 운전사와 차장을 따로 고용했고, 여차장의 경우 자신의 집에서 숙식을 제공해 인권 유린 등의 사례가 발생했다. 발차 연장과 호객 행위를 운전사와 차장에게 지시하면서도 차량 정비는 소홀했다. 1957년 10월 서울시경찰국이 이를 집중적으로 단속하자 영등포 일대의 차주들이 운행을 정지시켜 대항하기도 했다. 지입차 문제는 1970년대 중반에 가서야 완전히 해결되었다.

휘발유 부족 문제도 만성적인 골칫거리였다. 배급제여서 당국과 버스업계 간의 갈등이 끊이지 않았다. 휘발유 배급이 부족하면 버스업계는 총파업에 돌입하겠다고 발표하고, 당국은 버스요금 인상으로 이들을 달래기 일쑤였다. 1958년 10월 교통부는 휘발유 부족 문제 해결의 일환으로 버스 250대를 디젤엔진으로 대체하기 위해 ICA(미국의 국제원조협력처) 자금 50만 달러를 신청했다. 1959년 2월 기차, 4월에 디젤자동차가 처음으로 선보여 큰 관심을 모았다. 당시 김희철 서울대 교수는 디젤차의 장점을 다음과 같이 밝혔다.

디젤자동차를 휘발유자동차와 비교하여 논의하려면 주로 기관에 관한 것을 말할 수밖에 없다. 디젤자동차는 질이 나쁜 경유를 사용하므로 저렴하다는 장점뿐만 아니라 열역학적으로 보아서 고압축비에 기인한 열효율의 향상, 말하자면 연료 경제가 된다는 결정적 이점이 있는 것이다. 즉 운전비가 싸다는 것이다. 대체적으로 말하여 경유가격은 휘발유 가격에 비하여 3할은 저렴하고 또 연료소비율도 3할은 적으므로 운전비의 대부분을 점하는 연료비는 반 이하가 된다. 그러므로 우리나라에서도 현재 운행 중의 트럭 버스의 차체의 개조 없이 다만 휘발유 기관을 디젤 기관으로 바꾸려고 하는 기운이 일어나고 있는 것이며 이렇게 하면 연료도입 재화를 절약하고자 하는 국가적 경제정책에 순응하는 것이 된다.

－《동아일보》 1958년 4월 30일자

각종 시행착오와 논란이 있었지만 버스는 대중교통의 선두 주자로 올라섰다. 버스는 1957년 1일 평균 수송 능력이 41만 명으로 전차를 앞질렀다. 그러나 버스회사들이 이른바 황금노선만을 운행한 결과 승객은 물론 버스까지 뒤엉켜 교통 체증이 일어났다. 승객 유치를 위한 경쟁도 심했고, 버스 소외 지역의 주민들도 불만이 많았다. 이 때문에 1959년 2월 1일부터 '1노선 1업자' 제도가 전격적으로 실시되었다.

1960년 4·19 혁명으로 정권이 교체되면서 정부는 일제 강점기 때 수립한 운수사업의 기본법을 대대적으로 수정하면서 고질적인 지입제도를 해결하고자 했다. 차주들은 '갑'인 버스회사에 불만이 많았다. 정부는 궁극적으로 지입차를 최소화하기 위해 차주들에게도 운수사업 면허 방침을 공고했다. 양성화하자는 취지였다.

이 시기에 버스요금도 대폭 인상되었다. 1950년 1구간 요금이 50원이었는데, 1952년 500원으로 열 배 이상 뛰어 전쟁 중 물가의 혼란을 엿볼 수 있다. 1953년 '환' 단위로 화폐를 개혁했을 때 5환이 1961년 50환으로, 역시 열 배 올랐다. 1957년 요금 인상 시에는 할인 대상에서 대학생이 빠졌다. 그 전에는 대학생 배지를 보이면 할인을 받았다. 이에 10월 11일 연세대학생 200여 명이 성동구 장안평 버스조합을 항의 방문했다. 수입이 없는 대학생에게 사회인과 같은 요금을 징수하는 것은 부당하다는 이유였다. 버스조합은 할인을 약속했지만 차장들은 대학생 차림의 승객을 버스가 다 찼다며 태우지 않았다. 현장에서 할인이 제대로 적용되지 않자 1957년 10월 24일 '전국남녀대학 학도호국단' 학생 대표들은 서울대학교에 모여 건의문을 채택하고 교통부장관과 서울시장 면담까지 가졌다. 그러나 차장들의 승차 거부가 계속되었고, 화가 난 연세대와 이화여대 학생들은 '버스 보이콧' 운동을 전개하여 떼를 지어 도보로 등교하는 장면을 연출하기도 했다. 언론은 "악덕업들의 버릇을 고치자고 궐기한 통쾌한 현상"이라며 학생들을 칭찬했다. 교통부는 11월 20일 대학생에게도 할인을 적용하라는 공문을 전국의 버스조합에 시달했다.

일제 강점기에 연예인급 인기를 끌던 버스 여차장들은 거친 환경 속에서 서서히 줄어들기 시작했다. 해방 직후에는 운행하는 버스가 워낙 적었고, 전쟁 후에는 이북 피난민까지 겹친 인구 증가로 버스는 늘 만원이었다. 차주나 업주에게는 땅 짚고 헤엄치는 영업 환경이었지만 종업원들은 죽을 맛이었다. 또 목탄버스를 비롯해 군용트럭을 개조한 버스는 정비에 손이 많이 갔고 사고를 자주 일으켜 위험에 노출되는 일이 잦았다. 언제나 만원인 승객을 상대하려면 물리적 힘도 필요했다. 버스차장이 감내해야 하는 노동은 일제 강점기와 비교할 수 없을 정도로 힘겨웠다.

민간에게 버스사업을 개방한 것 역시 차장의 지위를 하락시키는 데 큰 역할을 했다. 시민들의 교통수단 대책 마련에 시급했던 당국은 지입차 여부를 엄격히 따지지 않고 면허증을 발급해주었다. 운전사와 차장, 조수 등 종업원의 사용자는 버스회사 사장이 아닌 차주였다. 운전사는 그나마 기술자로서 최소한의 대우를 받을 수 있었지만 단순 노동을 하는 차장들은 그렇지 못했다. 차장으로 취업하려는 인력은 넘쳐났고, 차주는 일방적으로 유리한 위치에 섰다. 차주들은 서비스는 제쳐두고 가능한 한 손님을 많이 태우라고 차장을 닦달했다. 이 과정에서 사고가 늘고 승객들의 불만은 계속 높아졌다. 그 욕은 다 차장이 받아야 했다. 1949년 12월 서울시가 경전에 다음과 같은 공문을 보낼 정도로 승차 질서는 엉망이었다.

- 노약자(12세 미만 소아와 60세 이상 노인 남녀)와 유아를 업은 부인에 대하여서는 열외선두에 인도하거나 혹은 별예로 편성하여 우선 승차시킬 것.
- 차내에서는 우선승차한 노약자는 차내 일부에 집하토록 인도하여 하차 시에는 우선 하차시킬 것.
- 차체를 시발 또는 정지 시에는 예하 승객에게 고하여 주지시킬 것.

차장은 '갑', 승객은 '을'

버스에 조수가 등장한 것은 목탄버스가 운행하면서부터였다. 이 버스는 열효율이 낮고 고장이 잦아 멈추기 일쑤였고, 언덕길에서는 거북이처럼 올라가 승객들이 내려서 버스를 밀곤 했다. 목탄을 수시로 넣어주고 배관을 비롯한 각 기관을 청소하고 정비해야 했다. 이러한 업무에 차장을 투입할 수는 없고, 정비사 외에 조수 인력이 필요했다. 조수는 보통 10대 후반으로 연령대가 차장과 비슷하지만 월급은 그보다 적었다. 일제 강점기 조수들이 하는 일은 대부분 목탄을 넣는 일이었다. 운행 중에 비상 상황이 발생하면 운전기사의 지시를 따랐다. 이 경우 승무원은 운전기사와 앞뒤 문을 지키는 2명의 차장, 조수까지 모두 4명이었다. 해방 후에도 사정은 마찬가지였다.

목탄버스는 휘발유버스가 등장하면서 사라졌지만 조수는 남았다. 휘발유버스는 폐차 직전의 군용트럭들을 모아, 쓸 만한 기관들을 분해해서 용접으로 조립한 '바퀴 달린 깡통' 수준이었다. 힘은 좋았지만 그만큼 고장도 잦았다. 조수는 운전기사나 정비기사의 심부름을 하고 좌석 수선같이 간단한 결함들을 처리했다. 부족한 대중교통 시설로 인해 추가된 역할도 있었다. 승객 1명이라도 더 태우는 '차장 보조'였다. 앞문에서 조수들은 승객들을 밀어 넣고, 빈자리가 나면 운행 중에도 차문 밖으로 목적지를 외치면서 버스를 세웠다.

조수들의 업무 영역은 '차장 보조'에서 차장으로 점점 넓어졌다. 버스 정차·발차의 권한이 주어졌고 요금까지 받게 되었다. 남성 차장이 등장한 것이다. 앞문의 남성 차장과 뒷문의 여성 차장이 일반적인 모습으로 자리 잡았다. 서비스를 고려할 필요가 없는 업주와 차주들은 남차장을 쓰는 게 훨씬 효율적이었다. 같이 일하는 여차장들도 험악한 차 안 분위기 속에 남차장이 있는 게 나쁘지 않았다. 승객들이 "빨리 가자"고 하면 남차장들은 "이게 당신 차요?"라고 대들었다. 여차장에게서는 볼 수 없었던 모습이었다. 《동아일보》 1957년 12월 31일자에 따르면 지방에서는 "서울 사람들은 유서를 써놓고 버스를 탄다"라는 말이 생길 정도로 당시 승객들이 받는 스트레스가 엄청났다. 1959년 6월 부산에서는 "빨리 가자!"는 승객과 차장의 언쟁이 계속되자 이를 지켜보던 육군 상사가 짜증이 난 나머지 권총을 발사하여 승객 한 명이 죽는 사건이 발생하기도 했다.

정전된 전차를 기다리다 못해 출근시간이 바쁜 공무원 회사원들이 버스를 타겠다.

정원 이상을 실은 버스가 출발지에서 떠난 것까지는 좋았으나 버스가 달리는 데는 차장 노릇하는 아해 놈이 승강구 문을 열어 제친 채 "을지로요!" "을지로요!" 외치고 가다가 손님만 있으면 어디든지 세우고 빈 틈없이 쳐 몰아넣고도 계속 그 짓.

이래서 시간이 바쁜 승객들 참다못해 "여보 이제 그만 태우고 갑시다" 하자 차장 아해 놈의 대답이 걸작. "여보쇼, 이 차가 당신들 자가용차 인줄 아시오." 이 말에 차 안의 승객들은 그만 기가 막혀 입을 벌린 채 "휴유" 한숨만 쉴 수밖에. 아무리 돈벌이에 눈이 어두워진 업자들이기 로서니, 출퇴근 시간만이라도 시민들의 편리를 좀 보아주면 어떻겠소.

‐《경향신문》1954년 1월 11일자

《동아일보》1956년 5월 1일자에는 그해 실시된 제3대 대통령선거 일화가 실려 있다. 야당인 민주당의 "못 살겠다 갈아보자!"라는 구호가 유행하던 때였다. 선거운동이 한창이던 때 미아리에서 영등포로 가는 버스는 가다 멈추다를 반복하면서 승객들의 원성을 샀다. 참다못한 승객 한 명이 "지루해서 못 살겠다 차장을 갈아보자!"라고 큰 소리로 말했다. 이를 들은 차장은 "갈아봤자 소용없다 구차장이 명차장이다!"라고 받아 넘겨 승객들 모두 배꼽을 잡았다고 한다. 아름답고 꾀꼬리 목소리를 지닌 버스차장의 모습은 해방과 전쟁으로 거짓말같이 사라졌다. 여차장들도 '억순이'로 변했다. 승객들의 원성은 귓전으로 흘렸고, 가벼운 성희롱쯤은 아예 무시했다. 요금 시비가 붙으면 남차장과 합세하여 폭력을 행사하기도 했다.

승객을 더 태우기 위하여 교차로 같은 번화한 곳에서는 손님들의 불터 같은 성화는 아랑곳없이 요지부동 움직일 줄 모르던 버스도 이러다가 조금 제정 운행시간만 딸리면 마구 달리다가 급정거로 차 안의 승객을 골탕 먹이고 (…) 경쟁이 시작되면 내리는 손님을 떠다밀어 내던지고 (?) 타는 손님은 물건 모양 마구 잡아댕겨 동댕이치고 (…) 그리고 아쉬우면 웬만한 정류소는 한두 명의 손님이 기다리건 말건 '논스톱'으로 막 통과하는 판.

-《동아일보》1957년 12월 7일자

신문은 버스의 횡포를 알리는 목격담을 싣고 그 버스 번호를 밝혀 경찰의 단속을 촉구하기도 했다. '이 고약한 버스 번호는 서울0 1179호'라는 기사 내용은 다음과 같다.

세종로 정거장에 멈춘 영업 버스 한 대. 때마침 자하문 밖에 사는 정 모라는 여인이 10살과 4살짜리 사내아이를 먼저 태우고 자기도 올라타려는 찰나 흔히 있는 미친 지랄을 또 부려 차장 놈은 그냥 "오라-잇!" 발차. 뒤떨어진 정 여인은 "이를 어쩌나!" 하고 울며불며 쫓아갔으나 어린애들만 태운 버스는 그대로 질주. '어린이 납치죄'라도 제정하여 한번 치도구니를 먹여 혼내주었으면 (…)

-《동아일보》1956년 11월 1일자

《동아일보》1957년 10월 7일자도 "버스를 잘못 탄 승객이 차장에게 왜 미리 알려주지 않았느냐고 항의하자 '아직 그것도 모르고 탔냐!'고 도리어 책망. 누가 손님이고 누가 승객인지"라며 "그 버스는 서울0 1268호"라고 밝혔다. 심지어 남차장은 기본적인 서비스인 정류장 안내도 하지 않았다.

가령 청량리 갑니다, 할 것을 "청량, 청량" 하고 급하게 아무렇게나 외
다 부치는 것이라든지 일일이 여기다 그 음성을 글로 옮겨놓을 수 없
을 만큼 괴상하고 상스러운 말씨이다. 그리고 의례히 "다음은 세종로
광화문 네거리입니다. 내리실 분은 준비하세요" 등등의 손님에게의
안내의 말이 아주 없다시피 되어버리고 그저 최종점의 발음만을 먼저
말한 식의 괴상하고 상스럽게 외치며 지랄을 하고 다닌다. (…) 그러한
말투, 손님에 대한 불친절을 버스회사에서 그렇게 하라고 시키지 않았
을 것이다. 그저 그러는 대로 내버려두고 부지런히 손님이나 많이 태
우고 요금이나 잘 받아주면 그만이라는 태도이니까 그럴지는 모르나
차장 아이들 자신의 자각이 필요하다.

– 《동아일보》 1956년 10월 22일자

차장과 승객들은 요금 시비 문제로 가장 많이 부딪쳤다. 《동아일보》
1955년 6월 30일자는 "앞쪽 문구의 녀석이 달라기에 주고 앉았는데 뒤
쪽 문구의 계집아이가 와서 또 손을 내미니 그러고 보면 버스요금 지
불영수증을 받아야 할 지경"이라고 전했다. 반면에 이를 이용하는 무
임승차 승객도 있어 차장들과 멱살잡이하기 일쑤였다. 구간 요금 시비
도 자주 발생했다.

1955년 무임승차할 수 있는 승객은 국군 장병과 그 군속, 경찰관, 소
방관, 형무관 모두 10여 직종이었고 한국전쟁 때 부상당한 상이군인도
마찬가지였다. 일반 행정직 공무원은 학생에 준한 요금을 받았다. 차장
들이 가장 무서워한 승객은 공무원이었다. 사복을 입은 무임 할인 대
상자들은 일반 승객과 구별이 안 돼 차장이 요금을 요구하면 체면 때
문인지 공무원 신분증 내보이는 것을 꺼리며 조그마한 목소리로 "○○
구청", "○○경찰서"라고 말할 뿐이었다. 눈치 빠른 차장들은 이럴 경우

대부분 넘어갔다. 그렇지만 신참이거나 원칙에 충실한, 또는 뺑땅 쳐서 걸린 적 있는 차장은 한사코 신분증 제시를 요구했다. 실랑이 끝에 차장들은 "공무집행 방해로 연행한다"는 위협을 받았다. '부산 무식한 차장' 명의의 한 독자는 다음과 같은 글을 신문에 기고했다.

> 차장이 이런 나리들의 신분을 물으면 "관리를 어떻게 취급하느냐"고 노발대발하고 심지어는 "이 자식 관리를 무시한다"고 연행을 강요하니 차장도 자기업무를 포기할 수 없음은 물론 어떠한 봉변을 당할지 알 수 없는 노릇이므로 연행하자니 못가겠다니 옥신각신하는 희비극이 빈번히 벌어지고 있습니다. 당국은 버스도 물이 아닌 휘발유를 사용한다는 사실을 살피시고 무임승차자의 인원을 정하여 공표하시고 휘발유를 무료배급해 주시는 한편 공무집행방해가 아니면 "관리를 무시했다" 하더라도 연행할 만한 죄가 아니라는 것을 똑똑히 가르쳐줄 방도를 강구하실 수는 없는지요.
>
> ─ 《동아일보》 1955년 6월 4일자

남차장은 공식 통계가 집계된 적은 없지만 1950년대 말 서울 시내를 운행하던 버스가 600여 대였으니 최소 300명 이상이었을 것으로 짐작된다. 이들은 대개 전쟁으로 부모를 잃거나 한 부모 슬하의 거친 성장 환경에 놓여 있었다. 남차장의 폭행 사건은 워낙 자주 일어나 사소한 것은 뉴스거리도 되지 않았다. 요금을 내지 않는다며 살인을 저지르는 경우도 있었다. 버스가 쉬는 날에는 불량배가 되어 범죄에 가담하기도 했다. 특히 군인 장병과의 요금 시비로 싸움이 잦았는데, 차장들은 폭행 가해자 또는 피해자가 되었다. 또한 남차장들은 어린이를 태우지 않거나 버스표 대신 현금을 요구하는 일이 빈번했다.

한동안 버스에 태워주지 않아서 울며 돌아가는 어린이들이 많더니 요즘은 말썽의 중심이 요금으로 옮겨간 것 같다. 학교에서는 어린이들이 현금을 갖고 다니는 것을 금지하기 때문에 부형들은 버스표를 사두었다가 아침마다 두 장씩 떼어준다. 어린이들이 이것을 가지고 버스차장에게 주면 차장은 현금을 내라고 호통을 지르고 현금이 없다면 내리라고 야단이다. 이리하여 흔히 주먹을 쳐들어 갈기면서 어린 학동들을 몰아내는 야만적 진풍경이 가끔 벌어지는 것이다.

－《동아일보》 1958년 9월 18일자

교통부는 1959년 3월부터 "남성 차장들에 의하여 가끔 발생하는 눈에 거슬리는 행동을 없애기 위해서" 버스차장을 모두 여자로 대체하고 정복과 정모를 착용하도록 지침을 내렸다. 그러나 이 지침은 버스업자들의 반발에 부딪혀 시행되지 못했다. 버스차장이 모두 여성으로 교체된 것은 1961년 쿠데타 이후였다.

廣告와 宣傳의 最高峰
驛馬車組合廣告部

本驛馬車는現在純全히 市內諸賢의 愛護를받
이되여 每日三萬餘顧客의 愛護를받
으며 交通報國理念下에서 運營中이오
나 今般本業界를다시한번더 飛躍식히
여建國에좀더이바지가되여보겠는
意途에서 宣傳廣告業方面으로
오니 倍舊의愛護와 鞭撻을 不惜케는
되였음아오니 廣告의對像을簡略
하심을仰하나이다.

一、廣告方式은廣告를文字로車體에美術塗裝
三個月間쓰市內를通行케

二、廣告의能率 車體外部에 美術塗
裝을横하고 三個月間每日七八次式
市內를 宣傳廣告의式

三、廣告의效果는原子彈以上일것임니다.
市內횡行하게되며 宣傳廣告의
効果는文化普及建國標語

四、獎勵及國産獎勵等을重點으로삼고
業及製品其他 名産品、特産品、工
名所案内等其他 産品、土産品、
申込方法 本組合 廣告部電話
光化門③一三七六番으로連絡하
시면 係員이即時拜訪키로하
겠음니다.

서울 市鍾路三街三八番地
서울乘合馬車組合廣告部白
電話光化門③一三七六番

'승합마차'와 마차조합 광고. 승합마차는 해방 후 절대적으로 부족했던 전차와 버스를 대신해 시민의 발로 각광을 받았다. (《경향신문》 1948년 10월 31일자)

목탄버스와 카바이드버스.

"어린 뻐스걸". 어린 소녀들이 만원버스를 감당하긴 힘들어졌고, 곧 남성 차장으로 대체되었다. (《동아일보》 1954년 5월 28일자)

버스의 횡포가 어찌나 심한지 서울시 경찰국장이 특별 기자간담회를 할 정도였다. (《부인신문》 1950년 4월 28일자)

車掌에 集團暴行 高校生 15名 手配

東大門경찰서에서는 一

일아침 시내 모고등학교 에 재학중인 李모 (19) 군을 「폭수폭행치상」혐의 로연행─ 공범 一四명을수 배중에 있다

○ 전기 李군등 一五명은三 ─ (서울영 一三四六) 차장 金德祚 (21) 군과 金正根 (29) 씨에게 「언사가 불 손하다」 는동트집으로집 단폭행을가하여 각각전치 一○일간의 상해를 입힌 혐의라 한다

十圜싸고 喜鬪劇
달리는 「뻐스」서 두 車掌이 暴行

五名訪韓招請
美호 누루市長等

暴力車掌이 殺人
뻐스料金안내고 탄다고

뻐스車掌이 칼질
高校生과 車삯 다투다가

끊이지 않았던 승객과 남차장의 폭행 사건.

열일곱에 시작한 남차장

경기도 부평에 사는 김철곤 씨(가명, 77세)는 1959년 말부터 1년여 버스차장을 했다. 나중에 부모를 찾았지만 전쟁으로 부모와 헤어진 후 '양아치'로 거리를 전전하다 형사의 도움을 받아 조수로 취직한 후 차장이 되었다. 오래전 일이어서 그의 기억은 구체적이거나 정확하지 않다. 다음은 그와의 인터뷰를 정리한 글이다.

번호는 기억이 안 나. 미아리, 종로, 용산, 영등포까지 달리는 버스였는데 차고지는 미아리에 있었어. 처음에 조수로 들어갈 때가 열일곱 살이었지.

전쟁 전 수표교 근처에 살았고 피난 가다가 부모와 헤어졌어. 서울 수복 소식을 듣고 집에 왔는데 아무도 없더라고. 뭐라도 먹고살아야 할 거 아냐. 그래서 어떻게 주인집 아저씨 소개로 식당에서 일하다가 손님을 알게 되어 양키 물건을 떼다 팔았지. 그러다 며칠 안 돼 건달들에게 다 털린 거야. 돈 물어내라 할까 봐 집에 못 들어가고 그때부터 부랑아들과 어울려 구걸도 하고 몹쓸 짓도 했어. 조마리(왕초)한테 끌려가 염창동에서 양아치 생활을 했는데 어느 날 날치기 망보다가 경찰한테 잡혔지 뭐야. 어린 나이에도 내 신세가 한심해서 울며 잘못했다고 비니까 형사가 불쌍하게 봤는지 나보고 버스 조수 일을 하라는 거야. 곧 찬바람도 불고 갈 데도 없고 월급도 준다니까 고개를 끄덕였지.

미아리 종점에 있는 숙소 슬레이트집에 살면서 일을 시작했지. 그 집에 나 말고 열 명가량 있었는데 조수는 나 혼자였고 나머진 차장이었어. 다 그렇지만 정비사 시다부터 했는데 기술 같은 건 못 배웠어. 한 달가량 지났을까, 사장(차주)이 차에 타래. 그게 월급도 더 많이 준다고. 3일 정도 견습하면서 차비 받는 거, 승하차 요령을 배우고 버스정류장 이름을 외워서 정식으로 버스차장이 되었어. 그때 겨울이었는데 이른 아침에는 버스 시동이 잘 안 걸려. 그래서 뜨거운 물을 라디에이터에 붓고 기름종이나 걸레에 불을 붙여 엔진을 데우는 것부터 시작했어. 새벽 5시에 출발하는 첫차에 걸리면 4시 반에는 일어나. 매일 그런 건 아니지만 새벽에 일어나는 건 마찬가지지.

종점에서 두 정류장만 가도 앉을 자리가 없고 한두 군데만 더 지나면 그때부턴 전쟁이야, 전쟁. 사람이 사람으로 안 보이고 무조건 쑤셔 넣었어. 제일 중요한 건 돈 받는 거잖아. 돈 받는 걸 놓치면 차림새를 기억했다가 내릴 때 받아. 가끔 차비 낸 줄 모르고 다시 요구하는 경우가 없진 않지만 그럴 때는 손님 반응을 보면 금방 알아. 내가 실수했나 보다 하고 물러서지. 안 낸 게 확실한데도 다짜고짜 우기면 귀찮아서 그냥 봐줬어. 다른 놈들은 지독하게 차비를 받으려다가 얻어터진 것도 몇 번 봤어.

우리 버스가 황금노선이어서 영등포까지도 빈자리가 없어. 올 때도 그렇고. 그렇지만 출퇴근 시간이 지나면 손님과 싸움이 잦아. 입금이 적으면 운전수하고 차장은 사무실 (출납)계장한테 혼쭐나거든. 별 수 없이 한 명이라도 더 태우려 정류장에서 기다리고, 그사이 운전수는 담배 한 대 피우고. 뒤차가 오면 출발하고. 달리는 중에도 손을 흔드는 사람이 있으면 차를 세워서 태워. 가다 서고 가다 서니까 당연히 볼멘소리가 나와. 그 사람들 사정도 있지만 우리도 사정이 있잖아. 첨엔 주눅이 들었지만 나중엔 이력이 나서 "이게 당신 차요?" 하고 그냥 무시했어. 그러면 어린 녀석이 건방지다거나 싸가지 없다거나 그런 소리가 나오고 아비 어미 없는 놈들이라고 욕하지. 그 말에 정말 화가 나지만 그냥 참아. 난 그런 적 없지만 서로 주먹질까지 해. 그치만 차장이 먼저 치는 경우는 거의 없었어.

제일 미안하면서도 미웠던 게 교복 입은 학생들이야. 이 나이에 난 차장 노릇이나 하고 있는데 개네들은 부모가 주는 따스한 밥 먹고 편하게 공부하잖아. 내릴 때 가방끈을 확 당겨서 끊어지면 어떤 애들은 울상이 되었는데 그걸 보고 쌤통이라고 여기기도 했어. 대학생은 배운 사람답게 점잖았지. 술 취한 상이군인들이 무서웠어. 해진 군복에 팔이나 다리를 잃고 흐느적거리는 걸 보면 지레 겁이 났으니까. 상이군인은 물건을 팔려고 버스에 타는 건데 잘 안 팔리거나 수가 틀리면 손님들을 갈고리로 위협하며 행패를 부려. 특히 여대생이나 처녀들이 타깃이 되었지. 소매를 쓱 걷고 잘린 팔목에 달린 날카로운 갈고리로 물건을 내미는데 안 사고 배기겠어. 돈이 없는 처자들은 울먹이면서 도리어 사정까지 했다니까. 그럴 땐 모른 척해. 괜히 나섰다가 뭔 봉변을 당하려고. 어떤 운전수는 정류장에서 절름발이 상이군인이 보이면 서지 않고 먼 곳에 차를 세워. 사정을 알지 못한 손님들은 투덜거리지만 우리들은 대번에 알지. 절뚝거리면서 버스로 뛰어오는 상이군인은 팔뚝질하면서 갖은 욕을 하는데, 이미 버스 떠난 뒤지.

삥땅? 그때 안 치는 놈이 어디 있나. 혼자 갖진 않았고 운전수하고 다른 차장과 나누었지. 근데 계장이나 사장들도 다 알아. 지들도 우리 월급이 적다는 걸 인정하니까 눈감아주는 거야. 물론 너무 많이 쳐서 걸리면 바로 잘렸고. 적당한 게 좋은 거야. 주로 차 의자 밑에 숨겼다가 숙소 들어갈 때 가져가는 거지. 그렇지만 숙소도 우리가 없을 때 뒤지기 때문에 안심 못 해. 어떤 놈은 손님을 가장한 친구에게 슬쩍 건네주기도 했어. 가끔씩 주머니 검사를 한 것 같은데 난 걸린 적 없어. 그때 얼마인지는 기억 못 하지만 하여튼 월급이 쥐꼬리만큼 적었고 삥땅으로 보충한 거야. 착한 애들은 모은 돈을 부모님에게 갖다주었지만, 나야 혼자니까 흥청망청 썼지. 쉬는 날 다른 차장과 극장 가고 술 먹고, 그때 양동(서울역 인근 성매매촌)에서 총각딱지도 뗐어. 나중에 여차장들 알몸 수색한다고 죽고 그랬잖아. 나 때는 그렇게 심하진 않았어.

대개는 새벽 5시에 일어났고, 마지막 차고지로 돌아오는 시간은 밤 11시에서 12시 정도 돼. 하루 근무시간이 그렇게나 길었어. 점심시간은 있었지. 겨울철에는 운행을 마친 버스를 청소하는 것도 고역이야. 찬물로 의자, 바닥, 유리창을 닦고 밤새 얼지 않게 물기를 없애느라 마른 걸레로 다시 닦고. 숙소에 들어오면 먼저 온 애가 간단히 청소해놓았고, 대충 씻고 자는 거지. 삼사일마다인가, 하루씩 쉬었어.

차장은 한 1년 넘게 했을 거야. 제재소에 취직했거든. 그래도 다른 사람들에 비하면 짧게 한 건 아냐. 두세 달 하다 없어지는 애들도 많았으니까. 오래 할 일은 아니잖아. 나처럼 새 일자리가 나면 바로 뜨는 거지. 아마 나 그만두고 얼마 후 군사혁명(5·16 쿠데타)이 일어나 남차장이 없어졌을 거야. 지금은 그마저도 없어졌지만 여차장들을 보면 나 때가 생각나 맘이 좀 아려. 나야 남자니까 견딜 수 있었지만 여자애들이 그거 하는 거 웬만한 깡다구가 아니고선….

3
대중교통의 선두 주자로 나선 버스

쿠데타 정권의 혁명적 조치

"과거의 방종, 무질서, 타성, 편의주의의 낡은 껍질에서 탈피하여, 일체의 구악을 뿌리 뽑고 새로운 민족적 활로를 개척할 계기를 마련한 것이다." 박정희 독재에 맞서 싸우다가 1975년 의문사한 장준하마저 《사상계》 1961년 6월호에서는 이렇게 5·16 쿠데타를 지지했다. 그만큼 당시 사회 혼란과 무질서가 극심했음을 짐작할 수 있다. '국가재건최고회의'로 외피를 쓴 군사정권은 사회 각 분야에 대한 쇄신 조치를 발표하고 이를 강력하게 밀어붙였다. 대중교통 문제도 그중 하나였다.

1961년에는 현대적 시내버스 운용의 기틀이 마련되었다. 첫 신호탄은 그해 6월 12일에 있었던 교통부의 지시였다. '교통 명랑화'를 위해 버스 설비, 승무원 제복 착용, 승객 하차 즉시 발차 등을 전국 시내버스조합에 지시했다. 사업자들은 지금껏 보지 못했던 살벌한 군사정부의 지시를 따를 수밖에 없었다. 이어 20일에는 버스차장을 8월 1일 이전까지 전원 여성으로 교체하도록 지시하고, '차장' 대신 '안내원'으로 공식 명칭을 부여했다. 이로써 해방 후 출현했던 남성 차장은 사라지게 되었다.

7월 15일에는 지입제를 근본적으로 개선하기 위해 '자동차 교통사업자의 자격 재검토 및 면허정비에 관한 건'(교통부고시 제654호)을 공포했다. 사업자는 8월 31일까지 기면허대수 전부를 소유하고 자격 기준에 제시된 제반 설비를 구비토록 했다. 그러나 허위 매매 계약으로 서류를 작성하기도 하고 차주들이 거세게 저항하는 일도 있었다. 이에 서울시는 할부판매의 길을 열어주었다. 이런 과정을 거쳐 지입차는 점점 줄어들기 시작했다.

또한 정부는 8월 1일부터 1노선 1회사 제도를 폐지하고 윤번배차제도를 실시하겠다고 발표했다. 이른바 황금노선 배정에 따른 업자와 정치인·면허당국의 결탁 등 부정부패가 만연했기 때문이다. 모두 황금노선에 배정할 수는 없어 고육지책으로 나온 게 한 달씩 교대로 운행하는 윤번배차였다. 그러나 이 제도 역시 업자들 사이에서 약속 이행이 제대로 이루어지지 않고 버스 번호가 자주 바뀌는 등 시민들의 불편을 초래하여, 결국 시행 7개월 만에 고정배차제를 실시했다. 그리고 방향별로 다음과 같이 번호를 부여하고 표지를 달도록 했다.

- 1~5번 : 종로 방면
- 6~10번 : 청계천 방면
- 11~15번 : 을지로 방면
- 16~20번 : 퇴계로 방면
- 21~30번 : 그 밖의 노선

노선별 번호가 생기자 승객들은 자기가 탈 버스를 멀리서도 알아보기 시작했고, 차장들의 "을지로요!"와 같은 외침도 점차 사라지기 시작했다.

9월부터는 교통난 완화와 학생들의 통학 편리를 위해 공무원들의 출근 시간을 오전 8시에서 9시로 늦추었다. 중·고등학생과 대학생의 도보를 장려하기 위해 2킬로미터 이내는 걸어 다니도록 하고 그 이상 통학 증명 소지자에 한해 회수권을 판매토록 했다. 11월에는 각 학교와 기관에 통근용 버스를 허가했다. 12월에는 통금시간 불편 해소를 위해 노량진, 왕십리 등을 오가는 특별야간버스를 운행토록 했다. 이렇게 강압적인 조치를 다양하게 구사해도 대중교통수단의 부족 문제는 일시에 해결되지 않았다. 이에 대해 국가재건최고회의 의장 박정희는 1962년 신춘대담을 통해 다음과 같이 말했다.

> **유경순** 다시 도시 문제로 옮기겠습니다. 합승은 세 사람을 더 태울 수 있게 했지만, 택시는 아직도 정원 5명 그대로 있는데 한두 사람 더 태울 수 있도록 할 수 없을까요?
>
> **박정희** 자동차 문제가 났으니까 말입니다만 사실 우리나라는 인구에 비해 차가 부족합니다. 그렇다고 마구 굴리게야 할 수 없고…. 그래도 정원을 늘려서라도 교통난을 해결해보자고 한 것인데. 어때요? 버스 정원도 늘었죠. 택시정원 관계는 알아서 시정하도록 하지요.
>
> ─《경향신문》 1962년 1월 10일자

이 대담에서 언급된 '합승'이란 마이크로버스를 말한다. 전쟁 이후 9인승 합승택시가 대중교통으로 한몫했는데 서울시는 교통난 완화를 위해 소형버스로 대체할 것을 권장했다. 이에 1961년 11월 16인승이 처

마이크로버스로 운행했던 6번 버스 종점. (서울역사박물관)

음으로 등장하여 서울역-천호동 간 운행을 개시했다. 1962년 11월 약 83퍼센트가 마이크로버스로 대체되었고 그해 12월에 9인승 택시 운행이 중지되었다. 1963년 서울시 행정구역 확장과 인구 증가로 교통 수요가 크게 증가했지만 버스는 절대적으로 부족했다. 서울시의 차량 대수 증가 계획은 언제나 목표에 도달하지 못했다. 이에 정원 50~55명의 버스를 70명으로 늘리는 버스 대형화에 박차를 가했다. 이러한 대형화 추세로 16인승 합승버스는 1966년부터 사라지기 시작했다.

한편 교통부의 1961년 7월 고시에도 불구하고 지입제 철폐는 여전히 먼 산이었다. 차주가 이름만 버스 회사의 주주로 바뀌었을 뿐 '내 차', '내 운전수', '내 차장'을 가진 현실은 여전했다. 이에 정부는 1963년 10월 1일부터 '일괄경리제도'를 실시한다고 발표했다. 회사가 운전수와 차장의 인사와 임금, 근무 형태를 정하고 숙소와 식당을 완비하도록 했다. 그러나 사업자들의 자금력이 빈약하여 이 조치는 시행되지 못했다. 결국 교통부장관은 지입제의 순차적 폐지로 방침을 바꾸었다.

1965년 8월에는 좌석(급행)버스가 도입되었다. 이 버스의 타깃은 서울 외곽 지대에 사는 중산층이었다. 입석 공간을 없애 모두 좌석화(40석. 일반 입석 버스 정원은 60명)하고 정류장의 수를 줄여 빠르고 편하게 도심에 갈 수 있게 했다. 요금은 일반버스의 세 배였고 안내양은 1명(일반 버스는 앞문·뒷문 각 1명)이 승차했다. 그러나 실질적인 버스요금 인상이라는 비판을 받았고, 버스회사는 수익성 좋은 좌석버스를 늘리는 데만 급급했다. 입석이 없어야 했지만 현실은 그렇지 않았다.

교통순경이 있는 곳을 지날 때 여차장은 "신사 여러분 앉은 사람은 할 수 없지만 서 있는 사람은 잠시 땅바닥에 앉아 주기를 부탁합니다. 이 것은 명령이 아니라 부탁입니다." 좌석버스에 서서 가는 것도 딱한데 이건 차장의 호령에 따라 앉았다 섰다 버스 안에서 아침체조를 하게 되었으니 차라리 달밤에 체조하는 쪽이 훨씬 낭만적이다.

－《경향신문》 1968년 3월 5일자

청량리-동대문, 303호 마지막 전차

서울시는 1964년 4월 '교통난 완화책'을 위한 버스의 대형화와 증차 계획, 노선 개선 등 중장기 계획을 발표했다. 이 계획에는 전차 철거 내용이 포함되어 있었다. "1차로 효자동~남대문 구간을 철거하고 5년 내에 점진적으로 전 노선 철거"해 시내버스 증차로 대체하겠다는 내용이었다. 전차는 서서히 애물단지로 취급받기 시작했다. 버스와의 신호 체계가 혼선을 빚었고 속도도 느렸으며 소음도 심했다. 버스 바퀴가 전차 궤도에 빠지거나 버스와 전차가 충돌하는 교통사고가 급증했다. 서울시 발표 이전에도 교통난 해소를 위해 전차가 '양보'해야 한다는 의견이 많았다. 더구나 확대된 서울시 행정구역에 맞춰 한국전력(구 '경전')은 전차 노선을 확장 또는 신설해야 했지만, 비용이 많이 드는 이 사업을 정부 지원 없이 추진할 수는 없었다. 1964년 6월 17일자《동아일보》에 실린 〈차량행정의 쇄신을 위하여〉라는 사설은 다음과 같이 전차 폐지를 주장했다.

(…) 근본적인 해결은 서울시의 차량행정에 대한 일대혁신 없이는 불가능할 것으로 알며 서울시의 소음과 공기의 오염을 방지하고 교통사고를 줄이면서 더 편리하고 능률적인 차량운행을 꾀하는 방도로서 우리는 다음과 같은 대책이 연구되고 실현되었으면 한다.

우선 시내전차는 모두 철거하여 다른 곳으로 옮기는 것이 마땅하다고
본다. 승차요금이 싸기는 하나 어쩔 수 없는 소음을 내면서 완행하는
시내전차가 교통사고를 일으키는 큰 간접적 요인의 하나라는 것은 주
지의 사실이다. 궤도까지 완전히 철거하여 서울 교외로 또는 다른 지
역으로 옮겨서 이용하는 것이 옳을 것이다.

버스가 대중교통의 '맏형'이 되면서 전차는 어느새 '달리는 흉기', '시
끄러운 우보'라는 말까지 듣게 되었다. 그러나 전차는 버스보다 요금이
저렴했고 1965년 11월 당시 전차 승객이 서울시 교통량의 10.5퍼센트를
차지했다. 이처럼 서민의 발로서 역할하고 있는 전차를 무턱대고 폐지
할 수는 없었다. 이때 대안으로 떠오른 것이 지하철이었다. 지하철은 교
통 흐름을 방해하지 않고 더 많은 승객을 더 빨리, 제시간에 운송할 수
있는 '차세대 대중교통' 수단으로 급부상했다. 구체적 대안이 마련되자
전차가 자취를 감추는 것은 시간문제였다.

정부는 1966년 5월 18일자 국무총리 훈령 제32호로 전차의 운영권
을 한국전력에서 서울특별시로 넘겼다. 한국전력노동조합은 이 조치에
강력 반발하면서 투쟁에 나섰다. 5월 19일 운전사를 비롯한 노동자들
은 사표를 일괄 제출하고 태업에 돌입하여 당일 교통 혼란이 발생했다.
그러나 다음 날 검찰의 주동자 엄벌 방침이 정해졌고 인수 후 고용승
계를 보장받음에 따라 투쟁은 하루 만에 끝났다. 마지막 전차의 운명
이 될 '시영 전차'의 모습은 대체로 좋은 평가를 받았다. 외관을 산뜻하
게 도색하고 설비를 개선했으며 정원을 준수하고 종업원의 고객서비스
를 향상했다. 주행 속도도 시속 5킬로미터로 상향해 구간에 따라 7~13
분을 단축했다. 승객들도 전보다 10퍼센트 증가했다.

전차선 해체 작업. (경향신문사)

시내 돈암동에 산다는 S대의 K군(22)은 요즘 전차 타기가 수월하고 기분이 좋다고 한다. "요즘 전차는 문에 매달려 아슬아슬하게 떠나는 것이 없지요. 승객들의 일렬이행도 이제 습관이 된 것 같고 차내가 깨끗이 정비되어 있어요"라고 서비스 향상도 칭찬한다.

－《경향신문》1966년 7월 15일자

그러나 이는 일시적 현상이었다. 서울시는 1967년 9월 '전차현대화5개년계획'이라는 이름으로 도심의 전차를 철거하고 전차 관련 노동자들은 일반 공무원으로 편입하기로 했다. 1968년 4월 20일 아현동고가 도로 공사에 지장을 주는 전차궤도 철거를 시작으로 6월에는 신용산-노량진(1797미터), 서대문-서울역(1081미터) 노선 철거에 착수했다. 이에 앞선 5월 교통부장관은 서울시의 전차운전 사업폐지 허가를 내렸다. 8월 1일 영등포 등 3개 노선에 이어 11월 29일 나머지 14개 노선에 운행정지 명령을 내렸다. 1968년 11월 29일 밤 8시 12분. 청량리에서 출발한 303호 전차가 종점인 동대문에 도착했다. 이 시간 이후, 70년 동안 시민의 발이 되었던 전차가 자취를 감추었다.

이날 밤 6시 12분 마지막 전차를 몰고 온 시영전차 303호 차장 고인환 씨(35)는 목메인 목소리로 "동대문 종점입니다. 안녕히들 가십시오!"라고 전차 차장으로서의 마지막 작별인사를 고하고, 핸들을 잡고 있던 운전사 김병철 씨(36)를 부여안은 채 눈물을 흘렸다. 이 전차의 마지막 승객은 46명이었다.

－《동아일보》1968년 11월 30일자

1971년 4월 12일 서울역에서 시청·종로를 경유하여 청량리에 이르

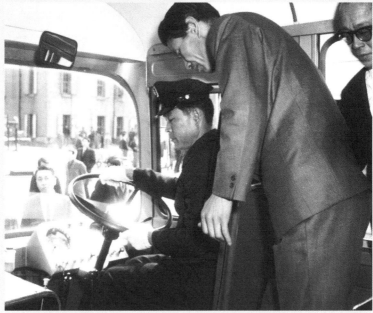

서울시는 1967년부터 교통소외지역을 위해 시영버스를 운행했다. 사진은 상계동 시영버스 개통식 모습과 시영버스 내부를 살피는 김현옥 서울시장. (서울시)

는 총연장 10.3킬로미터의 지하철 1호선 공사가 착공되었다.

전차 폐지에 따른 교통 수요 공백에 대비하기 위해 '시영버스'가 운행되었다. 시영버스는 1967년 3월 11일 50대로 운행을 시작했고, 1971년 이후 200대 수준을 유지했다. 이 과정에서 16인승 마이크로버스는 운행정지 행정명령에 따라 전차보다 1년 빨리 사라졌다. 시영버스는 전차 승객을 흡수하고, 소외 지역 주민들에게 교통 혜택을 준다는 목적이 있었다. 시영버스는 탄력적으로 운용되었다. 《서울교통사》에 따르면 "변두리, 비포장 도로 등 수요가 많지 않은 악조건의 노선을 개척하여 운행하다가 어느 정도 수요가 증가하여 신규 면허업체가 투입되면 철수하거나 또는 민영업체의 도산으로 면허취소된 지역의 교통대책으로 투입되기도 했는데 모두 12개 노선이 운행되었다".

시영버스는 1970년부터 적자가 크게 늘어나기 시작했는데 주요 원인은 어이없게도 '삥땅'이었다. 1970년 10월 서울지검 수사 결과 직원들은 수익금을 빼돌렸고, 운전사와 차장들도 전체 매출액의 35퍼센트 이상을 횡령했음이 밝혀졌다. 노선 자체에도 근본적으로 적자 요인이 있어 서울시 예산은 갈수록 늘어났다. 결국 1971년 6월 시영버스 20대를 민간에 매각하면서 구조조정에 들어갔다. 서울시 시영버스는 1973년에 총 94대만 운행되다가, 1974년 9월 지하철 개통을 계기로 모두 공매 처분됨으로써 등장한 지 7년 만에 자취를 감추었다. 시영버스의 마지막 노선은 쌍문동-영등포(211번)와 어린이대공원-남산(555번)이었다.

안내양을 퇴장시킨 '원맨버스'

교통부는 지하철 공사 착공과 동시에 버스의 대당 수송 능력 제고를 위한 방안을 모색했다. 이 과정에서 '도시형버스'가 등장했다. 당시 시내버스는 일반(입석)버스와 좌석(급행)버스 두 종류로 입석은 수송 능력에, 좌석은 편리함에 방점을 둔 버스였다. 도시형버스는 둘을 절충한 것으로 '반좌석버스'였다. 앞쪽에는 1인석 의자 10개를 좌우에 배치하고 뒤쪽에는 2인석 의자 8개를 좌우로 두었으며, 맨 뒤는 5개석이었다. 정원은 70명(좌석 31, 입석 39)이었다. 1973년 4월에 등장한 이 도시형 버스는 오늘날 시내버스의 전형이다. 요금은 일반 25원, 학생 15원으로 좌석보다 5원이 싸고 입석보다 5원이 비쌌다.

1973년 교통부는 1965년 9월 고시된 버스회사의 기업화 방안을 보완하여 '기업화 촉진계획'을 수립 시행했다. 이 계획은 지입차를 완전히 뿌리 뽑는 것을 목적으로, 일체의 인사 및 경영을 회사가 전담, 승무원 교번근무제 확립, 일체의 지출을 회사가 관리(차량별 계산제 불허), 차량의 일괄입고 실시, 차량의 보관권을 회사가 장악, 주식 또는 출자비율에 의한 이익 배당, 기업의 대단위화(버스 30대, 택시 50대) 등을 제시했다. 그러나 이 계획은 차주들의 만만치 않은 저항과 버스회사의 자금력 부족 등으로 이행되지 않았다. 1975년 말 전국 버스운영자 중 기업화된 곳은 34퍼센트에 불과했다. 지입제 철폐는 1976년 대통령 연두 순시에서 교통부장관이 지입제를 올해에 해소하겠다고 보고한 후에야 급물살을 탔다. 교통부가 1976년 6월 28일 지입제 철폐를 위한 행정지시를 전국 버스업체에 전격적으로, 반강제적으로 내린 결과 1977년 지입차는 완전히 사라졌다.

28일 교통부가 마련, 전국 시도와 버스업계에 시달한 버스직영 경영방안에 의하면 지금까지의 군소차주는 차량 경영에서 일체 제외시키고 소유차를 현물출자를 시켜 앞으로는 버스회사의 단순한 주주로서 의 결권과 이익배당만을 받도록 했다.

이를 위해 교통부는 10월 30일까지 모든 버스회사는 차주의 보유차량 대수 이익률, 버스가격 등을 고려하여 주식을 배분, 단순한 주주가 되도록 하여 주식회사 경영형태를 완료하고 내년부터는 직영으로 경영하지 않는 업체에 대해서는 일체의 증차 증회 노선연장 등 이익처분을 불허하고 내년 2월까지 20퍼센트 이상의 지입 차량이 남아 있는 업체에 대해서는 영업면허를 취소하며 지입 차량에 대해서는 건설업체로 통합토록 했다.

지금까지 버스회사들은 형식상 주식회사인데도 버스경영이 영세화하여 서비스 불량 사고 증대 뼁땅 등 몸수색을 하는 버스 근로자 인권침해 등이 많았다.

– 《동아일보》1976년 6월 29일자

1974년 8월 15일은 우리나라 대중교통 역사에 하나의 획을 그은 날이다. 이날 청량리-종로-서울역 노선의 지하철 1호선이 개통되면서 지하철시대로 접어들었다. 버스도 많은 변화를 맞이할 수밖에 없었다. 우선 도시 미관을 고려하여 도시형은 하늘색 띠를, 입석은 진청색 띠를, 좌석은 주황색 띠를 둘렀고, 1976년에 시내버스는 모두 도시형버스로 완전 교체되었다. 지하철 개통은 시내버스 정류장 격번제 실시에도 영향을 미쳤다. 지하철이 운행되면서 종로는 유동인구가 가장 많은 지역이 되었다. 지하철을 갈아타는 인파로 종로통 정류장의 혼란이 극심했다. 서울시는 격번제 정차를 실시하여 1, 3, 5가는 홀수 노선을, 2, 4, 6가는 짝수 노선을 정차토록 해 정류장 혼잡을 완화했다. 1978년 10월 총 연장 48.8킬로미터의 지하철 2호선이 착공되고, 1980년 2월 3·4호선이 착공됨으로써 지하철시대가 본격화되었다.

1982년 8월 처음 등장한 '시민자율버스'는 안내양이 사라진 직접적인 원인이 되었다. 시험운행 기간 중 탑승한 안내양(사진 왼쪽에서 네 번째)이 근심이 많은 듯하다. 아래는 시민자율버스 광고.

버스안내양은 1981년 2월 15일 선보인 이른바 '원맨버스'로 큰 변화를 맞았다. '원맨'은 버스를 운전수 혼자 운행한다는 의미로, 즉 안내양이 필요 없는 버스였다. 원맨버스는 업계에서 먼저 제안했다. 서울시도 장기적으로 바람직하다는 판단 아래 적극 장려하기로 했다. 이 버스는 승객들이 요금을 직접 내는 '시민자율버스'라고도 불렸다.

1982년 8월부터 10개 노선에 시민자율버스 179대가 투입되어 본격적으로 시험무대에 올랐다. 시험적으로 안내양이 있는 버스와 없는 버스를 절반씩 투입해서 번갈아 운행했다. 도시형버스의 중간문을 폐쇄하고 앞문만 사용하며, 승객은 하차 시 앞문에 비치된 요금함에 토큰을 투입하도록 했다. 정류장 정차 시 운전기사가 안내방송을 하고 승객은 반드시 토큰을 사용하도록 했다. 시험운전 20일 후 서울시는 업체 조합장, 운전사, 안내양, 노동조합 등 30여 명과 간담회를 가졌고, 이 자리에서 다양한 평가가 나왔다.

운전사 운전사가 운전 외에 안내방송, 요금수납 등 1인 3역을 하기 때문에 시간이 많이 걸려 승하차 때 교통체증이 가중되고 서비스는 물론 노약자 등 승객에 대한 안전보장 의무를 소홀히 할 수밖에 없었다. 업무 과중 때문에 안전운행에 신경 쓸 수 없어 과속운행, 교통법규 위반이 불가피해졌을 뿐 아니라 승하차 때 안전사고 등 사고 위험이 높아졌다.

버스안내양 자율버스가 운행하기 전에는 2일 근무를 하고 하루를 쉬어 한 달에 20일 근무를 했는데 요즘에는 하루는 일반버스를 타고 하루는 자율버스를 타 30일 내내 일하는 셈이나 일이 많아진 것에 비해 오히려 수입은 줄었다. 한 달 20일 일하고 일당 8000원씩 평균 16만 원을 받는데 요즘은 일반버스 15일에 12만 원, 자율버스 탑승에 3만 원 등

15만 원밖에 못 받고 있는 실정이다.

노동조합 궁극적으로는 시민자율버스 운행이 바람직하지만 승객 의식 수준, 버스 여건, 도로 사정 등 현재의 여러 가지 상황을 감안 장기적인 안목을 갖고 서서히 이끌어 나갔으면 좋겠다.

– 《경향신문》 1982년 9월 1일자

불만이 가장 많은 사람은 운전사였다. 토큰 없이 타는 승객에게 직접 거스름돈을 거슬러줘야 할뿐더러 돈바구니에 신경이 안 쓰일 수 없었다. 서울시는 문제점을 개선하면서 자율버스를 확대하여 1983년 7월 18일 28개 노선에 342대의 자율버스가 투입되었다. 1984년 6월부터는 회사가 자율적으로 확대할 수 있도록 했으며, 11월에는 요금 선불제로 바꾸고 뒷문에 자동개폐장치를 마련하여 운전사의 부담을 줄였고, 1986년 4월에는 자동안내방송 시설을 갖춘 버스가 등장했다. 이제 버스에서 안내양이 해야 할 일은 없어졌다.

버스회사들이 이 자율버스 도입에 적극적이었던 이유는 인건비 부담을 덜면서 점점 심해지는 안내양 구인난을 해결하기 위해서였다. 적은 임금의 고된 노동, 인권 유린 등 부정적 이미지가 굳어졌고, 여성들은 근무 여건이 더 좋은 공장에 취직했다. 정부 당국도 인권 문제 등 사회적 이슈가 떠오를 때마다 골치가 아팠다. 안내양이 없는 자율버스는 민관이 안고 있던 문제를 해결하는 좋은 대안이었다.

안내양 부족은 2년여 전부터 생기기 시작, 작년부터 더욱 심해진 데다가 지하철 2호선의 완전개통으로 버스회사들의 경영이 더욱 어려워져 안내양 부족현상은 앞으로도 계속될 전망이다. 이에 따라 노동부가 6월부터 서울 부산 대구 인천 광주 대전 등 6대 도시에서 전면 실시키로 한 안내양 2교대 근무는 사실상 불가능한 실정이다. (…)

시내 90개 노선 버스회사의 전체적인 안내양 고용수준은 평균 버스보유대수의 1.5배 미만으로 격일제는 물론 복격일제(이틀 일하고 하루 쉬는) 근무도 어려운 실정이다.

안내양들은 임금 면 등에서 좋지 못한 근로조건에 과로를 못 이겨 이직이 날로 느는 악순환을 계속하고 있으며 이에 따라 승객의 서비스도 나빠지고 있다.

– 《동아일보》 1984년 6월 11일자

안내양들은 하나둘씩 시나브로 안 보이기 시작했다. 마지막 버스안내양들은 1989년 4월에 김포교통 소속 130번 버스에서 근무하던 38명이었다. '교양 있는 안내양'이 승무하는 고속버스에서도 1989년 7월부터 안내양들이 자취를 감추기 시작했다. 1989년 12월 30일 자동차운수사업법 제33조 6항("대통령령이 정하는 여객자동차운송사업자는 교통부령이 정하는 바에 따라 안내원을 승무하게 하여야 한다.")이 삭제되면서 버스안내양은 완전히 사라진 직업이 되었다.

1960년대 후반, 버스로 가득 찬 종로 거리.

하동환은 '드럼통 버스왕'으로 불렸다. 사진은 베트남으로 수출하는 '하동환 버스'.
(국가기록원)

1971년 서울의 한 버스회사에서 임금 인상을 요구하며 임시파업에 들어간 안내양과 운전기사 들. 이 당시 임금 인상 투쟁은 버스요금 인상과 관련된 '위장 투쟁'이 많았다. (경향신문사)

(왼쪽) '5·16' 이후 '고무풍선' 버스 등이 사라져 정원제를 지키게 되었다는 기사. (《경향신문》 1961년 6월 3일자)

(오른쪽) '5·27 공고' 백지화로 혼란을 겪고 있는 운수업계 풍향 기사. 1960년 5월 27일, 당국은 버스 지입 완전 철폐를 발표했지만 행정력 미비와 차주들의 반발로 실패했다. 지입 버스가 완전히 사라진 것은 1970년대 후반 이다. (《동아일보》 1960년 12월 4일자)

마지막 운행을 마친 전차에 인사하는 승무원. (경향신문사)

고려장

電車여 안녕!

"전차여 안녕". (《동아일보》1968년 11월 30일자)

운전기사가 요금 수납과 안내까지 하는 시민자율버스의 등장.

이런 손님 저런 손님

크리스마스카드를 준 소년

크리스마스다. 문틈으로 새어드는 바람은 그야말로 황소바람이다. 통금이 없던 어젯밤엔 1시까지 운행했다.

거리의 앙상한 가로수도, 빌딩들도, 그 사이를 지나다니는 사람들도 모두 흥청흥청하고 있었다. 남들 쉴 때 일한다는 생각으로 스스로를 위로하며 쓸쓸함을 달래는데 미아리에서 내리던 쪼그만 꼬마 소년이 흰 봉투를 주고 내린다. 얼떨결에 받아들고 그 소년을 다시 볼 틈도 없이 차는 떠나버렸다. 봉투 안에는 물감으로 그린 예쁜 카드와 껌 하나가 들어 있었다.

"누나 새해 복 많이 받으세요."

처음부터 안내원 누나를 위한 준비였을까? 그렇다면 난 참 행운아다. 밤샘을 하고 붉게 충혈된 눈을 비비면서 버스 의자에 몸을 기대고 코를 골던 어떤 젊은이들에 대한 불쾌감이 씻은 듯 사라지는 기분이다. 그렇군. 여기 한 조각의 자그마한 사랑이 사람을 살아가게 한다는 사실.

– 김대숙 외, 《버스안내양의 일기》, 동아일보사, 1980

뱅뱅 도는 버스

"이게 어디 종로 2가로 가는 거야?"

보아하니 돈암동에서 종로 2가 가느냐고 물으며 탔던 사람이었다.

"앉아 계세요. 가니까."

"바쁜데 뱅뱅 돌아서 가란 말야?"

아마 안국동쪽으로 가지 않는다고 하는 소리인가 보다.

"그럼 잘 알아서 타야 할 것 아녜요? 종로2가 가느냐고 해서 분명이 차가 종로 2가 가니까 간다고 했을 뿐예요."

"안내원이 뭐 하라는 안내원이야? 안내 잘하라고 안내원 아냐?"

아예 상대를 말자고 고개를 돌려버렸는데 계속 핏대를 올린다.

"요금을 올릴 때나 친절 친절 듣기 좋은 소리 늘어놓고 이따위가 무슨 친절이야? 승강구에서 허수아비 노릇하라고 세워둔 줄 알아?"

얼굴은 미끈하게 생겨가지고 말은 꼭 심사난 시어머니처럼 고시랑고시랑 비위를 긁고 있다.

"약속시간 늦으면 아가씨가 책임져."

참다못한 내가 버럭 소리 질렀다.

"당신이 뭔데 책임을 지라 말아 해? 말도 되지 않는 소릴 씨부렁거리고 있어. 신경질 나게."

"내가 왜 아가씨 당신이야?"

능글맞게 대꾸하는 그 말에 난 그만 호호 웃어버렸다. 차 안이 온통 폭소의 도가니가 된 건 물론이다.

– 김대숙 외,《버스안내양의 일기》, 동아일보사, 1980

막차 손님

아침 날씨가 좋아서 운전수 인상이 좋아서

오늘 하루는 별 탈 없이 넘어가겠구나.

넘잡아 생각했는데

내 팔자에 배짱 편한 것 생각한 자체가 틀렸겠지만

막차 손님 아다리로 걸렸다

갈짓자 걸음걸이야 술취한 놈 기본동작이니

그런대로 봐주는 것이 상식이고

"야! 차장 나 우리집 내려줘" 한다

염병할 놈 누군 집이 없나 우리집이라면 어떻게 알아

건드리면 끝도 없이 쏟아질 잔소리 욕지거리 미리 질려

곱게 곱게 봐주고 오는데

웩- 오바이트 차바닥에 하나 가득 쏟아 놓는다

씨팔 신경질은 있는 대로 나고

오장육부 뒤틀리며 대강 치우고 나니 차비가 없단다

이런 놈을 아들이라 빼어놓고 어떤 년은 미역국 서너 사발

아니 아니 아들 나서 좋다고 몸조리 한 달은 했으리라

이 잡놈 개걸개걸 계속 떠들더니

돼지 멱따는 소리로 꽃피는 동백섬이, 찢어져 나온다

참자 참아 대자리 화장터 입구까지 참고 가서

화장터에 내려 주고 너희집 이곳이니

너 편하고 나 좀 편하게시리 아주 가라 내려 주자

넉넉잡아 두 시간이면 연기 되고 재가 되고

하늘을 날고 바다에 갈 것이니 어서 가라 이 술주정뱅이야

청소부는 쓰레기를 실어 나르고 보람을 느낀다는데

고귀하고 덕이 있다는 사람 실어 나르는 일이 왜 이리 힘이 드냐

내가 뭔 죄를 이리 많이 지어

하루 17시간 중노동에 온갖 잡놈 상대하며

이 고생인가 생각하다 보니 종점이 보인다

- 최명자,《우리들 소원》, 풀빛, 1985

일터에서

되지 못한 무식한 놈이

"차장" 하길래

힐끗 쳐다보며 "왜요" 했다

개새끼 평생 완행버스나 타고 다녀라

속으로 욕을 하며

빨리빨리 내리세요 독촉을 하며

ㄲ집어내려 밀쳐 버렸다

조금 점잖은 아줌마가 다정하게

"안내양" 하길래

사대부집 요조숙녀처럼

곱상하게 웃으면서

"저 부르셨어요" 했다

- 최명자,《우리들 소원》, 풀빛, 1985

빠걸 같은 계집애

긴장했던 마음이 풀리니까 팔다리가 뻣뻣하며 무거워지는 것 같았다. 십팔 시간의 노동에 시달리다 들어와서 무슨 할 이야기가 그다지도 많을까? 방 하나에 차 두 대가 자기 때문에 한 방에 여섯 명이 쓰는 셈이다.

여자 셋이 모이면 나무접시가 엎어졌다 뒤집어진다고 했다. 이미 자정이 넘은 지 오래고 새벽 두 시가 오건만 차장들은 좀처럼 잘 생각은 하지 않고 무엇이 그다지도 우스운지 시시덕거리며 떠들기만 했다. 모두가 제 잘났다는 이야기였다.

"글쎄 오늘 말이야 어떤 빠걸 같은 계집애가 타서 오 원을 내고 잔돈을 달래잖아. 학생이냐고 물었더니 학생이래. 그래서 학생 같지 않다면서 학생증을 보여달랬더니 학생증을 안 갖고 왔대나. 그럼 일반요금을 내야 한다고 했더니 마구 욕을 하면서 그 돈 처먹고 잘 살래잖아."

이때 또 한 차장이 말을 받았다. "그걸 가만히 둬!"

받아주는 사람이 있으니까 말하는 사람도 신바람이 났는지 열을 올리며 떠들었다.

"가만두긴. 너 같은 게 무슨 학생이라고 주제넘게 학생들의 체면까지 깎이게 하니 하고 약 올려 줬더니 기가 차다면서도 얼굴이 빨개져 다음 역에서 내리더라."

"잘했어. 그런 것들은 본때를 좀 보여줘야 해."

그날의 에피소드를 밤이 가는 줄 모르고 떠들어대는 것이었다. 불과 세 시간 후면 또 일터로 나가야 하건만 피곤하면서도 그들의 떠드는 소리에 잠을 이룰 수가 없었다.

- 윤미화, 〈흰 구름 가는 곳〉, 《월간 교통계》, 1982년 6월

나도 버스안내양 될래

"누나 이거 잡수세요."

무얼까? 그것은 조그만 국민학교 남자 꼬마아이 손에 쥐어진 땀이 밴 껌이었다.

"고마워요."

뭐라고 설명할 수 없었으나 내 가슴이 그때 왜 슬퍼졌을까? 착한 아이들. 세상은 우리를 버리지 않으신다. 언젠가 어린 꼬마가 자기 엄마에게 이런 말을 했다.

"엄마 나도 크면 안내양 될래."

그러자 갑자기 그 아줌마는 표독스런 눈으로 금세 내 눈치를 보면서 딸을 꼬집었다. 필사적으로 그 아이의 다음 말을 막으려는 듯한….

아! 동심 그 자체가 얼마나 순수하고 아름다운가. 아직까지 나는 이 어린 동심처럼 위대하고 솔직한 감정을 가진 사람들을 보지 못했다. 그러나 그 동심이 자기의 의사를 제의했을 때 부모님이 하얗게 눈을 흘기는 순간부터 그에게 진심하지 못한 인간으로 성장시키는 것이 아닐까? 아이들은 어른들에 의해서 만들어지는 조각품은 아닐진대, 분명.

"고마워 꼬마들."

-《학생중앙》 1981년 1월호

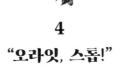

4
"오라잇, 스톱!"

명랑과 친절을 위해 여성으로

1. 오라이 스톱 마지막 버습니다 빨리빨리 타세요 차례차례로 나는야 시골버스 차장이구요 그이는 제대장병 운전수야요 뿌붕뿡 덜컹덜컹 다이아가 빵구 시골버스 여차장은 수줍구만유.

2. 오라이 스톱 두 시간 연착이오 차속에서 여손님 옥동자 낳소 황소가 길을 막아 늦은 데다가 빵구로 마차시켜 끌고 왔지요 뿌붕뿡 덜컹덜컹 기어가는 차지만 시골버스 여차장은 친절하당께.

3. 오라이 스톱 읍내 가는 버습니다 멀미하는 할머니 창 옆에 가소 친정 가는 떡동구리 선반에 나요 족두리 사모관대 신랑각시는 뿌붕뿡 덜컹덜컹 흔들리면 싱글벙글 시골버스 여차장은 명랑하구마.

1956년 가수 심연옥이 불러 유행한 〈시골버스 여차장〉 가사다. 남차장은 엄두도 내지 못할 "수줍고 친절하고 명랑한" 여차장을 기대해서였을까? 1961년 6월 20일 교통부는 8월 1일까지 시내버스 '안내원'을 다음과 같은 이유로 여성으로 바꿀 것을 지시했다.

- 선진국에서 여객안내는 서비스업이므로 모두 여성이 담당하고 있다.
- 거친 남자보다는 상냥하고 친절한 여자에게 승객을 안내토록 함으로써 명랑한 시민교통을 이루어야 한다.
- 남자안내원들의 기름 묻은 작업복으로 안내 아닌 거친 태도를 일소케 하여 서울의 품위를 높여야 한다.
- 여성들의 유휴노동력을 개발하여 산업발전의 원동력으로 활용시켜야 한다.

현재 관점에서 보면 직업에서 성적 분할 논리가 작용한 지시였으나 당시에는 대체로 환영하는 분위기였다. 시민들 모두 남차장의 안하무인은 누구나 한 번쯤 경험했던 터였다. 이미 1959년 2월 서울시가 차장을 모두 여자로 대체하고 이들에게 정복과 정모를 착용하도록 지시했지만, 업자와 차주들의 저항으로 실행되지 못했다. 반면 부산 등 지방 몇몇 버스회사에서는 승객의 원성이 높아지면서 자체적으로 남차장을 배제하기도 했다. 위의 조치에 업자와 차주들은 반발했지만, 쿠데타 정권 앞에서는 고양이 앞의 쥐가 되어야 했다. 1961년 서울, 부산, 대구 등 주요 대도시에서 남성 차장들은 연기처럼 사라졌다. 또 교통부는 '차장'이 아닌 '안내원'이 직업의 공식 명칭임을 명문화했다. 그러나 언론과 시민들 입에서 '차장'이란 꼬리표를 떼는 데는 시간이 한참 걸렸고, 사람들은 10대 후반의 그들을 안내원보다 '안내양'으로 불렀다. 때로는

'차순이'라고도 했다.

서울시립직업소개소는 이 조치에 발맞춰 여차장을 모집하여 일정 교육 수료 후 시내버스에 취업시키겠다고 공고했다. 자격은 16세 이상 20세 미만 여성으로 학력 제한은 없으며 시험은 부모님 이름을 쓸 줄 아는 정도의 지식을 요구했다. 7월 3일 시험장에 300여 명의 젊은 여성이 모였다. 50명을 선발하므로 경쟁률은 6 대 1이었다. "얼굴이 예쁘고 글씨나 잘 쓰는 애교 있는 아가씨는 우선적으로 채용"되었다. 이날 시험장을 취재한 한 기자는 "무뚝뚝한 시내 차장에 밀려났던 상냥스런 여차장이 다시 친절과 웃음으로 손님을 서비스하게 될 날도 멀지 않은 것 같다"라고 평가했다(《경향신문》 1971년 7월 3일자). 직업소개소 교육 내용은 고객 서비스에 관한 '정신교육' 수준이었고 업무교육은 회사에서 배웠다.

버스안내원 의무 조치는 당시 직업을 찾는 10대 후반 여성들을 들뜨게 했다. 여성 전용 직업이 생겼고, 국가가 관리해줄 것이라는 기대감이 컸다. 실제 1960년 대 초 상경한 시골 소녀들의 희망직업에서 차장은 높은 순위를 차지했고, 식모들은 담장 밖 버스에 탈 기회를 엿보고 있었다. 그러나 실상 "수줍고 친절하고 명랑한" 버스안내양은 노래에서나 존재했다. 아니 그 반대임을 알아차리는 데는 오랜 시간이 걸리지 않았다.

육탄으로 손님을 구겨 박는 폭행은 힘이 모자라 흉내 낼 수 없는 모양이지만, 어쩌면 속속들이 남자 차장을 그대로 물려받았을까. 정류장마다 외치는 목소리는 이미 여자의 그것이 아니다. "빨리 오세요, 빨리욧!" 어떻게 훈련받은 것인지 그 말투 또한 처음부터 짜증과 강요가 뒤섞인 불쾌하기 이를 데 없는 것이다. '카키' 빛 제복에 수금가방을 허리에 질끈 동여 찬 여차장이 처음 나타난 날 "총대까지 메었으면 영락 없겠다"고 핀잔하는 이가 있었지만 그들의 어느 한구석에서나 상냥한 부드러움을 찾아내기란 거의 불가능하다. 여전히 땀에 절은 제복, 비 온 날이면 흙탕물 범벅되는 치맛자락, 눈에 거슬리기에 앞서 민망스럽 고 화까지 치밀어 오르는 것은 나도 같은 여성이기 때문이리라. 그들 을 나무랄 생각은 없다.

교통지옥 속의 버스차장이라는 거칠고 힘든 노동이 꽃봉오리 같아야 할 소녀들을 짧은 시일에 이렇게 '추한' 모습으로 바꾸어 놓은 것이다. 미소를 잃은 소녀, 과로와 열등감에 짓눌린 사춘기는 비뚤어지고 거칠 어갈 수밖에 없다. 그들을 두고 장차의 레이디를 상상하는 것은 괴로 운 일이다. 아가씨 차장이 없는 버스가 보다 마음이 편하다.

― 《경향신문》 1961년 8월 22일자

군사정부는 여성 차장으로 바꿀 것을 지시하면서도 그 이상의 후속 조치를 시행하지 않았다. 남성 차장들이 왜 승객들과 마찰을 빚고, 왜 사고가 발생하는지 등에 대한 종합적 고려 없이 '명랑한 시민교통'을 확립하기 위해 '성性'만 교체했다. 한 달도 안 된 버스안내양은 이전의 남차장과 다를 바 없는 '추한 모습'이었고 이 모습은 그들이 자취를 감 추기까지 20여 년 동안 유지되었다.

그럼에도 버스안내양을 바라보는 사회적 시선은 남차장과 큰 차이 를 보였다. 10대 여성이어서 그랬을까? 1960년대 초 10대 후반 여성의 대표적인 직업은 버스안내양과 식모, 점원이었다. 그런데 식모들은 담 장 안에 갇혀 안 보였고, '직업여성'으로서의 사회적 인식도 희미했다. 버스안내양은 달랐다. 시민들이 매일매일 만나고 부딪치는 직업인들이 었다. 수많은 사람들이 문을 연 채 출발하는 버스에 버스안내양이 매달리다가 사고 나고, 요금 시비로 괴로워하는 모습을 곁에서 보았다. 여론은 '동정'이 압도적이었다. 회색 도시에서 모진 고생을 하면서 시골 어머니 치료비, 어린 동생과 오빠의 학비를 대는 소녀들이었다. 남차장과는 확연히 다른 정서였다. '안내원'이라는 정식 명칭보다 안내양으로 더 많이 불린 것도 이러한 정서와 무관하지 않았다.

> 혁명정부에서는 작년 7월 버스차장을 여차장으로 교체하여 시민의 환영을 받아온 바 있는데 그동안 일부 차주들은 여차장을 마치 노예와도 같이 혹사하고 있으니 그 예로서 연약한 여차장을 통행금지 해제 시간부터 통행금지 시간까지 5~6일 계속 노역케 하고 하루 휴가가 있을 정도로 혹사하며 보수는 월 7천 원정 운운하면서 정기적으로 주지도 않고(수개월씩 받지 못하고 있음) 식사조차 일정한 시간에 할 수 없으며 사춘기에 접어든 처녀들을 부정을 조사한다고 내의 빤스까지 몸에 손을 대고 수색을 하고 자기들의 비위에 맞지 않으면 현재까지의 보수는 불문에 붙이고 무조건 축출을 당하고 있는 현실로서 이러한 혹사와 모욕과 천대 속에서도 그나마 실직을 당할까 봐 말 한마디 못하고 묵묵히 차주들의 처분만 바라고 있는 형편이다. 바라건대 관계 당국에서는 이러한 악질적인 요소를 철저 조사 시정하여 그 애들로 하여금 일층 명랑明朗한 직업여성으로서 재건의 일원이 되게 하여주기를 요망한다.
>
> ─《동아일보》1962년 2월 4일자

〈여차장을 혹사 말라〉는 이 글과 같은 주장들은 이후 버스안내양이 없어질 때까지 계속 제기되었다. 교통소비자인 시민들은 그 노동강도가 여성이 감내하기 벅찬 수준이고, 노동환경이 열악하다는 데 동의했

어린이 승차를 도와주는 버스안내양. 1961년 버스차장을 여성으로 교체하며 이런 모습을 기대했겠지만 현실은 달랐다. (경향신문사)

"친절하고 싹싹한 버스안내양". (경향신문사)

다. 1970년 대 '주걱턱' 코미디언으로 이름을 날렸던 심철호의 〈버스안 내양의 25시〉라는 제목의 수필은 당시 동정심 많은 남성들이 버스안내 양을 바라보던 심정을 고스란히 대변한다.

> (…) 안내양의 고통은 결코 이것만이 아니다. 만원버스에서 치한들의 엉큼한 손장난, 허벅다리나 엉덩이를 쓰다듬는다든가, 술 취한 사람들의 사소한 시비를 걸어오는 경우도 참기 힘든 고역이다. 어떤 때는 공연히 시비로 뺨까지 얻어맞는 비분을 그들은 씹어 삼키면서 살아가고 있다. (…) 진실로 따뜻한 애정과 시선으로 그들을 대해주자. 그들의 고충을 조금이라도 우리가 이해할 수 있다면….
> 지금 이 시간에도 그들은 흔들리는 차창에 서서 미아리고개를 넘고 한 강 인도교 위를 달리고 있다. 안내양의 25시는 그처럼 고달프다. 적은 수입을 그나마 저축하며 아껴서 고향의 동생들은 훌륭하게 학교를 졸업시킨다든가, 논밭을 산다든가, 보람된 일에 쓰여진 사실이 보도될 때 그들은 우리를 감동케 하고 있다. 우리 모두는 이해하는 편에 서서 저들을 바라보자. 그들은 우리들을 위해 말없이 이른 새벽부터 차창에 서서 흔들리고 있다.
>
> – 심철호, 〈버스안내양의 25시〉,《휴가 받은 어릿광대》, 문화출판사, 1979

차주나 업주들은 안내양 처우 개선 여론이 일 때마다 비용 발생 등을 이유로 요금 인상을 요구했다. 1962년 서울과 부산 몇몇 버스노선에 남차장이 슬며시 등장하기도 했다. 이에 서울시는 버스업계의 요금 인상 요구를 수용하면서 차량 소독, 출발·정차의 신호벨 가설, 버스안내 양 교육 강화, 정결한 제복·제모 착용 등 대책을 발표했다. 운수사업조합은 1965년 '여자안내원 대체'에 대해 다음과 같은 이유로 남차장의 도입을 공식적으로 제안했지만 거절당했다.

- 여자들은 남자들보다 모든 이유(노동, 인사, 후생시설 등)에서 어려움이 많음.
- 근무제도(1일 8시간 근로에 야간 근로가 많음)가 힘든 일이므로 여성에게 부적격하고 사고의 위험성이 많아 시민교통에 불안감을 줌.
- 남성들은 자동차기술을 습득하여 군에 입대하므로 국방상 큰 도움을 주나 여성은 경제적 수입만을 중시하기 때문에 현실적인 관허요금 억제 정책 아래서는 운영이 곤란함.

하루 18시간 근무

1961년 여성으로 대체된 후 전국의 버스안내양은 몇 명이나 있었을까? 정확한 수를 파악하는 것은 불가능하다. 일반 입석 버스에는 2명이, 합승과 급행좌석 버스에는 1명이 승무했다(도시형버스도 1명 승무). 업체가 등록한 차량 현황을 근거로 계산하면 비교적 비슷한 수치가 나오지만, 문제는 면허 대수와 운행 대수 차이가 크다는 것. 고장이나 사고로 또는 차주 개인의 사정에 따라 운행하지 못하는 차가 많았기 때문이다. 또 이틀 근무하고 하루 쉬므로 보충인력이 필요하지만 이 근무시간을 제대로 준수했는가에 대해서는 회의적이다. 더욱이 지방 소도시까지 여성으로 교체(1971년)되기까지는 상당한 시간이 걸렸다. 이러한 제반 사정을 감안하여 이병태 한양대 교수는 다음 표와 같이 버스안내원 수를 추정했다.

연도별 안내원 추산표

연도	안내원 수	연도	안내원 수
1961	3,568	1969	24,130
1962	5,171	1970	26,392
1963	7,350	1971	28,654
1964	10,059	1972	28,284
1965	11,700	1973	30,021
1966	17,413	1974	27,207
1967	20,712	1975	26,866
1968	21,591		

출처: 이병태, 〈자동차여성근로자 연구〉, 전국자동차노동조합, 1975

버스안내양은 1973년이 가장 많았고 이후로는 감소하고 있다. 이는 서울의 입석버스가 도시형으로 개조됨에 따라 종래 2인 승무가 1인 승무로 바뀌었기 때문이다. 1975년 이후에는 교통량과 교통정책이 크게 변동하거나 근로 형태가 변하지 않아 이 선을 유지했다. 버스안내양이 자취를 감추기 시작하는 직전 해인 1982년에는 2만 4882명이 공식 통계로 잡혔다. 시외버스와 고속버스까지 합치면 3만 9038명이다. 자동차노동조합에서는 통상적으로 '3만' 조합원으로 불렀다. 이 중 서울의 버스안내양들은 전국 대비 40퍼센트 안팎 수준이었다.

버스안내양의 연령, 임금, 근무시간, 근무환경 등은 시기별로 달랐다. 연령, 임금, 근무환경은 조금씩 높아졌지만 근무시간은 변함없었다. 여성으로 대체한 지 1년이 지난 1962년 10월 서울대와 이화여대 사회학과 학생들이 서울 시내버스 안내양 213명을 대상으로 조사했는데, 항목별로 살펴보면 나이는 17~19세가 전체의 83.1퍼센트를 차지했다. 학력은 초등학교 졸업 36.2퍼센트, 중학교 중퇴 26.8퍼센트, 중졸 16.9퍼센트인데, 당시 교육 수준으로 보면 높은 편이었다. 그러나 학생들은 "이들이 사용하는 언어, 행동, 몸차림은 물론 개인 자신의 문제도 있겠

피곤에 지친 버스안내양들. 흔들리는
차에서 18시간 시달리고, 운행이 끝나
면 청소를 마쳐야 잠에 들 수 있었다.

지만 밤늦도록 과중한 노동을 하게 됨으로써 피로가 극에 달하여 여자의 생명이라고 할 수 있는 미적 감각이 마비된 듯하다"라며 높은 학력에 비해 미적 감각이 떨어진다고 지적했다. 이 조사에서 안내양들은 "학교 다니는 친구가 승차할 때"가 슬프다고 답했다.

근무시간은 하루 18시간 이상이 75.7퍼센트, 16시간이 20.2퍼센트였다. 이틀 일하고 하루 쉬므로 일일 평균 12시간가량 근무하는데 물론 근로기준법 위반이었다. 쉬는 날은 집에 가서 가사를 돕고(34.2퍼센트), 잠자거나 책을 보며(21.1퍼센트), 실컷 잠만 자는(20.7퍼센트) 것으로 조사되었다. 쉬는 날 쉬지 못하는 버스안내양이 많음에도 가사를 돕는 것에 대해 대학생들은 "비교적 정상적인 태도"라고 평가했다. 월급은 700~1000원 사이가 90퍼센트를 차지했다. 시간외수당(야간 및 휴일)을 주는 곳은 한 곳도 없었다. 당시 비슷한 연령대의 여성방직공 월급이 2800~5300원 수준이었다. 이 조사에 나오지는 않았지만 식대를 제외하는 곳도 있었으니 이를 반영하면 실질 평균임금은 이보다 낮았을 것으로 추정된다. 월급 사용처는 46.5퍼센트가 집안 살림에 보태고, 19.2퍼센트가 형제의 학비 보조여서 가족을 뒷바라지하는 안내양들의 처지를 잘 보여주었다. 이 외 저금 15.9퍼센트, 옷이나 화장품 등 기본적인 생활비가 13.1퍼센트 순이고, 유흥비는 3.1퍼센트에 불과했다.

나는 버스차장이다. 고된 직장에서 모진 시달림을 받던 나는 모처럼의 휴가를 얻어 우리 집으로 가는 골목길을 접어들었다. 지친 발걸음으로 대문을 들어섰을 때 어머니와 동생들은 환호성을 지르며 날 맞아주었다. 둥글게 모여 앉아 얘기꽃을 피우다 어머니에게는 다른 직장에 비해 가장 적은 월급봉투를, 맏이동생한테는 공책을, 코 흘리는 조무래기 두 놈에겐 몇 조각의 빵과 과자를 각각 나누어 주었다. 이 순간처럼 땀 흘린 보람을 느껴본 적은 없다. 피곤도 굴욕도 내 것이 아니다. "우리 누나가 최고다." 과자를 얻어든 조무래기 놈이 천진난만하게 춤추고 있었다. 빵을 입에 물었던 내 가슴이 콱 메어왔다. 부리나케 내 방을 찾아들자 문을 닫았다.

투박해진 도배지며 천장지, 여기저기 이어 바른 방바닥. 다만 서쪽으로 뚫려 있을 뿐인 창문으로 파란 하늘 조각이 무심코 비쳐들었다. 나는 눈을 감았다. 주위의 모든 것이 황혼처럼 나를 감싸고 죄어들었다. '삶… 그렇지, 다른 것은 필요 없어. 가정에는 충실한 사랑을, 직장에는 변함없는 근면을… 그리고 동생들의 앞날에 등불이 되어주어야 한다. 아아 다른 것은 필요 없어.' 그런데 왜 나는 흐느끼고 있는 것인가?

–《경향신문》 1962년 7월 18일자

이 조사에서 차주에게 바라는 것으로 '의심하지 말 것'이 44.1퍼센트였다. 그다음은 임금 인상(19.2퍼센트)과 근무시간 축소(14.1퍼센트)였다. 이 외에 월급 제때 지급, 오락 및 운동시설 보급 등을 요구했다. '의심'은 곧 삥땅에 대한 것으로, 이 답변이 노동자들의 대표적인 요구 사항인 임금 인상과 근무시간 축소보다 압도적으로 많은 것은 당시 버스안내양들이 삥땅 문제로 얼마나 많은 스트레스를 받았는지를 단적으로 보여준다. 조사자들은 이에 대해 "저렴한 지불로서 완전한 정직을 기대하기 곤란"하며 임금을 인상하면 자연히 감소될 것이라고 진단했다. 승객에게 대한 요구 사항으로는 37.5퍼센트가 요금을 잘 내는 것, 29.1퍼센트가 인격적 대우, 19.2퍼센트가 승하차 질서였다. 소수지만 '때리지 말 것'도 있었다. 조사 후 다음과 같은 '건의 사항'을 발표했다.

　1. 금후에 있어 이와 같은 차장 및 저급 육체근로 상황에 대한 각종 사

회조사가 세밀히 시행 검토될 필요가 있다.

2. 정부 및 민간 관계 기관에 다소 근로문제의 해결을 위한 전문적 협의체가 구성되어 이런 문제를 해결하는 것이 시급하다.

3. 현실에 알맞은 연소자 노동관계 법규가 제정되어 이들의 엄격한 준수가 시급하다.

4. 이들의 노동시간과 임금에 대한 적절한 선도책 강구.

5. 이들에 대한 후생시설, 신상상담, 휴게장소, 간단한 진료소, 독서실 등의 설비가 시급하다.

6. 이들에 대한 직업지도 및 직업교육에 대한 선도책 필요.

7. 일반 승객 및 차주의 이들에 대한 인격적 대우.

8. 교통에 대한 일반 승객의 공중도의심을 앙양시켜야 하겠다.

-《동아일보》1962년 11월 8일자

대학생들이 조사한 내용이어서 전문적이지 못한 점이 있지만, 이 조사는 당시 안내양의 실상을 짐작하게 한다.

1975년 전국자동차노동조합 지원을 받아 실시된 이병태 교수의 연구는 우리나라 버스안내양에 대한 최초의 종합적인 보고서로 평가받고 있다. 버스안내양의 시작은 1961년부터지만 앞선 현황에서 볼 수 있듯 전성기는 1970년대 중반이다. 이 연구보고서를 발행한 노동조합은 "이번 연구에서 지적된 안내원의 기능과 역할에 저해되는 모순을 시정하고 새롭고 진취적인 희망을 몰아넣어 알찬 결실을 거두어야 하기 때문"이라고 목적을 밝혔다. 이병태 교수는 "이른 새벽부터 밤늦게까지 피곤한 몸가짐으로 차와 승객에 시달리는 그들의 모습을 너무 심각하게 본 데서 연유한 것 같다. 그들 나이의 딸을 가진 어버이들이 한 번쯤 가져보는 어설픈 감정이었는지도 모른다"며 연구 동기를 적었다.

시골 출신을 선호한 이유

안내양들의 77.0퍼센트가 도청 소재지 미만의 도시나 농촌 출신이었다. 이들 대부분은 도시에 연고지가 없어 기숙사 생활(서울의 경우 94.2퍼센트)을 하고 있었다. 농촌 출신이 많은 것은 도시화의 자연스러운 현상이겠지만 회사와 차주들은 "순진하고 부정이 적고 고된 일을 감당할 수 있"는 농촌 출신 여성들을 환영했다. 이러한 농촌 출신 선호는 식모를 구하는 '주인집'의 입장과 놀랍도록 일치한다. 연령은 18~22세가 80퍼센트를 차지했다. 학력은 초등학교 졸업 56.9퍼센트, 중학교 중퇴 27.3퍼센트, 중학교 졸업 14.1퍼센트였다. 이전보다 연령대가 높아진 이유는 당시 근로기준법(제52조)에 따라 사용자는 18세 미만자의 경우 연령을 증명하는 호적증명서와 친권자 또는 후견인의 동의서를 사무실에 비치해야 한다는 규정이 있었기 때문이다. 그러나 나이를 속여 취직하는 경우도 많았다. 1975년 주민등록 갱신이 있었는데 버스안내양들의 가명 또는 경력 사칭 문제가 발생하기도 했다. 한 신문은 이에 대해 다음과 같이 보도했다.

- 16세 이상의 연령 제한을 두고 있는 회사에서 그 미만인 경우 이를 숨기기 위한 것
- 유경험 안내양이 전직 사업체에서 사고(특히 부정)를 일으켜 징계해고된 경우 이를 숨기기 위한 것
- 안내양이란 직업이 사회적으로 천시되므로 그 경력을 숨기기 위한 것

– 《중앙일보》 1975년 6월 18일자

근속기간은 8~9개월까지가 30퍼센트, 2년 미만이 56퍼센트였다. 비슷한 연령대의 섬유·의복·식료 등 제조업은 1~3년이 37.8퍼센트, 3~5년 미만이 26.0퍼센트로 버스안내양의 근속기간이 상대적으로 짧았다. 이에 대해 이병태 교수는 결혼퇴직 제도로 장기근무가 불가능(1975년 여성의 평균 결혼연령은 23.6세), 도시 유입 2~3년 후에는 근로조건이 보다 나은 직종에 전직하는 경향, 단순 노동이므로 장기근로자를 우대하는 연공서열제가 아닌 점, 사용자의 경우 장기근속자는 부정의 요령을 알고 순종하는 경향이 적으므로 수시로 대체하고 있는 점 등을 이유로 꼽았다.

1960년대 버스안내양의 월급은 해마다 20퍼센트 이상씩 올랐다. 인권과 처우 개선의 목소리가 높아진 데 따른 인상폭이었지만 그 뒤에는 버스요금 인상이라는 함정이 도사리고 있었다. 실제로 1966년 2월 노동조합은 임금 인상을 이유로 투쟁에 돌입했다. 버스회사는 이를 기회로 요금 인상을 주장했고, 결국 그해 5월 요금은 40퍼센트 인상되었다. 이를 두고 언론은 '노사의 트릭'이라고 비난하기도 했다. 그러나 버스안내양의 월급은 1970년에도 전체 여성노동자 임금의 60퍼센트밖에 되지 않았다. 교통부가 1975년 좌석버스와 입석버스를 도시형버스로 완전 통합한다는 방침을 정하자 버스운송사업조합은 요금 인상을 요구하여, 7월 1일부터 일반은 35원, 학생은 25원(회수권)으로 각 5원씩 올렸다. 이때 버스안내양의 임금도 대폭 인상되었다. 그 결과 1975년 버스안내양들의 월평균 임금은 2만 2347원(한국노총 통계)으로 전체 여성 월평균 임금 2만 3300원에 근접했다. 하지만 시간당 받는 금액을 계산하면 60퍼센트 수준을 벗어나지 못했다. 여전히 그들의 월급은 최저임금 수준에 머무르고 있었다.

연도별 시내버스 안내양 임금 추이

연도	평균임금 (원)	전년 대비 인상률(%)	연도	평균임금 (원)	전년 대비 인상률(%)
1965	2,700		1971	11,404	1.8
1966	3,546	31.3	1972	15,868	39.1
1967	4,393	23.9	1973	18,864	18.9
1968	7,233	64.6	1974	21,000	11.3
1969	9,747	34.8	1975	22,483	7.1
1970	11,200	14.9			

출처: 이병태, 〈자동차여성근로자 연구〉, 전국자동차노동조합, 1975

한국노총 조사에 따르면 1975년 3월 기준 도시의 5인 가족 월 최저 생계비는 7만 8054원으로, 버스안내양의 월급은 겨우 1.4인 분에 해당 될 만큼 적었다. 이 임금의 용도는 가족의 생계유지가 제일 많았다. 그들 중 28퍼센트가 저축하고, 62퍼센트가 가계 보조로 지출하고 있는 실정이었다. 나머지 쥐꼬리보다 적은 돈으로는 최소한 옷과 화장품 구입, 목욕 비용 정도밖에 쓸 수 없었다.

버스안내양들은 왜 이렇게 월급이 적었을까? 이병태 교수는 여성 차별 임금 제도와 더불어 비기능적 단순노동으로 천시되고 연공가산이 없는 점, 교육수준이 낮고 직업의식이 약하며 임금에 관한 법적 보호 내용을 모르는 점, 여성 차별의 노사관과 가족주의적인 노무관리, 더욱이 부정이 있으리라는 전제하의 타산적인 임금관, 노동운동의 침체와 조합 내에서 여성조합원의 약한 지위 때문에 임금협정에서 반영되지 못한 점 등을 원인으로 보았다.

저임금과 더불어 악명을 떨친 것은 근무시간이었다. 이틀 일하고 하루 쉬는 근무 형태로서 승무하는 날 근무시간은 18시간이었다. 휴일 하루를 감안하면 일일 평균 근로시간은 12시간이 된다. 1953년 제정된 근로기준법보다 주 12시간을 더 근무했지만 정부의 '간섭'은 전혀 없었다. 임금, 후생복지 등이 해마다 개선되기는 했지만, 1인당 하루 18시간 근무는 버스안내양이 사라질 때까지 변하지 않았다. 이병태 교수가 조사한 바에 따르면 전국 안내양들의 승무일 평균 근로시간은 18시간 27분이었다. 승무시간이 17시간 5분, 준비시간 10분, 대기시간(6회) 총 27분, 차내 청소시간(3회) 총 15분, 수입금 계산시간(6회) 총 20분, 잔업시간 10분으로 구성되어 있다. 24시간에서 이를 빼면 5시간 30분 남짓으로, 여기서 식사시간(3회) 총 30분, 기상하여 준비하는 시간 1시간을 빼면 수면시간은 많이 잡아도 4시간이다. 1981년에 이루어진 다른 조사에 따르면 안내양들의 40퍼센트는 쏟아지는 졸음과 피로를 이겨내기 위해 카페인 성분의 각성제를 복용하고 있었다. 다음은 1982년 버스안내양 르포 기사다.

새벽 첫차 출발은 4시 30분. 첫차를 배차 받은 안내양은 적어도 3시 3분에 일어나야 한다. (…) 사감이 와서 악을 쓰고 엉덩이짝이라도 두드리면 그때서야 잠이 그대로 묻은 얼굴로 세면장에 달려간다. 허둥지둥 세수를 하고 가운을 걸쳐 입고 뛰어나가 배차표를 받는다. 밤인지 새벽인지 알 수 없을 만큼 짙은 어둠이다. 동이 트려면 아직 한참은 있어야 한다. 차기 차에 가서 청소를 하고 라디에이터에 물을 보충해야 하고, 겨울에는 부동액도 준비하고, 다음에는 지도언니나 반장에게 가서 스페어 돈을 받는다. 백 원짜리, 오십 원짜리, 십 원짜리로 3천 원, 손님들에게 줄 잔돈이다. 이 스페어 돈은 하루 일이 끝난 다음 다시 반환해야 한다.

그러나 첫차의 경우 이 절차가 제대로 갖춰지기란 어렵다. 밖에서 시동을 걸어놓은 버스가 부릉부릉 대고 "3호차, 3호차 안내양 빨리 나와.

안내양 없어 차 못 떠난다. 벌써 3분이나 늦었어" 하고 마이크로 불러 대면 가운 단추도 잠그지 못한 채 달려와서 숨 가쁘게 타는 것이 보통이다. 4시 30분 첫차가 출발하고부터 3분, 5분 간격으로 연달아 차가 나가는데 이때쯤이면 이미 합숙소의 방도 부산해지기 시작한다. (…) 한 코스 돌아오는 데 걸리는 시간은 2시간 정도. (…)

차에서 내리자마자 입금실로 직행, 입금실 창구에는 입금사원 아가씨들이 서너 명 앉아 돈을 받는다. 동전과 토큰, 회수권을 분리하여 바구니에 넣어 창구에 들이밀어 준다. 휴식시간이라고 할 것도 없이 5분 정도 왔다 갔다 하다 보면 다시 다음 차를 타야 한다. 점심시간이 걸릴 때에는 20분 정도 시간을 주지만 허둥지둥하기 싫어 굶는 친구들도 많다. 그런 안내양들은 차에서 군것질로 때우기 마련. 이렇게 해서 첫차를 새벽 4시 반에 뛰기 시작하면 밤 10시 반에 마지막 입금을 하고, 새벽 6시 반에 뛰기 시작하면 밤 12시 반, 1시에 막차를 타고 들어온다. 통금이 해제되어 한 시간 더 연장되고 보니 안내양들만 더 고단할 뿐이다.

(…) 내일은 비번이라 차를 타지 않아도 되니 늦잠을 좀 자두리라. 밤 1시 막차를 뒤로 들어와 먼지를 뒤집어쓴 끈적한 몸은 꽁꽁 얼었다. 입금실에 1만 2317원 동전과 토큰, 회수권을 털어내고 곧장 세면장으로 직행, 찬물로 머리를 감고 들어오면 2시가 다 된다. 물 먹은 솜처럼 몸은 축 처지고 다리는 퉁퉁 부었지만 그래도 오늘 밤은 편히 잘 수 있으리라. 이미 대부분의 친구들은 눕기가 무섭게 녹아떨어졌다. 통금해제 이후로 하루 18시간을 차에서 시달리니 무엇보다 굶주린 잠이다. 한 방에 20명, 30명씩 얽혀서 자는 안내양 합숙소. 한쪽 구석에 빨아 널은 팬티와 브래지어, 속옷들이 걸려 있고 굵고 허연 허벅지를 내놓은 채 누가 업어 가도 모를 깊은 잠에 빠져 있다.

－《주부생활》 1982년 2월호

새벽부터 자정까지 운행하는 버스사업의 특성상 안내양의 근무시간은 길 수밖에 없었다. 원칙은 교대근무지만 당사자들도, 노동조합도, 정부도 이 원칙을 언급하지 않았다. 교대근무하면 그만큼 임금이 줄어들기 때문이었다.

1975년 조사 결과 전국에서 연월차 휴가 제도가 있는 곳은 22.4퍼센트였고, 생리휴가가 있는 곳은 18.9퍼센트에 불과했다. 도시에 사는 사람을 제외하고는 설, 추석 등 명절을 맞아 집이나 고향에 가기란 매우 힘들었다. 이틀 연속 18시간 달리는 차 안에서 치이고 나서 하루 쉬는 날은 안내양들에게 꿀맛 같은 시간이 아닐 수 없다. 비번일 때 그들은 어떻게 지냈을까? 자기계발의 시간을 갖고, 휴식을 취하고, 스트레스를 해소하기 위해 외출하고, 가족을 만나러 갔을 거라고 짐작할 만하다. 그러나 조사 결과는 기숙사(합숙소)에서 빨래와 독서 54.7퍼센트, 세차 등 회사 일 10.3퍼센트, 외출 2.7퍼센트로 나타났다. 여가 활용을 전혀 못 하는 사람이 10퍼센트를 넘고, 외출이 지나치게 적은 것은 의외의 결과였다. 이는 1961년 조사와 확연히 달랐다. 왜 그랬을까? 첫째, 외출은 허락을 받아야 했는데, 회사는 삥땅 친 돈을 가지고 나가는 것을 원천적으로 막기 위해 외출을 제한했다. 둘째, 나가봤자 쓸 돈이 없었다.

기타 29퍼센트는 피곤을 풀기 위해 누워 있거나 잠을 잤다. 자기계발을 위해 학원에 가거나 기술 습득에 투자하는 사람은 거의 없었다. 간혹 주경야독으로 대학에 입학한 미담 기사가 신문에 소개되기도 했지만 버스안내양의 일상에서 검정고시 공부는 그야말로 각고의 노력이 있지 않고는 불가능에 가까운 일이었다.

버스안내양의 유일한 쉼터는 기숙사 또는 합숙소였다. 새벽부터 자정까지 이어지는 근무 형태상 출퇴근이 어려웠고, 지방 출신들을 위한 거주 장소 마련 등으로 버스업계의 기숙사는 불가피한 시설이었다.

1964년 여름 장티푸스에 걸린 버스안내양들의 합숙소. (경향신문사)

1960년대 초에는 차주들의 집이 기숙사로 활용되었지만 사생활 보호, 휴식 보장, 인권 등의 측면에서 여러 문제점이 드러나 1970년대 초에 거의 없어졌고 회사의 기숙사 시설이 의무화되었다. 기숙사 문제는 노동 착취 금지와 인간적인 최소한의 생활 등을 이유로 근로기준법에 별도의 장이 있고, 시행령에서는 그 기준을 구체적으로 정할 만큼 노동자에게 중요한 문제였다. 1975년 근로기준법 시행령에 따르면 방음시설, 취업시간을 달리하는 2반 이상 동일 침실 사용 금지, 1인 기준 면적(2.5 평방미터) 이상, 1실 15인 이하, 온수와 체온설비 구비 등을 명문화했다. 그러나 결론적으로 말하면 이 기준을 충족하는 곳은 거의 없었다. 밤 10시 반 막차 승무를 마친 버스안내양은 잇달아 들어오는 사람들로 잠을 이룰 수 없었고, 평균 1실 30~50인이 숙식을 했다. 온수가 나오는 기숙사도 가뭄에 콩 나듯 드물었고, 화장실은 남녀 공용이 대부분이었다. 다음은 1964년 8월 장티푸스가 발생한 답십리에 있던 대형 시내버스 기숙사의 모습이다.

버스 48대에 여차장 150여 명, 정비사 50여 명 등 200여 명의 대식구를 거느린 이 회사는 그 규모와는 달리 위생시설이 엉망이다. 16일을 전후하여 7명의 티푸스 환자를 낸 제1합숙소의 경우 100명 가까이 되는 여차장들이 9평 남짓한 '돗자리 방' 3개에 콩나물시루같이 끼어 자는 형편이다.

방 3개 중 제일 큰 것이 20조짜리 돗자리 방, 벽에 붙은 정원을 보니 39명, 결국 돗자리 한 개에 2명씩이나 끼어 자는 셈이다. "추운 겨울엔 좀 괜찮지만 요새 같은 무더위 속에서는 죽을 지경이에요." 강원도에서 왔다는 차장 이 모 양(19)이 말했다. 39명이 방 안 가득히 내뿜는 입김과 악취, 그 위에 주체할 수 없이 흐르는 땀으로 숨이 막힐 지경이라고….

또 이들이 한결같이 "참을 수 없다"고 불평을 털어놓는 것은 침구 사
정이었다. 작년 겨울에 갈아 주었다는 국방색 누비이불은 10개월 동안
한 번도 세탁해본 일 없이 땀에 찌들고 까만 기름때로 다시 염색(?)되
어 있을 정도로 불결하기 짝이 없다. "아주 고약한 냄새가 나서 더 못
덮겠어요"라고 차장 K 양(20)이 미간을 찌푸리며 말했다.

150명 대식구에 변소는 겨우 두 개. 그것도 재래식으로서 충만한 암모
니아·가스가 코를 찌른다. 목욕탕은 단 하나, 이곳에서 여차장들은 기
름때 묻은 작업복과 내의를 빤다. 차장들은 비번 일엔 수시로 목욕할
수 있지만 규칙적으로 강요하지 않기 때문에 고된 노동에 지쳐 좀 게
으른 차장들은 자주 이용하지 않고 잠만 잔다고….

– 《경향신문》 1964년 8월 18일자

1982년 한국노총 자동차노동조합이 조사한 바에 따르면 전국의 버
스안내양은 2만 4882명(고속버스, 시외버스 안내양 제외)이었다. 연령대는
20~21세가 31.3퍼센트, 22~23세가 26.1퍼센트, 18~19세 20.2퍼센트로
나타나 1975년보다 다소 높았다. 농촌 출신이 57.8퍼센트로 여전히 많
았으나 감소 추세였고, 학력도 전반적으로 높아졌다. 일일 평균 근무시
간은 15시간 30분, 월평균 324시간으로 이전보다 다소 줄었다. 임금도
꾸준히 상승하여 월평균 14만 7683원을 받아 타 산업 평균치보다는
높았지만 시급 기준으로 하면 302원으로 전체 여성노동자 549원의 55
퍼센트에 불과했다.

임금 지출 항목 중 눈에 띄는 것은 학비(11.3퍼센트)였다. 일일 노동
시간이 줄고 사회 전체적으로 학력 수준이 높아져 비번인 날 검정고
시 학원을 찾는 버스안내양들이 많았다. 도봉구 우의동에 있던 영신여

객(당시 버스 번호 6번, 도봉산 도선사-명륜동 성균관대)은 '학원반'을 운영하여 매년 버스안내양 여럿을 검정고시에 합격시킨 버스회사로 유명했다. 학원반 안내양들은 주말에만 근무하고 평일에는 학원수업만 받았다. 월급 6만 원에 숙식비 등을 빼고 나면 2만 4000원. 학원비는 월 2만 원인데 학원이 500원을 할인해주었다. 회사는 성적이 20등 안에 들면 등록비 전액을 대주었다.

"버스 안에서 책 읽는 학생이 제일 부러웠어요. 그때마다 버스 창문에 매달려 문짝을 두드리는 자신의 처지가 서글퍼졌습니다. 그러나 이젠 외롭지 않아요. 우리도 대학생이 될 수 있으니까요."
어둠이 채 걷히기도 전 첫탕을 시작으로 통금 전까지 서울 시내를 다람쥐 돌듯 하는 생활 속에 틈틈이 대학 진학의 꿈을 키우는 18명의 맹렬 안내양들이 있다. (…)
전남 해남에서 국민학교만 졸업하고 5년 전 서울로 올라와 77년 버스안내양으로 입사한 곽○○ 양(21)은 지난해 8월 고입검정고시에 합격한 뒤 지금은 대입검정고시를 준비하고 있다. "하루하루 새로운 지식이 내 몸에 축적된다 생각하니 일이 고된 줄 모르겠어요." 우이동 골짜기에서 불어 내리는 칼날 같은 바람을 맞으며 버스창문을 닦는 곽 양은 내년이면 가슴에서 반짝일 대학 배지를 그리며 추위를 잊고 있다.
이 회사에서 곽 양처럼 대학 진학을 준비하고 있는 안내양은 모두 18명. 3명은 대입 준비를, 8명은 대입검정고시를, 나머지 7명은 고입검정시험 준비를 위해 학원에 다니고 있다. 안내양들을 위한 학원반을 만든 것은 사장 마병분 씨(56). 교회집사인 마 씨는 사춘기의 안내양들이 생활의 방향을 못 잡고 방황하는 것이 안타까웠다. 그는 76년 우선 회사 안에 교회를 만들었다. 신앙만으로 젊은 안내양들을 바른 생활로 이끌기는 부족했다.

"나는 겨우 버스안내양 정도야"라는 자격지심에서 버는 돈을 몽땅 사치하는 데 쓰는가 하면 위험한 탈선도 계속되었다. 마 씨는 신앙과 더불어 교육이 사람을 만든다고 생각, 그해 진학희망자를 위한 학원반을 편성했다. 지금까지 학원반을 거친 안내양은 60여 명. 그동안 대학생이 2명이나 나왔다. 지난해 세종대에 입학한 이남숙 양(24)은 지금도 회사 도서관을 관리하고 있고 청주대 이옥영 양(23)은 합격과 함께 대농방직에 취직, 청주에서 근무하고 있다.

77년 고향 경기도 포천에서 중학을 졸업하고 서울에 올라와 입사, 곧 대입검정고시를 준비했던 윤○○ 양(18)은 2년째인 79년 9월 홀어머니와 여동생 등 3식구의 가계를 꾸려가던 오빠 ○○ 씨(24)가 군에 입대했을 땐 어쩔 수 없이 공부를 중단하지 않을 수 없었다. "그때, 지금은 청주에 간 옥영 언니와 얼싸안고 한참을 같이 울었어요. 옥영 언니의 권유로 학원반에 들어가 80년 6월 다시 공부를 시작해서 8월에 합격했어요."

윤 양은 "신학대 등을 나와 전도사가 되고 싶지만 경제적으로 도저히 불가능해 방송통신대학을 가기로 했다"며 원서를 사들고 왔다. "우리는 젊어요. 화끈하게 무엇을 하고 싶고 남들보다 뛰어나고도 싶어요. 몇 년씩 공부를 해도 뒷받침이 있는 젊은이들에 비하면 여전히 뒤지지만…." (…) 버스를 타고 근무 중 대입검정고시 합격 소식을 들었다는 윤 양은 많은 승객들이 있는 것도 잊은 채 "우리도 해냈다"며 소리를 질렀다.

－《중앙일보》1981년 1월 29일자

근무시간이 줄어든 원인은 지하철 개통에 따라 버스 만원 문제가

완화되었고, 노선이 축소되고 도로 사정이 개선되었으며, 격일제를 도입하는 회사가 조금이나마 늘었기 때문이다. 1982년 당시 9.9퍼센트만 격일근무를 실시하고 있었다. 1984년 6월 노동부는 격일제 시행을 전면 시행하라고 지시했으나 결국 실행되지 못했다. 단체협약을 맺은 지 오래되었고 임금 체계가 시간제여서 회사 인건비 상승 부담은 적은 편인데도 왜 격일제가 확대되지 않았을까? 그 이유는 우선 버스안내양들이 근무일수가 줄면 임금도 적어질까 우려해서 반대했기 때문이다. 더 큰 이유는 안내양을 구하기 힘들었기 때문이다. 앞서 말했듯이 이 시기 버스회사에서 안내양이 없는 자율버스 운영을 적극 도입한 속사정도 인건비 부담보다는 구인난에 있었다. 1982년 시내버스 안내양 평균 근속 연수도 1~6개월 30.9퍼센트, 6개월~1년 25.6퍼센트에 달했다. 2년 미만이 56퍼센트였던 1975년 조사와 비교하면 이직률이 10년도 안 되어 배로 증가한 것이다.

　과거에는 회사에서 삥땅 등을 우려하여 장기근속을 싫어했지만 사정이 변했다. 농촌부터 의무교육 확대를 시작하고, 공장은 물론 특히 급성장하는 서비스산업은 젊은 여성들을 강하게 유혹했다. 일이 좀 더 편하고, 무시 또는 업신여김을 당하지 않고, 임금도 많이 주는 곳이 많은데 버스에 머물 이유는 없었다. 이직 원인이 '인간적인 대우가 나빠서' 31.3퍼센트, '임금이 적어서' 28.7퍼센트, '일이 고되어서' 11.8퍼센트 순으로 나타난 것은 이런 현실을 반영한다. 그런데 1위는 적은 임금도, 고된 노동도 아니고 인간적인 대우 문제였다. 무슨 문제일까?

버스안내양과 박정희 대통령

버스안내양 기숙사의 열악한 환경은 좀처럼 개선되지 않았다. 회사가 수익에 전혀 도움이 안 되는 그곳에 돈을 지출할 리 만무했다. 긴급 단속 때만 대청소, 침구 세탁, 시설 보수로 책임을 모면했을 뿐이다. 이 문제가 계속 제기되자 박정희 대통령은 1973년 연두 회견에서 안내양들의 처우 개선을 언급했고, 이에 따라 9월 22일 서울시에 '여차장들의 생활시설을 개선하라'고 지시했다. 최고 통치자의 지시에 서울시는 '버스안내원 후생시설 개선대책'을 부랴부랴 내놓았다. 숙소·휴게실·교양실·운동시설·위생시설 등 다섯 가지 시설을 기준으로 버스회사의 등급을 매겨 시의 방침에 따르지 않는 업체는 면허취소 등 본보기로 강경 조치한다는 방침이었다. 이 대책도 실효를 거두지 못하자 1978년 1월 연두 회견에서 박정희 대통령이 다시 언급했다. 다급해진 서울시는 시내버스업체 대표자 회의를 소집하고 기숙사 등 후생시설 신축·증축을 내용으로 한 근로개선 명령을 내렸다.

최근 청와대에서 서울 시내 90여 개 버스회사를 감사했는데, 몇 개 회사는 안내양에 대한 후생복지가 대단히 잘돼 있으나 나머지 대부분 회사는 경영주가 관심이 적고 무성의하다는 보고였다. 이 기회에 버스회사 사장 경영주에게 당부하고 싶은 얘기는 다른 일반 기업주도 마찬가지겠으나 안내양을 자기 가족처럼 생각해서 따뜻하게 보살펴줄 수 없느냐 하는 것이다. 만약 자기 자신의 딸이나 동생이 그런 입장이라면 마음이 어떻겠느냐, 그런 마음을 가진다면 복지문제에 대한 방법이 나오지 않겠느냐는 것이다.

– 《동아일보》 1978년 1월 18일자

1970년대 중반부터는 청와대가 버스안내양의 처우에 각별한 관심을 보였다. 육영수 여사와 딸 박근혜는 버스안내양 기숙사에 책을 기부하고 안내양 '솜씨자랑' 대회에 참석하여 격려하고 금일봉을 주었다. 1977년 12월 19일 대통령은 "손수 디자인했다"는 방한복 1만 벌을 지원했다. 서울의 버스안내양 모두가 입을 수 있는 엄청난 수량이었고 소재도 고급이었다. 겨울철 버스에서 틈새로 불어오는 칼바람에 덜덜 떨어야 하는 안내양에게 방한복은 긴요한 선물이었다. 박정희 대통령은 방한복 전달 자리에서 관계 부처에 "후생복지시설이 부족하거나 불비한 업체에 대해서는 이를 조속히 보완토록 하고 시설 개선에 필요한 자금은 자체 부담이 불가능할 경우 특별자금을 융자 지원하여 내년 봄까지는 모든 시설의 완벽을 기하도록 하라"고 지시했다. 이 지시 전에 청와대는 특별 조사반을 편성하여 서울 시내버스 전 업체의 기숙사, 식당, 침실, 목욕시설 기타 복지시설 등을 조사했고, 이를 대통령에게 보고했다. 1978년 박정희 대통령은 연두 순시에서 다시 "내 집 내 딸 내 동생"이라고 언급했다.

이와 관련된 다음 글은 지금도 '박정희 미담'으로 회자되고 있다. 청와대는 방한복을 준비할 때 상의만 주문했는데, 주문을 받은 회사에서 하의를 무료로 제작하여 함께 납품했다. 이 사실을 안 박정희 대통령은 다음과 같이 회사 사장에게 친필로 감사의 편지를 보냈다.

권○○ 사장 귀하
시하혹한지절 귀체건안하심을 앙하차축하나이다.
작년 연말과 금반 구정에 제하여 서울과 전국에서 근무하는 버스안내양들을 위하여 따뜻하고 품위 있는 방한코드와 바지를 제조하여주시고 특히 바지는 귀사에서 무료로 선사까지 하여 주셔서 감사불이하는

박정희 대통령이 하사한 방한복을 받은 버스안내양들. (국가기록원)

1967년 청와대에서 버스안내양 여감독들을 맞이하는 육영수 여사. (국가기록원)

바입니다.

어린 나이에 가정형편이 불허하여 상급학교에 진학도 못하고 직업전선에 나와서 고된 일을 하면서 국민들에게 봉사하고 있는 이들 소녀들에게 조그마한 선물 하나씩을 보내어 그들의 노고를 위로하고 격려할까 하는 뜻에서 귀사에게 부탁을 하였든 것인데 귀하께서 그 취지를 촌탁하시고 성심껏 협조하여 주신데 대하여 진심으로 감사를 드리는 바입니다.

이 물품을 받는 안내양들도 이것을 알게 되면 진심으로 고맙게 생각하고 보다 더 성실한 마음가짐으로 자기들이 맡은 일에 성심성의 열심히 일을 하리라고 믿습니다.

다시 한 번 감사를 드리며 귀사의 더욱 융창과 발전이 있기를 기원합니다.

1978년 2월 2일 박정희 경구

박정희 대통령이 버스안내양에게 관심을 표했다는 언론 보도는 1974년 이후 많이 등장했다. 생전 버스안내양에 관심이 많았던 육영수 여사의 갑작스러운 죽음(1974년 8월 15일 암살)에 영향을 받았기 때문인지는 확인할 수 없지만, 최고 통치권자로서 지속적으로 버스안내양 처우 개선에 특별히 힘쓴 것은 이례적이었다. 1978년 5월 재무부는 건축자금으로 50억 원의 '산업합리화 자금'을 지원했고 대통령도 39억 원을 '특별하사금'으로 내놓았다. 이 자금으로 서울 시내버스회사 91곳 모두 기숙사를 포함한 후생시설 공사를 완료했다. 그래서였을까? 1979년 10월 박정희 대통령 장례식에서 전국의 버스안내양들은 자발적으로 분향소를 찾아 눈물을 흘리며 슬퍼했다. 1978년 서울시는 정부의 전폭적 지원에 힘입어 시내버스업체에 다음과 같이 구체적인 개선책을 시달하고 시행이 안 될 경우 면허정지까지 시키겠다고 강력히 경고했다.

- 숙소의 규모를 12평 이하로 하여 한 방에 15명 이상 수용하지 말고 사물함을 설치할 것.
- 스팀 난방 시설을 하되 온도를 섭씨 18도로 유지하고 담요 등 침구를 1인당 2장 이상 지급할 것.
- 식당을 확장하고 식탁은 4인조로, 의자는 1인용으로 바꿀 것.
- 목욕탕과 탈의실을 갖추고 항상 온수를 공급할 것.
- 200권 이상의 교양도서와 월간 잡지, 텔레비전 등을 갖춘 휴게실을 마련할 것.
- 수세식 화장실을 숙소 가까이 마련할 것.

공포의 개문발차 사고

1961년 버스안내원 전원 여성 교체 지시는 상경한 소녀들에게 취업문을 넓혀주었다. 특별한 기술이 필요 없고 숙식까지 제공하니 그야말로 좋은 일자리였다. 물론 이 기대는 오래가지 못했다. 소녀들은 신문광고를 통해, 지인을 통해 버스회사에 문을 두드렸다. 서울역에서 아무 버스에나 올라타 회사가 있는 종점에 내려 구직하는 사람들도 많았다. 글을 알고, 산수를 하는 정도면 자격은 갖추었다. 채용이 결정되면 바로 기숙사 또는 차주의 집에 머물며 일주일가량 '견습 차장'으로서 업무를 익혔다. 선배 안내양과 동승하여 노선 외우기와 차량 관리를 배웠고, 회사나 차주는 무엇보다 삥땅 금지 교육을 철저히 했다.

사설 학원에서도 여차장을 모집하여 한 달간 교육 후 취직을 알선하기도 했다. 배우는 내용은 국어, 산수, 교통지리, 접객업무, 실무, 보건위생 등 광범위했지만, 정작 시험에는 간단한 문제가 출제되어 대부분 합격했다. 학원 성적에 따라 '일반', '좌석'으로 등급이 매겨졌다. 버스회사나 차주는 우등생을 스카우트하기도 했다. '여차장학원'들은 좀 더 많은 학생을 유치하기 위해 버스회사나 차주를 대상으로 영업 활동을 펼쳤다. 학원 간 경쟁도 치열해 나중에는 학원마다 숙식 제공이라는 조건을 내걸기 시작했다. 한 달 학원비는 대략 한 달 월급에 준했고, 학원비가 없을 경우 외상(취직 후 갚음)도 가능했다.

그러나 여차장으로 교체했는데도 '명량한 교통질서'는커녕 "손님을 대하는 태도가 불친절"하다는 문제가 지속적으로 제기되었다. 이에 서울시는 1968년 11월부터 일정한 교육과정을 이수하고 자격증을 취득한 사람만 승무시키기로 했다. 자격증이 주어지면 버스안내양들도 어엿한 직업여성이라는 인식이 생길 것이라는 기대도 있었다(자격증을 앞가슴에 달도록 했지만 이를 지키는 안내양은 없었다). 이 조치에 따라 여차장학원들이 새롭게 단장하여 서울시로부터 인가를 받았다. 이제 버스안내양으로 취직하려면 반드시 학원을 다녀야 했다.

그런데 1969년 12월, 학원들이 시영버스를 운영하는 서울시 운수과 공무원에게 뇌물을 주고 향응을 베푼 혐의로 검찰이 수사에 착수했다. 서울시가 학원을 선정하면서 탈락한 학원이 제보하여 터진 사건이었다. 이 계기로 그동안 '여차장학원'의 부정도 부정이지만, 배우는 내용이 한 달이나 소요될 만큼 전문적 지식이 아니란 주장이 제기되었다. 학원은 며칠 교육 후 필요한 회사에 소개해주는 '안내양 직업소개소'로 전락했다. 결국 여차장학원과 자격증 제도는 유명무실해졌고, 다시 회사나 차주가 자체적으로 안내양을 뽑게 되었다. 사실 안내양의 취업 문턱은 높지 않았다. 취업 시 들어갈 자리가 있느냐가 제일 중요했는데 이직률이 높아 항상 결원이 발생했다.

을지로 6가 경기여객소 2층에 있는 '명랑교통학원'은 쉽게 찾을 수 있었다. 접수비에서는 수수료 포함 3000여 돈이 필요했다. 나는 저금을 찾아서 명랑교통학원에 접수를 했고 학원에서의 승무원에 대한 소정 교육을 며칠 받고 난 후 불과 일주일도 못되어 나는 학원에서 써주는 소개장을 들고 모 버스회사를 찾아갔다.

(…) 여감독이 나를 찬찬히 훑어보면서 잠깐만 기다리라고 했다. 소개장을 들고 밖으로 나갔던 여감독이 잠시 후에 들어오더니 나가 견습을 받으라고 했다.

"지금 나가는 차를 타고 여감독이 견습받으라고 해서 탔다고 하면 돼."

여감독이 시키는 대로 나는 무조건 나가려는 차에 올라가서 뒷시트에 앉았다. (…) 나에게 요금을 내라고 하기에 나는 여감독이 시킨 대로 견습생이라고 했더니 그 차장은 무뚝뚝하게도 그냥 승강구에 내려서서 정류장이 되면 내리고 타는 사람들에게 안내를 하기만 했다. (…) 금호동 종점에서 손님들이 모두 하차한 후 차장들은 약속이나 한 듯이 가게로 가서 무엇인가 먹고들 있었다. 운전수가 뒤를 보더니 나를 보고 다 왔다면서 내리라고 했다. 견습생이라고 말했더니 운전수는 고개를 끄덕이면서 차를 돌렸다. (…) 다시 차가 불광동 종점에 거진 가까울 무렵에야 뒷차장이 나에게 손님들에게서 받은 버스표를 내주면서 추리라고 했다. 선뜻 내키지 않았지만 나는 버스표를 순순히 받아 가지고 추렸다.

한탕을 돌아온 나는 여감독에게 가서 견습을 받고 왔노라고 보고를 했다. 여감독은 한 번 돌아가지고는 어림도 없다면서 정류장도 잘 보아두고 문 닫고 여는 법, 요금 받는 법을 완전히 익힐 수 있을 때까지 견습을 받아야 한다면서 다시 나가는 차를 타고 견습을 받으라고 했다.
(…) 조그만 수첩을 하나 사서 정류장 명을 모두 적어서 완전히 익히
도록 읽기도 했다. 견습기간 동안 회사에서 점심만 제공해주었다. (…)
견습이래야 버스표나 추리고 차내 청소나 해주는 것이었다. 그렇게 쫓
아다녔지만 버스문짝 한 번 만져보지 못했다. 그보다도 견습 같은 것
은 받지 않아도 충분히 해낼 수 있을 것 같았다. 그러던 며칠 후 여감
독이 나를 불렀다. 여감독은 나를 어떤 중년 신사에게 소개시켜주었다.
"고향이 강화도라는데 애가 부지런해서 일 잘할 거예요."
그 신사는 나를 보고 "너 우리 집에 가면 일 잘해야 된다" 하면서 나를
쓰겠다고 말했다. (…)
"소지품 가지고 나와라."
나는 여감독과 차주에게 감사하다는 인사를 하고 나와서 낙원동 나의
짐을 꾸리러 갔다. 내일서부터는 차를 타게 됐다는 것을 생각할 때 내
마음은 뛸 듯이 기뻤다.

– 윤미화, 〈흰 구름 가는 곳〉, 《월간 교통계》 1982년 5월호

법에 명시된 안내양의 직무는 무엇이었을까? 1982년 7월 20일 자동
차운수규칙 제27조를 제정했고, 이에 의거한 '안내원' 역할을 다음과
같이 법률로 명시했다.

첫째, 여객이 운송의 안전, 공공질서 또는 선량한 풍속에 반하는 행위
를 할 때에는 이를 제지하고 필요한 사항을 안내하며,
둘째, 건널목을 통과하고자 할 때에는 운행의 안전을 확인하고 운전자
를 유도하고,
셋째, 사업용 자동차를 후진시키고자 할 때에는 하차하여 길 옆 및 장

애물과의 간격과 노면 기타 도로의 상황을 운전자에게 알림과 동시에
당해 자동차를 안전하게 유도하며,

넷째, 차량의 정차 및 발차 시에는 여객 안전 및 자동차의 운행에 지장
이 없도록 출입문의 개폐를 적절히 할 것.

한편 당시 안내양 관련 법 규정은 모두 네 개였다.

안내원 관계 법 규정(1982년 12월 당시)

법령	조항	내용
자동차운수사업법	제33조의 6	안내원의 승무
자동차운수사업법 시행령	제7조 별표의 21호	안내원의 승무 안내원을 미 승무 운행 과징금
자동차운수규칙	제10조 제27조	안내원의 승무 종업원의 준수사항
자동차운수사업법 제31조 등의 규정에 의한 사업면허 취소 등의 처분에 관한 규칙	별표2의 16호 중의 54	안내원을 승무하지 아니하고 운행한 때 운행정지 처분

　물론 이 법이 제정되기 전에도 안내양들은 자신들의 역할에 대해
무수히 교육을 받았다. 그러나 승무하는 순간 현실은 법보다 멀리 있
었다. 아니 당장 자신의 신변을 보호해야만 했다. 그들은 달리는 흉기
위에 타고 있었다. 어떤 때는 가해자가 되고, 어떤 때는 피해자가 되었
다. 가장 큰 위협은 개문발차, 즉 차문을 연 채 출발하여 일어나는 사
고였다. 1963년 6월 14일 운전사와 차장의 과실로 발생한 전형적인 개
문발차 사고는 다음과 같았다.

　청계천 4가 시내버스 정류장에서 서울0 7374호(운전사 거○○ 씨)의 뒷
문으로 내리던 권○○(76) 노파가 한 발을 차 밖으로 내딛자마자 성급

한 앞 차장이 "오라잇" 하고 신호. 그만 한 발은 허공에 떠 두개골 파열의 중상을 입고 성모병원에 입원 중인데, 변을 당한 권 노파의 며느리 이○○(41) 씨는 "모든 승객에게도 마찬가지지만 특히 연약한 어린이와 노인들에게 친절해야 할 차장들이 친절은커녕 이런 사고를 내니 노인과 어린애가 차를 타고 나갈 땐 집안에서는 도무지 마음이 안 놓인다"고 버스의 횡포를 나무라면서 "특히 버스가 시발점 부근에선 실컷 늦장을 부리다가 종점 가까이 와 승객이 없는 지점에선 그냥 빨리 타고 내리라고 성화를 부리니 사고가 나기 마련이며 손님을 짐짝 취급한다"고 항의하였다. (…)

그러나 버스차장 K 양(M회사 소속)은 성급히 굴지 않으면 안 되는 입장을 "1분 초과할 때마다 50원의 벌금을 물어야 하는데 손해 보면 차주한테 야단맞고 또 수입이 적어도 꾸중이니 어쩔 수 없다"고 울상을 지었고 (…)

－《동아일보》1963년 6월 15일자

개문발차 사고 피해자는 이처럼 노약자가 많았다. 이 경우 앞 차장의 책임이 더 크지만, 운전사와 뒤 차장도 입건되었다. 제시간 앞서 도착하기를 재촉하는 차주에게는 아무 책임을 지우지 않았다. 승객이 피해를 입는 개문발차 사고의 유형은 이 외에도 다 올라타기도 전에 차가 출발하여 차에 매달린 채 끌려가는 경우, 문도 닫기 전에 출발하여 떨어진 경우, 만원버스에서 문을 안 닫아 떨어진 경우 등이다. 1966년 5월 25일 열린 서울형사지법 단독심은 개문발차 사고로 승객이 사망한 사건에 대해 운전사와 차장 2명에게 '의무를 저버리는 횡포' 이유로 금고 1년, 장기 1년, 단기 10개월을 각각 선고했다. 이 심판은 교통사고에서 실형을 내린, 그리고 검사의 구형량보다 무거운 판결을 내린 최초의 재판으로 기록되었다. 실형까지 가지 않은 사고에 대해 회사는 운전사와 안내양에게 사안에 따라 감봉과 운전정지 등의 징계를 내렸다. 이 자리에서 운전사와 안내양의 책임 소재를 놓고도 갈등을 빚었지만 대개 안내양 책임을 더 과중하게 여겼다. 또한 치료비와 합의금을 요구하는 가벼운 사고는 회사나 차주가 처리하는 대신, 안내양은 오만 가지 욕을 다 들어야 했다.

> 15일 저녁 6시 40분경 부천시 도당동 동명전자 앞길에서 김포공항을 떠나 인천으로 가던 소신여객 소속 시내버스(운전사 유○○, 38)가 승객을 너무 많이 태우고 출발하는 바람에 문을 닫지 못해 안내원 윤○○(18, 부천시 고강동) 양이 차 밖으로 떠밀려 추락, 뒷바퀴에 깔려 그 자리에서 숨졌다.
>
> ─《동아일보》1978년 12월 16일자

안내양은 버스에 오르려는 승객들을 뒤에서 힘껏 밀지만 역부족이었다. 안내양을 도와 함께 밀고 자리가 나면 타는 남자들도 있었다. 안내양이 탈 공간은 없었다. 더욱이 문을 닫아야 하는 최소한의 공간마저 확보하지 못했다. 어떻게든 간신히 올라 까치발로 서고 양손은 문손잡이를 잡은 채 "오라잇"을 외친다. 달리는 차에 아슬아슬 매달려 가는 안내양들은 시대의 자화상이었다. 안내양은 미어터지려는 버스의 최후 보루였다. 그가 못 버티면 승객들이 쏟아져 나와 대형사고가 날 수 있었다. 〈영자의 전성시대〉주인공이 개문발차 사고로 한 팔만 잃은 것은 차라리 불행 중 다행이었다. 안내양은 버스에 마지막 오르는 사람이므로 개문발차 사고의 피해를 고스란히 떠안을 수밖에 없었다. 떨어져 버스에 깔려 죽고, 전봇대 등 도로 가설물에 부딪혀 죽고, 운전사

만원버스에 매달린 버스안내양의
아슬아슬한 모습은 낯익은 도시의
풍경이었다. (위는 출처 미상, 아래
는 경향신문사)

끼리 앞지르기 경쟁을 벌이는 와중에 뒤차에 깔려 죽는 어처구니없는 사고도 발생했다.

경찰은 시내버스 단속 때마다 '개문발차'를 집중 단속했으나 그때뿐이었다. 1966년 5월 서울시는 처음으로 개문발차 사고 차량에 면허정지 조치를 내렸고, 범칙금도 무겁게 부과했다. 이 경우 안내양들은 대부분 자동적으로 해고되었다. 그렇지만 직접적 원인인 인원 초과는 단속하지 않았고 '불법 운행'을 채근한 회사와 차주를 처벌하는 일도 드물었다. 개문발차 사고는 좀처럼 줄지 않았다. 《경향신문》 1967년 1월 25일자는 문이 완전히 닫혀야만 차가 출발하고, 완전히 정차한 다음에야 문이 열리는 장치가 개발됐다는 소식을 전했다. 그러나 이 장치는 무슨 이유에서인지 상용화되지 못했다.

개문 발차 사고가 났다 / 내 잘못도 있지만 / 운전기사와 다른 손님도 책임이 있는데 / 나만 때려죽일 년이다

빨리 내리라 독촉을 했고 잡아 주지 않았으니 / 내 잘못인 줄 알지만 / 넘어진 것은 손님의 실수도 있었다 / 운전수도 급히 부릉대었다

운전수는 계산을 재빠르게 한다 / 차가 움직였으면 저의 책임이니까 / 안내원의 실수를 강조해야 / 책임회피가 되니 어디까지나 / 차장이 실수한 것이라고 덧붙인다

다친 피해자는 이왕 다친 것 치료비 많이 뜯으려니 / 안내원이 떠다밀어 넘어졌노라고 / 이 쌍년 고발해서 밥줄을 끊어 놓고 / 모가지를 비틀어 죽인다고 욕지거리다

병원에 가니 병원 원장 살판났다 / 무릎 깨졌는데 링게루 꽂고 엑스레이 찍고 / 온갖 검사 한참 하더니 / 큰일 날 뻔했다고 으름장 놓고 입원하란다

치료비 물어 주며 사고 처리하는 회사에선 / 일도 못하는 넌 병신 같은
넌 하며 / 개잡년으로 몰아붙인다
있는 놈들 다 빠지고 / 남는 것은 언제나 나 / 씨팔 눈에 보이는 인간
들 다 물어뜯어 먹고 싶다 / 정지 한 달은 또 어떻게 먹어야 하나

– 최명자, 〈사고처리〉,《우리들 소원》, 풀빛, 1985

안내양은 교통사고에 노출될 수밖에 없는 직업이었다. 차량 충돌과
전복 등 사망·부상자 명단에 안내양은 단골로 올랐다. 이 외에 자전거
나 오토바이와 충돌하기도 하고, 깜깜한 차고지에서 차량 주정차·발
차 순간 운전사 과실로도 많이 다쳤다. 이런 사고 탓인지 동네에서 밤
늦도록 가장 환한 곳은 버스 종점이었다.

'싸가지 없는' 안내양들

안내양들의 근무지는 전쟁터를 방불케 했다. 걸핏하면 승객들과 요
금 시비가 붙었다. 배차 시간에 쫓기며 장시간 노동에 시달리는 안내양
들에게 '명랑'하고 친절한 서비스 요구는 애초부터 무리였다. 안내양의
불친절로 가장 많이 나오는 이야기는 '승객의 짐짝 취급'이었다. 콩나물
시루 같은 버스에 갇힌 승객들은 더 태우려는 안내양에게 그만 태우라
고 아우성이었다. 신기하게도 정원을 훨씬 넘어도 쑤셔 넣으면 넣는 대
로 들어가는 '고무 버스'는 세월이 흘렀음에도 사라지지 않았다. 노련한
기사가 공간을 확보하기 위해 급하게 발차하거나 핸들을 꺾어 승객을
한쪽으로 몰리게 하는 '조리질(곡예운전)'을 할 때마다 버스 안에서는
'어이구', '어머나' 하는 비명이 터져 나왔다. 또 좁은 틈에서 내리려 애

쓰는 사람들을 도와준답시고 확 잡아채서 끌어내렸고, "빨리빨리 타라"고 재촉했다. 안내양들은 이골이 난 듯 승객들의 불평을 한 귀로 흘려보내면서 "오라잇, 스톱"을 더 크게 외쳤다. 중년의 남성 승객들은 "고년, 싸가지 없네"라고 혀를 차기도 하고 "못 배운 년 티 낸다"는 말을 퍼붓기도 했다. 정류장을 휙 지나치거나 정류장에서 약간 먼 곳에 정차하여 손님을 내리고 급히 떠나는 버스도 많았다. 이런 버스는 대부분 배차 시간에 쫓기는 차였다. 특히 요금 인상을 한 날에는 승객들의 불평이 더욱 드셌다. 버스회사들은 요금 인상 때마다 빼놓지 않고 '서비스 향상'을 언급했기 때문이다.

정류장을 제대로 안내하지 않거나, 투박하게 말하는 안내양의 불친절도 도마 위에 자주 올랐다. 사람들은 노약자의 짐을 모른 체하는 안내양을 보고 혀를 차기도 했다. 안내양들은 노선이 변경되면 "아니, 신문 안 봤어요? 그것도 모르면 어떻게 해요"라며 핀잔을 주었다. 자격지심이었을까? 같은 나이대나 어린 여학생들에게는 좀 더 야박하게 굴었다. 다른 승객은 태우면서 만원을 핑계로 뒤차를 타라며 승차를 거부하고, 심지어는 만원버스에 안간힘을 쓰며 오른 여학생을 밀어내 뒷바퀴에 깔려 사망하게 한 사고도 있었다. 인상된 요금을 알지 못한 여학생에게는 모질게 대했다.

"말을 듣는 거요, 먹는 거요. 빨리 좀 내려요, 아이 참!"
아침 출근길에 탄 버스의 차장 아가씨는 아주 신경질이 대단하다. 시골서 온 듯한 40대 아주머니가 미리 준비를 해 있다가 내리질 못하고 버스가 정류장에서 떠나고 있을 때 늦게서야 그곳이 자기가 내릴 곳이라는 것을 알고 차를 세워달라고 부탁한 데 대한 차장 아가씨의 반응이다. (…)

"차도 제대로 탈 줄 모르면 걸어 다니지."

차장 아가씨는 아직도 심히 못마땅한 모양이다. 나는 좀 꾸짖어줄까
하는 충동을 느꼈다가 그 충동을 억제하는 생각이 있었다. 도덕적인
설교가 별 효과가 없을 것으로 판단한 것이었다.

-《경향신문》 1971년 12월 25일자

앞 정거장에서도 중년 여자분을 등을 떠밀며 빨리 내리라는 차장의 불
친절을 보고 4학년 2학년 두 꼬마를 데리고 가던 나는 여간 신경이 쓰
이질 않았다. 그래서 2가에 차가 정거하기 전에 100원을 주고 거스름
돈을 받았는데 빨리 내리라는 독촉을 받고 내리려는 순간 큰애를 차장
이 붙잡고 못 내리게 막았다. 왜 그러냐고 묻자 거스름 계산이 잘못되
었다고 말한다.

손에 든 거스름돈을 보니 아이 하나 값만 계산된 것을 알고 즉시 30원
을 도로 주었다. 차장이 문을 닫으려고 하기에 5원을 달라고 했더니 인
상을 찌푸리면서 5원을 길바닥에 휙 던져주질 않는가. 기가 막혀 도로
차를 타고 따지려 하니까 문을 꽝 닫고 떠나 버렸다.

-《동아일보》 1975년 8월 8일자

안내양의 불친절에 익숙한 시민들은 어쩌다가 '소박한 친절'을 만나
면 쉽게 감동했다.

지난 17일 저녁 서울 수도교통 도시형버스를 탔다. 거여동을 가는 버
스는 이 노선밖에 없어 항상 만원이다. 이날 안내양의 친절한 한 마디
한 마디의 말이 승객들의 추위와 피로를 감싸주는 듯한 느낌이었다.
"다음은 ○○입니다. 내리실 손님 계시면 입구로 나와 주십시오." 또

손님이 타면 운전기사에게 "출발하세요." 손님이 내릴 땐 "감사합니다. 안녕히 가세요." 나도 내리려고 입구에 다가왔다가 너무도 친절하기에 명찰을 봤다. '김○○'이라고 쓰어 있었다.

한마디의 친절이 이렇게 추운 마음을 녹여주고 피로한 몸을 위로해준다고 생각할 때 다른 안내양들도 김○○ 양을 본받았으면 하는 마음이 간절하다.

– 〈잊지 못할 안내양의 친절〉, 《동아일보》 1974년 12월 26일자

안내양들도 할 말이 없는 것은 아니었다. 《경향신문》 1978년 1월 1일자에는 "더 태우지 말라는 승객과 출근 시간이 늦어 꼭 타야겠다고 좁은 출입구를 비비고 들어오는 손님들 사이에서 저희의 연약한 힘으로는 어쩔 수 없는 일이 많고 이 때문에 손님들에게 욕설을 듣다 보면 짜증도 늘어가게 된다"라는 안내양들의 항변이 실렸다. 또 배차 시간이 늦어지면 회사에 벌금을 내야 하는 차주가 운전사와 차장을 닦달하기 때문에 '짐짝 취급'은 어쩔 수 없었다. '빨리빨리'라는 말이 '오라잇 스톱'과 함께 입에 밴 이유였다.

전근대적인 계약 관계는 차치하더라도 안내양들은 고된 노동 때문에 도저히 친절할 수 없었다. 고작 4시간 자고 일어나 새벽부터 자정까지 흔들리는 차에서 시달렸다. 비번 하루 전 그들은 파김치가 되었다. 1975년 자동차노동조합의 조사에 따르면 시발, 정류장 안내 등 기본적으로 해야 하는 말이 하루에 7744~8290회이고, 차를 오르내리는 횟수는 530~550회였다. 의자에 앉을 수도 없었다.

정부 기관 등은 안내양의 불친절 문제를 해소하고자 선행을 한 '모범 여차장'을 선발하여 포상하고, '친절 봉사' 표어를 차내에 붙이도록 했다. 1970년대 이후에는 지역별로 학원에 위탁하여 주기적으로 친절

소양교육을 실시했다. 이 교육을 받지 않으면 행정 조치를 취했다. 교육기관 중 서울 을지로 6가에 위치한 '명랑자동차학원'이 제일 컸다. 몇몇 회사에서는 '새마음 갖기 대회' 또는 '고운 말 쓰기 운동'을 전개하는 곳도 있었다. 그러나 근본적인 문제(사용자와의 계약, 노동강도, 정원제 실시 등)에 접근하지 않고는 안내양의 불친절 문제를 해결할 수 없었다. 현장에서 불친절을 직접 당하거나 목격한 승객들은 그런 안내양을 "불쌍한 우리 누이나 딸"로 받아들이지 않았다.

강습 내용은 너무 이상적이라 할 만큼 훌륭하다.

"복장과 용모를 단정히 하여야 한다. 노약자의 승차를 돕거나 휴대품을 들어다 놓는 등 공손과 경의로 환영하는 태도를 표시하여야 한다. 그리고 수시로 손님의 물음에 응대한다. 손님과 애기할 때는 어조에 조심하고 예의 있는 언사를 사용하여야 하며 음성은 명랑하고 너무 높거나 낮아서는 안 된다. 만약 손님이 오해하는 경우 혹은 예의에 벗어난 언행을 할 때에도 차장은 화를 내어서는 안 되며 자세한 설명과 해석, 그리고 점잖고 예의 있는 태도로 응대하여야 한다."

그런데 강습을 받고 나온 차장들은 강습받는 것을 그대로 실천하지 못하는 고충을 털어놓았다. 예를 들면 다음과 같은 경우도 있다는 것이다.

"손님들에게 '여기는 ○○○입니다. 내리실 분 안 계십니까? 안녕히 가세요!' 하고 친절을 베풀려고 하면 어떤 운전사 아저씨는 '그만 집어치워. 어디 간다는 말이나 한 마디라도 더 해!' 하고 큰소리쳐요."

또 어떤 차장은 운전사와 차장들의 서비스정신이 서로 호흡을 같이할 수 있어야만 손님에 대한 친절이 이루어질 수 있다고 말했다.

- 《동아일보》 1963년 5월 7일자

억순이와 돌계집의 경계

　　요금 시비는 안내양이 승객과 가장 치열하게 부딪치는 지점이었다. 특히 요금 인상 직후에는 헤아릴 수 없을 만큼 시비가 붙었다. 안내양들에게 요금은 절대 양보할 수 없는 영역이었다. 그들은 '악착이', '억순이'가 될 수밖에 없었다. 승객들은 승객대로 안내양이 요금만 꼬박꼬박 받으면서 자신들을 돈으로 본다고 불평했다. 1961년 시내버스 구간 요금제가 사라진 후 구간에 따른 요금 시비 문제는 사라졌지만, 요금으로 인한 마찰은 좀처럼 줄어들지 않았다. 다음 사건은 안내양들이 얼마나 요금에 집착했는지를 단적으로 보여준다.

　　정비불량으로 엔진에 불이 일어나 승객들이 달리는 버스에서 뛰어내리는 등 소동을 일으켜 교통이 30분이나 마비되었다. 승객들은 요금을 돌려달라고 아우성을 쳤으나 차장은 이를 거부, 승객들은 할 수 없이 연기가 자욱한 버스를 또 탔는데 승객들의 얼굴은 검정투성이가 됐다.
　　　　　　　　　　　　　　　　　　　　　　　－《경향신문》 1965년 12월 14일자

　　요금 시비와 관련하여 별의별 사건이 다 일어났다. 1973년 도시형버스가 도입되면서 선불제가 실시되기 전, 요금은 버스 운행 중에 안내양이 차내를 돌아다니며 거두었다. 그러나 선불제 이후에도 승차 시 혼잡하고 운행이 지연됨에 따라 다시 옛날 방식으로 돌아갔다. 특히 출퇴근과 등하교 시 만원버스에서는 버스에서 내릴 때 징수했다. 요금 시비 발생 원인은 다양했다. 요금이 없거나 부족한 경우(특히 버스요금 인상 직후 많이 발생), 2명의 차장(앞 차장, 뒤 차장)이 혼선을 빚어 승객과 갈등을 빚는 경우, 버스를 잘못 탄 경우, 운행 중 고장, 학생 승차 거부, 할

인을 적용받는 성인 즉 대학생이나 공무원(경찰 및 군인)과의 마찰, 거
스름돈 시비 등등.

승객이 돈을 안 내거나 모자라면 남차장이 승객을 구타했고, 반대
로 승객이 부당 요금 징수라며 여차장을 때리기도 했다. 1961년 16세
의 남차장이 요금 시비 끝에 승객의 칼에 찔려 숨졌고, 1963년 부산에
서는 요금이 부족한 노파를 운전사와 안내양이 지팡이로 때려 사망하
게 한 사건이 발생했다. 승객을 차에서 밀어 다치게 하는 사고도 있었
다. 요금이 모자란 어린 승객을 내려주지 않고 종점까지 가는 '벌'을 주
기도 했다. 잘못 타서 한 정류장만 가도 요금을 받았고, 운행 중에 버
스가 고장 나도 안내양들은 환불을 거부하기 일쑤였다. 경찰이 학생
승차 거부 특별단속을 실시하여 행정 조치를 취했으나 안내양을 나무
라는 차주와 회사는 없었다. 학생이 아닌 성인이 할인을 받으려면 제
복과 배지 혹은 신분증이 필요하지만 없을 경우 5원, 10원, 100원을 가
지고 서로 얼굴을 붉혔다. 무임승차 또는 할인을 받는 공무원들의 '횡
포'는 1950년대보다 많이 줄었지만, 특히 버스회사가 소속된 지역의 구
청 공무원들을 경계해야 했다. 이들에게 잘못 보였다가는 회사가 각종
행정지침 및 시설 관리 이행 점검에 시달렸기 때문이다. 심지어 안내양
해고를 요구하기까지 했다. 구청 공무원임을 대충 눈치챘으면 요금이
없거나 부족하더라도 그냥 지나치는 게 훗날을 위해 좋았다. 다음은
구청 직원을 사칭한 승객의 항의로 안내양이 투신자살한 사건의 기사
를 재구성한 것이다.

"왜 멈추지 않고 가느냐." 술에 취한 35세의 남자 승객이 항의했다. "요
즘은 정류장을 하나씩 걸러 정차하기 때문에 다음 정류장인 청량리역
앞에서 내려 달라"고 안내양이 말했다. 남자 승객은 "무슨 안내양이 이

렇게 건방지냐"며 운전사에게 가서 안내양을 고발하겠다며 차량번호를 알려달라고 했다. 이에 운전사는 "파출소에 가서 따지자"며 상봉파출소 앞에 세우자 그 승객은 딴 데로 갔다.

이 승객은 이날 오후 6시쯤 종점 사무실로 전화를 걸어 자신이 구청직원임을 내세워 그 불친절한 안내양을 조치하라고 요구했고, 다음 날에도 본사에 같은 내용으로 전화했다. 회사는 안내양을 불러 승객에게 불친절하다는 이유로 사표를 종용, 결국 사표를 낸 안내양은 기숙사에서 동료들에게 "계속 근무하고 싶다"며 하소연했다. 그리고 2층 옥상에 설치된 비상용 급수시설인 물탱크에 투신자살했다.

경찰 조사 결과 이 승객은 동대문구청 직원이 아닌 것으로 밝혀졌다. 이 회사 안내양 10명은 운행을 거부하고 승객의 말만 들은 회사에 강력히 항의하면서 인간적인 대접을 요구하는 시위를 벌였다. 숨진 안내양은 5년 전 서울로 올라와 공장에 다니다 버스를 타면서 시골 8식구의 생계를 책임지는 소녀가장이었다. 유서는 없었지만, 마지막 일기에는 "손님이 우리를 벌레로 본다. 돈이 무엇이기에 나를 이렇게 고달프게 하냐"고 썼다.

-《교통계》1984년 10월호

안내양들은 요금을 받을 때 뒷사람에게 미루는 승객을 더욱 조심해야 했다. 후불제가 일반화되면서 일어난 현상이었다. "뒤에, 뒤에" 하다가 맨 마지막에 남은 사람이 냅다 도망가거나, 앞선 사람들을 모른다고 시치미 뗄 때 안내양들은 요금 받을 방법이 없었다. 한 명이 아닌 여러 명의 요금을 놓치기 때문에 타격이 컸다. 교복 입은 남학생들이 자주 쓰는 수법이었는데, 이들의 무임승차 무용담은 교실에서 단골메뉴였다. 회수권 10장짜리를 교묘하게 절취하여 11장, 12장으로 만들거나,

색색 볼펜으로 회수권을 위조해 안내양이 정신없이 바쁠 때 잽싸게 내는 사례는 그나마 애교에 속했다.

거스름돈도 신경 쓰이는 것 중 하나였다. 차고지에서 안내양들은 거스름돈 용도로 일정 금액의 잔돈을 가지고 나가는데, 승객이 큰돈을 내면 잔고가 모자랄 수 있어 무척 싫어했다. 500원을 냈는데 5원과 10원짜리 동전만 주자 화난 승객이 안내양을 심하게 때려 입건된 사건도 있었다. 여러 명에게 한꺼번에 잔돈을 거슬러줄 때에는 시간 지연, 계산 잘못 등으로 받는 스트레스가 컸다. 1970년대에는 5원 단위로 요금이 오르는 바람에 도로변 껌팔이 할머니들에게 5원짜리 동전을 구하러 뛰어가는 안내양들도 종종 보였다. 25원짜리 동전을 따로 만들어야 한다는 주장이 나올 정도였다. 1976년 7월 '자동 환전기'를 버스 내에 설치, 시범운행하려 했으나 효용성이 떨어져 실행되지 못했다. 1977년 처음 도입된 토큰이 차츰 확대되면서 거스름돈 스트레스는 차츰 줄어갔다. 거스름돈과 관련된 다음 글의 저자는 새문안교회 부목사였는데, 이렇게 고마운 사람을 만나기란 '하늘의 별 따기'였다.

심지어 500원짜리 지폐도 거침없이 내민다. 연약한 차장 아가씨의 콧등에 진한 땀방울이 알알이 맺혔다. 정차시간이 초과되었다고 클랙슨을 마구 눌러대는 운전사의 짜증, 승객은 다 내렸지만 아직도 잔돈 5원을 받으려는 학생의 대열이 20여 명은 되는 것 같다. 나는 주머니에 전화 걸다 남은 돈, 아가의 저금통에 넣으려고 모아 두었던 동전을 털어 끝의 학생부터 주어 돌려보냈다. 일생 처음으로 환전상을 해본 거다. 늦게나마 차장과 같이 승차하여 목적지에 가는 동안 손잡이에 기대어 입술을 깨문 소녀차장 아가씨의 눈망울 속에서 분노의 좌절과 침묵의 인내를 느낄 수 있었다. 무심코 타고 내리는 어른 35원, 학생 25원짜리 요금과 거스름돈 5원 승객의 모진 권리행사 앞에 유린되는 소녀차장 아가씨의 인간으로서의 존엄성과 인권을 생각해보았다.

— 김창식, 〈버스안내양〉, 《새가정》 1974년 7월호

다툼이 벌어질 때는 물론이고 평소 대화에서도 승객들은 시작부터 "얘야!", "차장아!"라며 반말을 썼다. 차장들은 또래 남학생에게 듣는 반말이 가장 가슴 아팠다. 반말 쓰지 말라며 싸우는 대찬 안내양도 있었지만, 대부분은 속으로 화를 삼켜야 했다. 반대로 차장이 반말하는 경우에는 한판 싸움이 벌어졌다.

정류소에서 손님이 내리고 차가 막 움직이려는데 젊은 신사복 차림의 손님이 그제서야 급히 내렸다. 이에 차장은 대뜸 "개새끼, 진작 내리지 이제서 내려" 하고 욕설을 퍼붓고 문을 쾅 닫으며 발차신호를 했다. 그러자 욕설을 들은 그 젊은 청년은 발길로 버스 문을 힘껏 걷어차고 주먹만 한 돌을 던졌다. 유리조각이 나의 몸과 의자 등에 흩어졌다. 버스 뒤편을 보니 뒷창에 주먹만 한 구멍이 뻥 뚫려 있었다. 운전사는 곧 버스를 길 한복판에 세워둔 채 도망치는 그 청년을 추격하고 있기에 나는 하는 수 없이 그곳에서 하차했지만 이 같은 사건의 발단을 일으킨 차장은 미안하다는 말 한마디 없었으며 미안해하는 표정조차 찾아볼 수 없었다. 그 청년이 돌까지 던진 것은 지나쳤다고 보지만 당초 차장이 그따위 욕설을 안했다면 일은 그렇게 크게 벌어지지 않았을 것이라고 믿는다. 당국은 이같이 몰지각하고 불친절한 차장들을 선도할 것을 바란다.

— 《동아일보》 1971년 11월 3일자

10대 후반, 20대 초반 처녀들은 승객들에게 당하는 성추행에 속수무책이었다. 비좁은 승객들 사이로 요금을 받으러 다니다 보면 신체 접촉이 불가피했다. 가벼운 '터치'는 워낙 많아 모른 체하며 지나쳤다. 콩나물시루 안에서 이루어지는 추행과 희롱은 최소한의 방어공간마저 용납하지 않았다. 출입문을 지키고 선 안내양 몸 앞뒤로 바짝 붙더라도 만원이니 눈치 보지 않아도 되었다. 이러한 세태 때문에 안내양들의 성 모럴이 희박하다는 편견이 생겼다. 영화 〈도시로 간 처녀〉에서 안내양들의 반발이 가장 심했던 부분도 성적 문란이었다.

옆에 앉아 밀어붙이더니 / 슬금슬금 더듬어 온다

서자니 다리 아프고 / 옆에 앉자니 징그러워 / 엉거주춤 걸터앉았더니 / 엉덩이 툭툭 치며 엉큼하게 쳐다보다 / 능글맞게 수작부린다

어느 더러운 예펜네가 / 서방 버릇 더럽게 들여 놓아 / 애 어른 몰라보고 되는 대로 주무르는 / 밝혀대는 헷손질이니 기가 막히다

입술은 깨물고 가슴은 분노를 참다가 / 괴롭고 서러움을 달래고 참다가 / 자학으로 가슴을 눌러 통곡해 쓰러진다

생각하니 괘씸하고 한심해서 / 벌떡 일어나 앙칼지게 대들며 한마디 / 양갈보 외상×에서 나온 놈아 / ××에 밥 말아 처먹어라

– 최명자, 〈술주정뱅이〉, 《우리들 소원》, 풀빛, 1985

안내양들의 성 의식은 당시 일반 여성보다 더 보수적이었다. 1975년 조사에서 20.2퍼센트가 이성 교제 중이었다. 혼전 성관계 질문에는 '절대로 나쁘다'가 56.8퍼센트, '애정이 있으면 그렇게 나쁘지 않다'가 29.7퍼센트, '결혼상대자면 관계없다'가 12.8퍼센트로 나타났다. '삼갈 필요가 전혀 없다'는 1명도 없었다(무응답 0.7퍼센트). 1973년 이화여대 조사

에서는 혼전 성관계 절대 반대가 69.7퍼센트였다. 그들은 '가벼운 여자' 가 아니었다. 현재 애인을 사귀고 있다는 비율은 25.7퍼센트였다. 사귀 는 남자는 대부분 고향에서 같이 올라오거나, 친구의 오빠, 친구 소개 로 만난 사이였다. 그 외에는 펜팔이 많았다. 안내양들은 '○○회사 김 영순' 이런 식으로 직업을 숨겼다. 간혹 버스에서 쪽지를 받거나 데이 트 신청을 받기도 했지만 대부분 거절했다. 진실한 사랑이 아니라는 걸 알기 때문이었다. 그러나 이들은 대학생 승객에게 왠지 모를 친근감 을 느끼곤 했다. 배운 게 많은 사람답게 교양 있고, 대학까지 다니니 집 안이 훌륭하다고 생각했다.

> "어느 노선이나 종점에서 종점으로 일없이 왔다 갔다 하는 '룸펜 족' 들이 있어요. 이런 사람들이 손님이 없을 때 다가와서 얘기를 걸곤 하 죠."
> 안내양들이 항상 현금을 만지는 데다 어쨌거나 그 나이로는 수입이 좋 다 하여 이용을 하려는 사기족도 없지 않다. 심지어 일부 대학생들 중 에도 '안내양 몇 명만 꼬시면 대학 졸업 할 수 있다'는 말이 있을 만큼 대학생들에게 순정과 돈을 바치는 아가씨들도 있다.
>
> ─《주부생활》 1982년 2월호

늘 교통사고에 노출되고, 승객과 흔들리는 버스에 시달리는 안내양 의 몸은 '종합병동'이었다. 맨손을 대면 차문에 쩍 달라붙는 겨울에는 동상에 자주 걸렸다. 손발이 트는 것을 예방하는 값싼 '동동구리무'는 화장품이라기보다 생활필수품이었다. 여름철에는 무좀에 시달렸다. 20 시간 가까이 신발을 벗지 못하니 여름만 그렇지는 않았을 것이다. 1981 년 조사에 따르면 66.6퍼센트가 무좀을 호소했다. 계절적 질환 외에도 그들은 소화기 질환, 피부 질환, 순환기 장애, 생식기 장애 등 직업여성 중 가장 많은 종류의 만성 직업병을 안고 살았다. 사물함에는 이와 관련된 약이 수북이 쌓여 있었다. 한 조사에 의하면 92퍼센트가 의약품을 복용하고 있었다. 피로가 누적된 그들은 병원 가기를 겁냈다.

안내양의 식사 시간은 5~10분에 불과했다. 허겁지겁 먹을 수밖에 없었고 소화시킬 여유도 없이 차에 올라탔다. 64.7퍼센트의 안내양들이 하루 3회 미만으로 식사했다. 부식이 기껏 두세 개 정도니 맛도 없고, 시간이 없으니 걸핏하면 끼니를 걸렀다. 허기진 배는 과자나 사탕, 달콤한 음료수로 채웠다. 그 대가는 소화불량과 변비였다. 각성제를 많이 먹다 보니 위장병이 도졌다. 매캐한 매연에 가장 가까이 있고, 겨울철에도 땀이 나는 만원버스에 시달리는 여성으로서 피부 질환도 피할 수 없었다. 비염은 보너스였다. 제대로 된 화장품은 그들에게 너무 비쌌다. 온수가 나오지 않아 물을 끓여 씻어야 했는데 피곤에 찌든 그들은 그마저도 귀찮아 대충 씻었다. 물론 동상과 무좀도 피부 질환의 일종이다. 안내양들은 비번인 날 외출할 때 종아리가 드러나는 치마 입기를 주저했다. '무 다리'에다가 파란 정맥이 선연히 드러나는 게 싫어서였다. 온종일 서 있느라 복부나 하체에 혈액이 많이 몰려 만성 부종에 시달렸다. 이 질환은 하필이면 주로 종아리 둘레에 나타난다. 정맥류도 혈액 순환이 제대로 되지 않은 결과다. 종일토록 서 있으니 허리도 아팠다. 출퇴근 시간이 지나고 비교적 한산해지면 승객들은 안내양이 차 문 손잡이를 잡고 서서 꾸벅꾸벅 조는 모습을 보며 안쓰러워했다.

안내양들의 고충이 알려지면서 1980년대에는 그들에게도 고속버스와 같이 보조의자를 설치해주자는 의견이 나오기 시작했다. 복지 시설이 가장 좋기로 소문난 '김포교통'을 제외하고 의자를 비치한 곳은 하나도 없었다. 김포교통 의자는 스프링식이어서 의자에서 일어나면 자동으로 접혀서 공간도 많이 차지하지 않았다. 1983년 3월 26일 기독교 단체인 한사랑선교회에서 '사랑의 자명고'라는 자선 행사를 실시하여 수익금으로 안내양 전용 의자를 1000개 만들었다. 그런데 이 의자들은 창고에서 녹슬고 있었다. 회사들이 "좁아서 능률이 떨어진다"거나 시설 변경 절차 등의 이유로 인수를 거부한 것이다. 이 의자는 우여곡절 끝에 영신여객이 인수했다. 그렇지만 다른 회사들은 안내양 의자를 계속 거부했고 결국 의자는 시내버스에서 안내양들이 사라질 때까지 설치되지 못했다.

> 이러한 것은 이유가 될 수 없다. 버스회사들이 그만큼 안내양들의 복지에 무관심하다는 증거이다. 안내양들이 보다 나은 환경 속에서 근무를 할 수 있다면 일의 능률도 오르고 조금이나마 편하게 근무를 할 수 있지 않을까 생각한다. 회사 측에서는 안내양들에게 많은 관심을 갖고 불편함을 항상 덜어주고 의자도 꼭 달아주기 바란다.
>
> ―《동아일보》1983년 7월 28일자

흔들리는 버스에 몸을 실은 안내양들은 생식기 관련 질환도 많았다. 1981년 조사 결과 생리불순 39.9퍼센트, 냉증 38.1퍼센트, 그 외 소변에서 피, 소변 시 고통, 생식기 주변 부종과 가려움, 잔뇨 현상 등 다양한 증세가 나타났다. 이로 인해 요통과 복통을 호소하고 35.9퍼센트가 진통제를 복용하고 있었다. 생리 주기도 평균 26.2일로 다른 여성보다 2일 짧았고 62.7퍼센트가 불규칙했다. 안내양들 사이에서는 자궁세척기가 많이 팔렸고, 기숙사에 비치된 생리대는 언제나 모자랐다. 생식기 질환에 가장 큰 영향을 미치는 것은 '진동'이다. 장시간 흔들림을 온전히 받아내고 또 중심을 잡으려 엉덩이에 힘을 지나치게 주다 보면 신체적 이상을 가져오게 되는 것이다.

> 우리나라 산업발달의 주축을 이루는 여성 근로자들이 작업시설의 특수성으로 건강장해를 받고 있다. 《인간과학》 최근호에 발표된 한강성심병원 길병도 박사(외과학클리닉)의 논문에 따르면 장기간 서서 하는 작업이나 앉아서 하는 작업을 계속하는 곳이 많아 여성근로자들의 골반발육과 생리현상에 이상이 생긴다는 것이다.
> 길 박사가 78년 2월부터 지난해 2월까지 1년 동안 버스안내양을 중심으로 1065명을 대상으로 조사한 바에 따르면 이들 여성근로자들은 대부분 취업 후 생리현상에 이상을 느끼고 있다. (…) 특히 버스안내양의 경우 흔들리는 버스 속에서 계속 서서 넘어지지 않으려고 안간힘을 쓰므로 더 큰 문제가 생긴다는 것. (…) 이런 자세로 하는 작업은 전신운동이 적어 하반신에 피가 몰리게 된다. 이렇게 되면 여성의 경우 자궁점막에 충혈이 일어나 정맥의 피가 심장으로 환류되기 어려워 이상이 생긴다.
>
> -《동아일보》 1980년 5월 1일자

이 기사는 응답자 중 18.4퍼센트의 여성이 "결혼해도 아이를 가질 수 없지 않을까" 걱정하고 있다고 밝혔다. 당시 여성들은 아이를 못 가지면 큰 수치로 여겼다. 시집에서 홀대받고, 남편이 자신의 씨앗을 뿌리기 위해 다른 여성을 찾아 나서더라도 항의하는 부인들은 드물었다. 이러한 불임 여성은 '석녀' 혹은 '돌계집'이라고 불렀다. 의학적 상식을 기반으로 뱉은 말인지는 몰라도 사람들은 안내양에게 '돌계집'이라고 손가락질하기도 했다. 돌계집이란 말이 안내양들에게 가장 큰 모욕감을 안겨주었음은 물론이다.

야박한 여감독과 소극적인 노동조합

　밖에서 시달린 안내양들은 회사 안에서 위로받았을까? 버스회사에
는 사장이나 차주 등 사용자, 회사 직원, 여감독이나 사감, 운전기사,
노동조합 그리고 동료들이 있었다. 1975년 이병태 교수의 조사에 따르
면 안내양은 사용자를 긍정적으로 평가하는 데 인색했다. 11.2퍼센트
만이 '근로자를 위하는 매우 좋은 사람'으로 보았다. 반면 '자기 이익만
아는 나쁜 사람'은 24.1퍼센트로 두 배가 넘었다. 나머지 64.7퍼센트는
'자기이익도 취하고 근로자도 위하는 사람'이라고 평가했다. 나이가 비
슷한 연소근로자를 대상으로 한 다른 의식조사에서는 각각 19.0, 5.1,
75.9퍼센트로 큰 차이를 보였다. 사용자에 대한 안내양의 부정적 평가
는 당연한 결과였다.

　안내양이 승객을 돈으로 본다면, 사용자는 안내양을 돈 버는 기계
로 보았다. 안내양이 다쳐 입원해도 그들은 버스 운행에 지장이 있을까
부터 우려했다. 복지 시설 개선도 사용자가 알아서 해주기보다는 외부
압력에 못 이긴 측면이 강했고, 임금 인상을 요구하면 요금 인상을 꺼
냈다.

　안내양을 인간적으로 대우해준 몇몇 업체가 신문에 보도되었으나
일반적인 현상은 아니었다. 사용자에 대한 불만은 일반 직원에게도 고
스란히 반영되었다. 수금, 월급 지급, 차 배정, 휴가 처리 등 각종 지원
업무를 하는 직원들에 대해 '대단히 만족'은 8.0퍼센트, '대체로 만족'은
24.1퍼센트였으며, 나머지는 '좀 불만족'과 '매우 불만족'이었다. 승객들
은 불친절 등의 이유로 안내양들에게 비난을 퍼부었지만 여론 주도층
에서는 차주와 사장의 각성을 촉구하는 목소리가 더 많았다.

시민들은 업자들의 오랜 숙원이던 버스삯 인상에 대해 불만이 있지만 그대로 올려주었다. 그때 버스업자들은 다음과 같은 공약을 했다.

• 차내를 깨끗이 한다. • 운전사와 차장의 월급을 올린다. • 서비스를 개선한다.

공약을 이행하기보다 여차장의 몸수색에만 전력을 기울이고 있는 듯하다. 사람(업주)이 사람(여차장)을 못 믿는대서야 누구를 믿고 살 수 있겠는가. 고달픔을 무릅쓰고 하루 20시간씩이나 근무하면서 돈을 떼어 먹는다고 하루에 수차례씩 몸수색을 당하는 등 인간 이하의 대우를 받는 여차장들에게 마음으로나마 아낌없는 동정을 한다. 여차장들의 불상사는 부당한 근로조건과 인권유린에서 기인한 것이다. 업주들은 이런 일이 없도록 각별한 주의를 바란다.

– 《경향신문》 1966년 11월 5일자

함께 일하는 시간이 가장 많은 운전사에 대한 안내양들의 평가는 '대단히 친절'이 8.7퍼센트였고 나머지 대부분은 '그저 그렇다'였다. 운전사들은 대체로 안내양들을 '사무적'으로 대했다. 긴 운행을 마치고 나면 함께 고생한 안내양에게 수고했다는 말 한 마디 없이 휙 가버렸다. 사실 그들도 하루 16시간 이상 운전에 집중하느라 피곤해서 안내양에게 따뜻하게 대하기 힘들었다. 서로 계급이 다르다는 인식이 많았지만, 한편으로는 삥땅 부분에서 동료의식을 발휘하기도 했다. 삥땅한 돈을 안 주는 안내양을 골탕 먹이기는 아주 쉬웠다. 문 닫히기 전 출발, 곡예운전, 시간 재촉 등등. 운전사들은 임금 인상 성격의 쟁의에는 함께 했지만, 안내양 인권 유린은 외면했다. 남녀가 장시간 같은 공간에 있다 보니 애정이 싹터 결혼까지 이르는 '버스 커플'이 있는가 하면, 결혼을 미끼로 욕정을 채우거나 나아가 성폭행이나 성추행을 하는 경우도 있었다.

수고했단 말 한마디 하면 / 주둥아리가 덧나는지 평생 인사가 없다
그저 주는 대로 처먹고 시키는 대로 일이나 해라인데 / 종놈 부리듯 하
는데 비위가 뒤틀려 살 수 있나 / 먹고 살자니 별 재주 있냐만 이건 해
도 너무 한다 / 수제비 하는 놈이 국수 못하랴, 확 뒤집어 놓을까 보다
— 최명자, 〈운전수 화났다〉 일부, 《우리들 소원》, 풀빛, 1985

　　회사 내에서 동료 말고 안내양의 처지를 가장 잘 아는 직원은 여감
독(혹은 사감)이었다. 실제 사감들 중에 안내양 출신이 많았다. 이들은
기숙사 관리, 안내양의 의견을 취합하여 회사에 건의, 외출 관장, 기타
안내양들의 모든 일을 관리 감독하는 직속 상관으로서 안내양에게 직
접적인 영향을 미쳤다. 과거에는 남성 감독이 이런 일을 했지만 1960년
대부터 대부분 여성으로 바뀌었다. 그런데 만족보다 불만족(53.1퍼센트)
이 많았다. 가장 가까운 사람이어야 할 사람에 대한 평가가 이렇게 야
박한 이유는 간단했다. 그들은 안내양 편이 아니라 회사 편이었다. 억
울하거나 슬플 때 여감독에게 고향 엄마나 언니의 손길을 기대하는 안
내양은 그야말로 숙맥이었다. 여감독은 외출을 좀처럼 허락하지 않았
고, 새벽 4시 기상 시간이면 잠에 취한 안내양들을 깨우려 닦달했다.
비번인 날에는 쉬는 꼴을 보지 못해 대청소 등을 시키며 못살게 굴었
다. 여감독의 가장 중요한 임무는 몸수색이었다. 그들도 회사의 지시를
받고 몸수색을 한 것이지만 안내양들은 인권 유린의 가해자로 여감독
을 지목하는 데 주저하지 않았다. 여감독은 삥땅과 몸수색이 사회적으
로 물의를 빚을 때마다 등장했다.

"야 ×년들 뭣들 하고 있어! 빨랑 일어나지 못하고!"

나이 40에 가까운 중년 부인의 목소리다. 차림새는 무척이나 곱다. 얼굴도 예쁘다. 한데 입에서 튀어나오는 말이란 가관이다.

"×년들 귀가 먹었나. 대답이 왜 없어. 들었어, 못 들었어?" 고요한 주위가 떠나갈 듯 악을 바락바락 쓰고 있다.

"이 염병할 계집애들, 혼이 나야 알겠어!"

공갈 섞인 호령에도 아랑곳없이 대상자는 끝내 아무런 기척도 없다.

"빌어먹을 뒈질 ×들, 어디 혼 좀 나봐라!" 어디엔가 푸념 섞인 투로 방문을 와락 제키면서 쪼그리고 새우잠을 자는 소녀들의 머리채를 와락 잡아당겼다.

"언니 잘못했어요!" "×년아 언니? 뭐가 말라빠져 죽을 언니야. 너네들 나이가 몇 살인데 언니야!" "감독님 잘못했어요!" 울상 지으며 거의 애원조로 사정했지만 감독이라고 불리는 40대 아주머니 행패는 계속되더니만 "빨랑빨랑해, 매일 이래서야 이 노릇 해먹겠어. 에이 재수 없어!" 기껏 봐준다는 것처럼 욕을 한바탕 늘어놓고 방문을 쾅 닫아버리고 횡 나가 버린다.

－《명랑》1970년 7월호

안내양들을 보호해줄 장치가 없지는 않았다. 노동조합이 있었다. 안내양들은 1964년 임금 인상 투쟁을 계기로 자동차노동조합에 가입했다. 그 전까지 회사나 차주들은 차량을 멈추는 등 단체행동을 통해 요금 인상을 쟁취했다. 하지만 안내양들에게는 혜택이 돌아가지 않았고 운전사들도 사정은 비슷했다. 1963년 11월 전국운수노동조합에서 분리되어 결성된 전국자동차노동조합은 각 버스회사 노동자들을 상대로 조직사업을 벌여나갔다. 1964년 1월 차주와 회사는 요금 인상을 요구하며 버스 전면 휴업을 예고했다. 이 시도는 좌절되었지만, 이러한 움직임에 자극을 받은 전국자동차노동조합 서울시 버스지부 조합원 6000명은 자신들의 권리를 찾기 위해 1월 21일 쟁의를 결의했다. 이들이 내건 요구 사항은 월급제 실시, 8시간 노동을 기준으로 한 노임 계산, 정식 종업원으로서의 신분 보장이었다.

이 과정에서 여성노동운동가로 거듭난 안내양 강소인의 역할이 컸다. 그는 비번인 날 각 버스회사에 돌아다니면서 안내양들에게 노조 가입을 설득했다. 차주와 회사는 노조 가입 시 해고하겠다고 협박했다. 대부분의 시간을 차내에서 보내는 안내양들은 노동조합의 필요성에 공감하지 못했고 실상 노조에 가입하기 쉽지 않았다. 하지만 강소인을 비롯한 소수 안내양들의 노력이 결실을 맺어 1964년 안내양이 포함된 노동조합이 결성되었다. 그리고 그해 임금 인상을 이유로 3월 12일부터 쟁의행위 가부 투표가 각 24개 분회에서 실시되었다. 이때 운전사 1788명, 안내양 2878명이 투표에 참가하여 97.5퍼센트의 압도적인 찬성률로 쟁의행위를 통과시켰다. 공익사업장이어서 실질적인 쟁의행위에는 돌입하지 못했지만 월급제와 임금 인상 등 성과가 없지는 않았다. 이를 계기로 대부분의 안내양들은 자발적으로 노동조합에 가입했다.

그러나 안내양들은 노동조합 활동에서 멀어질 수밖에 없었다. 쉬는 시간 노조 활동에 참여하기보다는 휴식을 취했고 무엇보다 근속 연수가 짧았다. 나태해진 노동조합도 관성에 빠져 1명의 위원장이 10년 넘게 '집권'하면서 사용자와 결탁하는 일이 잦았다. 안내양들에게 가장 절박했던 몸수색 문제에도 소극적으로 접근하거나 외면했다. 사회적 이슈가 될 때 반짝 관심을 나타내는 정도였다. 안내양들은 노동조합에서 멀어졌지만 그렇다고 완전히 결별한 것도 아니었다. 그들은 임금 인상 투쟁 등에 적극 동참했고, 노동조합이 조사한 안내양의 실태는 각종 지표로 유용하게 사용되었다.

이런 현실은 1975년 노동조합이 지원한 이병태 교수의 실태조사 보고서에 그대로 반영되었다. 91.9퍼센트가 '노동조합이 필요하다'라고 응답했지만, 이병태 교수는 조사자가 노조 간부였다는 점, 노동교육 직후 조사가 실시되었다는 점, 조사 대상자가 조합원이었다는 점을 근거로 조사 신뢰도에 대해 의문을 제기했다. 이어진 설문조사에서 노동조합은 더 비참한 결과를 보여준다. '노동조합이 회사의 앞잡이라고 생각하느냐'라는 과격한 질문에 '거의 모두 그렇다'가 36.1퍼센트, '약간 그렇다'가 23.5퍼센트, '전혀 그렇지 않다'가 21.5퍼센트, '잘 모르겠다'가 18.9퍼센트로 나타났다. 노동조합이 후원한 설문조사인데도 부정적인 반응이 훨씬 많은 결과는 당시 노동조합 어용화가 얼마나 심했는지를 보여준다. 또 위원장이 '자유의사로 선출된 대표가 아니다'라고 생각하는 응답자(30.8퍼센트)가 '절대 자유의사로 선출된 대표'라고 생각하는 응답자(23.4퍼센트)보다 많았다. 조합비와 공제회 관련 의식 조사에서도 '대강 알고 있다'는 응답자가 36.5퍼센트로 가장 많고, '잘 알고 있다'와 '잘 모르고 있다'는 각각 28.4퍼센트, 26.6퍼센트로 비슷했다. 8.6퍼센트는 '처음 들어보는 말'이라고 답했는데, 이는 조합원의 입에서 나올 수 없는 말이었다. 이러한 결과에 대해 이병태 교수는 다음과 같이 평가했다. 노동조합이 발주한 연구용역이어서 그랬는지 모르지만 상당히 '점잖게' 썼다.

이상에서 볼 때 안내원들이 자기들의 권익을 위해 노동조합이 필요하다는 건전한 시민의식을 가지고 있는 데 반해 기존 노조간부들에 대한 신뢰도가 크게 높지 않음을 알 수 있다. 이는 근로자의 권익보호나 복지향상을 위한 노동조합의 필요성에 대한 그들의 기대가 그 운영에서 충분히 반영되지 않는 데서 기인한 것으로 보인다. 또한 조합간부와 조합원 간 유대관계가 아직도 상당한 거리가 있음을 짐작할 수 있다.

안내양의 정년은 언제까지였을까? 대부분 안내양은 많이 다녀야 2, 3년이므로 본인들이나 회사도 정년 개념이 없었는데, 교통사고로 문제가 제기되어 안내양의 정년이 법원에서 결정되는 일이 일어났다. 1979년 2월 22세인 안내양 한○○이 대방동에서 자신이 탄 버스가 가로수와 충돌하는 사고로 사망했다. 무슨 사정인지는 모르나 회사와 유족은 보상 문제를 놓고 소송에 들어갔다. 일반적으로 종업원이 사고로 사망하면 회사에서 위로금을 주지만 이렇게 정식으로 재판한 전례는 없었다. 1980년 1월 12일 서울민사지법합의부는 버스회사가 유족들에게 685만 원을 지급하라는 판결을 내렸다. 판결문에는 "안내양의 정년은 일반적으로 여자가 결혼을 해야 할 나이인 27세로 보아야 하기 때문에 사고일로부터 27세까지는 안내원의 봉급인 일당 3439원으로 손해액을 산정하고 27세부터 가동 연한인 55세까지는 성인 여자 도시 일용 노동 임금으로 손해액을 계산해야 마땅하다"는 내용이 명시되었다. 27세 산출 근거는 1979년 여성의 평균 결혼연령이 24세였고, 당시만 해도 전문직이 아닌 직장여성, 심지어 가장 선망받던 여성 은행원도 결혼하면 퇴직하는 게 사회적 관례였던 점을 감안한 것으로 보인다.

겨울철 새벽 4시, 운행 전 차량을 청소하는 안내양들. (《매일경제신문》 1970년 11월 12일자)

설날, 양로원을 찾은 버스안내양들. (《경향신문》 1973년 2월 3일자)

1977년 '근로자의 날' 행사
에 참가한 버스안내양.

개량된 버스안내양 기숙사.
(국가기록원)

1977년 겨울 '버스안내양 솜씨 바자회'를 찾은 대통령의 큰딸 박근혜. (국가기록원)

박정희 대통령의 죽음을 슬퍼하는 버스안내양들.

5
빵땅은 죄악이 아니다

알몸 수색과 알몸 농성

"민나 도로보우데스 みんな 泥棒(どろぼう)です!"

'공주 갑부'로 유명한 김갑순이 입버릇처럼 즐겨 쓰던 말이라고 한다. '모두가 도둑놈이다'라는 뜻이다. 일제 강점기 조선 제일 갑부였으니 호시탐탐 그의 돈을 노리는 사람이 많아서 이렇게 내뱉었으리라. 그는 당시 충청도 일대에서 가장 큰 운수사업체를 거느리고 있었다. "도로는 차를 갉아 먹고, 조수는 휘발유를 갉아 먹고, 차장은 차비를 갉아 먹으니 나는 뭘 먹고 살란 말이냐"라고 불평한 뒤 "민나 도로보우데스!"라고 덧붙였을 것이다. '차장이 차비를 갉아 먹는 것'은 차장이 손님의 요금을 가로채는 행동으로 흔히 '삥땅'이라고 한다. 그런데 1970년 지학순 신부는 "삥땅은 죄악이 아니다!"라고 선언했다. 그는 왜 남의 돈을 가로채는 행동을 죄악이 아니라고 했을까?

《민중엣센스국어사전》(민중서림, 2016)에서 '삥땅'은 "다른 사람에게 넘겨주어야 할 돈의 일부를 중간에서 가로채는 일을 속되게 이르는 말"로 풀이되어 있다. 《새 우리말 큰사전》(1970)은 "버스차장(안내양)들이 손님한테서 받은 요금의 일부를 가로채는 짓"의 은어라고 했다. 삥 땅은 특정 집단의 행동을 지칭하다가 시간이 흐르면서 그 범위가 확대되었다. 한 신문에서 밝힌 삥땅의 어원은 다음과 같다.

> 소식통들의 통설에 의하면 화투놀이 할 때 1(솔)을 '삥'이라고 하는 데서 버스안내양들이 비공식 일당으로 수입 잡는 것을 '일당' 삥땅으로 표현하게 됐다는 것이다. 그러면 왜 1을 '삥'이라고 하게 된 것일까? 삥은 일본말에서 온 것이라고 아는 체하는 사람도 있는 것 같은데 논거가 확실치 않다. 이목을 널리 돌려보면 포르투갈 말인 '핀타(pinta)', 스페인 말의 푼타(punta)는 원래 카드나 주사위 등의 눈의 일(1)을 말하는데 이것을 줄여서 '핀'이라 하고 첫째 수의 뜻으로도 쓰인다고 한다. 사실이라면 화투놀이에서의 삥은 이 핀에서 유래한 게 아닌가. (독자의 고견을 기대함.)
>
> ―《경향신문》 1976년 1월 8일자

다른 설은 화투 노름 '섯다'에서 솔(1) 두 장을 잡으면 '삥땅'이라 불렀고, 이는 제일 높은 '장땅'만은 못하지만 어느 정도 그 판을 먹을 수 있다는 데서 기원했다고 하는데, 이 역시 검증되지는 않았다.

일제 강점기에도 여차장 '몸수색' 사건이 일어났으니 삥땅의 역사는 길다. 삥땅이 안내양의 대명사가 된 것은 그 전에는 불특정 다수에게 현금을 받았던 직업이 없었던 점과도 무관하지 않다. 현금을 가장 많이 취급하는 은행은 내부 통제 시스템이 이미 잘 갖추어져 있었고, 유료 문화유적지나 공원 등도 뺑땅이 없지는 않았지만 일반인에게 덜 노출된 곳이었다. 안내양 뺑땅이 사회적으로 관심을 모은 이유 중 하나는 무엇보다도 '몸수색(검신 또는 '센타'라고 함)'이었다. 10대 후반에서 20대 초반에 이르는 여성들의 옷을 벗기는 일은 인권 문제는 물론이고 말초적 상상력을 불러일으키며 세간에 회자되기 좋은 소재였다. 남차장에게도 몸수색은 실시되었겠지만 이를 문제 삼는 언론은 거의 없었다. 버스차장이 여성으로 바뀌면서 관련 소식들이 지면에 나오기 시작했다. 뺑땅과 몸수색은 떼려야 뗄 수 없는 관계였다.

'뺑땅'이 보편적으로 등장하게 된 시기는 1951년 버스운수업이 번창할 때였다. 군용트럭을 헐값에 불하받아 뚝딱 개조하여 버스로 굴렸고, 수요가 많으니 그야말로 돈을 바구니로 쓸어 담았다. 이때 차주들은 운전기사에게 수고한 값으로 술값 또는 용돈을, 차장에게는 극장료 또는 용돈을 주었는데 이것이 '뺑땅'이라고 불렸고, 곧 임금이 되었다. 근대적 임금체계가 도입되자 지입 차주들은 기준 금액을 줄이는 대신 술값과 약간의 용돈을 얹어주었다. 이때 비번인 운전기사들은 개인적으로 돈을 쓰기 위해 근무하는 동료들에게 용돈을 빌리거나 얻어 썼는데, 이를 일컬어 '얌생이 친다', '뺑땅을 뜯는다'라고 했다. 다시 말해 버스업계에서 뺑땅은 남의 것을 가로채는 부정행위가 아니라 차주들이 선심 쓰듯 주는 행위에서 비롯되었다. 그러나 차주들이 여러 이유로 그 돈을 주지 못할 때 운전기사와 차장들은 부득이 몰래 '뺑땅'을 치기 시작했다. 가욋돈을 챙겨주지 못해 미안한 일부 차주들은 뺑땅이 지나치지 않은 범위 내에서는 눈감아주기도 했다. 이러한 과정을 거쳐 운수업계에 '뺑땅 문화'가 정착되었다. 안내양들이 알몸 수색 거부를 위한 집단행동에 나서기 시작한 것은 안내양 중심의 노동조합인 전국

자동차노동조합 서울지부가 정식 발족하면서부터였다.

일반적인 몸수색은 안내양들도 부담감 없이 받아들였다. '지나친' 몸수색이 문제였다. 감독은 의심이 가는, 혹은 회사에서 지정한 안내양을 업무가 끝난 뒤 자신의 숙직실로 불렀다. 아무리 뒤져도 돈이 나오지 않을 때 감독은 속옷까지 벗겼다. 완전 알몸이 된 채 그야말로 몸 구석구석 검신을 당했다. 가장 부끄러운 곳까지 손이 닿을 때 비록 같은 여자라도 극심한 수치심을 느꼈다. 그래도 돈이 안 나오면 감독은 사과 한 마디 없이 나가라고 명령했다. 숙직실에서 나오자마자 안내양의 눈에서는 눈물이 왈칵 쏟아졌다. 이렇게 안내양들은 수시로 '목욕탕'에 드나들었다. 사람들이 많은 입금실 커튼이 쳐진 곳에 가서 몸수색을 당하기도 했다. 사람들의 시선에서는 차단되었지만 바지가 벗겨진 안내양은 커튼 너머 들려오는 웃음소리와 '도둑년'이라는 말에 치를 떨었고, 누군가 불쑥 들어오지 않을까 불안에 떨었다. 흔한 경우는 아니었지만 남성 감독이 몸을 더듬기도 했고, 심지어 종점 승객들 보는 앞에서 도둑년이라는 소리도 들었다. 몸수색을 거부하면 감금과 구타, 해고까지 당했다. 단잠에 빠져 있을 새벽 2시에 전체를 깨워 구보를 시키며 단체기합을 주는 회사도 있었다. 과도한 몸수색은 서울시가 운영하는 시영버스에서도 일어난 적이 있었다.

기숙사 시설 불량, 밀린 임금 등은 참을 수 있었지만 알몸 수색은 마지막 자존심마저 짓밟았다. 몸수색의 강도는 회사마다 차이가 있었지만 '목욕탕 갔다'는 그들 사이에 유행어였다. 안내양들의 대응은 다양했다. 많은 안내양들이 시골에 있는 가족을 생각하며 꾹 참았지만 몇몇은 극단적인 선택을 했다. 1966년 10월 삥땅을 친 안내양이 사물함에서 다시 돈이 발견되어 몸수색을 당할 것이 두려워 한강에 투신했고, 1978년 8월에는 삥땅 누명을 쓴 안내양이 달리는 차에서 뛰어내렸다. 1978년 10월에는 알몸 수색에 항의하여 음독자살한 사건이 일어났다. 이 중 가장 큰 충격을 준 것은 1976년 1월 5일 일어난 할복자살 사건이었다. 뺑땅을 의심받은 안내양은 감독에게 몸수색을 당했고 노무부장으로부터 뺑땅을 시인하는 자술서를 쓰도록 강요받았다. 억울함을 참지 못한 그는 결백을 증명하기 위해 20센티미터 칼로 자신의 배를 두 번 찔렀다.

버스회사의 관례대로 이 양은 입금실 칸막이 뒤로 불려갔다.

"뺑땅한 돈 어디 숨겼냐? 나는 쩌려만 봐도 다 아니까 곱게 내놔."

계수기통계원의 첫마디는 협박조라도 점잖은 편이다. 그러나 이 양이 결백을 주장할수록 말은 거칠어진다. 여사감이 주머니를 뒤지는 동안 남자 직원은 '도둑년' '양심도 없는 년' 등의 욕을 계속 해대고 있었다.

"훔치지 않은 돈을 자꾸 내놓으라면 어떡해요! 자, 모두 털어보세요!"

울부짖으며 이 양은 스스로 앞섶을 열어 보이고 팬티 차림이 되어 바지를 털어 보았다. 이 행동은 '높은 사람'들을 더욱 화나게 만들었다. "맹랑한 년이 도리어 대든다"는 것이다. 이 양은 그날 밤 12시 무렵 회사 사무실에서 '뺑땅'에 대한 추궁과 반항에 대한 힐책을 받았다.

이튿날 이 양은 비번인데 또 아침부터 사무실로 불려갔다. 태광교통의 홍○○ 상무(41)는 이 양을 "윗사람에게 대들면 못 쓴다"고 타일렀다고 한다. 그런데 이 양은 "노무부장이 '사표를 쓸래? 뺑땅을 솔직히 말할래?' 하며 '자술서를 쓰라'고 윽박질렀다"고 한다. 이 양은 백지에 도장을 찍어주고 풀려났다. 합숙소로 돌아오자 새삼 설움이 복받치고 그래서 한참 울다가 갑자기 자신의 배를 찌른 것이다.

- 《주간여성》 1976년 1월 18일자

그는 동료들이 급히 병원으로 옮겨 목숨을 구할 수 있었다. 이 사건은 여성이 자해를 한, 전례가 드문 사건으로 삥땅과 몸수색에 대한 사회적 공분을 불러일으켰다. 사건 직후 회사에서는 몸수색을 인정하면서 대책을 세우겠다고 밝혔다. 그런데 노조분회 총무부장은 언론사와의 인터뷰에서 "검신이라뇨? 금시초문입니다. 누구든 당했다고 신고하면 즉시 조처를 취할 텐데요"라며 시치미를 뗐다. 이 안내양이 노동조합을 찾지 않은 이유가 여기 있었던 것이다. 이 자해 사건 후 서울시는 계수기를 전면 철거토록 지시했고, 해당 버스회사 안내양들에게 "인권을 부당하게 침해당하는 문제 및 기타 애로사항은 즉시 보고할 것"을 지시했다. 또 시행 여부를 두고 논란을 빚었던 토큰 사용을 앞당겼다.

몸수색에 맞서 안내양들이 집단행동에 들어가는 일도 많았다. 그들은 새벽 3시경 모두 일어나 기숙사를 탈출하여 뒷산으로 피신했다. 중구 필동에 있는 자동차노조 사무실 서울지부도 농성장으로 자주 애용되었다. 1970년대 후반부터는 종점 주차장에 모여 항의하고 회사 밖까지 시위를 감행했다. 서울시경찰청까지 단체로 몰려가 억울함을 호소하기도 했다. 안내양들은 몸수색 금지와 함께 여감독 교체, 밀린 임금지급, 침구 등 기숙사 시설 개선, 비번 외출 허락, 식비 인하와 식단 개선 등을 요구했다. 이러한 집단행동은 노동조합과의 상의 없이 독자적으로 결정한 것이어서 엄연히 따지면 불법행위였다. 안내양들은 주로 첫차가 출발하기 전인 새벽에 집단행동을 단행했다. 효과를 극대화하기 위한 전술이었다. 갑자기 출근길이 막혀버린 사태에 직면한 버스회사는 안내양들이 모인 장소로 와서 그들의 요구 사항을 즉각 반영하겠다고 약속해야 했다. 그러나 회사들은 시간이 흐르면서 다시 몸수색을 강행했다. 결국 안내양들은 '알몸 농성'이라는 극한투쟁에 들어가기도 했다.

영화 〈도시로 간 처녀〉에서 버스안내양이 몸수색당하는 장면.

1976년 4월 지나친 몸수색을 받은 데 항의하여 알몸 농성까지 했던 새한버스 안내양들. (경향신문사)

서울 도봉구 쌍문동 503의 11 새한버스회사(대표 한○○) 소속 안내양 70여 명이 2일 상오 4시 30분부터 회사 측의 부당한 인사 등에 항의, 안내양 숙소에서 알몸으로 농성을 벌였다.

이들 안내양은 회사가 장기근무 안내양 4명에 내린 해고조치를 취소할 것, 충분한 식사시간을 줄 것과 휴일에 잡일을 시키지 말 것, 몸수색을 하지 말 것 등을 요구했다.

안내양은 이날 회사 측으로부터 요구사항을 들어주겠다는 약속을 받고 상오 8시 30분부터 정상근무에 들어갔다.

—《경향신문》 1976년 4월 29일자

왜 꽃다운 나이의 안내양들이 부끄러움을 무릅쓰고 알몸 농성을 했을까? 첫째, 알몸 수색에 대응하는 상징적 저항이었다. 둘째, 회사 남성 간부들의 출입을 최소화하기 위해서였다. 간부들이 농성 장소에 수시로 찾아와 회유하고 설득하다 보면 안내양들의 투쟁 의지가 약해질수 있으므로 원천적으로 그들의 출입을 봉쇄한 것이다. 아무리 얼굴이두꺼운 남자도 수십 명의 여성이 알몸으로 있는 곳에 갈 수는 없는 노릇이었다. 결국 '알몸 현장'에 여성을 들여보내야 했고, 안내양들은 이여성과의 담판에서 더 많은 것을 쟁취할 수 있었다. 시민들이나 여론주도층, 그리고 경찰들도 안내양들의 시위에 비교적 관대했다. 알몸 수색이라는 충격적인 사실을 접하고 열악한 근로환경에 고생하는 그들을 '불쌍한 누이와 딸'로 바라보았다. 1981년 3월 성동구 자양동에 있는 신흥교통에서도 알몸 농성이 재현되었다.

(…) 자살을 할 때까지 몸수색을 당한 적이 몇 번이었을까? 동료들에따르면 노선을 한 바퀴 돌고 나면 입금액이 적을 경우 안내양은 여감

독에게 독방으로 끌려가 옷을 벗기우고 수색을 당한다고 한다. 알몸이 되어 몸수색을 당하는 인권유린도 기가 막힐 터인데 이성인 남자 감독이 몸수색을 하는 일도 종종 있다고 한다.

물론 빵땅은 나쁘다. 그러나 버스표(토큰)를 팔게 됐어도 빵땅은 없어지지 않고 있다고 한다. 그래서 다시 승객 계수기를 설치하려는 움직임이 나오고 있고 안내양 몸수색이 계속되고 있다. 처우 개선 같은, 보다 더 근본적이고 합리적인 대책이 필요한 것은 아닐까. 자살로써 기름밥(자동차운수업계에 종사하는 것을 뜻하는 은어)과 몸수색을 면하게 되는 안내양이 더 생겨서는 안 되겠다. 회사 측은 안내양들에게 웃음을 주라!

- 《경향신문》 1978년 10월 21일자

몸수색은 엄연히 불법이다. 헌법에 보장된 신체의 자유와 근로기준법 제7조(강제 근로의 금지) "사용자는 폭행, 협박, 감금, 그 밖에 정신상 또는 신체상의 자유를 부당하게 구속하는 수단으로써 근로자의 자유의사에 어긋나는 근로를 강요하지 못한다"는 조항에 정면으로 위배된다. 정부 당국도 이 사실을 잘 알고 있었지만, 법 적용에는 미온적이었다. 1966년 11월 19일 교통부가 몸수색 금지를 지시하고 한 달여가 지난 12월 25일 천호동 한일교통 소속 안내양 40여 명이 지나친 몸수색에 항의하여 파업을 단행했다. 이때 경찰이 여감독을 구속했는데, 몸수색 관련 첫 번째 구속 사례였다. 그러나 각 회사의 몸수색은 은연중에 계속되었고, 빵땅한 사실이 적발된 안내양들이 해고되면서 불법 몸수색이 알려지지 않는 경우가 많았다. 1977년 12월 몸수색으로 빵땅이 적발된 아륙교통 안내양이 해고되었는데, 퇴사 후 퇴직금을 받으러 갔다가 '횡령 혐의'로 경찰에 입건된 사례도 있었다. 이때 경찰과 노동청은 몸수색을 한 회사를 처벌하지 않았다.

기상천외한 삥땅 수법

　사용자들도 억울한 면이 없진 않았다. 그들은 "삥땅이 없으면 몸수색도 없다"고 공공연하게 주장했다. 《매일경제신문》 1969년 6월 12일자에 실린 기사에서 익명의 한 사용자는 "확실한 액수는 알 수 없으나 손님이 많은 노선의 경우 차장 한 사람이 한 달 평균 적어도 2만 원 정도는 빼돌리는 처지"라고 말했다. 과장되었겠지만 이 금액은 당시 월급의 두 배 정도였다. 실제로 1972년 YWCA에 따르면 조사 대상 300명 중 16.3퍼센트가 "삥땅을 하고 있다"고 고백했다. 1976년 5월 19일 태광교통 안내양 조 모 씨는 횡령 혐의로 구속됐다. 입금할 때마다 1000원씩 모두 5000원을 가로챈 혐의였다. 이는 삥땅으로 구속된 첫 사례다.

　그렇다면 사용자들의 주장은 사실일까? 이에 대한 안내양들의 생각은 어땠을까? '견물생심'이라고 현금을 몸에 지닌 안내양들이 유혹에 빠질 수 있다는 개연성은 충분하다. 더욱이 일정한 금액이 아니어서 '재량껏' 요리할 수도 있었다. 삥땅은 그 성격상 규모, 횟수 등을 알 수 있는 객관적 자료를 찾기 힘들다. 아마 1975년 9월 전국자동차노동조합 경기도조합 부녀부에서 실시한 〈버스안내원의 실태조사서: 경기도 지역을 중심으로〉가 최초의 공식 자료일 것이다. 대상자가 많지 않고 심층 조사가 아니지만 일반인의 예상과는 다른 결론을 볼 수 있다. 다음 표는 안내양들의 삥땅에 대한 인식을 보여준다.

　조사자의 85.3퍼센트가 삥땅이 정당하다고 답했다. 즉 안내양들은 남의 돈을 가로채는 행위에 대한 죄의식을 전혀 느끼지 않았다. 이 조사에서는 삥땅 횟수, 규모 등 '삥땅 경험치' 조사를 실시하지 않아 구체적으로 알 수 없지만(조사하더라도 신뢰도를 입증할 수 없음), 안내양들 세계에서는 삥땅이 흔히 이루어지고 있었음을 예상할 수 있다. 적어도

음성수입(뻥땅)

구분	응답자 수(명)	응답률(%)
1. 정당하다		
이유: 인정을 그렇게 하니까	98	45.2
휴무날 식사를 해야 하니까	57	26.3
휴무날 잡비를 써야 하니까	17	7.8
기타	13	6.0
2. 부당하다	32	14.7
계	217	100

음성수입 근절 방법

구분	응답자 수(명)	응답률(%)
임금이 많으면 된다	52	19.5
임금의 용돈을 주면 된다	62	23.2
인간적 대우를 해주면 된다	118	44.2
회수권제를 실시하면 된다	14	5.2
잘 모르겠다	21	7.9
계	267	100

출처: 전국자동차노동조합 경기도조합 부녀부, 〈버스안내원의 실태조사서: 경기도 지역을 중심으로〉,
1975년 9월 13일

이 표에 따르면 사용자들의 "뻥땅이 없으면 몸수색도 없다"는 주장은 설득력이 있다.

안내양들이 비도덕적 집단이어서 그랬을까? 정당하다는 이유를 살펴보면 '뻥땅 문화'가 운수업계에 전반적으로 이루어진 관행이고, 뻥땅의 용도가 재산 축적 등이 아닌 기본적인 욕구 충족이었음을 볼 때 그 이상의 답을 요구한다. 안내양들이 제시한 뻥땅을 근절하는 방법을 살펴보면 좀 더 확연해진다.

안내양 대다수는 임금이 오르고 인간적인 대우를 받으면 뻥땅이 근절될 것이라고 생각했다. 이 조사에서 인간적 대우가 임금 인상보다 많은 결과는 그들이 인권 유린을 얼마나 심하게 당했는지를 단적으로 보여준다. 이에 대해 조사서에서는 "삥땅을 하지 않고 결백함에도 불구하고 삥땅을 했다고 인정을 하고 있기 때문에 사춘기에 접어든 이들이 불우한 주위환경으로 인한 배타심 등이 원인"이라고 지적했다. 안내양들의 이런 의견은 사용자들의 주장을 반박한다. 즉 삥땅이 없으면 몸수색도 없는 게 아니라 '몸수색의 전제인 삥땅이 필요 없게 근무 여건을 개선해달라'고 요구하고 있는 것이다.

삥땅이 정당하다고 생각하는 이유 중 '기타(6퍼센트)'를 눈여겨볼 필요가 있다. 삥땅의 주범 뒤에는 공범, 그것도 위계질서가 분명한 공범들이 숨어 있었다. 다름 아닌 운전사와 여감독들이었다. 이들은 삥땅을 약점 삼아 안내양들에게 상납을 요구했고, 거절할 때는 못살게 굴었다. 나아가 삥땅도 강요했다. 운전사는 종점에 내리기 전에 조용히 안내양을 불러 "이번 탕엔 얼마를 했느냐"고 물었다. 나누어 가지자는 뜻이었다. 없다고 하면 보복이 돌아왔다. 여감독에게 고자질하거나 고의적으로 정류장에서 먼 곳에 차를 세워 승객을 안 태워 수입을 줄였다. 1980년대 초까지도 안내양은 운전사에게 드링크와 담배를 사주는 게 관례였다. 물론 그 비용은 삥땅으로 충당했다. 여감독의 경우, 삥땅 상납을 거절하는 안내양을 괴롭히는 방법은 운전사보다 더 다양하고 잔인했다. 여감독은 상납을 받으면서도 단속하는 모순에 빠졌지만 돈 앞에서는 별 자각이 없었다.

운전사 양○○ 씨를 업무상 과실치상 도로교통법 위반 업무상 횡령 등 혐의로 구속했다. 양 씨는 지난 14일 하오 4시 20분쯤 서울 영등포구 독산동 대림여중 앞 버스정류장에서 승객 김○○ 씨(56. 서울 관악구 신림2동)가 미처 차에 오르기 전에 발차, 김 씨를 떨어뜨려 다치게 한 혐의이다. 경찰에 따르면 양 씨는 함께 일하는 차장 정○○ 양(22)으로부터 매일 500~2000원의 뻥땅을 뜯어 왔는데 정 양이 양 씨의 뻥땅 요구를 거절하자 보복하기 위해 정류장에서마다 손님이 차에 오르기 전에 버스를 출발시키는 등 심술을 부리다 사고를 낸 것이다.

– 《경향신문》 1974년 10월 16일자

한 달 봉급을 받았다. 6000원 준다는 말에 꽤나 기뻐했지만 월급의 뚜껑을 열어보니 4800원이라든가? 여감독에게 항의했지만 "누가 밥은 공짜로 먹여 준다더냐?"는 핀잔만 받고 물러설 수밖에 없었고 다음 날부터는 어쩐 일인지 여감으로부터 휴가라는 딱지가 내렸다는 것이다. "웬일로 이렇게 할까?" 곰곰이 생각했지만 일주일 지나도 아무런 연락이 없고 이래서 보름 동안 4000여 원의 돈은 극장이니 뭐다 해서 전부 날라 가드라는 것. 돈이 떨어지니 밥이 없다. 이래서 그 여감독에게 무슨 일 때문에 휴가 가냐고 따졌더니 "뻥땅해서 혼자 먹는 년!" 하고 질책하더라는 것.
뻥땅이 뭔가 모르는 김 양에겐 청천벽력 같은 소리로 "뻥땅이 뭐예요?" 하고 다잡고 물었더라는 것이다.

– 《명랑》 1970년 7월호

뻥땅과 몸수색의 악순환은 계속됐다. 1960년대 후반에는 연일 지나친 몸수색과 관련 자해와 투신 음독자살 사건, 그리고 알몸 시위 농성까지 신문 지면을 채우면서 사회적 문제로 부상했다. 1970년 봄이 올 무렵 어느 날 '노사문제연구협회'에 다음과 같은 한 통의 편지가 도착했다.

저는 올해 19세인 서울 시내버스에 종사하는 여차장입니다. 저는 18시간이라는 긴 시간의 노동에 허덕이고 있습니다만 굳세게 살고 있습니다. 그 힘을 저는 일하는 날 얻어지는 300원씩의 부수입에 의지하고 있습니다. 그것을 저희의 세계에서는 '삥땅'이라고 부릅니다. 그러므로 저는 매일 죄의식에 사로잡혀 있습니다만 그 삥땅이 없으면 살아갈 수도 없습니다. 그러나 저에겐 견딜 수 없는 고민도 있습니다. 매일 같이 죄를 저지르면서는 도저히 교회에 나갈 수 없기 때문입니다. 저는 영원히 교회와 등져야 합니까? 저는 정말 죄인입니까?

－《매일경제신문》1970년 4월 29일자

독실한 신앙심을 가진 안내양의 고백 편지는 울림이 컸다. 이를 계기로 1970년 4월 28일 한국노사문제연구소는 YMCA에서 '버스여차장의 삥땅에 관한 심포지엄'을 개최하기에 이른다. 이 자리에서 몸수색을 비롯한 인권 유린 실태, 열악한 근무 조건과 턱없이 낮은 임금, 회사와 여감독의 횡포 등이 낱낱이 드러났다. 토론자로 참석했던 한국노사문제연구협회장 박춘산은 "어느 여감독의 경우 한 달에 차장으로부터 뜯어내는 돈이 무려 22만 6000원이나 됩니다. 이러면서 감독 직책에 앉은 사람이 '삥'을 주장하면서 삥땅하지 말라니 오월동주도 이만저만 아니죠"라고 말해 사람들을 놀라게 했다. 토론자로 참석한 이계준 목사는 "당연한 자기 권리의 주장"이라고 말했다. 이어 천주교 원주교구 주교인 지학순 신부는 "삥땅은 죄악이 아니다"라고 일갈해 참석자들의 만장의 박수를 받았다.

안내양들은 삥땅을 어떻게 쳤을까? 다음은 1969년 교통 관련 전문 잡지인 《교통계》 기자가 "어느 좌석버스회사의 여사감으로부터 여차장들의 삥땅 방법을 청취한 것을 간추린" 내용이다. 이후 더 '진화'했겠지만 안내양들의 뻥땅 치는 방법은 그야말로 기상천외했다.

안내양들의 뻥땅 방법

- **브라자 속** 브라자 속에는 스펀지가 들어 있는데 사전에 이곳 헝겊 사이를 뜯어놓아서 고액권(주로 500원)을 접어 숨기는 방법
- **팬티와 핀** 옷핀을 마련해서 접은 돈을 허리춤 팬티 고무줄과 함께 꽂아두는 것
- **옷 솔기** 제복 위(가운형) 앞 솔기 속에 집어넣어 두는 것
- **신발 밑창** 운동화나 농구화 신발 밑창 사이에 넣는 것
- **양말 속** 발바닥 쪽에 숨기는 것
- **팬티-고무줄** 남자용 팬티처럼 고무줄이 넓은 것과 살갗 사이에 돈을 그 고무줄 넓이처럼 접어 살에 붙여두는 방법
- **칼라 안** 제복 칼라를 풀을 먹여 달아 입고 목 뒤쪽에 돈을 접어둠
- **포켓 속** 가장 얍삽한 방법 중의 하나로, 돈을 돌돌 말아 가느다랗게 해서 포켓 구석에 붙여둠
- **브라자 끈** 브라자 끈 넓이로 돈을 접어 살갗에 붙여둠
- **머리 속** 단발된 머리 속에 머리핀으로 돈을 끼워 숨기는 방법
- **가부라** 바짓부리를 접어 올린 부분인 가부라 속에 감추는 것
- **브라자 안** 유방과 브라자 사이에 넣는 방법
- **팬티** 여자용 팬티 하단부 두 겹 천 사이를 뜯어두었다가 그 속에 넣어 감춤
- **시트와 차 안에** 차 안 시트 떨어진 곳에 숨겨두거나, 사찰에 두었다가 '센타' 뒤에 가져다 감추는 것
- **손님을 가장한 친지에게** 종점 두서너 앞 정류장 근방에 친지를 손님으로 가장시켜 던져주거나, 승차케 하여 거스름돈으로 480원을 주

는 방법

- **견습차장에게** 견습차장에게는 검신을 하지 않는 것을 이용해 보관하는 방법

※ 운전사와 공모하는 경우
- **배차표** 종점에 도착할 무렵 운전사가 배차표를 보여달라고 하면 차장은 배차표를 반으로 접은 사이에 돈을 끼워 건네줌
- **담뱃갑** 차장이 담배를 사서 운전사에게 넘겨줄 때 500원짜리를 접어 담뱃갑을 얹어주는 것
- **본네트(보닛) 틈** 운전대 옆 보닛 틈이 있는 곳에 차장이 끼워놓음
- **S. P 돈 속에** 차장이 거스름돈을 80원씩 15개를 항시 갖고 다니는 것을 S. P라고 하며 이 사이에 끼워두는 방법

※ 이 돈을 보관하는 곳은 종점 변소 같은 곳에 담뱃갑 속 은지 같은 것으로 위장, 검신이 끝나면 거두어들이든지 해서 단골 약방이나 구멍가게 또는 지정 세탁소 등에 보관했다가 봉급날 함께 가져가는 것인데, 이 보관자들도 한몫 단단히 보고 있다.

– 《교통계》 1969년 10월호

삥땅 방지 대책

버스회사는 어떻게 안내양들이 삥땅한 사실을 알아냈을까? 무엇보다 입금액이 예전보다 현저하게 부족하면 의심한다. 입금 집계표는 총무과장, 관리부장, 전무에게 제일 중요한 서류였다. 안내양들은 각자 날

짜와 시간(회차)에 따라 입금액을 기입한다. 이 기록을 다른 안내양의 것과 비교하거나, 예전과 비교하여 뚜렷이 차이가 날 경우 회사는 여감독에게 몸수색을 지시한다. 그러나 이 정도는 안내양들도 알고 있어서 대략의 평균치를 유지하려 했다. 그러면 회사는 불시에 '센타'하거나 근무 나갔을 때 기숙사 개인사물함을 뒤졌다. 월급에 준하는 또는 그보다 많은 돈이 발견되면 틀림없이 삥땅한 돈이다. 회사는 경력이 적은 안내양일수록 삥땅 가능성이 적다는 것을 잘 알고 있기에 고참 안내양 사물함을 중점적으로 뒤졌다. 다음은 삥땅을 적발했던 당사자가 당시 상황을 이야기한 내용이다. 그는 고등학교 졸업자로 버스회사에 들어오기 전 집금실에 근무한 경력이 있었다. 다른 회사 감독으로 취직하여 이틀째 되던 날 센타하기 시작했다.

이날 처음으로 사장님의 비밀쪽지가 전달되어 나에게 전해졌습니다. "Y호 차장 검신 철저"라는 명령서였습니다.

검신(센타)을 어떻게 하는 것인지도 모르고 있던 나는 당황했습니다마는 명령이니 아니 할 수도 없고 해서 떨리는 가슴을 억지로 진정하면서 Y 차장을 내 방으로 불렀습니다. 아직도 잠이 깨지도 않은 듯한 Y는 손에 들고 있던 돈을 집금실에 입금시키고 나에게 왔습니다.

호주머니를 뒤졌으나 10원짜리 반 조각이 나올 뿐 삥땅한 돈을 찾을 수가 없었습니다. 아무리 몸을 뒤져보아도 발견할 수 없어서 돌려보내려다 용기백배해서 그의 잡아 맨 머리 속을 푸르도록 했더니 아! 누가 알았으랴, 그 잡아 맨 머리속에서 500원짜리 돌돌 말린 것이 방바닥에 굴러 떨어져 나왔습니다. Y 차장은 당황하지 않았고 당황한 건 나였으니 놀랄 수밖에요.

그로부터 이 회사의 여차장들의 머리는 모두 짧게 깎도록 명령되었고,

Y는 그날로 다른 곳으로 옮겨가지 않으면 아니 되었습니다.

이렇게 해서 여차장들의 센타를 시작하게 되었고 지금은 예사로 하는 여차장의 검신이지만 그 많은 여차장들은 누구 하나 양심에 가책되는 것 같은 표정을 발견할 수 없는 것은 어딘가 잘못되고 있다는 사실을 느끼게 합니다. 다음 날부터 매일 센타를 하라는 명령을 받은 나는 날마다 놀라지 않을 수 없었습니다. (…) 더욱이 한 아이가 하루 1000원 정도를 가로챈다고 볼 때 결과가 어떻게 될 것인가를 생각해보면 검신 행위를 비난하기에 앞서 기업운영에 중대한 영향을 미칠 수 있을 것 같기에 전율마저 느껴지게 합니다.

－《교통계》 1969년 10월호

1969년 안내양 월평균 임금이 1만 원에 약간 못 미쳤으니 500원도 큰돈이다. 뻥땅한 금액에 따라 징계 수위가 달랐다. 금액이 적으면, 반성문을 제출하라는 회사도 있었지만 대개 눈감아주었다. 가장 흔한 징계는 배차에서 제외하는 것이었다. 이는 빠듯한 월급으로 살아가는 안내양에게 엄청난 타격이 아닐 수 없었다. 뻥땅 금액이 많은 안내양은 해고되었다. 배차 제외든 해고든 회사는 뻥땅한 사실이 있다는 내용이 적힌 종이에 안내양의 도장과 지장을 받았다. 안내양들은 '횡령'으로 고발한다는 협박 때문에 그 지시를 따를 수밖에 없었다. 이 자술서는 배차 제외를 당한 안내양에게는 일종의 집행유예 성격이 짙었다. 해고된 안내양들은 인근 지역 버스회사에 취직할 수 없었다. 버스회사끼리 나이, 주민등록번호, 출신지(본적) 등을 적은 '뻥땅 해고 명단'을 공유했기 때문이다.

노조 활동을 열심히 하거나 장기근속한 안내양을 퇴사시키려고 일부러 몸수색하는 경우도 있기는 했지만, 몸수색은 대개 뻥땅을 확인하기 위한 최종 절차였다. 몸수색할 상황이 안 되면 1미터 정도 높이의 새끼줄을 뛰어넘게 하는 여감독도 있었다. 높이 뛸 때 머리나 옷 속에 감춰둔 돈이 떨어질지 모른다고 생각했던 것이다. 삥땅을 방지하기 위해 안내양들을 여학생 정도의 짧은 머리로 깎도록 했고, 주머니를 꿰맸으며, 종점 버스에서 내리자마자 집금실로 가도록 했다. 화장실은 아무리 급해도 용납하지 않았다. 그렇지만 이 정도의 예방법을 피하는 것은 안내양들에게 누워서 떡 먹기였다.

1960년 후반부터는 몸수색에 집단적으로 저항하는 사례가 부쩍 늘었고, 그때마다 사용자들은 비난을 받았다. 그러자 사용자들은 약간의 비용을 들여 삥땅을 원천적으로 봉쇄하고자 했다. 그 시작은 '계수원'이라는 별도 인력이었다.

계수원은 시발점에서 종점까지 승객들을 일일이 세는 사람들이었다. 승객 숫자만 알면 임금액을 정확히 파악할 수 있었다. 이 방법은 예전에도 사용자들이 간혹 쓴 적이 있었다. 신입사원이나 차주 혹은 간부의 친인척이 승객으로 위장하고 탑승해서 안내양의 동태를 엿보고 승객들의 숫자를 세기도 했다. 이른바 '암행사원'이었다. 1973년 3월 부산버스조합은 안내양들의 삥땅을 적발한 단속원에게 5000원을 주는 현상금을 공개적으로 내걸어 물의를 빚었다. 1970년 무렵부터는 아예 승객 숫자 세는 일을 전담하는 사람들을 '교통량 조사원'이라는 이름으로 채용하기 시작했다. 이들의 정체를 알게 된 안내양들은 옴짝달싹 못 하게 되었다. 회사는 대놓고 이들을 버스에 태웠다.

이들의 활약에 만족한 회사들은 계수원 채용을 계속 늘려갔다. 1970년 후반기부터 '버스조사원'을 모집하는 '계수회사'도 생겼다. 1974년 12월 서울 시내버스에 695명의 계수원이 활약했고, 탑승 비율은 전체 버스의 30퍼센트였다. 회사는 계수원을 자체적으로 뽑거나, 계수회사와 계약을 체결하여 계수원을 간접고용(당시 말로는 '피직영')했다. 간접고용의 경우 1974년 기준 3000원의 보증금을 계수회사에 냈다.

계수원들은 20세 전후 남성들로 안내양과 함께 종점에서 승차했다. 물론 서로 인사하지도 않았다. 계수원은 맨 뒷좌석 창가에 앉아 승객이 탈 때마다 주머니 속 '넘버링 계산기' 버튼을 눌렀다. 이들이 받는 돈은 1회 왕복에 100원, 아무리 받아 봐야 하루 600원을 넘지 못했다. 쉬는 날 없이 한 달 내내 온종일 타더라도 2만 원이 채 안 되었고, 실제 그들이 손에 쥐는 돈은 1만 2500원(하루 평균 5회 왕복 500원, 25일 기준) 남짓에 불과했다. 안내양들의 월평균 임금 2만 1000원보다도 적었다. 말이 1만 2500원이지, 계수원들은 버스회사가 아닌 일반식당에서 밥을 사 먹어야 했고(백반 800원), 차고지 종점 근처 여인숙에 묵느라 숙박비도 따로 지출해야 했다. 그야말로 배보다 배꼽이 더 컸다. 또 안내양과의 입금액 차이가 −500원~+1000원을 벗어나면 그 돈도 받지 못했다. 이런 일이 자주 발생하면 해고되었다. 안내양들은 '적수'로 못마땅해하면서도 "우리들은 3등 승객이요, 계수원은 4등 승객"이라며 오히려 측은지심을 발휘했다.

사회에선 우리를 억세고 불친절한 인정이 메마른 사람이라고 평한다. 그러나 우리의 가슴에도 어려운 사람을 도울 수 있는 동정이란 게 있다. 나보다 약자라고 느꼈을 때 한결같이 아끼지 않고는 견디지 못하는 마음들이 있다.

그들은 혹사당하다 못해 도망치다 붙잡히는 날에는 반죽음이라고 하는데 정말 그럴까 하는 의심이 가기도 한다. 계수원의 관리자나 소개업자는 술집포주와 같이 인상을 풍기는 사기업체로서 단연 사회에서 사라져야 되겠다. 그들의 고용조건이 안내원과 대등하다고 인정된다면 나의 '적수 근로자'로서 떳떳이 맞서 일할 수 있겠고 마음 아파하지 않는 것만으로도 가벼운 근무를 할 수 있을 것 같다.

— 《교체계》 1974년 6월호

회사는 계수원의 고용조건을 안내양과 대등하게 할 생각은 눈곱만치도 없었다. 최소비용으로 최대효과를 얻기 위해 계수원이 수시로 갈리더라도 계속 고용했다. 문제점은 계수원 내부에서부터 터졌다. 우선 그들은 수입이 적어 이내 포기하고 계수회사에 보증금을 받으러 가면 대부분 못 받고 쫓겨나거나, 계수회사 간판이 사라져 있었다. 그들이 묵는 여인숙에서는 군대보다 더 강한 규율이 있었고 폭력이 난무했다. 그러나 더 본질적인 문제는 다른 데 있었다. 이병태 교수는 다음과 같이 지적했다.

1. 계수원이 무임승차자 할인요금승객을 정확히 구분하여 기입할 수 없는 점
2. 계수원의 과오나 부주의로 정확한 승객수를 파악하기 어렵다는 점
3. 계수원이 계산한 숫자가 안내원의 입금액보다 저액일 경우 지나친 제재(일당 몰수 해고)를 받게 되므로 안내원보다 무조건 많은 수를 기입하여 책임을 면하려는 불합리성이 있다는 점
4. 계수원이 안내원의 약점을 이용하여 난폭한 언사, 금전 요구, 성적인 문제까지 제기되고 있다는 점
5. 계수원이 좌석을 차지하고 추한 몸가짐은 승객에게 불쾌감을 준다는 점

— 이병태, 〈자동차여성근로자 연구〉, 전국자동차노동조합, 1975

이러한 문제점 등으로 계수원은 점차 사라지게 되었다. 1976년 11월 24일, 노동청은 뒤늦게 전국 버스업체에 계수원 폐지를 공식적으로 지시했다. 그러자 '계수기'가 등장했다. 계수를 사람이 아닌 기계에 맡긴 것이다. 간단히 말하면 출입문 철판 밑에 스프링을 부착해서, 승객이 밟을 때마다 작동케 하여 숫자를 세는 방식이었다. 제작업체는 1973년 실용특허를 받아 제품을 출시해 설치비로 대당 6만 원을 받았다. 계수 방식에 대해 제작업체는 "계수기에 나타난 2회를 승객 1명이 탄 것으로 환산하고 승객 가운데 학생이나 군경·유아 등 요금을 적게 내는 사람이 있는 점을 감안, 평균 요금인 31원씩을 계수기 숫자에 곱해 차장들 입금액으로 계산"하면 된다고 했다. 이 계수기는 1974년 서울 시내버스에서 400대, 1975년 8월 말 53개 업체 2676대가 설치될 만큼 선풍적인 인기를 끌었다. 훗날 안내양 의자 설치와 관련된 태도와는 전혀 상반된 것이었다. 이 계수기 셈법은 과연 합리적이고 현실적이었을까? 현장의 목소리는 전혀 달랐다.

문 계수기에 대한 장점과 단점은…

답 여감독은 센타만 하고 계수기의 숫자와 입금액이 틀리면 왜 적으냐, 돈 먹은 것 아니냐, 이런 식으로 애들을 족치고 계수기 때문에 안내원들이 많은 고통을 받고 있어요. 개문사고도 많고요. 손님들에게 친절해야 되겠는데 계수기를 잘못 밟았을 경우(승차하다 방향이 다르거나 손님이 많아 다시 내릴 경우) 왜 밟았느냐 하면 손님들이 불친절하다고 야단을 쳐요. 그러나 미터기가 올라가는데 할 수 있어요. 그래서 가끔 욕도 먹고 시비도 벌어져요.

문 승객의 수와 계수기의 미터 숫자가 맞는가요?

답 대개 틀려요. 틀리면 로테이션을 해보는데 그래도 틀릴 경우에는 다시 고쳐요. 그런데 학생 20원 일반 30원인데 학생이 많이 타면 26원으로 계산하는데 차이가 많이 생겨요. 학생, 일반이 반반씩 타면 어느 정도 맞는데 학생이 많이 타면 차이가 생겨 곤란해요.

－《생활교통》1975년 4월호

　　버스를 잘못 타거나 예측불허의 무임·할인승객 외에도 계수기의 문제점은 너무나 많았다. 대표적으로 출퇴근 시 만원버스 출입구에 탄 승객들은 수시로 발을 옮겼고, 이로 인해 기계 오작동 또는 고장이 잦았다. 시외버스의 경우 승객의 요금 산정이 복잡했고, 무거운 짐을 승하차 때 계수기에 내려놓는 경우도 있었다. 무임승차 승객 중 버스 내에서 물건 파는 사람들도 예상보다 많았다. 그리고 하루에 500번 이상 그걸 밟고 오르내리는 차장의 승강 횟수도 고려하지 않았다. 안내양이 쉴 수 있는 공간이 훨씬 좁아졌고, 계수기를 밟지 않으려 하고 승객 하나하나 신경을 쓰다 보니 거스름돈과 정류장 안내도 깜빡했다. 짐을 든 승객들도 도와주지 못하고 외면해야 했다. 계수기보다 대부분 입금액이 적어 항상 삥땅의 의심을 받았고, 검신하는 횟수도 오히려 늘었다. 몸수색을 하지 않기 위해 설치되었지만 결과는 그 반대였다. 또한 종점에서 계수관리원과 말이 길어져 가뜩이나 배차 간격에 쫓기는 안내양들을 더 초조하게 만들었다.

　　1975년 10월 31일 전국자동차노동조합 서울버스지부는 '계수기를 고발한다'는 주제로 심포지엄을 개최하여 계수기의 폐단을 지적하며 철거되어야 한다고 주장했다. 그러나 이 자리에 사용자를 대신하여 참석한 버스조합 서○○ 전무의 생각은 달랐다. 다음은 그의 발언을 요약한 것이다.

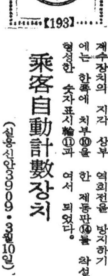

오늘의 發明 【193】

乘客自動計數裝置

(실용신안3909·3월10일)
(고안자=최귀승·성복구정릉동 193의65)

「버스」의 출입문에 장치하여「버스」에타는 송객의수를 자동적으로 셀수있도록 한것이다.

구조는「버스」의 출입문계단철판⑮ 표면위에 고정하판①과 상하작동판②를 접철할수있도록 경첩③을 내설, 전방양측에「코일·스프링」④를 탄설, 작동판②의 한쪽엔 전면으로 연결간⑤를 돌출형성하여 하판에 착설된「레바」간⑥과 연결, 고정하고

깊은 홈⑫, 얕은 홈1(21)을 형성한 작용치차⑬을 장설, 후방에는 삼발형 작동판⑧을「스프링」⑯으로 각각 탄설, 연동간⑨와 연결하여 그 하부에 착설된「레바」간⑥과 연봉쾌하고 전방엔 치륜의

재수장치의 지각 상부 역회전을 방지하기 위에는 한쪽에 치부⑩을 한 제동판⑭를 착설하여서 되었다.

형성한 숫자표시輪⑪과

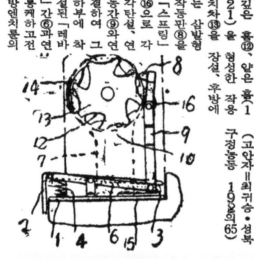

계수기 원리를 설명한 기사. (《매일경제신문》 1967년 5월 1일자)

계수기를 달기 전후의 요금 차이가 하루에 800원에서 2000원까지 차이가 난다. 회사 전체로 보면 1년 동안 수입 차액이 20억 원이 넘을 것이다. 이런데도 과연 업자들이 계수기를 다는 것이 잘못일까. 종업원 불신, 인권유린도 부인하고 싶지 않다. 그러나 버스업은 재정지원이 한 푼 없는 공익기업이다. 무조건 철폐 주장에 앞서 부조리를 제거하기 위한 노사 간 벽을 허물고, 공익기업으로 사명감을 앞세우는 근로자가 된다면 계수기는 철폐될 것이다.

－《교체계》 1975년 12월호

이 심포지엄에는 노사 양측 외에 다양한 사람들이 참석하여 발언을 이어갔다. 정부를 대표한 중앙노동위원회 위원은 계수기 설치만으로는 현행법의 처벌 기준이 없다며 대신 검신 행위는 위법이라고 밝혔다. 학계를 대표한 이병태 교수는 안내원은 "임금만 많이 주면 삥땅을 하지 않을 것이다" 하고 기업주는 "삥땅만 하지 않으면 임금을 올려주겠다" 하면서 순환놀이를 하고 있다고 지적했다. 계수기 운용에 따른 대안으로 관리를 노조 측에 맡기고 이를 공동으로 감시할 자문위원제도를 신설할 것을 제안했다. 소비자를 대표해서 참석한 한국여성단체협회 사무처장은 시민들이 계수기가 하는 역할을 알고 각박함을 느꼈다며 안내원들에게 신체적·정신적 갈등을 주는 계수기는 안내원들의 장래를 생각해서 하루빨리 철폐되어야 한다고 주장했다. 이러한 다양한 논의를 바탕으로 서울버스지부와 서울시내버스사업조합은 1976년 3월 11일 계수기 운영을 합의하고 이 사실을 서울시에 통보했다. 합의한 내용은 사업조합과 노동조합에서 같은 수의 위원을 뽑아 '계수기운영위원회'를 구성하고, 계수기는 교통량 계수 측정과 안내양 표창에 한해 활용하며, 계수기의 계수 결과에 따라 안내양에 대한 몸수색을 금지하고, 여감독제를 폐지하는 대신 교양주임을 두는 것 등이었다. 서울시에 통보한 이유는 서울시가 1976년 1월 5일 안내양 '자해 사건'이 발생하자 계수기를 모두 제거하도록 지시했기 때문이다.

이 노사 합의는 이병태 교수의 제안에 준하는 결과였으나, 곧 무용지물이 되었다. 애초 할복 사건 당시 모른 체했던 노동조합이 안내양을 대표하여 이 문제를 논의할 자격이 있었을까? 서울시의 강력 지시로 각 회사는 계수기를 철거하는 중이었는데, 이 합의로 부활 신호탄을 쏘아 올린 꼴이었다. 이 소식이 알려지자 국제인권옹호한국연맹은 성명서를 발표하여 "할복 사건까지 일으키게 한 계수기를 다시 등장시킨다는 것은 있을 수 없다"고 말하고 "안내양의 인권을 또다시 침해하겠다는 것"이라며 강력 반발했다.

발부리에 돌이 걸어 채면 사람들은 곧잘 화를 낸다. 마치 돌의 잘못인양 적의를 품고 박살을 낸다. (…) 그것을 일컬어 토인비 교수는 '유정화有情化의 잘못'이라고 말한다. (…) 그것은 '원시의 어둠'이다. 그렇다면 '현대의 어둠'은 무엇일까? 토인비 교수는 대답한다. 그것은 '비정화非情化의 잘못'이다. (…) 기계의 잘못도 사람의 잘못으로 치부하려든다. (…) 행여 현대의 대열에서 빠질세라, 우리 버스업자들은 오늘 '비정화의 잘못'을 우격다짐한다. 계수기라는 '괴물'이 그것이다. 안내양의 자살극마저 빚게 했던 괴물을 다시 달아야 한다고 고집인 모양이다. 어쩌면 그렇게도 토인비의 도식에 들어맞는 짓일까. 유정한 안내양들을 비정의 연장 아래 종속시키려 든다. (…)
물론 이른바 '삥땅'의 안내양에게도 잘못이 없는 것은 아니다. 차주의 골머리도 이해할 만하다. 그러나 그렇다고 해서 무료無料의 어린이까지를 찍어대는 비정의 계수기를 안내양보다 더 믿겠다는 발상은 이해하기 어렵다. 그것은 인권의 문제이기에 앞서 같은 공기를 마시는 동시대인의 윤리에서 용납될 수 없는 일이다. (…) 오늘 우리 교통의 문제는 괴물의 등장보다는 뿌리를 돌아봐서 합당할 때다.

- 《동아일보》 1976년 3월 2일자

노동조합은 몸수색 금지 조건부를 내걸었지만, 여론은 계수기 자체가 잘못되었다고 진단했다. 서울버스지부 상급 단체인 전국자동차노동조합은 이 사실을 알고 노사 합의 당사자인 지부장을 제명했지만 이미 버스는 떠난 뒤였다. 사실 제 역할을 하지 못하고, 나아가 어용의 불명예를 쓴 각 단위회사 노동조합이 이런 역할을 제대로 할 수 있는가에 의구심이 들 수밖에 없었다. 이 합의 이후 계수기를 철폐하지 않은 회사에서 노사 공동의 '계수기운영위원회'는 이름뿐이었다. 여감독도 그대로 존속되었고 몸수색도 변한 게 없었다. 계수기를 이미 철거한 회사에서는 다시 계수원을 등장시켰다. 이윽고 3월 24일 몸수색에 항의하여 안내양이 음독자살하는 사건이 다시 발생했다. 노사 합의 명분에 행정집행의 추진력을 잃은 서울시는 이러지도 저러지도 못했다.

서울시는 1978년 8월 31일 토큰제 실시와 함께 계수기 설치를 버스회사 자율에 맡기는 방안을 검토하겠다고 발표했다. 일반과 군경·학생 토큰 색이 달라 구별하기 쉬워 계수기의 단점을 보완할 수 있게 되었다는 취지였다. 이 안은 노동계를 비롯한 사회단체의 반대에 부딪혔으나, 한 달 뒤 승객이 느끼지 못하는 전자식 자동계수기를 설치할 수 있도록 방침을 정했다. 1979년 4월부터 일본에서 수입한 계수기를 단 버스가 등장했지만, 그 계수기를 단 버스는 예전처럼 많지 않았다. 사회 각층의 반발이 계속 이어졌다. 7년간 존속했던 계수기는 결국 서울시가 1981년 2월 17일 시내버스에서 모든 계수기 철거를 지시함으로써 역사

속으로 사라지게 되었다. 한편 토큰제 실시 후 부산의 안내양 옷에 이상이 생겼다. 그들의 호주머니가 뜯겨지거나 재봉틀로 모두 꿰매진 것이다.

부산시 버스 여객운송사업조합(이사장 이재헌)이 삥땅 방지를 이유로 시내버스 안내양들의 작업복에 달린 호주머니를 모두 꿰매거나 떼버리도록 지시, 안내양들이 반발하고 있다.

사업조합측은 지난달 28일 시내 29개 시내버스회사들에 1일부터 안내양들의 호주머니를 모두 꿰매거나 뜯어버리도록 하고 앞으로도 작업복을 맞출 때는 호주머니를 일체 달지 못하도록 지시한 것. 이에 따라 각 회사들이 1일부터 안내양들 작업복의 호주머니를 꿰매거나 뜯어버리자 안내양들은 이에 응할 수 없다고 반발하고 나선 것이다. 부산 D여객안내양 김 모 양(23)은 호주머니가 없을 경우 손수건이나 빗 등 소지품을 넣고 다닐 수 없어 생활에 불편이 큰 것은 물론 비인도적인 인권유린행위라고 주장했다.

이에 부산시 버스여객운송사업조합 측은 "3월 1일부터 승차표제 전면 실시로 현금을 취급하지 않기 때문에 호주머니가 필요 없게 돼 이를 모두 없애도록 했다"고 말하고 있다.

한편 전국자동차노조 부산시내 버스운수 노조 측은 "있을 수 없는 일로 조합원들의 권익보호를 위해 대응조치를 취하겠다"고 말했다.

-《중앙일보》1978년 3월 3일자

사회적 반발이 심해 안내양의 호주머니는 원상 복구가 되었으나, 이 사건은 회사들이 삥땅에 얼마나 민감하게 반응했는지를 보여준다. 계수기 철거나 토큰제 실시와 관계없이 비록 횟수는 줄었지만 삥땅 사건은 여전히 발생했고, 이에 따른 몸수색의 악순환은 멈추지 않았다. 1982년 9월 14일 노동부는 삥땅을 둘러싼 노사 갈등을 근본적으로 줄이기 위해 회사의 수익금 일부를 안내양과 운전사에게 특별수당 형식으로 지급하도록 했다. 대신 삥땅 행위자는 징계 및 형사처벌 하는 것을 원칙으로 하고, 몸수색과 사물함 검색, 물증 없는 자백을 강요한 회사 대표도 함께 처벌하겠다고 발표했다. 이 발표 후 삥땅과 알몸 수색은 현저하게 줄었지만 완전히 없어진 것은 자율버스 등장, 즉 안내양이 자취를 감춘 때였으니 삥땅은 안내양과 떼려야 뗄 수 없는 사이였다.

1979년 11월 3일 박정희 대통령 운구 행렬을 보기 위해 토큰 판매소로 올라간 소년. (경향신문사)

1970년 4월 28일 YMCA에서 열린 '뻥땅' 심포지엄에서 지학순 신부는 "뻥땅은 죄악이 아니다"라고 말해 사회적 충격을 주었다. (《매일경제신문》 1970년 4월 28일자)

버스요금 인상 전날 인산인해를 이룬 토큰 판매소. (《경향신문》 1978년 6월 18일자)

뻥땅방지 알몸搜索에 항의

안내양 飮毒자살

회사측선 "愛情문제때문"

트럭 2重輪禍
少年등 둘숨져

運轉士를 구속

빵땅안준다고 車掌에 보복

信號없이 出發 乘客다쳐

愛國志士영현 13位
國立墓地 안장키로

한가을 旋律의
2회 「우리歌曲」

─ 18일 下午

버스안내양이 있는 동안 뻥땅 관련 사건 사고가 끊이지 않았다.

1979년 버스정류장에 설치된 토큰 자동발매기와 당시 사용하던 토큰(369쪽).

나의 버스안내양 시절(인터뷰)

김선숙 씨(가명)는 1955년 경기도 화성에서 태어났다. 1974년부터 경기도 성남시–을지로 5가를 운행하는 ㄷ교통 버스안내양으로 근무, 2년을 못 채웠다고 했다. 오빠가 둘 있고, 밑으로 여동생이 있다. "기억이 가물가물하다"며 그때를 더듬었다.

어렸을 때 부모님을 따라 서울로 올라와 용산에서 살았던 그는 중학교를 마치고 성남시로 이사했다. 집이 가난해 고등학교 진학을 포기하고 취업 전선에 뛰어들었다. 큰오빠는 군대에 갔고, 둘째 오빠가 공부를 잘해 학비를 대주어야 했다. 선배 언니네 가게 종업원으로 있다가, 가게가 망해 집에서 놀고 있었다. 그러다 동네(성남시 태평동) 전봇대에서 버스안내양 모집 광고를 보고 회사에 가 면접 후 안내양을 하게 되었다.

어려서부터 버스를 자주 타봐 버스안내양이 힘든 직업인 줄 알았을 텐데요?

몇 군데 알아봤지만 취직할 수 없었고 마냥 놀 순 없잖아요. 사실 그렇게 힘들다고 생각하진 않았어요. 또 종점이 집에서 가까우니까 안심할 수도 있었고요. 다만 동네다 보니 아는 사람 만나면 창피했던 적은 있었어요.

면접 볼 때 어떤 걸 물어봤나요? 그리고 견습 기간은?

글쎄요, 하여튼 바로 채용되었어요. 나는 또 자주 보는 버스니까 노선
도 금방 외울 수 있고. 며칠 다른 차장과 같이 타긴 했는데 일주일도
안 됐을 거예요.

**새벽에 일어나 밤 12시까지 일하면서 차에 흔들리고 승객들과 실랑이하는 일이
쉽지 않았을 텐데요. 가장 힘들었던 일은 무엇인가요?**

아침 기상이요. 4시 반에 깨우는데 정말 싫었어요. 사감(여감독)이 욕
지거리 퍼붓고 나서야 겨우 일어나죠. 이게 겨울철은 더 심해요. 종점
이 산 밑(남한산성)이어서 그야말로 칼바람 맞으면서 차를 청소하는데
손이 빨갛게 되고 퉁퉁 부어요. 물청소를 하게 되면 물이 얼지 않도록
마른걸레로 한 번 더 닦아주어야 했고요. 겨울철 첫 탕은 아직도 생각
나요. 멀미가 나거나 술 취한 사람이 토악질해논 거 치우는 것도 아주
질색이었어요. 운행 중이면 냄새 때문에 빨리 치워야 하는데 어디 그
게 쉽나요. 급한 대로 신문지로 닦고 종점에서 처리해야 했고, 또 자기
전에 해야 하기 때문에 더 힘들어요.

수면이 부족해서 많이 졸았겠네요?

저희 버스는 아침에 서울로 들어갈 때 손님이 많고 올 때는 한가해요.
저녁에는 반대고. 손님이 없으면 잠이 쏟아져요. 껌도 씹고 어떤 애는
약도 먹었는데도 소용없어요. 그러다 기사에게 욕먹고. 잠결에 머리를
꽝 부딪치거나 다리를 헛짚어 밑으로 떨어져 다치기도 해요. 그래도
다음 날 비번이니까 실컷 잘 수 있는 희망은 있죠.

승객과 싸운 적이 많나요? 그렇다면 어떤 이유 때문인지.

싸우기보다는… 저희는 시외버스여서 요금이 다르잖아요. 경기도에서 서울로 넘어가면 더 내야 하는데 안 그런 척하는 사람들이 있긴 했어요. 사실 저는 부족하거나 없으면 웬만해선 그냥 봐줬어요. 다른 차장들은 악착같이 받았죠. 회사에서 가끔 입금액이 적다고 말할 땐 저도 세게 나갈 수밖에 없어요.

기억에 남는 승객이 있었나요?

승객이 아니고 물건을 파는 야간고등학교 고학생인데, 우리 차장들 사이에 유명했어요. 뭘 팔았는지는 기억이 안 나고, 넉살이 좋았다고나 할까. 물건 팔러 올라오면 기사나 차장은 대개는 귀찮아하는데 그 학생은 안 그랬어요. 내릴 때 큰 소리로 승객과 기사에게 "감사합니다" 인사했고 차장들에게 가끔 껌도 주었어요. 그래서 기숙사에서 우리들끼리 "너 좋아하나 보다" "아니다"라며 웃기도 했죠.

개문발차 사고가 많이 발생했는데, 혹시 사고 당한 적 있나요?

아침엔 늘 만원인데 한번은 손님들 다 태우고 문 두드리면서 "오라잇" 하고 차에 오르는 순간 한 사람이 미끄러져 나도 같이 밑으로 떨어졌죠. 버스는 출발했고. 다행히 얼마 안 가 멈추었죠. 차장 없이 사고라도 나면, 정신 번쩍 들더라고요. 무릎만 까져 크게 다치지 않긴 했지만 아픈 줄도 모르고 뛰어가서 버스에 올라타니까 몇몇 손님들이 웃고 나도 겸연쩍어서 웃었죠. 다른 차장 애는 정말 크게 다쳤어요. 앞 차장이었는데 뒷바퀴에 다리가 치어 결국 장애인 되어서 고향에 내려갔어요. 기사도 잘렸죠.

기숙사는 지낼 만했나요?

기숙사 한 방에 20명 정도 잤을 거예요. 비좁았던 것 같아요. 잠만 잘 뿐 그곳 생활은 특별히 기억나는 게 없어요. 비번인 날 시골 애들은 빨래다 주변 정리하기 바빴지만 난 이것저것 챙겨서 꼬박꼬박 집에 갔거든요. 우리 집에 같이 놀러 온 애들도 있었고. 버스회사라서 그런지 기름보일러 땐 것 같아요.

비번에 자주 외출하면 사감이 싫어하진 않았어요?

사감하고 친하게 지내서 그러진 않았어요. 다른 애들은 꼬치꼬치 캐물었고 못 나가게 굴긴 했지만 저하고는 그리…. 우리 집에서 밥도 같이 먹은 적 있어요.

집에 가면 잠부터 자겠네요.

그렇죠. 밥 먹고 자다가 오후에 일어나 목욕 갈 때도 있고, 밀린 빨래를 하기도 하고 어머니랑 이야기도 하고… 기숙사에 저녁 9시까지 들어가야 하는데 좀 늦을 때도 있어요.

휴가는 없었나요?

특별한 일이 없으면 휴가를 주지 않아요. 몸이 많이 아프다든가, 집에 초상 같은 큰일이 일어나야 갈 수 있었어요.

사감과 친하게 지낸 이유가 혹시 삥땅과 관련 있나요? 상납한다든지 그런 것도 있다고 하던데.

삥땅은 차장들 대부분 했어요. 나도 했으나 소심한 편이라 많이 하진 않았어요. 가끔 사감에게 삥땅으로 선물을 주긴 했는데 현금을 준 적은 없어요. 기사에게도 박카스나 담배를 챙겨주었고. 그런데 좀 웃긴 게 회사들도 차장들 삥땅 치는 거 다 알아요. 저도 한 번 걸린 적 있지만 액수가 크지 않았는지 경고만 먹고 자술서에 도장 찍었어요. 근데 크면 월급도 못 받고 바로 잘렸어요.

당시 알몸 수색이 크게 문제 되었는데, 어땠나요? 몸수색은 어떻게 하나요?
그런 거 있단 이야기는 들었는데 제기 있을 땐 없었어요. 아마 당했다면 한바탕 크게 싸웠을걸요? 센타는 주로 사감실에서 해요. 특히 비번 전날 입금 후 사감이 부르면 으레 몸수색하는 줄 알죠. 어떤 애는 그 와중에도 돈을 몰래 떨어뜨리기도 해요. 먼저 삥땅을 했는지 안 했는지 물어보고 다리와 양팔을 벌리면 사감이 모자부터 신발 밑창까지 샅샅이 뒤져요. 삥땅이 확실하다고 생각하면 속옷도 보는데 저도 처음에 그랬어요. 그냥 눈물이 났는데 화가 나기보단 내 꼴이 이 정도뿐이 안 된다는 자괴감 때문이었을 거예요. 집에 와서 남몰래 또 울고. 회사 들어가기가 그땐 정말 지옥으로 가는 것 같았어요. 그렇지만 그 이후에는 그 정도까지 심하게 센타를 당한 적은 없어요.

그 전에는 남자들이 몸수색한 곳도 있다고 하더군요.
저도 그 얘기 들은 것 같아요. 말도 안 되죠.

월급은 주로 어디에 썼나요?
제 경우엔 봉투째 모두 어머니 드리고 용돈을 받았어요. 차장 관둔 후에도 그랬죠. 둘째 오빠 학비로 많이 나갔죠. 당시 아버지는 조그만 회사에 다니셔서 버거웠으니까. 오빠가 자랑이기도 하면서 부럽기도 했어요. 그런데 오빠가 나 결혼할 때 식구 몰래 큰돈을 주면서 고맙다고 했어요. 삥땅 친 돈은 동생 학용품이나 과자를 사주었고.

개인적으로 돈은 못 모았겠어요.

네. 저금하는 애들도 있긴 했는데 나는 쓸 곳이 많았으니까.

1974년, 1975년 근무했으면 '계수기'라는 말을 알겠네요.

(그는 모른 듯 생각하다, 설명해준 후 기억을 꺼냈다.) 아! 네. 밟을 때마다… 그거 잠깐 설치하다 말았는데, 그 이상 생각나질 않네요.

같이 근무하던 안내양들과는 친하게 지냈나요?

몇몇은 친했죠. 그중 미희랑은 한 살 어리지만 친구로 지냈어요. 우리 어머니와 같은 고향(경상남도 밀양)인데 집에 데려오면 딸같이 대해주었어요. 미희는 아버지한테 매 맞기 싫어 가출했고 서울행 기차를 타고 어쩌다 나랑 비슷한 시기에 회사에 들어왔어요. 걘 지독했어요. 비번인 날에 나가면 돈 쓴다며 우리 집 아니면 외출을 하지 않았고, 월급을 타면 어머니에게 맡겼어요. 지금 생각하면 왜 은행에 저금을 안 했는지… 1년 반 정도 있다가 그만두고 헤어질 때 어머니나 나나 많이 서운했어요. 고향엔 내려가지 않겠다며 수원에 갔는데 편지 몇 통 오고 간 후 소식이 끊겼어요. 그리고 몇 년 후 다시 만났고 지금 일본에 있는데 아직도 가끔 연락해요.

안내양과 운전기사의 관계는 어땠어요?

기사들은 우리를 닭 보듯 해요. 자기들 밑이라 이거죠. 그렇다고 아랫사람을 챙겨주는 것도 아니었고.

노동조합이 있었나요?

있었긴 있었는데 뭐 하는지 전혀 몰랐어요. 회사를 그만둔 후 그 사람들 역할을 알게 되었으나, 제가 있을 때는 회사 간부인 줄 알았으니까요. 지금도 저는 노동조합이 한심하다고 봐요.

안내양을 그만둔 계기는 무엇인가요?

몸이 많이 아팠어요. 차장들이야 생리불순을 달고 다니는 것이지만 난 정도가 심했어요. 그때 마침 서울 혜화동으로 이사 가게 되었는데 어머니에게 말하니까 깜짝 놀라면서 당장 그만두라고 하셨죠. 신기한 것은 두 달 정도 지나니까 몸이 정상으로 돌아온 거 있죠. 그래서 큰오빠가 제대 후 취직한 을지로 인쇄소에 다닐 수 있었어요.

그 후에 안내양을 보면 감회가 새로웠겠어요.

아무래도 남다르게 보이죠. 차장들이 바빠 쩔쩔맬 땐 도와주고 싶어 손과 발이 움찔할 때도 있었어요. 인쇄소에 있다 보니 신문도 제법 보았는데, 차장 소식이 올라올 때 오빠가 "정말 이러냐?"라며 저에게 보여주곤 했어요. 신문엔 죄다 자극적인 이야기만 올라오잖아요. 맞는 게 있고 틀린 것도 있고, 또 내가 모르는 것도 있고. 제가 다닌 그곳은 나와서 보니 그렇게 차장들을 못살게 군 곳은 아니라는 생각이 들었어요.

3부

여공

머리말

공장은 처녀 신세 망치는 곳

　우리나라 여성의 사회 진출은 일제 강점기에 본격적으로 시작되었다. 당시는 식모나 버스안내양처럼 자발적이기보다는 떠밀려 나가는 경우가 대부분이었다. 강요든 희생이든 약자로서 사회에 나온 그들이 제대로 대접받을 리 없었다. 더욱이 일제 강점기에는 모순 구조가 너무 견고했다. 가부장제가 온존한 식민지는 '차별'을 낳기 비옥한 토양이었다. 시장경제에서 가장 큰 차별은 역시 노동조건, 그중에서도 임금이었다. 여성이 가장 많이 투입된 방직공업의 경우 1943년 당시 여성노동자의 하루 평균임금이 49전이었다. 이는 조선 남성노동자가 받는 하루 평균임금의 절반에 불과했다.

　저는 팔자 기박하여 세 살 때에 아버님을 여의고 일곱 살 먹은 오빠와 홀로 계신 어머님이 방앗간을 다니셔서 제가 15세에 4년제의 보통학교를 졸업하였으며, 오빠는 양복직공이 되어 어머님도 편안히 계시고 집안에서 살림만 돌보시었습니다. 그러나 운수불길하여 오빠가 20세에 신병으로 이 세상을 떠나게 되었습니다. 저희 집안은 흔들어졌습니다. 악착한 세상 맛볼 때는 다달았습니다. 그 길로 연초 회사 여직공을 댕기게 되었습니다. 때는 열일곱 살 먹은 봄철이었습니다.

노동임금은 매일 10전씩 3주일의 견습을 마치고 조일朝日(담배 이름 '아사히'-필자) 물뿌리 1000개 끼는 데 6전씩 받고 하루 잘하면 5000개로 6000개까지에 30여 전의 돈으로 생활을 그날그날 하였습니다. 그러나 그뿐인가요. 일만 하면 그 노릇만 하게요. 감독이나 순시에게 아양을 부리면 하루가 곱게 넘어가고 비위를 거스르면 욕을 종일 먹고 온갖 고초를 받아 겨우 20전에 불과합니다.

-《동아일보》1929년 11월 3일자

여성에게 임금 차별보다 더 견디기 힘든 것은 성적 수치심이었다. 학교와 가정의 울타리 안에 있었던 미혼 여성들은 공장에 대한 아무런 정보가 없었다. 그런 행위들에 그들은 속수무책이었다. 일본 남성뿐 아니라 조선 남성도 가해자였다. 위 기사는 이어서 공장에 만연했던 성추행 사실도 다음과 같이 폭로했다.

사자굴 같은 그곳을 들어갈 때에는 도수장에 들어가는 소와 같이 싫습니다. 또 남공들의 무서운 색에 주린 무서운 유혹은 그칠 날이 없습니다. 그러나 그뿐인가요. 퇴사할 시는 경찰에서 죄인 다루듯이 일일이 검사하지요.

여러분! 놀라지 마셔요. 17세 처녀가, 그 무리한 감독 손에 유방으로 하부에 이르기까지 조사를 합니다. 얼마나 원통합니까. 17세 처녀의 몸에 그 무리한 행동을 달게 받고 저주의 피눈물을 머금고 한낱 돈 30여 전에 얽매인 생활을 3년이란 긴 세월을 하게 되었습니다.

일제 강점기 여성들은 고무공장, 방직공장 등 노동집약적 산업에 집중적으로 투입되었다. 인천 성냥공장이나 군산 정미소같이 지역 특성을 지닌 공장에서도 여성노동자가 필요했다. 이 중 여성노동자가 가장 많이 투입된 곳은 방직산업이었다. 1930년대 전체 노동자의 30퍼센트, 전체 여성노동자의 60퍼센트에 가까웠고 해방 전까지 이 비율은 변치 않았다. 값싼 노동력에 만주와 가까운 지리적 이점, 그리고 한층 강화된 본토(일본)의 노동법에서 소외된 지역이라는 장점 때문에 일제 자본은 앞다퉈 조선으로 공장을 이전했다. 당시 일본 동양방적주식회사의 상황은 《동양방적 70년사》에 다음과 같이 기록되어 있다.

조선의 인구는 약 2000만 명이었지만 남녀 특히 부인들은 백의를 좋아하고 이를 상시착용하였기 때문에 수요는 막대하였다. 동양방적에서는 이 일대 면포소비지의 수요에 응하기 위해 현지 제조의 계획을 진행하였다. 조선에 있어서 공장은 내지의 공장법 적용이 없었기 때문에 야간작업도 차질이 없었고 노무자의 임금도 내지에 비해 약 반액이었다. 제품의 수송도 거리적으로 극히 편리하였다. 이 같은 상황 위에서 총독부로부터의 공장설치에 대한 적극적인 권유가 있었다. 이에 따라 본사는 우선 인천에 설치하고 다음에 경성에 설치하였다.

– 강태수, 〈1930년대 여성노동자의 실태: 면방직업을 중심으로〉,
《국사관논총》 51집, 국사편찬위원회, 1994

일제의 토지 조사 사업 실시 후 농촌은 피폐해졌다. 이제 여성들도 사회로 나가 가정경제를 책임져야 했지만 일자리가 흔치 않았다. 글을 읽을 줄 알면 상점에 점원으로 취직할 수 있었지만, 그런 자리는 도시 여성들 몫이었다. 농촌 여성들은 기껏해야 식모가 되는 사람이 많았는데, 노동집약적 공장들이 생기면서 일자리가 늘어났다. 여성들은 규모가 큰 공장을 가장 선호했다. 타 업종보다 상대적으로 월급을 많이 주고, 기술을 익히면 돈을 더 많이 벌 수 있었기 때문이다. 세끼 밥을 주고 기숙사가 있는 점도 무시하지 못할 장점이었다.

취업 경로는 지인 소개, 직업소개소 알선 등 다양했고, 회사에서 공개 모집도 자주 했는데 경쟁률이 매우 높았다. 《동아일보》 1932년 2월 24일자에 따르면 경성 흥편창제사의 경우 1932년 1일 임금이 10여 전인 직공 20명 모집에 200명이 응모했다. 같은 신문 그해 5월 5일자를 보면 진주 경일고무상회는 여공 20명을 모집했는데 무려 400여 명이 응모했다. 같은 신문 이듬해 10월 28일자에는 군산가등정미소에서 여직공 200명을 모집했는데 지원이 2000명에 이르렀다는 기사가 실렸다. 농촌에서는 인원이 한꺼번에 빠져나가 화제가 되기도 했다.

춘궁에 못 이겨 도시의 방직회사나 고무공장 등으로 응모되어 가는 청소남녀의 이향자가 속출하고 있다. 그중에서도 젊은 부녀자가 더욱 많아 경북 문경군을 중심으로 상주, 예천 등지에서 인천 동양방적회사 여공에 응모되어 가는 처녀와 부인들이 지난 15일 오후 6시 30분 점촌역발 열차를 서민수 씨 인솔하에 78명이 이향의 애닲은 눈물을 뿌리며 정든 고향을 등지고 인천방적회사로 떠났다는데 작년 이래로 10여 차에 걸쳐서 점촌역을 떠나 인천방적으로 넘어간 부녀자만이 560여 명이란 놀라운 숫자에 달한다 한다.

– 《동아일보》 1936년 3월 19일자

고향을 떠나 취직한 그들의 현실은 녹록하지 않았다. 임금 형태는 대체로 일급제였고 생산량에 따라 임금이 지불되는 도급제였다. 하루 12시간 주야 교대로 일했고 일요일만 쉬었다. 조금이라도 더 벌려고 날마다 악착같이 일하는 그들이 건강을 돌볼 리 없었다. 방직산업 특성상 많이 발생하는 먼지는 폐에 치명적이었다. 사용자들이 노동환경에 신경 쓰기 시작한 것은 수십 년이 지나서니 그 전까지 노동자들은 열악한 환경에 무방비로 노출될 수밖에 없었다. 1936년 7월 2일자《조선중앙일보》에는 부산의 조선방직 방문기가 다음과 같이 실렸다.

> (…) 우렁차게 돌아가는 기계와 날카롭게 휘두르는 감독자의 눈살 밑에서 백도에 가까운 열도에 먼지가 뒤섞인 공기를 호흡하며 침침한 공장 속에서 뼈가 아프고 살이 닳도록 일하는 여공들은 대개가 16, 17세의 아리따운 처녀들과 20세 전후의 젊은 여인들인데 다수가 각지 농촌에서 모집되어 온 사람이다. (…) 노동시간이 이렇게도 지리하고 먹는 음식물이 이 모양이니 그들의 영양과 건강은 보지 아니하여도 가히 짐작되거니와 1년 365일을 두고 태양이 동에서 뜨는지 서에서 뜨는지도 모르고 쌀과 고기가 어떻게 생긴 것인지도 잊어버리게 된 그들의 생활이니 얼굴빛은 마치 중병이나 앓고 난 사람처럼 창백한 빛이 가로질리어 있으며 신체는 쇠약하여져서 간간이 졸도하는 직공도 비일비재라 한다.

이에 대한 저항이 없었던 것은 아니다. 노동운동은 고무산업에서 가장 활발하게 전개되었다. 고무신은 1922년 한반도에 첫선을 보이자마자 폭발적 인기를 끌었다. 고무신공장은 적은 자본으로도 생산시설을 갖출 수 있어 갑자기 많은 고무공장이 전국에 생겼고, 여성들이 대거 취업했다. 그러나 방직노동자들이 먼지로 시달렸다면, 고무공장 노동자들의 몸은 악취, 화학제품으로 망가지기 일쑤였다. 대량생산이 가능해져 공급과잉으로 고무신 가격은 대폭 하락했고 이는 임금 인하로 이어졌다. 1930년 평균 81전이던 고무공장 여성노동자 임금은 1938년 63전으로 내려갔다. 노동자들은 임금 삭감 저지 투쟁에 나섰다. 1923년 7월 서울의 4개 고무공장 150여 명의 여성노동자가 임금 삭감에 항의하고, '모욕적인 행동'을 한 감독관 파면을 요구하며 파업에 들어갔다. 이는 일제 강점기 여성들이 벌인 최초의 쟁의로 노동운동사에 기록되었다. 이때 여공들은 경성 한복판 광화문에서 곡기를 끊는 아사동맹 투쟁을 처음으로 전개하여 언론의 이목을 끌었다. 요즘으로 치면 '집단 단식농성'이었다.

무서운 아사동맹은 그들의 최후 수단인 동시에 조선의 노동계급에서는 최초의 사실이라 한때의 흥분으로 조직된 듯이 돌발한 아사동맹은 과연 일주야까지 지낸 작일 오전까지도 의연히 계속되어 정오에 불볕에 흘릴 땀을 거두기도 무섭게 불의의 소낙비도 맞았고 베치마 적삼에 스며든 빗물이 마르기도 전에 음습한 저녁 이슬까지 맞아 가면서도 150여 명 직공들은 아카시아 그늘에서 하룻밤을 새웠다. 24시간의 오랫동안을 그야말로 순전한 하늘과 땅 사이에서 보낸 그들은 원래 설움 많고 눈물 많은 여자들이라 울다가는 쉬고 쉬고는 울고 하여 제 홀로 울고 제 홀로 씻은 눈물 흔적은 곤한 빛이 가득한 눈초리 밑에 남아 있되 강경한 공장 측의 태도는 여전히 냉정하여 청하는 물까지도 주지 아니하였다.

─《동아일보》 1923년 7월 8일자

1931년 5월 29일 평원고무공장의 여성노동자 강주룡은 을밀대 지붕에서 8시간 농성을 벌여 임금 삭감을 저지했다. 최초 고공농성을 벌인 그에게 '여류투사 강 여사', '평양의 히로인'이라는 수식어가 붙었다. 그러나 이러한 저항은 극히 예외적이었고 투쟁의 성과도 크지 않았다. '경성고부 여직공 조합'의 주요 간부는 해고되었고, 강주룡 역시 해고되어 병을 얻고 이듬해 빈민굴에서 숨을 거두었다. 공장에 대한 사회적 인식이 나빠지면서 '처녀 신세 망치는 곳', '폐병 걸리는 곳', '공장에 가면 못쓰게 된다', '공장 지옥', '공장 감옥소' 같은 말이 생겨났다.

일제 강점기 공장에 다니는 여성은 '여공' 또는 '여직공'이라고 불렸고, 직업을 가진 여성이라는 뜻으로 '직업여성' 혹은 '직업부인'의 범주에 들어갔다. 그들을 비하하는 '공순이'라는 말은 1970년대 초반부터 회자되었다. 공순이라는 말은 민족적 요소를 제외하고는 일제 강점기 이래 성적·사회적 차별이 계속 이어져왔음을 의미한다. 공순이에서 파생된 '공돌이'라는 말도 있지만, 공돌이들은 경력을 쌓으면 숙련 노동자로 변신할 수 있었다. 하지만 단순업무를 반복하는 공순이는 그러지 못했다.

한국이 산업화 사회로 접어드는 1960년대 후반부터 여공들이 다수 생겨났지만, 1980년대 초까지 여공의 처지는 일제 강점기와 다를 바 없었다. 아이러니한 점은 국가가 이들을 '수출전사', '산업역군'으로 부르며 이름으로만 대우해주었다는 점이다. 한마디로 빛 좋은 개살구였다.

1
그대 이름은 '산업역군'

국가에 소속된 여공

　박정희 정권에서 수출은 성역이자 성전이었다. 1964년 박정희는 연
두 교서에서 1억 달러 수출을 지시했다. 그렇게 '수출제일주의'가 등장
했다. 11월 30일 1억 달러를 돌파하자 그는 눈물을 글썽이며 "봐라, 하
면 되지 않느냐. 이제 시작이다"라고 말할 정도였다. 이때부터 11월 30
일은 수출의 날이 되었다. 자신감이 붙은 박정희 대통령은 이후 수출
진흥확대회의를 매달 열고 직접 회의를 주재하여 1979년까지 한 차례
도 거르지 않았다. 이렇게 통치자의 강력한 의지로 1970년 10억 달러를
돌파했고, 당초 1980~1981년으로 계획되었던 100억 달러 목표를 1977
년 조기 달성하는 기염을 토했다. '수출'은 박정희 정권의 신화가 되었
다. 팔 수 있는 것은 뭐든지 팔았고, 하다못해 일본인들을 대상으로 한

'기생관광'도 외화벌이로 미화되었다. 수출은 '한강의 기적'을 이룩하는
데 효자 중에 효자였다.

> 공업제품을 비롯한 수많은 우리의 상품이 세계 100여 개 나라로 뻗어
> 나가, 작년도 우리의 상품 수출고는 4, 5년 전에 비해 열 배가 넘는 2억
> 5000만 불에 달하고 있습니다. 이제 우리는 극복할 수 없을 것처럼 보
> 이던 난관을 끝내 극복하였고, 제한된 자원으로 많은 성과를 올렸으
> 며, 서구의 선진국 전문가들이 불가능하다고 한 그러한 어려운 환경
> 속에서, 바로 그 서구의 선진공업기술을 습득하여 그들과 겨루려고 하
> 고 있습니다.
> 이제 우리는 극복할 수 없을 것처럼 보이던 난관을 끝내 극복하였고,
> 제한된 자원으로 많은 성과를 올렸으며, 서구의 선진국 전문가들이 불
> 가능하다고 한 그러한 어려운 환경 속에서, 바로 그 서구의 선진공업
> 기술을 습득하여 그들과 겨루려고 하고 있습니다. 오늘날 많은 외국인
> 들은 '한국에 기적이 일어나고 있다'고 말하고 있습니다. 그러나 그것
> 은 결코 기적이 아니었습니다.
>
> — 1967년 박정희 대통령 신년사에서

한국전쟁 후 원조에 의존하던 한국의 핵심 가치는 '근대화'로 명명된
경제부흥이었다. 내수시장도 작고 자원도 빈약한 나라가 그것을 구현
하는 최선의 방법은 수출이었다. 생산 기반이 취약하고 기술력이 없는
상태에서 제품의 경쟁력은 가격이었다. 가격을 낮추는 가장 손쉬운 방
법은 제품을 만드는 사람들의 임금을 최소화하는 것이다. 값비싼 기계
가 아닌 사람들의 손이 많이 가는, 즉 노동집약적 산업의 육성은 자연
스러운 결론이었다. 가발, 섬유, 식품, 신발, 전자조립 등 경공업이 대표

적이었다. 이에 필요한 노동력은 어떻게 확보할 것인가?

한국은 1960년대 중반까지 농업 국가였지만, 농촌의 사정은 계속 악화되었다. 농사지을 땅이 없고 잉여 노동력이 넘쳐났다. 집에서 밥을 축낼 수 없던 여성들도 무엇인가를 해야 했으나 농촌에는 그들을 받아줄 일터가 없었다. 농촌 여성들은 가계에 보탬이 되고자, 혹은 도시를 동경해서, 혹은 자아 발전을 위해 도시로 몰려들었다. 이때 노동집약적 생산라인을 갖춘 공장은 이들을 흡수하는 블랙홀이었다. 공장은 집을 떠난 여성에게 이상적인 일자리였다. 임금이 점원이나 식모보다 상대적으로 높았고, 기술을 습득하면 돈을 더 벌 수 있고, 안정적인 데다가 안전하고(기숙사), 대기업 직원이라는 자부심도 느낄 수 있었다.

정부는 이들을 '수출전사', '산업역군'으로 불렀다. 그러한 찬사는 여공만을 지칭하지는 않았지만 자연히 수출 효자 품목을 생산하는 그들에게 집중되었다. 또한 정부는 '역군役軍'이니 낮은 임금과 열악한 근무 환경을 탓해서는 안된다'는 군인정신을 은연중에 강조했다.

유독 꽃샘추위가 기승을 부리던 1967년 4월 1일 오전 11시. 구로동 공업단지 내 한국 수출산업공단본부 광장에서 수출산업공업단지 준공식이 열렸다. 박정희 대통령을 비롯해 정부 각료, 산업계 주요 인사들, 공단에 입주한 여공들이 참석했다. 박정희 대통령은 축사에서 "허허벌판을 불도저로 밀어붙인다고 수출 공장이 되겠냐며 의심한 사람도 많았지만 우리는 결국 해냈다. 정부는 이 단지를 25개 공장이 더 들어설 수 있도록 확장할 계획"이라고 밝혔다.

1977년부터 정부 차원에서 시작한 '새마음운동'은 여공들에게 유교적 희생을 강요하는 정신개조 운동이었다. 이 운동을 담당했던 구국여성봉사단 단장은 박정희 대통령의 딸 박근혜였다. 1977년 5월 30일 주한미군방송에 출연한 그는 "충·효·예를 바탕으로 한 새마음은 '밝은

마음, 맑은 마음, 고운 마음, 깨끗한 마음'을 뜻한다"고 설명했다. 구국여
성봉사단은 새마음갖기궐기대회를 개최하고 새마음봉사단을 읍면 단
위까지 조직했다. 학교나 종교단체 등에도 이를 실천할 기구가 신설되
었고 각 기업에도 새마음직장봉사대가 생겨났다. 직장인의 정신개조에
서 주안점을 둔 대상은 여공들이었다.

> 100억 불 수출탑을 성취시킨 정성으로 새마음 기치를
>
> 새마음 숨결이 제품 하나하나에
>
> 기업인과 종사원은 한 가족
>
> 모든 일에 열과 성을 다하는 기쁨
>
> 자랑스런 세대
>
> – 김원, 《여공 1970 그녀들의 反역사》, 이매진, 2006에서 재인용

1979년 박근혜가 펴낸 《새마음 길》이라는 소책자에 실린 글이다.
1970년부터 시작된 '새마을운동'의 하위 개념으로서 실시된 '공장새마
을운동'도 노동자성을 거세하고 자신을 국가의 일원으로 받아들이게
하는 역할을 했다. 직장 깃발 게양대에는 새마을운동 깃발이 휘날렸
다. 노동자들은 아침 일찍 일어나 청소하고 새마을운동 노래를 불렀다.
새마을교육이라는 별도의 정신교육도 받아야 했다. 이러한 이데올로기
공세 속에 여공들도 자신들이 산업역군의 일원임을 뿌듯하게 생각하
곤 했다.

"정말 잊을 수 없는 한 해였어요." K산업의 윤점순(23) 양은 망년보다
송년의 아쉬움을 먼저 말한다. "내가 짠 스웨터를 입은 사람들이 뉴욕
의 거리를 활보하는 모습을 상상하면 마음속 깊은 구석부터 뿌듯해옵

1976년 근로자의 날 위로공연. (국가기록원)

새마음 발대식에서 연설하는 박근혜. (국가기록원)

니다."

-《경향신문》1977년 12월 30일자

그러나 여공들은 자신이 짠 스웨터를 정작 자신은 입지 못하는 현실을 깨닫는 데 오랜 시간이 걸리지 않았다. YH무역을 예로 들면, 가발은 손으로 일일이 모발을 심는 '섬세한 작업'이어서 대표적인 여성노동집약적 산업이자 수출 품목이었다. 가발산업 대부분이 그렇듯 자신이 생산한 만큼 수입이 발생하는 도급제였다. 개인 작업이어서 시간이 많이 날 것 같지만 회사의 생산량 독촉으로 경쟁이 심화되었다. 임금과 직결되는 생산단가를 낮추는 일도 많았다. 여성노동자를 대량 고용했던 섬유산업 역시 공임단가를 회사에서 일방적으로 정하고 불량품을 임금에서 삭감하는 사실상 도급제였다. 여성노동자들은 철야를 밥 먹듯 해야 했다. '전사'와 '역군'이라는 말에서 엿볼 수 있듯 엄격한 위계질서 아래 불만이 안에서 점점 쌓이고 있었다. 상대적으로 근무환경이 좋은 대기업이 이럴진대 중소기업에서 근무한 여성노동자들의 처지는 짐작하고도 남는다.

작업장에 들어오면 가장 먼저 다가오는 것은 냄새다. 원단 더미에서 풍기는 포르말린 냄새가 익숙하게, 그러나 매번 아리게 코를 찌른다. 밖이 환한데도 작업장은 침침하다. 눈앞에 매달린 백열전등이 날카로운 빛을 뿜는다. 이 빛에 익숙해진 사람은 밝은 햇살 아래 눈을 뜨지 못한다. 작업대에 몸을 굽히고 있는 열세 살짜리 시다들의 눈은 핏물이 든 것처럼 빨갛다.

재봉대와 시다판들로 꽉 찬 다락방에서 사이사이 끼어 앉은 여공들이 실밥을 뜯고 자크를 단다. 옷감에서 피어오르는 먼지 때문에 어두운 다락방은 더 어두워 보인다. 재봉틀 소리 사이로 기침소리가 발작처럼 울린다. 퇴근 시간까지 이들은 종일 닭장 같은 곳에서 재봉틀을 밟아 대는 것이다.

나이 어린 시다들은 재봉일을 하는 틈틈이 미싱사의 잔심부름까지 해야 한다. 이들은 천정이 낮은 탓에 허리조차 똑바로 펴지 못하고 하루에도 몇십 번씩 다락방을 오간다. 우리 작업장에서 제일 나이가 어린 열세 살 영희가 다락방에서 내려온다. 사다리를 잡은 하얀 팔뚝이 금방이라도 부러질 것 같이 위태롭다. 이 고사리 같은 손으로 먼지구덩이 속에서 애쓰는 것을 보면 인간이 이렇게 살아야 하나 하는 생각이 든다.

― 조영래,《전태일평전》, 아름다운전태일(전태일재단), 2009

나비가 된 YH무역 여공들

1979년에 일어난 10·26 사태는 유신체제 붕괴와 군부독재 종식의 결정적 계기로 한국 현대사의 분기점이 되었다. 1961년부터 18년간 견고하게 지속되었던 권력이 하루아침에 무너지고 말았다. 중앙정보부(현 국가정보원) 김재규 부장은 왜 '유신의 심장'에 총을 쏘았을까? 이 사건을 두고 제2의 쿠데타(권력투쟁), 또는 민주주의 회복 등 의견이 분분하지만, 김재규가 방아쇠를 당긴 기원을 거슬러 올라가면 YH무역회사 여공과 맞닥뜨리게 된다. 미약하기 짝이 없던 '공순이'들이 철옹성 권력을 무너뜨린 도화선이었다.

YH무역은 1966년 10여 명의 사원으로 출발한 이래 가발 수출의 호

경기와 정부의 수출 지원책에 힘입어 창립 4년 만인 1970년 종업원 3000명의 국내 최대 가발 업체로 성장했다. 그러나 창립자를 위시한 경영진은 저임금과 부당노동행위, 외화 밀반출 등 온갖 불법을 자행했다. 여공들은 저임금과 비인간적 대우를 개선하기 위해 1975년 5월 노동조합을 결성하여 회사와 맞섰다. 1979년 3월 경영진은 누적된 부채, 적자 운영, 노조의 임금 인상 요구 등을 이유로 폐업을 결정했다. 자신들의 자산은 이미 미국으로 빼돌린 상황이었다. 임금이 밀린 상태에서 직장까지 잃게 된 여공들은 노동조합의 지휘 아래 즉각 농성에 돌입했다. 그러나 회사는 8월 6일 폐업 공고를 냈고, 기숙사 식당을 폐쇄하면서 퇴직금과 해고수당 미수령 시 법원에 공탁한다고 밝혔다. 내일모레면 회사가 문을 닫는 급박한 상황에서 여공 186명은 투쟁을 대외에 알리고자 당시 서울 마포에 있던 신민당사를 점거하고 농성에 들어갔다. 1979년 8월 9일이었다. 우리 역사상 처음으로 노동자들이 정당 당사 점거 농성에 들어간 것이다.

신민당 총재는 김영삼. '선명 야당'을 강조하며 박정희 정권과 대립각을 세웠던 그는 "여러분이 마지막으로 신민당사를 찾아준 것은 눈물겹게 생각합니다. 여러분의 피와 땀과 눈물이 없었다면 오늘날의 한국 경제는 없었을 것입니다. 신민당은 억울하고 약한 사람의 편에 서서 끝까지 투쟁할 것입니다"라며 노동자들을 안심시켰다. 이 사건은 사회에 큰 파장을 불러일으켰다. 모든 언론에서 이 소식을 다루었고 여공들은 신문 기사를 보며 눈물을 흘렸다. 신민당은 공권력 철수와 함께 노조와 회사의 중재, 국회 소집 요구 등 문제 해결을 위해 분주히 움직였다. 그러나 경찰은 치안상의 이유를 들어 8월 11일 새벽 2시 '101 작전'을 감행했다. 2000명 경찰 병력은 불과 20분 만에 노동자들을 모조리 강제 연행했고, 이 과정에서 여공 김경숙이 죽었다. 신민당 의원, 당직자, 기자들도 무차별 폭행을 당했다. 김영삼 총재는 상도동 집에 감금되었다. 이 YH 사건으로 신민당과 김영삼 총재는 대정부 투쟁에 더욱 적극적으로 나섰다.

박정희 정권은 1978년 12월 27일 김대중이 감옥에서 풀려나자마자 가택연금을 시킨 데 이어 김영삼을 정계에서 몰아내려던 참이었다. 1979년 9월 법원은 신민당의 총재단 직무집행정지 가처분 결정을 내려 김영삼을 총재직에서 물러나게 했다. 이에 굴하지 않고 김영삼이 《뉴욕타임스》와의 회견에서 "미국이 공개적이고 직접적인 압력을 통해 박 대통령을 제어해줄 것"이라고 하자, 이를 문제 삼아 10월 4일 여당 의원들이 김영삼 국회의원 제명을 날치기로 통과시켰다. 김재규 중앙정보부장은 반발을 우려하여 제명에 반대했지만 소용없었다. 김영삼의 정치적 고향인 부산과 경남에서 민심이 술렁거리기 시작했다. 10월 15일 부산대학교 캠퍼스에 다음과 같은 선언문이 뿌려졌다. '부마민주항쟁'의 신호탄이었다.

민주투쟁선언문

(…) 식민지적 경제구조를 온존시키고 그 위에 원조와 차관경제로써 허세를 부리면서 GNP와 수출만능으로 대외의존을 심화시켜온 매판기업가와 관료지배세력은 농촌경제의 파탄과 이로부터 쫓겨나온 대다수의 도시근로자가 셋방살이와 저임금과 열악한 노동환경 속에서 신음하며 병든 근대화의 표상이 되어 자신들의 향락적이고 퇴폐적인 생활과의 대립이 첨예화함을 두려워하며 모든 경제적 모순과 실정을 근로자의 불순으로 뒤집어씌우고 협박·공포·폭력으로 짓눌러 왔음을 YH사건에서 단적으로 보여주고 있고 저들의 입으로나마 나불대던 민주공화국의 형식논리마저도 이제는 부정함을 야당의 파괴음모에서

깨닫게 하여 주었다.

우리는 학원이 정의와 양심의 최후보루라는 것을 멀지 않은 역사에서 배워왔다. 적과 마주하여 스스로 펜을 총으로 대신하였고 민주주의의 혼이 꺼져갈 때 피를 흘리며 쓰러져간 선배 형들의 끓어오르는 함성이 귀에 메아리쳐 옴을 어찌하랴! 학우여! 오늘 우리의 광장은 군사교육 장으로 변하였고 자유로운 토론은 정보원과 그 앞잡이 상담지도관과 호국단이 집어삼키지 않았는가! 타율과 굴종으로 노예의 길을 걸어 천추의 한을 맺히게 할 것인가 아니면 박정희와 유신과 긴급조치 등 불의의 날조와 악의 표본에 의연히 투쟁함으로써 역사발전의 장도에 나설 것인가? 불을 보듯 훤한 이 시대의 비리를 바로잡을 역사의 소명 앞에 아무 두려움도 아쉬움도 남김없이 훨훨 타오른다. 오직 오늘 보람 있는 삶과 내일 부끄럽지 않은 과거를 갖기 위하여 우리는 이제 투쟁의 대열에 나서는 환희를 찾는다.

학우여! 동지여! 독재자의 논리를 박차고 일어서서 모여 대열을 짓고 나서자! 꺼지지 않는 자유의 횃불을 들고 자유민주주의의 노래를 외치면서.

도서관에서 시작되어 순식간에 5000명으로 늘어난 시위대는 남포 동과 부산시청 앞, 광복동 등 부산의 중심가로 진출하여 '유신 철폐'와 '독재 타도'를 부르짖었다. 데모 안 하기로 유명해 '유신대학교'로 불리던 부산대학교의 시위는 지역사회에 큰 충격을 주었다. 이날 오후 동아대 학교 학생들이 합류했다. 시민들은 쫓기는 학생을 숨겨주어 경찰의 진 압 작전을 방해하는가 하면 김밥과 음료, 담배 등을 주고 박수를 치며 시위대를 격려했다. 이렇게 민중항쟁으로 치달은 시위는 마산 지역으 로 확산되었다. 도청, 공화당사, 파출소, 방송국이 불타고 파괴되었다.

신민당사에서 경찰에게 끌려 나오는 YH무역 여공들. (경향신문사)

이에 정권은 대학교 휴교령과 함께 계엄령을 선포했고 특전사 군인들은 학생과 시민을 무자비하게 진압했다. 셀 수 없을 만큼 부상자가 발생했고 사망자도 나왔다. 항쟁은 수출자유지역 노동자들로 확산될 기미가 보였다. 그곳은 누구보다도 YH무역 여공들의 처지를 잘 아는 노동자들이 수만 명 밀집한 지역으로 유신정권의 경제적 상징이었다. 10월 20일 정부는 마산과 창원 일원에 위수령을 발동하여 국민들의 기본권을 제한했다.

군대 발포를 진지하게 검토할 만큼 정권에 위협이 되었던 부산·마산 지역의 시위는 진정되었지만 언제 어디서든 다시 발생할 가능성이 많았다. 정권 내부에서는 위기감이 극도로 고조되었다. 박정희 대통령은 "부산 같은 사태가 생기면 이제는 내가 직접 발포명령을 내리겠다"고 말했다. 10월 26일 저녁 궁정동 안가에서 정권의 실세들이 소규모 연회를 가졌다. 참석자는 대통령, 비서실장, 중앙정보부장, 경호실장. 권력의 핵심 중에 핵심이 모인 자리였다. 부마사태에 제대로 대응하지 못한 김재규 중앙정보부장은 이 자리에서 질책하는 대통령과 비아냥거리는 차지철 경호실장을 마주해야 했다. 오후 7시 40분, 김재규의 권총은 차지철에 이어 유신의 심장을 향해 불을 뿜었다.

요컨대 YH무역회사 여공들이 야당 당사를 점거했고, 정부는 이들을 옹호한 야당 국회의원이자 총재였던 김영삼을 박해했으며, 이는 부마항쟁을 촉발했고, 이에 대한 대응 방식을 둘러싸고 정권 실세들이 갈등을 겪던 끝에 대통령이 암살되었다. 단지 자신의 일터를 지키려 했던 여공들은 자신들이 이렇게 역사의 흐름을 바꿀 단초가 될 줄은 전혀 몰랐을 것이다. 아마존 나비들이 태풍을 몰랐듯이.

대통령의 딸과 여공

대통령의 딸과 여공. 그야말로 하늘과 땅 차이의 신분이다. 1952년 생 박근혜는 YH 사태가 일어났을 때 스물여덟 살이었다. 여공들의 눈에 대통령 딸은 어떤 모습으로 비쳤을까? 박근혜가 2004년 3월 한나라당 대표 최고위원으로 선출되자 지난날 여공이었던 최순영이 그에게 편지를 썼다. 신민당사 점거 시 노동조합지부장이었던 최순영은 이 사건으로 구속됐고 박정희 전 대통령이 죽은 뒤인 1979년 말에 석방되었다. 그 후 최순영은 여성노동운동과 환경운동을 벌여왔고, 1990년대에 두 차례 부천시의원을 지냈다. 이어 2004년 3월 15일 민주노동당 비례대표 당원 경선에서 5순위로 선출되어 여의도로 진출했다. 박근혜보다 한 살 어린 최순영의 편지에는 대통령의 딸을 바라보던 당시 여공들의 생각이 담겨 있다.

박근혜 당대표께

오랜만에 뒷산에 갔었습니다. 개나리가 자태를 한껏 뽐내고, 진달래는 수줍은 듯 살짝 꽃잎을 내밀고 있었죠. 파릇파릇 돋아나는 새싹과 들풀을 보면서 생명에 대한 경외와 함께 일상의 위대함을 느낄 수 있었습니다. 자연은 묵은 것은 가고 새 것은 오고야 만다는 평범한 진리를 다시금 깨우쳐주고 있었습니다.

저는 53년생입니다. 박근혜 님보다 한 살 어리지요. 우리 둘 다 벌써 반세기를 살았네요. 봄이 오는 산등성이에 서서 앞으로 맞이할 봄날이 지금껏 맞이했던 봄날보다 훨씬 짧다는 사실을 생각하니, 저 멀리 길 가며 재잘대던 젊은 처자들이 얄밉게 느껴졌습니다. 나이를 먹어도 여인네의 시샘은 어쩔 수 없나 봅니다. 봄을 맞는 님의 소회는 어떠신지요.

제게도 봄처럼 싱그럽고 화사했던 시절이 있었습니다. 30년 전, 님의 아버지가 이 나라의 대통령으로 군림하던 시절이었죠. 10대 후반, 돈 벌 꿈을 갖고 무작정 상경한 저는 'YH무역'이라는 가발공장에서 일하면서 노동조합을 통해 노동자의 삶과 우리 사회에 대해 조금씩 배워가고 있었죠.

그때 텔레비전에서 차분하고 이지적으로 생긴 당신의 얼굴을 처음 보았습니다. 당시 저는 당신의 이름이 '영애'이고, 남동생의 이름이 '영식'인 줄 알았습니다. 많이 배워 똑똑한 줄 알았던 텔레비전 아나운서들이 전하는 '영애 양이 어쩌고, 영식 군이 어쩌고' 하는 뉴스 덕분이었죠.

당신의 이름이 박근혜이고, 영애令愛는 고귀한 집안의 따님한테 붙는 말로 '사랑스런 꽃'이라는 예쁜 뜻을 가지고 있음을 알게 된 것은 좀 더 시간이 흐른 후였습니다. 대통령 딸만 사랑스러울까. 꽃부리 영英이 들어 있는 내 이름도 예쁜데, 사람들은 왜 나를 '순영'이 아닌 '공순이'라고 부를까.

'영애 박근혜'와 '공순이 최순영'에 대한 고민은 '자본주의 사회에서 누구나 재능과 능력만 있으면 잘살 수 있고, 평등하게 대접받는다'는 기존의 믿음이 틀렸음을 깨닫는 작은 계기가 되었습니다.

봄이 오는 산하를 바라보면서 제 인생의 봄날을 돌아보았습니다. 노동과 땀, 웃음과 눈물, 추억과 회한으로 얼룩진 화사했던 제 젊은 날을 돌아보았습니다. 봄이 오는 길목 여기저기 핀 개나리와 진달래만큼 싱그럽고 상큼했던 동료 공순이들의 20대를 떠올려 보았습니다. 왠지 이유 모를 서러움이 몰려들면서 눈물이 하염없이 흘러내리더군요.

님께는 미안한 말씀이지만, 당신이 잘 꾸며진 청와대 뜨락에서 국내외

귀빈을 만나고 '영애로서의 역할'을 수행하던 동안, 당신과 같은 또래였던 우리들은 얼마 안 되는 돈을 받기 위해 하루 종일 공장 먼지를 마셔야 했습니다. 당신 아버지가 철권을 휘두르며 국민들을 공포에 떨게 하던 동안 우리 아버지들은 가족을 먹이고 입히기 위해 평생을 노동해야 했습니다.

당신 아버지가 군대·경찰·관료·재벌들과 함께 '5개년 경제계획'을 밀어붙이는 동안 내 아버지 또래의, 내 또래의, 그리고 내 동생 또래의 노동자들이 죽어나갔습니다. 당신 아버지의 집권 시절 이뤄진 산업화·근대화 과정에서 얼마나 많은 사람들이 죽고 다쳤는지에 대해서는 아직 정확한 통계작업조차 이뤄지지 않고 있습니다.

우리들의 20대는 오래전에 지나갔고, 이제 님과 저는 오십 줄에 들어섰습니다. 아가씨에서 아줌마로 변해버린 우리들만큼이나 우리 사회 역시 엄청나게 많은 변화를 겪었습니다. 그 과정에서 우리 모두 개인적으로 가슴아픈 일들을 겪기도 했습니다. 한국사회에 유사 이래 최대의 부를 가져다준 산업화·근대화 과정에서 이런 저런 상처가 없는 사람이 과연 얼마나 되겠습니까. (…)

주경야독 시스템

박정희 정권이 노동자들에게 온정을 베푼 정책이 없지는 않았다. 대표적인 것이 산업체부설학교였다. 여공들에게 배움의 길을 터주기 위해 기업들이 교육기관을 설립토록 한 것이다. 이와 관련된 박정희 대통령 에피소드가 있다.

박정희 대통령은 어느 날 마산의 한일합섬 공장에 들렀다. 수천 명의 여공들이 수출용 스웨터를 만들고 있었다. 시골에서 올라온 앳된 소녀들은 나이보다도 어려 보였으며 키도 작았다. 박대통령은 한 여공의 머리를 쓰다듬으며 소원이 무엇이냐고 물었다.

"공부 못한 것이 한입니다. 영어 글씨를 모르니 감독님 말씀을 알아들을 수가 없습니다."

눈물이 글썽이는 여공을 바라보던 대통령의 시선은 옆에서 안내하던 김한수 사장 눈과 마주쳤다. 박대통령이 "김사장" 하고 말을 꺼내자마자 김사장은 "당장 야간학교를 개설하겠습니다. 중학교 과정부터 시작하겠습니다"라고 했다.

한일합섬에서는 여공들을 위한 야간고등학교도 설립했다. 박대통령은, 이들에게 수료증은 줄 수 있지만 졸업장을 줄 수는 없다고 버티는 문교부 장관에게 특명을 내려 그런 규정을 뜯어고치게 했다. 공부 못한 한을 품고 그래서 더욱 열심히 땀흘려 수출한국의 일선을 지켰던 여공들은 그 뒤 어머니들이 되었고 자식들은 대학졸업생이 되었다. 그들은 공장으로 돌아가지 않았고 공장마다 여성노동자들이 모자라게 된다. 30년 뒤의 이야기다.

– 《월간 조선》 1999년 11월호

다음은 1999년 산업자원부가 펴낸 《남기고 싶은 이야기들: 역대 상공·동자부 장관 에세이집》에 실린 박충훈 전 국무총리의 회고담이다.

날짜가 확실치 않은데 어느 날 구로공단 작업장에서 있었던 이야기다. 박정희 대통령은 몇 사람의 수행원들과 함께 공장을 둘러보는 과정에서 여남은 살 된 소녀가 제 옆에 대통령이 와 서 있는 것도 모른 채 일하고 있었는데, 대통령께서는 바쁘게 놀리고 있는 소녀의 손을 내려다 보다 덥석 그 소녀의 손을 잡고 "네 소원이 뭐냐"고 물었다.

엉겁결에 대통령에게 손목을 잡힌 소녀는 어리둥절했다기보다 무슨 잘못이라도 저지른 것 아닌가 해 겁에 질렸을 게 당연한 일이다. 대통령은 가볍게 떨고 있는 소녀에게 재차 네 소원이 뭐냐고 물었다. 주위에 있던 수행원들이 그 소녀에게 안심하고 네 소원을 말해보라 했다. 그제야 소녀는 기어 들어가는 소리로 입을 열었다. "다른 또래의 아이들과 같이 교복 한 번 입어보고 싶다"는 대답이었다.

순간이었지만 분위기가 숙연해졌다. 박 대통령은 군인이면서 다정다감한 데가 있었다. 내가 목격하지는 않았지만 틀림없이 대통령의 눈에는 눈물이 핑 돌았을 것이다. 박 대통령은 그 자리에서 엄명을 내렸다. 그 엄명은 지체없이 시행됐다. 공단에서 일하는 아이들이 원한다면 어떤 법을 고치고 또 절차를 바꾸어서라도 학교 다니는 다른 아이들과 똑같은 기회를 주도록 하라는 명령이었다. 야근을 마치고 다닐 수 있는 학교와 어떤 졸업장과도 구별되지 않는 똑같은 졸업장을 주도록 하라 엄명했다. 며칠이 지난 후 그 소녀가 아무도 보지 않는 밤길이었지만 교복 입고 가방 들고 학교 나갔을 때의 심정은 좀처럼 상상하기 어려운 감격이요, 드라마였을 것이다.

박충훈의 기억이 사실이라면 아마 1976년 3월 박정희 대통령의 구로공단 시찰 때였을 것이다. 대통령의 특별지시로 문교부는 1977년 2월 특별학급 및 산업체부설학교 설치 운영에 관한 정책을 발표했다. 우선 각 시도별로 특별학급 설치 학교와 학급 수를 정하여 3월 1일부터 개교하도록 시달했다. 이에 따라 전국에 중학교는 남자 5학급 여자 58학급이, 고등학교는 상업계 40학급, 공업계 13학급이 설치되어 운영되었다. 지원 정책으로는 특별학급 운영비 990만 원을 책정했다. 재학생이 개인 사정 등으로 회사를 그만둘 경우에는 수업료 혜택을 주며, 근무지 변경 시 전학을 허용했다. 이수 단위의 3분의 2만 이수하면 정규 학력으로 인정키로 했다. 종업원 1000명 이상의 기업은 이 교육을 의무화했다. 이때 가장 획기적인 조치는 학교법인 없이도 산업체부설학교 설립이 가능하게끔 특례를 준 것이다. 1977년부터 산업체부설학교는 기하급수적으로 늘어나 1981년에는 143개(고등학교 90개, 중학교 53개) 6만 2224명 규모에 달했다.

가정 형편으로 학업을 중단해야 했던 여공들의 학력이 높을 리 없었다. 1972년 노동청의 〈여자 50인 이상 고용사업체 명단 조사〉에 따르면 국민학교(초등학교) 졸업이 33.6퍼센트로 가장 높고, 중학교 졸업이 27.3퍼센트, 고등학교 졸업이 10.5퍼센트였다. 회사 규모에 따라 학력의 편차가 컸다. 300인 이상 고용 기업의 경우 국민학교 중퇴·졸업이 32.3퍼센트, 중학교 중퇴·졸업이 48.4퍼센트인 반면 150인 이하 사업장은 국민학교 중퇴·졸업이 63.3퍼센트였다. 박충훈의 회고담에서 볼 수 있듯이 여공들은 또래 학생들을 가장 부러워했다. 여공들은 눈이 부실 정도로 하얀 세일러칼라에 곱게 다린 검정색 교복을 입고 책가방을 든 여학생을 보면서 자신들의 처지를 원망했다. 산업체부설학교는 그들에게 심리적 보상을 해주고 가정형편상 중단된 향학열을 되살릴 수 있는 기회였다. 학교에 다니게 된 여공들은 여학생의 상징인 단발머리를 만들기 위해 기꺼이 머리를 잘랐다. 기업에서는 정부 정책에 부응하기 위해 복지 차원에서 여공들에게 교복과 책가방을 지급하기도 했다.

1977년 구로공단과 영등포 지역에 편성된 '특별학급'은 대방여중, 영등포여상, 영등포공고였다. 대상은 92개 기업 434명이었다. 구로공단 여공들은 오후 5시 40분에 공장 일을 끝내고 바로 교복으로 갈아입은 다음 오후 6시 30분부터 9시 30분까지 하루 세 시간 공부했다. 당시 전력 사정이 안 좋아 주 1회 공장이 문을 닫는 경우가 종종 있었는데 이때도 학교들은 문을 열어 자습 공간을 마련해주었다. 훗날 소설가가 된 신경숙도 1978년 어려운 가정형편으로 상경한 뒤 구로공단에 취직하여 특별학급에 다니며 문학에 대한 꿈을 키울 수 있었다. 1977년 4월 9일자 《경향신문》은 영등포여상 특별학급 현장을 취재하면서 개설 이후 한 달 동안 100퍼센트의 출석률을 보였다고 보도하며 다음과 같이 학생의 말을 인용했다.

하나같이 불우한 환경 때문에 손에서 책을 놓은 지 오래지만 "이제 다시 배울 수 있게 됐다"는 희망에 모두 가슴 터질 것 같다고 말한다. 1학년 선반 황○○ 양(22)은 구로공단 3단지에 있는 대한노블전자의 선반공. 지난 72년 고향인 전남 장흥에서 중학교를 졸업하고 서울에 올라와 현재의 직장에서 지금까지 일해왔다.

"고향을 떠나 갖은 고생을 다했지만 학교 생각은 잠시만도 잊은 적이 없어요. 내 나이 또래의 여학생들이 무거운 책가방을 들고 등교하는 모습을 볼 때마다 얼마나 부러웠는지 몰라요. 그때마다 마음속으로 울곤 했지요." 그러나 황 양은 지난달 28일 공단에서 맞춰 준 새 교복을 입고 등교할 때는 너무나 가슴이 벅차 "막 뛰고 싶은 심정이었다"고 말한다. (…)

박청수 교무주임은 "처음엔 학생들이 울긋불긋한 화장까지 하고 등교하여 크게 걱정했는데 여 교복을 입혀놓고 보니 아주 얌전해졌다"면서 "날이 갈수록 수업태도가 진지하고 배우려는 의욕이 너무도 강해 가르치는 교사들도 큰 보람을 느낀다"고 말한다.

산업체부설학교가 생기기 전에는 일반 학교가 공장 노동자들을 위해 '야간반'을 운영하기도 했다. 야간고등학교는 '주경야독'의 대명사였다. 중학교 졸업 후 가정형편이 어려운 학생들은 낮에 아르바이트 형태로 일하여 학비를 충당했다. 그러나 공장에 다니는 노동자들이 학교에 다니는 경우는 매우 드물었다. 야간고등학교 문턱도 그들에게는 높았다. 피곤할뿐더러 잔업과 야근이 많아 학교에 다닐 수 없었고, 가족을 돌봐야 하는 월급으로 수업료를 감당하기 부담스러웠기 때문이다.

이를 국가적 차원에서 해결한 것이 산업체부설학교였다. 제일 먼저 부설학교를 설립한 기업은 한일합섬이었다. 한일합섬은 1973년 우리나라 최초로 1억 달러 수출을 달성한 재벌 기업이었다. 《월간 조선》의 기사대로 박정희 대통령 때문에 학교를 세웠는지는 명확하지 않지만, 한일합섬은 1974년 1월 학교법인을 설립하고 한일여자실업학교(현재 '한일여자고등학교')로 전수학교 인가를 받아 3월 30일 69학급 규모로 개교했다. 1977년 정부의 파격적인 조치로 정식 고등학교로 인가받아 한일여자실업고등학교(이하 '한일여실')로 학교명을 바꾸었다. 8700여 평의 부지에 실내체육관과 5층짜리 학교 건물, 각종 실험실습 공간을 갖추어 개교 당시 서울의 일류 고등학교 수준을 능가하는 시설로 큰 관심을 끌었다. "어떤 시련과 곤궁도 극복할 수 있는 소녀 외에는 이 교문을 들어설 수 없다." 이렇게 적힌 학교 정문의 동판은 한일합섬 여공들에게 위로와 자부심을 주었다. 개교식 때에는 4000여 학생들이 각자 고향의 잔디를 옮겨 심어 '팔도잔디' 운동장을 만들었다. 잔디는 색깔 그대로 푸른 꿈과 희망을 보여주는 듯했다.

1977년 당시 한일여실은 전국 최대인 90개 학급에서 5400여 명의 학생을 가르치고 있었다. 3교대 근무에 맞추어 수업은 아침반·오후반·저녁반 3부제로 운영했다. 수업시간이 정규 고등학교와 같아 여공들은 쉬는 시간을 모두 학교에서 보냈다. 수업료는 월 2000원 자비 부담이었다. 1977년 2월 처음으로 졸업생을 배출했고, 40명이 대입에 응시해 19명이 여대생의 꿈을 이룰 수 있었다. 한일여실은 정식 고등학교로 인가받은 후 입학 문호를 넓혔는데 경쟁률이 5대 1이 넘을 정도로 지역의 명문 여고로 발돋움했다.

산업체부설학교가 긍정적인 면만 있었던 것은 아니다. 1977년 당시 혜택을 받는 학생들은 전체 여공의 10분의 1도 안 되었다. 대규모 공단이나 대기업 여공에만 해당되었고 전국에 산재한 중소기업 여공들에게는 그림의 떡이었다. 시간이 지나면서 가장 먼저 나타난 문제점은 높아진 결석률이었다. 피곤한 여공들이 매일 학교에 가는 것도 무리였고, 공단 내 일부 기업은 학교에 다니게 해주는 것을 특혜로 생각해 '모범사원'만 보내주기도 했다. 학교 자체에도 문제점이 있었다. 특별학급은 '더부살이'라는 취급을 받아 학교 내에서 갈등이 생겼고, 교육 내용과 교사의 자질도 일반 학교보다 상대적으로 떨어졌다.

산업체부설학교는 1980년대 중반에 접어들면서 줄어들기 시작했다. 초등학교나 중학교만 졸업하고 공장에 취직하는 경우가 줄어들었고, 공장 자동화와 대외적인 산업구조 변화로 노동집약적 산업이 퇴조하기 시작해 학생들 수급에 구멍이 뚫렸다. 가장 타격을 입은 곳은 산업체부설학교의 대명사였던 섬유업계의 몰락이었다. 모기업의 지원이 대폭 줄어들어 각 학교는 자구책으로 일반 학교 전환을 신청했지만, 대부분 학교 인가 조건에 크게 미달하여 반려되었고 결국 폐교될 수밖에 없었다. 산업체부설학교의 전성기인 1981년에는 130개 이상이었지만 8년이 지난 1989년 학교의 수는 43개(고등학교 40개, 중학교 3개)로 3분의 2 이상이 줄어들었다. 1995년 27개, 1997년에는 20개로 더욱 감소했고, 2000년대 초반이 되면서 전국에 10개 미만이 남게 되었다.

그나마 규모를 갖추며 남아 있던 부산 태광여자상업고등학교, 양산 태창정보고등학교, 용인 인경고등학교가 2004년 폐교되었고, 2005년 충남방적이 모기업이던 대전 충일여자고등학교, 2006년 충북의 대표적인 청주 양백상업고등학교가 폐교되었다. 마지막으로 부산에 시온식품과학고등학교만이 소규모로 남아 있었는데 모기업인 신앙촌이 건물 신축 시 그린벨트 무단 침범을 이유로 2014년에 신입생 모집 정지 조치를 당하고, 2016년 설립 인가가 취소되어 폐교되었다. 이로써 산업체부설학교는 공식적으로 단 한 곳도 존재하지 않게 되었다. 1970년대 우리나라 젊은 여성의 평균학력을 높이는 데 기여하며 여공들의 배움을 향한 갈증을 풀어주던 산업체부설학교는 이렇게 역사의 뒤안길로 사라졌다.

1970년대 수출증대에 크게 기여했던 가발공장의 여공들. (경향신문사)

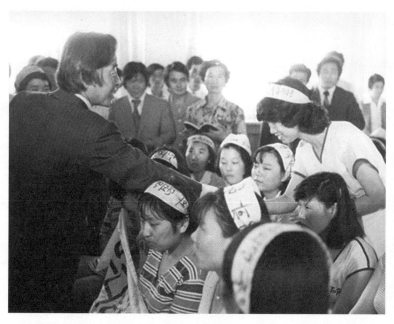

신민당사에서 YH무역 여공들을 환영하는 김영삼 총재. (김영삼민주센터)

근대화와 공업화 시기 "산업역군"과 "수출역군"은 국가가 여공들에게 보내는 찬사였다. (《경향신문》 1977년 12월 30일자, 《동아일보》 1979년 8월 23일자)

박정희 대통령 휘호 "노사공영".

1970년대 여공들의 주경야독을 위해 설립된 마산 한일여자실업학교의 제1회 졸업식 수상자 명단. (한일합섬 사보 1977년 2월 20일자)

1976년 구로공단 여성근로자 여군훈련소 입소식에 참가한 박근혜. (국가기록원)

1977년 마산 한일합섬 부설 한일여자실업학교를 방문한 박정희 대통령. (국가기록원)

최초 고공농성 노동자 강주룡

한반도 북쪽의 수도 평양은 고구려 장수왕이 천도한 이래 신라의 경주, 고려의 개성, 조선의 한양에 필적하는 곳이었다. 일제 강점기에도 경성에 버금가는 정치·경제의 중심지였다. 평양에는 을밀선녀가 내려와 놀았다는 전설이 전할 만큼 경치가 빼어난 금수산 을밀봉이 있다. 평양을 관통하는 대동강과 그 안의 섬 능라도가 한눈에 내려다보이는 곳이다. 이곳에 6세기경 세워진 을밀대 주변에는 기생, 한량 들의 음주가무가 끊이지 않았다. 을밀대 봄놀이는 관서지방 사람들로 인산인해를 이루는 평양 팔경의 하나로 꼽힌다.

1931년 봄도 마찬가지였으리라. 봄놀이가 끝나가던 5월 29일 새벽, 일찌감치 산책 나온 사람들은 을밀대 지붕에서 한 여인을 발견하고 자신의 눈을 의심했다. '을밀선녀인가?' 물론 아니었다. 평범한 조선 여인 강주룡이었다. 어떻게 12미터 높이의 지붕에 올라갔을까? 광목으로 만든 줄이 보이니 그걸 타고 올라갔을 텐데, 남자라도 웬만한 강단이 아니면 엄두 내지 못할 일이었다. 대체 왜 그곳에 올라갔을까? 사람들이 웅성대며 을밀대 주변으로 모여들기 시작하자 그가 일어섰다.

강주룡은 1901년 평안북도 강계에서 태어났다. 끼니 걱정은 하지 않을 정도의 집안 형편이었으나 아버지의 사업 실패로 가족들은 가난에 쫓겨 서간도로 이주했다. 20세가 되던 해 그곳에서 독립운동을 하던 남자를 만나 결혼했다. 독립군 진영에서 부부는 함께 무장투쟁을 했으나 남편은 거추장스럽다며 아내를 내쫓았다. 강주룡은 남편이 자신의 안위를 걱정해서 일부러 그런다고 믿고 버티다가 결국 친정에 돌아왔다. 6개월 후 남편이 위급하다는 전보를 받고 그는 달려갔다. 피투성이 남편을 위해 손가락을 따서 자신의 피를 먹였다. 간신히 아내를 알아본 남편은 몇 마디만 하고 잠이 들었다. 이튿날 아침 남편은 깨어나지 않았다. 자식이 독립운동을 하는지 몰랐던 시집에서는 부음 소식을 가져온 며느리를 "남편을 죽인 년"으로 몰아세우며 중국 경찰에 고발했다. 그는 일주일 동안 유치장에 감금되었다가 풀려났다. 친정으로 간그는 노부모와 어린 동생을 책임져야 했다. 농사짓기에는 무리였고, 마침 평양에 공장이 많이 들어서서 취직하기 쉽다는 말을 듣고 다시 압록강을 넘었다. 26세 때 평양 외곽에 위치한 평원고무공장에 취직해서꼬박 5년을 일했다.

왜 하필 고무공장이었을까? 일제 강점기에 처음 선보인 고무신은 그야말로 공전의 히트를 쳤다. 짚신보다 질기고 편리한 데다가 저렴하기까지 했다. 고무신은 남녀노소를 불문하고 신문물의 상징으로 전 국민의 사랑을 받았다. 1921년 고무신을 만드는 고무공장은 2개에 불과했지만 이듬해에 13개, 1930년대 초에는 72개까지 늘어났다. 고무산업은방직과 함께 식민지 공업화의 대표적인 산업이 되었다. 노동력이 풍부한 경성, 평양, 부산 등 대도시 주변에 고무공장이 집중적으로 건설되어 취직하려는 여성들을 무섭게 빨아들였다. 원료 배합과 성형은 주로남자들이 했지만 조각을 붙이고 손으로 다듬는 단순한 일은 여성의몫이었다. 민족적 차별을 받으며 장시간 노동은 기본이었고, 남성 감독관의 욕설과 구타, 성희롱은 끝이 없었다. 평균임금은 다른 산업보다 높았으나 각종 화학물품에 노출되었기 때문에 근무환경은 최악이었다. 1929년 세계 공황이 닥치면서 원료인 천연고무 가격이 급상승했고, 과잉투자 결과 고무공장들은 경영 압박을 받았다. 고무업계는 1930년 5월 서울에서 전조선고무공업자대회를 열고 임금 인하를 결의했다. 이에 따라 1930년 8월 초 평양고무공업조합이 종래 임금의 17퍼센트 삭감을 노동자들에게 일방적으로 통고했다.

일제 강점기 노동운동은 이 무렵 변화를 겪고 있었다. 1920년대 중반부터 사회주의 사상이 본격적으로 들어오면서 소부르주아 지식인 중심의 노동운동에 회의가 일기 시작했다. 노동자들은 "가자, 공장으로! 광산으로! 노동자 속으로!"라는 슬로건 속에 혁명적 노동운동과 비합법 투쟁을 모색했다. 1930년 임금 삭감과 해고에 맞서 전체 노동자 8만 명 중 25퍼센트인 1만 9000명이 총파업에 참여했다. 대부분 여성노동자였는데도 시위, 공장 점거, 폭동, 아사동맹 등 폭력투쟁이 일어났고 지역별·업종별 연대투쟁도 등장하는 등 기존 노동운동과 다른 양상을 보였다. 내지(일본) 출신 관리자의 민족적 차별 문제도 수면 위로 떠올랐다.

전국고무노조는 임금 삭감 조치에 맞서 단체교섭을 시도했지만 사용자가 응하지 않자, 1930년 8월 7일 파업투쟁을 시작했다. 부산 국제고무공장을 시작으로 11개 공장 1800명의 노동자가 동맹파업에 들어갔다. 평양은 노동자들이 가장 격렬하게 투쟁한 곳 중 하나였다. 평양노동자들은 관서지방 특유의 저항 정신을 가지고 있었다. 평양은 '동양의 예루살렘'이라고 불릴 만큼 서구 문명을 흡수하는 데 거침없는 곳이기도 했다. 임금 삭감과 해고 조치에 노동자들은 거세게 반발했다. "계급전쟁화한 평양"이라는 말이 나올 정도였다. 일제는 노사 간 충돌이 반제국주의 독립투쟁으로 이어지지 못하도록 시위대를 강력하게

◇을밀대 우에 안즌 평원 고무직공◇

을밀대 지붕에서 농성하는 강주룡. (《동아일보》 1931년 5월 31일자)

진압했고, 그 결과 노동자들의 투쟁은 결실을 맺지 못했다.

전국적인 노동자 투쟁 1년 뒤 고무공업조합에 속하지 않은 평원고무공장은 임금 삭감 대열에 동참했다. 17퍼센트 삭감을 통보받은 노동자들은 1931년 5월 17일 파업으로 맞섰다. 지역 자본가와 노동운동가들은 이 공장의 쟁의에 촉각을 곤두세웠다. 전자는 임금의 추가 인하 기회를 엿보기 위해, 후자는 작년 투쟁 실패의 전철을 밟지 않기 위해 자기 '동지'들을 지원했다. 전자는 법적 조치와 대처 방법 등을 알려주었고, 후자는 연대의 일환으로 파업 현장을 방문했다. 평원고무공장의 쟁의는 지역 노사 쌍방 대리전으로 확대되면서 사회적 이슈로 부각되었다. 파업 결의 후 공장을 점거하며 시위하던 노동자들은 5월 28일 아사동맹을 결의했다. 임금 삭감을 철회할 때까지 죽음을 무릅쓰고 단식하겠다는 것이었다. 여느 공장과 다르게 노동자들의 투쟁 의지는 점점 단단해졌다. 사장으로부터 고발장을 접수한 경찰은 그날 밤 11시경 공장에 출동하여 대부분 여성인 노동자들을 공장 밖으로 끌어냈다.

노동자들은 눈물을 흘리며 집으로 돌아갔지만 강주룡은 도저히 분을 삭일 수 없었다. 남편을 죽인 년이 된 것도 모자라, 허구한 날 야근하며 화학제품과 가스 냄새를 맡았다. 지난 세월을 떠올리노라니 팔자가 원망스러웠다. '차라리 죽자!' 목을 맬 광목을 샀다. 그런데 죽기로 작정하니 새로운 용기가 솟아올랐다. '기왕 죽을 바에 끽 소리 한 번 내자'는 생각에 평양 사람들이 가장 많이 찾는 을밀대로 향했다. 광목을 두 갈래로 찢어 끝에 매듭을 지은 후 지붕 위로 던져 걸었다. 간신히 줄타기를 하여 지붕에 올라 평양 시민들을 기다렸다. 100여 명이 모였을까? "존경하는 인민 여러분. 내래 평원고무공장의 고무 직공 강주룡입네다"라며 입을 뗐다. 연설이라기보다는 죽음을 목전에 둔 한 맺힌 여인의 절규였다.

> 우리는 49명 우리 파업단의 임금감하를 크게 여기지 않습니다. 이것이 종국은 평양의 2300명 고무직공의 임금감하의 원인이 될 것이므로 우리는 죽기로서 반대하려는 것입니다. 내가 배워서 아는 것 중에 대중을 위하여서 자신을 희생하는 일은 명예로운 일이라는 것이 가장 큰 지식입니다. 이래서 나는 죽음을 각오하고 이 지붕 위에 올라왔습니다. 나는 평원공장 사장이 이 앞에 와서 임금감하 선언을 취소하기까지는 결코 내려가지 않을 것입니다. (…) 그리하고 여러분, 구태여 나를 여기서 강제로 끌어내릴 생각은 마십시오. 누구든지 이 지붕 위에 사닥다리를 대 놓기만 한다면 나는 곧 떨어져 죽을 것입니다.
>
> ─ 〈을밀대의 체공녀, 여류투사 강주룡 회견기〉, 《동광》 1931년 7월호

평원공장 쟁의는 지역의 노사 대리전 성격의 큰 이슈여서 평양 시민들도 모르지 않았다. 평양 시민들은 그의 주장에 동조하기보다는 이

낯선 광경에 신기해했고, 가파른 곳에서 떨어지지는 않을까 조마조마하며 지붕 위의 여성을 바라봤다. 이미 죽기를 각오한 강주룡의 품 안에는 부친에게 보내는 유서이자 전상서가 있었다.

기체 건래 안녕하시기를 간절히 축원할 뿐이오며 불효 여식은 소원이 성취되면 다시 뵈오며 만약 그렇지 못할 경우 지하에서 뵈오리다.

불효녀 주룡

언론은 "호대조의 에피소드"라며 앞다퉈 대서특필했다.《동아일보》1931년 5월 30일자는 "평양 을밀대에 체공녀滯空女 돌현",《매일신보》1931년 5월 31일자는 "을밀대 옥상에 올라가 파업선동의 연설",《조선일보》1931년 5월 31일자는 "아사동맹을 지속 을밀대에서 철야 격려",《조선신문》1931년 5월 31일자는 "일본 최초의 신전술… 여투사"로 보도했다. 이렇게 강주룡은 한국노동운동사에서 최초 '고공농성'을 단행한 노동자로 그 이름이 올랐다. 이 사건이 워낙 화젯거리여서 강주룡의 행적은 이후에도 언론의 많은 관심을 받았다.

평양경찰서 순경들은 즉각 출동했지만 어찌할 바를 몰랐다. 식민지에선 처음 있는 일이었고, 올라오면 떨어져 죽겠다는 '체공녀'의 결심이 괜히 하는 소리가 아님을 직감했다. 모인 군중을 해산한 후 설득했으나 유서까지 쓴 그였다. 계속되는 대치 속에 경찰은 시선이 닿지 않는 곳에 사다리를 놓고 몰래 올라 등 뒤에서 급습하여 제압했다. 을밀대에 오른 지 8시간 만에 경찰서로 연행된 강주룡은 일체 심문에 응하지 않고 단식투쟁을 전개했다. 경찰은 다시 당황할 수밖에 없었다. 한 신문은 "식음을 전폐, 병아리처럼 입을 다물어서 평양서의 대두통"이라는 제목 아래 그의 동정을 다음과 같이 실었다.

도무지 경관의 묻는 말에 대답을 하지 아니하고 금 30일 오전 때까지 식음을 전폐한 후 유치장에서 잠만 자고 있음으로 취조하는 경관도 어찌할 줄 모르고 매우 두통 중으로 지낸다고 한다.

- 《매일신보》 1931년 5월 31일자

경찰이 유치장에 음식을 갖다놓아도 강주룡은 굶겠다고 버텼다. 심지어 물 한 모금도 입에 대지 않았다. 법적으로 정해진 구금 시간이 지나자 경찰은 어쩔 수 없이 5월 31일 11시에 그를 풀어주었다. 경찰서에서 나온 그는 성치 않은 몸으로 파업 대열에 합류했다. 강주룡이 다시 나타났다는 소식이 전해지자 평양 노동자들은 그를 향해 '여류투사 강여사', '평양의 히로인'으로 부르며 환호했고, 파업 대오는 더욱 강고해졌다. 파업 노동자들은 다시 공장 담을 넘어 점거에 들어갔고, 회사에서 새로 채용된 노동자들과 대면해야 했다. 일촉즉발의 긴장 속에 경찰은 사태 악화를 염려하여 개입에 신중했다. 마침내 6월 6일, 사측이 협상을 요청하면서 임금 인하를 철회하겠다고 밝혔다. 추가 임금 인하를 호시탐탐 노리던 평양의 다른 고무공장들도 기세가 꺾였다. 마침내 노동자가 승리했고 작년의 실패를 위로받을 수 있었다. 그 한가운데에 강주룡이 있었다.

그러나 만인의 승리 뒤에는 누군가의 희생이 따랐다. 평원고무공장은 직원을 새로 채용하고 강주룡 등 20명을 해고했으며 나머지 직원들에게는 다음 날 아침에 출근하지 않을 경우 해고된다고 밝혔다. 그러나 노동자들은 해고되지 않은 49명을 포함해 전원 복직될 때까지 투쟁할 것을 결의했다.《동아일보》1931년 6월 11일자에 따르면 공장에서는 시위대의 습격에 대비해 "신직공 30명은 아침 점심 저녁을 모두 공장에서 먹이고 공장에서 재우며 밤에는 공장문을 굳게 닫음은 물론 밖으로 향하는 유리창 등은 모두 정을 쳐서 파업단 습격에 대비"했다. 이렇게 양측의 긴장이 고조된 가운데 경찰이 공장 습격 방지 목적으로 강주룡을 다시 체포했다. 강주룡은 다시 단식투쟁에 돌입했다. 대표적인 카프 시인 김창술은 강주룡에게 다음과 같은 헌시를 썼다.

쫓기어나는 분함과 가슴속에 이는 불길을 억제하면서 우리들의 용감한 자매들의 군센 발길은 서도의 한 길을 데모하였다.
평원고무공장의 파업의 리더 강 씨는 목적을 관철하려는 의지와 모든 동지들의 군센 마음을 격려하기 위하야 드높은 을밀대 위에서 아지 프로의 신전술을 전개하고 파업단을 위하여 크게 기세를 올리었으며 이에 응한 파업단의 의기는 충천하였다.
(…) 그러나 강 씨는 죽음을 각오하고 일체 단식을 단행하였다. 실로 단식 78시간! 우리들에게 얼마나 충동을 준 산교훈이냐. 놈들도 여기에는 무서웠으며 놀래었으리라. 그리하여 놈들은 강 씨를 내어놓지 아니하고는 못 견디었다.
강 씨는 이것만으로도 넉넉히 이기었다.
체공녀!
저널리스트의 기발한 술어와 노동쟁의를 흥미 중심으로 취급하는 그들의 배짱을 불쾌로 대하면서 저널리스트의 개량주의화를 조상한다.
서부전선의 여투사. 우리들의 리더여, 군센 단결과 못기둥 같은 의지와 용감한 투쟁으로 끝까지 전진하소.
당신들의 등 뒤엔 헤일 수 없는 동무들이 지키고 있으며 우리들의 광명을 향하야 싸우고 있지 않는가.

이번의 단식투쟁은 효과가 없었다. 당시 평양의 급진적 노동조합은 조선공산당 출신의 정달헌이 이끌고 있었다. 일제 검경은 러시아 볼셰비키 지령을 받은 이른바 '적색노동조합'을 색출하기 시작했고 강주룡은 이 단체에 연루되어 취조를 받았다. 강주룡의 투쟁은 단순한 노사 갈등을 넘어 식민지 독립과 해방을 도모하는 정치적 사건으로 확대되었다. 강주룡의 신병은 유치장에서 형무소로 이관되었다.

이후 강주룡의 소식은 언론에서 멀어졌다. 적색노조 사건으로 노동운동가들이 대거 검거되면서 평양 노동자 투쟁은 급속히 무너졌다. 평원고무공장 해고자들은 결국 복직되지 않았고 해고가 보류된 직원 가운데 출근자가 늘어났다. 강주룡의 소식은 그해 연말 다시 알려졌다. 1931년 12월 30일자 《조선일보》는 '강주룡의 근황'이라는 제목 아래 그가 여자형무소에 수감되어 있으며 강주룡 집안의 경제적 어려움을 과거 파업 동료들이 도와주고 있다고 보도했다.

1932년 6월 7일 강주룡은 느닷없이 병보석으로 출감했다. '극도의 신경쇠약과 소화불량' 증세가 보석 이유였다. 정치 사범을 재판 중에 병보석으로 석방하는 일은 매우 드문 경우였다. 그만큼 그의 몸 상태는 최악이었다. 수감 기간 동안 그가 어떻게 지냈는지는 알 수 없지만 타협하지 않는 성품으로 미루어볼 때 1년 동안 모진 고문을 당했음은 미루어 짐작할 수 있다. 출소한 강주룡은 돈이 없어 제대로 치료받지 못했다. 강주룡은 8월 13일 자택에서 사망하기에 이른다. 기박하고 불꽃 같았던 그의 삶은 그렇게 끝나버렸다.

일제 강점기, 특히 1920~1930년대에는 1970년대처럼 여공들이 노동자 투쟁 현장의 주류를 형성했다. 마찬가지로 경공업 중심의 산업구조와 관련 깊은데, 1924년 3월 10일 인천 가등정미소 파업, 1930년 52개 고무공장 파업 등 당시 사회적 파장이 큰 노동쟁의는 대부분 여성노동자가 밀집된 현장에서 일어났다. 그러나 그 투쟁에서 이름 석 자를 남긴 여성노동자는 거의 없다. 반면 쟁의를 지휘한 남성의 이름은 차고도 넘쳤다. 강주룡은 '체공녀'라는 사회적 이슈가 있었기 때문에 주목을 받았지만, 을밀대에 오르지 않았던 제2, 제3의 강주룡은 얼마든지 있었다. 사실 강주룡도 그 뒤에는 사라진 이름이었다. 강주룡은 1979년 발간된 《여성해방의 이론과 현실》(창작과비평)에 실린 최민지의 논문 〈한국 여성운동 소사〉에서 다시금 조명을 받게 된다.

그의 삶은 식민지 아낙네들, 여성노동자들의 처지가 응축된 비극이었다. 역사는 강주룡을 한국 최초의 여성 노동운동가이자 여성노동자의 대명사로 기록했다. 2007년 강주룡은 건국훈장 애국장에 추서되었다. 공훈록에는 "평양에서 일제의 민족 차별에 반대하는 노동운동을 전개하다 체포되어 옥고를 치렀다"고 적혀 있다.

2
나는야, 빵이 치는 공순이

눈물 젖은 보름달 빵

1970년 식품산업의 선두주자였던 삼립식품은 1976년 '보름달 빵'을 출시하면서 공전의 히트를 쳤다. 보름달처럼 동그란 카스텔라 두 개 사이에 버터크림이 발린 빵이었다. 토끼가 방아를 찧고 있는 포장지 그림과 "달 달 보름달 삼립빵의 보름달"이라고 시작하는 광고도 한몫했겠지만 보름달 빵은 싼값(100원)에 양도 많고 달콤하기까지 해서 단번에 빵 시장을 석권했다. 생산라인을 24시간 풀가동해 1977년과 1978년 하루에 1만 상자의 판매량을 기록할 정도였다. 그 시절 보름달 빵은 소풍 갈 때 사이다, 김밥과 함께 필수품이었고, 어른 아이 할 것 없이 간식으로 제격이었다.

YH무역 여공들은 밤 10시까지 야근하면 야식으로 보름달 빵을 받았다. 이 빵은 값싸고 양도 많을뿐더러 누구나 좋아하는 야식이었다. 장시간 노동에 지치고 출출할 때 달콤하고 부드러운 빵을 받았으니 얼마나 먹고 싶었을까? 그러나 여공들은 고향에 있는 동생을 떠올리면 빵을 먹을 수 없었다. 그렇다고 빵 한 개만 보낼 수는 없어서 몇 개씩 한꺼번에 보내려고 모으다 보면 상하기 일쑤였다. 누군가 아이디어를 냈다. 빵이 나오는 날 10명이 한 사람에게 모아주고, 순번대로 그다음 사람에게 모아주는, 일명 '빵계'였다. 100원짜리 빵도 신입들에게는 귀하게 느껴졌다. 초봉은 몇천 원 수준이었고 여기서 기숙사비 1500원과 식대를 빼면 고향에 부칠 돈도 빠듯했다. 빵계를 탄 날, 보름달 빵을 한 입 물면 "눈물에 젖은 빵을 먹어보지 않은 사람은 인생의 진정한 맛을 알지 못한다"는 괴테의 말이 실감 나지 않았을까? 최순영은 다음과 같이 회고했다.

> 그때는 먹을 게 귀했어. 밤 10시까지 야식을 하면 빵을 하나씩 줬어. 보름달 빵. 근데 안 먹고 '빵계'를 했지. 빵계를 타서 시골 동생들 먹으라고 부쳐주는 거지. 자기거 하나씩 모아 보내려면 그동안 썩어버리니까 계를 해서 한 번에 모아 소포로 부치는 거야. 지금도 그 생각하면 참 가슴이 짠해.
>
> ─《프레시안》 2004년 3월 9일자

한국 여성들은 계 문화에 익숙했다. '보름달 빵계' 외에도 YH무역에는 다양한 계가 있었다. '○표 돈계'는 6명의 계원이 월급날 각자 100원씩 모아 6개의 쪽지 중 ○표를 고르는 사람이 돈을 타는 방식이다. '밍크이불계'도 많이 했다. 당시 밍크이불은 신부가 반드시 챙겨야 할 비싼 혼수품이었다. 밍크이불 값의 10분의 1씩 10명의 계원이 월급날에 돈

청계천 봉제공장에서 일하는 열세 살 시다들. 전태일은
이 어린 여공들을 위해 자신의 목숨을 바쳤다. (경향신문사)

을 내고 순서가 되면 탔다. 1978년 밍크이불은 1만 8000원으로 그들 월급으로는 엄두를 못 낼 고급품이었다. 다른 사업장에도 '금반지계'를 비롯한 갖가지 계가 존재했다.

모든 사업장에서 계를 할 수 있는 것은 아니었다. YH무역처럼 규모가 큰 공장에서나 가능했다. 한편 전태일 열사도 '눈물 젖은 빵'의 주인공이었다.

태일이 처음 미아리파출소에서 밤을 새우던 날, 그의 어머니는 뜬눈으로 밤을 새웠다. 어머니가 회고하는 바로는 이러하다.

밤 1시가 지났는데도 아들이 집에 들어오지 않더라는 것이다. 평화시장에 취직한 이래 처음 있는 일이었다.

(…) 그 뒤로도 한 사흘씩이나 계속 그런 일이 있었다. 도저히 더 눈뜨고 볼 수가 없어서 사흘째 되는 날 새벽에는 막 집에 들어온 아들을 불러 앉히고 물어보았다.

"웬일이냐? 좀 까닭을 말해보려무나. 더 이상 보고만 있을 수 없구나."
아들은 이렇게 대답하였다.

"오다 파출소에서 자고 왔어요. 어머니가 나 집 나올 때 차비 30원 주잖아요. 시다들이 밤잠을 제대로 못 자서 낮이면 꾸벅꾸벅 졸고, 일은 해야 하는데 점심까지 쫄쫄 굶기에 보다 못해 그 돈으로 풀빵 30개를 사서 여섯 사람한테 나눠주었더니 한 시간 반쯤은 건디고 일해요. 그래서 집에 올 때 걸어왔더니 오다가 시간이 늦어서 파출소에 붙잡혔어요."

– 조영래, 《전태일평전》, 아름다운전태일(전태일재단), 2009

또 하나의 해방구, 여공 기숙사

대기업 여공들은 기숙사에서 생활했다. 기숙사는 회사마다 시설, 규모 등이 달랐지만 방과 세면실 외에 독서실, 다리미실, 세탁실, 목욕탕, 휴게실 등을 갖추고 있었고 근무자 80퍼센트 정도를 수용했다. 한 방에서 열 명 정도가 생활했다. 신입 여공은 기숙사를 보고 자신이 대기업에 취직했다는 사실을 실감할 수 있었다. 기본적인 살림살이가 갖춰져 있었고, 화장실도 수세식이어서 깨끗하고 냄새도 안 났다. 벽에 시퍼렇게 피는 곰팡이도, 살을 에는 외풍도 없었다. 겨울에는 스팀이 가동되어 추위 걱정도 없었다. 온수를 비롯해 자기 집에서라면 누릴 수 없는 각종 편의 시설을 제공받는 데다 하숙이나 자취보다 저렴하니 여공들은 기숙사 입소를 강력하게 희망했다. 신입 여공이 들어오면 선배들은 조촐한 다과를 준비하여 환영회를 열어주었다. 고향, 나이, 가족관계 등을 물으며 마음을 편하게 해주고 기숙사 생활 규칙 등을 알려주었다. 회사 입장에서는 기숙사 운영비가 들기는 해도 인력 관리 면에서 직원들을 한곳에 모아두는 것이 효율적이었다. 휴일 잔업에 동원하기도 쉬웠다. 반면 여공들에게 기숙사는 휴식처이면서도 노동조합 활동 같은 집단적 행동을 은밀하게 모의하는 공간이자 농성 장소로도 자주 활용되었다.

기숙사에 좋은 점만 있는 것은 아니었다. 1978년 YH는 기숙사비가 월급 중 3분의 2를 차지했다. 원풍모방 기숙사는 선풍기가 없어 완전 찜통이었다. 여럿이 한 방에서 생활하느라 사생활이 없고 빨래한 속옷이 늘 너저분하게 걸려 있었다. 대개 취침을 위한 점등 시간은 밤 11시였지만 3교대 근무여서 사람들이 들고 나는 통에 깊이 잠들 수가 없었다. 여공들은 마음대로 외출할 수 없는 점을 가장 불편해했다. 일주일

1976년 제일합섬 여공 기숙사. (국가기록원)

에 1~3회 외출이 허락됐고, 외박은 주 1회 정도였다. 기숙사 복귀 시간은 저녁 8~9시가 일반적이었고 사감이나 경비실은 이들의 외출 시간을 꼬박꼬박 감시했다. 무단 외박을 하면 퇴사 처리되었고, 외출 규정을 어기면 외출 횟수가 제한되는 등 매우 엄격했다. 회사는 이렇게 외출·외박을 강하게 통제하는 이유로 탈선과 낭비 방지, 범죄 예방 등을 내세웠지만 실은 여공들을 생산라인에 차질 없이 투입하려는 속내였다.

외출·외박이 자유롭지 못한 현실에서 기숙사는 지친 몸을 달래는 유일한 공간이자 동료애를 꽃피우는 곳이었다. 기업의 부설학교(대부분 중등과정)가 있는 경우 여공들은 기숙사에서 숙제를 하고 진도를 따라가며 공부했다. 독서, 꽃꽂이, 자수 등 취미를 중심으로 한 각종 소모임과 계가 기숙사 생활에 활기를 불어넣었다. 이렇게 활성화된 소모임은 나중에 노동조합 조직 활동의 자양분이 되었다. 기숙사 여공들은 자치회를 만들어 자율적인 규칙을 제정하고 자치회장을 선출하여 회사와 제반 문제를 협의했다. 자치회장은 노동조합과는 별개의 조직이었지만 회사도 어느 정도 자치회장을 인정하여 그를 통해 여공들의 의견을 청취했다. 사감이 있었지만 기숙사 생활에서 비중이 크지는 않았다. 그러나 어용노조 퇴진과 '민주노조' 물결이 몰아치면서 기숙사 환경은 급변한다. 기숙사 입주 시 다음과 같은 각서를 받는 곳이 많아졌다.

각서

본인은 기숙사를 입주함에 있어 회사가 복지 향상을 위해 기숙사를 제공한데 대해 감사하게 생각하며 나의 제2의 가정임을 명심하고 가족적이고 화기애애한 분위기로 생활하기 위하여 최선을 다할 것이며 이를 저해하는 어떠한 행위도 하지 않을 것이며, 특히 아래 사항을 준수하고 이를 위반할 시 어떠한 조치도 감수할 것임을 엄숙히 서약합니다.

아래

1. 기숙사 내에서는 기숙사 관리 규칙을 준수하며 사감의 명령에 복종한다.

2. 불법노조활동에 관계되는 어떠한 행위도 하지 않는다.

3. 노조 및 신협 기타 대외에서의 전달사항 및 홍보물 제작 및 배포를 하지 않는다.

4. 특정인, 타인에 대한 중상모략, 공갈, 협박적인 행위를 하지 않는다.

5. 상습적인 불평불만의 언동을 하거나 선동적인 행위를 하지 않는다.

6. 기숙사 외출은 주1회 일요일 8시부터 8시까지 한다.

7. 기숙사생의 외출은 사감의 지시에 순응하며 다음 사항은 사감이 행한다.

　　가) 기숙사 호실 배정 및 임원 조정에 관한 문제

　　나) 각실 실장 임명 및 기타 입주 여부

　　다) 정기 및 필요 시 내무검사, 호실 전 품목 검사

8. 기타 세부사항은 기숙사 관리 규칙에 따른다.

9. 기숙사 자치회 규정은 82. 10. 1자로 인정하지 않는다.

　　각서에서는 '국기에 대한 맹세' 분위기가 풍겼고 노동조합 활동과 관련된 사항들이 많았다. 민주노조 운동 초창기에 기숙사가 노동조합 활동의 근거지가 된 것은 자연스러운 일이었다. 노동조합 설립 후 자치회장은 대개 노동조합 간부(주로 부위원장 또는 조직부장)가 맡았다. 사용자 편인 어용노조의 집행부는 기숙사에 발을 붙일 수 없었다. 기숙사를 민주노조가 장악하자 회사는 소통 채널로 삼았던 자치회를 인정하지 않았다. 위 각서를 만든 주체는 1970년대 재벌의 반열에 있던 원풍모방이다. 원풍모방은 당시로서는 매우 드물게 민주노조가 활동하던 곳이었다. 그러나 원풍모방 노조는 신군부의 탄압을 견디지 못하고 1982년 9월 깃발을 내렸다. 이에 회사는 재빠르게 기숙사 입주 각서를 만들어 자치회 불인정 등 기숙사를 중심으로 한 노동조합 활동을 봉쇄했다.

몇십 명 단위의 중소기업에도 기숙사가 있었다. 기숙사를 운영하지 못하는 곳에서는 공장 인근 주택을 전세로 빌려 여공들에게 제공했다. 모범적으로 운영되는 곳도 있었지만 대부분 시설이 열악하여 연탄가스 중독, 감금과 폭행, 강제 근무, 보일러 폭발 및 화재, 식중독 및 전염병 등의 사건 사고가 신문 지면에 심심치 않게 보도되었다. 심지어 남성들이 몰래 침입하여 성희롱하다가 입건되는 경우도 있었다. 청계천 평화시장 봉제공장에서 종업원 채용 시 제일 먼저 고려한 것은 집과의 거리였다. 통금 시간이 있던 시절 가급적 밤늦게까지 일을 시키려는 의도였다. 그래서 인근 신당동과 창신동 학고방에 청계천 노동자들이 집단으로 거주했다. 아직도 그 일대에는 가내수공업 규모의 봉제공장에서 재봉틀 돌아가는 소리가 들린다.

구로공단 벌집

여공들의 거주 문화에서 가장 독특한 형태는 구로공단 '벌집'이었다. 수출 진흥 정책의 일환으로 정부는 1964년 구로수출공업단지 조성을 위한 첫 삽을 떴다. 이곳은 우리나라 최초 내륙공업단지로서 입지 조건이 뛰어났다. 공단 조성에 유리한 평지와 토질을 갖추었을 뿐 아니라 교통이 편리하고 인천항까지 거리도 가깝다. 서울 외곽으로 노동력 확보도 어렵지 않았다. 구로공단은 조성되자마자 비약적으로 발전했다.

1978년 구로공단에서 일하는 노동자는 11만 4000여 명에 이르렀다. 10년 동안 노동자가 43배나 증가했다. 막강한 노동력 덕분에 공단 사업체의 표어 가운데는 "노동력 70퍼센트, 기계 30퍼센트"라는 말까지 있었다. 노동집약적인 전자·섬유·의류·가발업체들이 입주했고, 생산라인에서 남성은 가뭄에 콩 나듯 드물었다.

박정희 정부에게 구로공단은 보배 같은 곳이었다. 박정희 대통령은 수시로 방문하여 여공들을 격려하고 생산을 독려했다. 1976년 7월 26일에는 딸 박근혜가 육군 여군단에서 열린 서울 구로공단 여직원 100여 명의 입대식에 참석해 이들을 격려하기도 했다.

1977년 조사에 따르면 구로공단 여공들의 50퍼센트 이상이 초등학교밖에 다니지 못했고 그중 70퍼센트는 농촌 출신이었다. 공단 측은 노동력을 충당하고 노사 관계의 효율적 관리를 위해 산업체부설학교를 세워 여공들의 공부 열망을 채워주었다. 특히 여공들의 숙식을 해결할 수 있는 기숙사나 생활관을 짓도록 입주 업체들을 독려했다. 그러나 급격히 증가하는 여공들을 수용할 시설이 충분하지 못했다. 기숙사가 있는 회사라 하더라도 기숙사의 규모가 작았고 시설이 열악했으며 규율도 엄격했다. 이러한 배경에서 인근 주택가에 여공들이 밀집해서 거주하는 '벌집'이라는 주거 형태가 나타났다.

벌집이 가장 많았던 곳은 구로공단 1단지와 2·3단지 사이에 위치한 가리봉동이었다. 교대 근무를 위해 새벽이나 한밤에 출퇴근하는 어린 여성들로서는 어쩔 수 없는 선택이었을지도 모른다. 1982년 구로구청의 자체 조사를 보면, 가리봉동에 전체 벌집 64퍼센트에 달하는 1779개 동이 집중되어 있었다. 대학가에 대학생 물결이 넘쳤듯 가리봉동은 여공들의 세상이었다. 그러나 그곳에 피 끓는 청춘은 없었다. 여공들은 장시간 노동에 지친 걸음으로 구멍가게나 노점에서 최소한의 생활필수품을 사는 게 쇼핑의 전부였다. 가리봉 오거리 '가리베가스'의 양품점이나 음악다방을 찾는 것이 소소한 낙이었다. 큰마음 먹고 영등포로 진출하기도 했다. 여공들은 '가리봉 수준'이라고 말하곤 했다. 오늘날 '강남 스타일'과는 정반대의, 누추하고 어딘가 형편없는 동네라는 자조적 표현이었다. 월급날이나 토요일이면 공순이·공돌이가 영등포 밤거리를 지배했다. 고고장은 그들의 해방구였다. '라보때'라는 은어도 있었다. 1977년 유행하던 여성 중저가 기성복 브랜드 '라보떼La Beaute'에서 가져온 말인데 의미는 라보떼의 본뜻 '아름다움'과 전혀 달랐다. 라보때는 '라면으로 보통 때운다'의 줄임말이었다.

가리봉 시장에 밤이 익으면 / 피가 마르게 온 정성으로 / 만든 제품을 / 화려한 백화점으로 / 물 건너 코 큰 나라로 보내고 난 / 허기지고 지친 / 우리 공돌이 공순이들이 / 싸구려 상품을 샘나게 찍어두며 / 300원어치 순대 한 접시로 허기를 달래고 / 이리 기웃 저리 기웃 / 구경만 하다가 / 허탈하게 귀가길로 / 발길을 돌린다

– 박노해, 〈가리봉시장〉

벌집은 보통 2~3층 높이에 50~100평 정도 넓이의 양옥 주택이었다. 겉으로는 번듯하나 대문을 열면 전혀 다른 세계가 펼쳐진다. 지상과 지하 각 층마다 통로를 따라 번호가 매겨진 10여 개의 좁은 방이 마치 벌집처럼 다닥다닥 붙어 늘어져 있다. 방 안에는 연탄아궁이와 수도꼭지가 있는 부엌이 있고, 부엌을 통과해 방문을 열면 두 사람이 눕기도 버거운 1.5~3평짜리 방이 나온다. 1982년 당시 구로공단 벌집 안의 평균 방 개수는 21.6개였다. 당시 서울시 불량주택 지구의 방 개수(2.93개)나 가내 수공업공장이 밀집한 창신동의 방 개수(3.91개), 일반주택의 방

개수(3.81개)와 비교하면 엄청난 숫자였다. 벌집 대부분은 무허가 증축이었다. 기존 주택을 불법 개조하거나, 일반주택을 짓는 것처럼 건축허가를 받은 뒤 실제로는 벌집 형태로 신축했다. 그러다 보니 정상적인 주택 기능을 할 수 없었다. 화장실은 층마다 하나씩 있어 20여 명이 변기 한두 개를 사용했다. 이 구조는 소유자의 임대료 수입을 극대화하기 위해 한정된 공간에 최대한 많은 방을 만든 결과물이다. 화장실, 목욕실, 정원과 같은 공유 시설이 많아지면 방이 적어지기 때문에 편의 시설을 최소한으로 제공한 것이다. 세입자의 쾌적함은 고려되지 않았다. 19세기 산업혁명 초기 공장이 밀집한 영국 맨체스터의 주택을 방불케 하는 구조였다.

벌집의 방은 2명 정도 잘 수 있지만 비키니 옷장이 공간을 차지한다. 그러나 한 방의 세입자는 대개 6명 이상이었다. 24시간 쉬지 않고 가동하는 수출공단의 공장들은 흔히 3교대 근무였다. 2명이 일하러 간 동안, 쉬는 4명이 방을 이용했다. 물론 방값을 아끼려는 아이디어였다. 벌집의 방세는 얼마였을까? 놀라운 사실은 1982년 다세대 주택 수요가 많던 가리봉동 지역의 당시 땅값이 서울의 일급 주택지 강남 지역과 시세가 같았다는 것이다. 입사 3년차 숙련공의 48시간 잔업과 2일의 철야를 포함한 월급이 5만 9000원이었고, 방세는 5만 원이었다. 따라서 노동자의 월급으로는 방 하나를 혼자 사용할 수 없었다. 여러 명이 한 방을 나누어 사용할 수밖에 없는 처지였다.

4명이 자려면 머리 방향을 반대로 한 채 옆으로 드러눕는 '칼잠'이어야 가능했다. 공장이 그렇듯 벌집도 24시간이었다. 여공들은 자기 방을 '닭장'이라고 불렀다. 방음도 제대로 안 되어 두세 칸 너머 방에서 나는 텔레비전 소리도 들려왔다. 텔레비전 없이도 연속극 내용을 알 수 있었고 중요한 대화는 라디오를 크게 틀고 속삭였다. 아침이면 화장실을

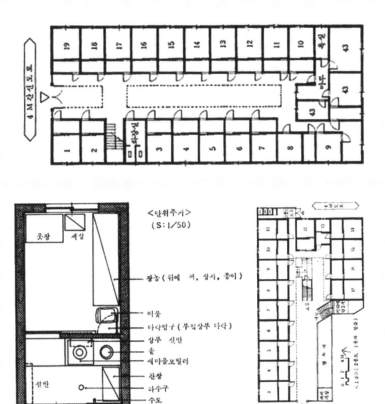

구로공단 벌집 평면도. 방 19개에 욕실과 화장실이 각각 하나였다. (김영기, 〈구로공단인근의 노동자 및 저소득층 주거개선 방안에 관한 연구〉, 서울대 석사학위 논문, 1983)

쓰기 위해 길게는 30분 동안 줄을 서고, 휴일에는 빨래 자리를 잡기 위해 신경전과 몸싸움을 벌였다. 더러는 남성 세입자도 있어 옷매무새에 신경을 써야 했다. 무허가로 난립해 집을 개조하다 보니 겨울에는 연탄가스 사고가 빈번했다. 밤낮으로 드나드는 사람이 많아 절도 사건도 잦았다. 벌집 대문마다 "현금과 귀중품은 집에 두지 마시오"라는 경고 글귀가 붙었다.

> 우리와 같은 두 사람이 나란히 서면 돌아보지도 못할 부엌문을 열면 바로 선반이 보인다. 그 위에 놓여 있던 자주색 하이힐. 그 힐은 학교에 입학하기 전에 신고 다녔으리라. 그녀의 방에 들어갈 때마다 나는 자주색 하이힐이 놓여 있던 그 선반에 내 머리를 찧곤 한다. (…) 하지만, 그 선반은 키와 상관없다. 나보다 한 뼘이나 작은 희재 언니도 이따금 선반 모서리에 찧곤 했으니까. (…) 창틀은 그녀의 화장대. 그 창이 가지고 있는 풍경은 바로 옆집 붉은 벽돌담. 그녀는 창을 열지 않는다. (…) 우리 방은 창을 열면 공터가 보이고 118번 종점도 보이고 공장 굴뚝도 보이고 전철역도 보이는데, 희재 언니 방은 창밖이 곧 담이다. (…) 바다가 그려져 있던 비키니 옷장, 나무상, 작은 라디오, 벽에 걸려 있는 작은 조개 목걸이, 각각 한 개씩. 교복 칼라를 다리려고 샀다던 상자곽도 새것이었던 다리미 (…)
>
> – 신경숙, 《외딴방》, 문학동네, 1995

방을 공동으로 사용하다 보니 나름의 규칙이 있었다. 옷장, 화장대, 취사도구 등을 공유하고 만약 한 사람이 이사 가면 적당히 감가상각을 해서 새로 들어오는 사람에게서 돈을 받아 나가는 사람에게 주었다. 3교대이므로 먼저 자고 출근하는 사람이 다음 사람을 위해 밥을 지어주었다. 오늘날 1인 가구들이 증가하면서 생겨난 셰어하우스의 원시적 형태랄까? 한 울타리에서 생활하는 만큼 훈훈한 커뮤니티를 상상할 수 있지만, 이는 착각이다. 바로 옆방에 누가 거주하는지 몰랐고 알려고 하지도 않았다. 한 방에 같이 사는 동료도 교대 근무로 다 같이 모이기 쉽지 않았다. 벌집은 숙소일 뿐 그 이상도 이하도 아니었다. 집주인은 한 달에 한 번 방세 받을 때를 제외하고는 만날 일이 없었다. 따라서 연탄불이 꺼졌을 때나 기타 사소한 도움을 받는 경우가 없지는 않았지만 흔히 떠올리는 '이웃의 정'은 메말랐다. 얇은 벽을 공유하며 다닥다닥 붙은 벌집의 닭장은 '외딴방'이었다.

> 서른일곱 개의 방, 그 방 하나에 한 사람만 산다 해도 서른일곱 명일 텐데 봄이 되도록 내가 얼굴을 부딪친 사람은 서넛도 안 되었다. 어느 방에 누가 사는지 도저히 알 수 없었다. 대문은 항상 열려 있었으며 대문을 들어서면 밖으로 난 문에 자물쇠들이 먼저 눈에 보였다. 가끔 문을 따고 있는 사람들의 뒷등을 보면서 나는 3층으로 올라가곤 했다. (…) 같은 집에 살면서 우리가 왜 자주 만날 수 없는지 나도 영문을 모르겠다. 같은 집에 살지만 나는 다른 방에 살고 있는 사람들을 정면으로 바라다본 기억이 별로 없다. 문을 열고 나오거나 문에 열쇠를 채우고 있거나 그런 모습들. 이따금 흘러나오는 라디오 소리, 혹은 여럿이 모여 떠드는 소리, 밤늦게 끓이는 라면 냄새, 아침마다 묵묵히 고갤 숙이고 변소문 밖에 서 있는 모습, 조용히 흘러나오는 불빛, 혹은 불 꺼진 창.
>
> – 신경숙,《외딴방》, 문학동네, 1995

오늘날 구로공단은 '서울디지털산업단지'로 이름이 바뀌었고, 1만여 개 업체, 14만여 명이 일하는 대한민국 IT 산업밸리로 각광받고 있다. 시대의 흐름에 따라 벌집의 주인과 풍경도 많이 변했다. 1980년대 중반 이후 벌집의 주인공은 가출 청소년과 빈민층이었다. 1990년대에는 방을 2~3개 통합하여 다세대주택으로 변경하는 집들이 늘어나 서민들이 입주했다. 2000년대 들어 조선족들이 거주하기 시작하면서 가리봉 5거리를 중심으로 '조선족 타운'을 형성했다. 그러나 슬럼slum화된 지역을 재개발하면서 벌집 구조의 주택들은 하나둘씩 사라졌다. 서울시는 이 벌집을 근현대사 문화유산으로 기억하기 위해 몇 남아 있지 않은 벌집을 지역유산으로 지정해 원형으로 보전하고 있다. 금천구청은 2013년 5월 '구로공단 노동자 생활체험관'을 개관하여 벌집 체험을 실시하는 문화관광 상품으로 개발했다. 체험관 1층에 당시의 '닭장'을 재현했는데 비키니 옷장, 연탄, 밥상, 편지, 급여봉투 등 소품들이 관람객을 맞이하고 있다. 그곳의 이름은 '순이의 방'이다.

벌집이 있었던 구로공단은 한국노동운동사에 한 획을 그은 곳이기도 하다. 1970년대 후반부터 수도권 대학생과 종교단체 등이 '위장취업'을 통해 구로공단에서 노동운동을 전개했고, 1980년대 초 곳곳에서 민주노조가 결성되었다. 노동의 가치를 자각한 여공들은 노동조합을 중심으로 견고한 대오를 갖추어 회사에 임금 인상과 후생복지 향상을 정정당당하게 요구했다. '독재정권 타도'의 정치적 구호도 등장했다. 정부와 사측은 블랙리스트를 작성하여 활동가를 해고하고 민주노조를 탄압하기 시작했다. 이 와중에 대우어패럴 노동조합 위원장, 사무국장, 여성국장이 구속되었다. 대우어패럴 여공들은 1985년 6월 24일 파업에 돌입했고, 선일섬유, 효성물산, 가리봉전자, 부흥사, 세진전자, 룸코리아, 남성전기 등 구로공단의 많은 노동조합이 파업에 참여했다. 비슷한 조건의 노동환경에 처했던 구로공단 여공들은 대우어패럴만이 아닌 자

1980년대 구로공단 전경. (한국산업단지공단)

대우어패럴 농성시위 탄압에 대한 항의 시위 과정에서 불탄 경찰차. (민주화운동기념사업회, 박용수)

신의 문제로 인식했다. 자신들이 어렵게 설립한 민주노조가 조만간 파괴될 수 있고, 그러고 나면 다시 암울한 옛날로 돌아갈 것이라는 위기감이 그들을 움직였다.

기업별 노동운동 중심이었던 한국노동운동사에서는 일찍이 없었던 형태의 파업이었다. 이렇게 일어난 '구로동맹파업'은 한국전쟁 이후 최초의 동맹파업이었다. 사측은 공권력의 비호 아래 구사대를 투입했고 격렬한 저항 속에 파업은 일주일 만에 진압되었다. 1000여 명의 노동자가 해고되고 파업 주도자들이 구속 수배되었다. 그러나 동맹파업 이후 각 노동조합은 적극적으로 연대를 모색하게 되어 서울노동운동연합(약칭 '서노련')을 결성하는 등 더욱 조직화되었으며 이는 1987년 노동자투쟁과 민주노총 탄생 등 노동운동에 많은 영향을 미치게 되었다.

구로동맹파업은 한국전쟁 이후 대한민국에서 일어난 최초의 동맹파업으로서 이후 대한민국 노동운동에 많은 영향을 주었다. 노동운동가들은 단순한 급여의 인상이나 노동조건의 협상과 같은 경제적 운동만으로는 노동자의 권리를 제대로 보장받을 수 없다고 판단하게 되었고, 민주화운동과 같은 사회개혁에 많은 관심을 갖게 되었다. 그리고 기업별 노동운동의 한계를 절감하고 노동조합의 연대를 위해 노력하였다. 이를 위해 노동운동가들은 서울노동운동연합을 결성하기도 했으며, 이후 1987년 민주화 운동과 총파업을 끝으로 이들의 노력은 결실을 맺게 되었다. 한편, 전국노동조합협의회와 같은 전국적인 규모의 노동조합 연대가 이루어지기도 하였다.

– 역사문제연구소, 《역사비평》 1995년 여름호

성냥공장 아가씨와 공장의 불빛

    예술은 시대적 배경을 빼고 논할 수 없다. 특히 대중가요는 그 시대 대중의 삶이 고스란히 밴 장르로서 사회문화사적 자료의 가치가 있다. 대중가요는 10대 후반의 여공들에게 절대적인 사랑을 받았다. 오락거리가 제한적인 시공간 속에 라디오에서 흘러나오는 노래는 여공들에게 위안과 즐거움을 선사했다. 1970년대 여공들은 확연히 남진 팬과 나훈아 팬으로 나뉘어 열광했다. 두 가수는 미남에다 화려한 퍼포먼스로 여공들의 마음을 사로잡았다. 남진의 대표곡 〈님과 함께〉는 '멋쟁이 높은 빌딩에 사는 것보다 초가집에서 님과 함께 사는 게 더 좋다'며 여공들의 마음을 달래주었고, "저 푸른 초원 위에 그림 같은 집을 짓고" 싶은 여공들의 소박한 희망을 표현해주었다. 나훈아의 노래 〈머나먼 고향〉에는 고향을 떠날 때 여공들의 모습이 거울처럼 선명했다. 얽매인 몸이라서 갈 수는 없지만 "한잔 술에 설움을 타서 마셔도 마음은 고향 하늘을 달려갑니다"라며 눈물을 지었다. 한국 가요계의 대표적인 라이벌 남진과 나훈아를 두고 여공들 사이에서 오늘날과 같은 배타적 '팬심'이 나타나기도 했다. 다음은 반도상사에 근무했던 장현자 씨의 추억이다.

> 서로 자기가 좋아하지 않는 가수가 나오면 라디오를 꺼버리고 자기가 좋아하는 가수가 나오면 더 크게 틀어놓고 모두 듣도록 하였다. 극장에서 그들이 좋아하는 가수가 와서 리사이틀을 하면 일 끝나기 무섭게 팬들은 달려가 꽃다발을 걸어주고 사진도 찍고 그날은 그 팬들의 날이기도 했다.
>
> – 김원, 《여공 1970 그녀들의 反역사》, 이매진, 2006

우리나라 대중가요의 첫 황금기로 일컬어지는 1980년대에는 노래와 가수를 선택할 수 있는 폭이 넓어졌다. 여공들도 가요계를 평정한 조용필은 물론이고 소방차와 박남정의 춤에 열광했고, 입가에는 대학가요제 수상곡들이 맴돌았다. 대기업 공장에서는 여공들의 사기를 북돋 위주기 위해 1년에 한 번씩 가수들을 초청하여 공연을 가졌다. 가끔씩 장기자랑대회를 통해 끼 많은 여공들의 향연이 펼쳐졌고 회사는 수상자들에게 텔레비전, 다리미 등 가전제품을 상품으로 주었다.

그러나 '공순이'는 '삼순이' 중에서도 사회에서 가장 많이 입에 오르내리는 말이었다. 여공들은 무시와 차별에 시달렸다. '산업역군'과 '수출전사'는 정부, 기업가, 언론에서 쓰는 상층부 단어였다. 공순이라는 말이 흔하게 사용되기 시작하던 1970년대 언론들은 공순이가 아닌 여성 근로자로 부를 것을 주장했고, 공순이는 1977년 3월 공돌이와 함께 방송금지어로 지정되었으나 오늘날에도 자주 접할 만큼 질긴 생명력을 갖고 있다. 여공을 바라보는 대중의 시선은 이중적이었다. '고향의 가족을 부양하는 소녀'가 동전의 앞면이라면 그 뒷면에는 '타락과 문란'이 웅크리고 있었다. 사람들은 여공들이 또래끼리 모여 생활하므로 성적으로 탈선하기 쉽다고 단정했다. 실제로 전국의 공단에는 남자와 동거하거나 퇴근 후 술집에 나가는 여공들도 있었다. 상사와 잠자리를 했다는 소문이 공장에 돌았고, 미혼모 문제도 심심치 않게 신문 지면을 장식했다. 가부장적 가치관이 지배하는 사회에서 결혼이 전제되지 않은 연애는 비도덕적인 행위로 혹독한 비난을 받았다. 《동아일보》 1974년 2월 11일자를 비롯해 "공순이 공돌이들의 숨결로 안양 독방 일대가 뜨겁다", "구로공단 주변의 여관 여인숙이 10대 공원들로 초만원" 등 선정적인 주간지들을 능가하는 신문 기사가 등장할 정도였다. 성적 타락에 대한 공장 밖 인식은 조롱을 낳았다.

인천의 성냥공장 성냥공장 아가씨

하루에 한 갑 두 갑 일 년이면 삼백육십 갑

치마 밑에 숨겨 놓고 정문을 나서다

치마 밑에 불이 붙어 백보지가 되었네

인천의 성냥공장 아가씨는 백보지

부천의 설탕공장 설탕공장 아가씨

하루에 한 포 두 포 일 년이면 삼백육십 포

치마 밑에 숨겨 놓고 정문을 나서다

치마 밑에 봉지 터져 꿀보지가 되었네

부천의 설탕공장 아가씨는 꿀보지

– 〈성냥공장 아가씨〉 가사

모욕적인 이 노래는 병영에서 시작되어 1980년대 초 청년들 사이에 급속히 퍼져나갔다. 카바레에서도 무명 가수들의 단골 곡이었다. 우리나라 성냥산업은 일제 강점기 일본인에 의해 인천에서 시작되었다. 지금의 월미도 부근에 성냥공장들이 모여 있었다. 당시 성냥 한 갑의 가격이 쌀 반 되 값과 비슷해 직원들이 퇴근할 때 성냥을 몸에 감추고 나오는 일도 있었다. 또 성냥끼리 부딪쳐 불이 붙는 경우도 많았다. 해방 후에도 인천은 성냥산업의 메카였다. 500여 명의 여공이 있었고 그 외 성냥갑과 같은 부속물을 만들어 생계를 유지하는 사람도 2500여 명에 이르렀다. 부천도 비슷한 상황이었다. 잘 알려지지 않은 사실이지만 성냥공장 여공들에게도 저항의 역사가 있다. 1931년 인천 성냥공장 여공들은 조선인 임금 차별에 대항하여 파업해서 승리했다.

여공들의 현실이 담긴 노래로 〈영자송〉도 있다. 사회적 편견에 주눅이 든 여공들은 자신이 공장에 다닌다는 사실을 드러내지 않았다. 민주노조 결성 등을 통해 '노동자성'을 자각하면서도 신분 상승의 본능적 욕망으로부터 자유로울 수는 없었다. 같은 연령대의 여대생은 여공들에게 선망의 대상이었다. 간혹 여공에서 여대생이 된 입지전적인 사연이 신문 지면에 소개되기도 했다. 대기업 공장의 여공들은 여대생을 따라 하며 '월부 인생'을 살기도 했다. 여대생들 사이에 유행하던 리본과 헤어스타일을 따라 했고, 청춘의 상징인 청바지를 즐겨 입었다. 두툼한 책을 옆구리에 끼고 신촌 거리를 기웃거리기도 했다. 영등포에 만족 못 하고 강 건너 종로 2가(관철동)나 명동의 음악다방, 고고장에 진출하는 이들도 있었다. 이들은 만나는 남성에게 여대생이라고 말하며 직업을 숨겼다. 자신의 월수입으로 감당하지 못할 소비였지만 결국 욕망은 얇은 지갑이나마 열게 만들었다. 교도소에서 많이 불렸던 구전가요 〈영자송〉 중 3절은 여대생과 여공의 처지를 노골적으로 대비시켰다. 이 노래는 〈성냥공장 아가씨〉와 함께 어우러져 세트로 불렸다. 그러나 두 곡의 리듬과 가사는 판이했다.

> 영자야 내 동생아 / 몸 성히 성히 성히 성히 자알 있느냐 / 서울에 있는 이 언니는 여대생이 아니란다 / (니미씨팔 가정환경 조또) / 서울에 있는 이 언니는 여대생이 아니라서 / 청계천 하고도 지하공장서 삥이 치는 공순이란다 / (니미씨팔 가정환경 조또)
>
> – 〈영자송〉 3절 가사

여담 하나. 가수 태진아는 2000년 〈영자송〉을 편곡한 〈사랑은 아무나 하나〉를 불러 대중의 사랑을 받았다. 1998년에도 비슷한 곡이 발표된 적이 있어 표절 소송이 붙었는데, 대법원은 표절이 아니라고 판결했다. 구전가요는 저작권이 없음을 인정한 첫 번째 판례였다. 태진아는 이 노래 발표 후 원곡의 작곡자에게 저작권료를 지불하겠다고 밝혔으나 끝내 나타나지 않았다.

여공들의 노래로는 노동 현장에서 부르는 노동가요(혹은 민중가요)를 빼놓을 수 없다. 이런 노래는 투쟁할 때 동지애를 확인하고 단결력을 고양하는 데 큰 효과를 발휘했다. 초창기에는 주로 찬송가(혹은 가스펠송)나 외국 노래를 번안하여 불렀다. 〈우리 승리하리라〉가 대표적인 곡이다. 찬송가 〈We Shall Overcome〉을 포크송으로 편곡한 이 노래는 1963년 8월 23일 마틴 루서 킹 목사의 워싱턴 대행진에서 가수 조안 바에즈의 선창으로 20만이 넘는 군중이 따라 부르면서 유명해져 미국 인권운동의 성가로 자리매김했다. 한국에 이 노래를 소개한 사람은 김민기였다. 이 노래는 1972년 그가 서울대 신입생 환영회 공연에서 번안해 불러 반정부 시위 현장과 노동 현장으로 확산되었다. 〈우리 승리하리라〉 못지않게 많이 부른 〈흔들리지 않게〉는 흑인 구전가요 〈We Shall Not Be Moved〉가, "우리들은 정의파다 홀라홀라"로 시작하는 〈홀라송〉은 아일랜드 민요 〈Johnny, I Hardly Knew Ye〉가 원곡이다. 나중에 밝혀진 사실이지만 이 노래들은 1979년 3월 반공법 위반 혐의로 구속 기소된 크리스찬아카데미 회원들이 《내일을 위한 노래집》에 수록하여 보급했다.

또 기존 노래의 가사를 바꿔 부르는 '노가바'가 유행하기 시작했다. 노가바의 원곡은 대중가요가 많았고 멜로디가 익숙해 배우기 쉬웠다. 각 노동조합은 자신들의 상황에 맞춰 가사를 바꾸었다. YH무역 여공들은 1974년 남진이 발표한 후 유행했던 〈나에게 애인이 있다면〉(박춘석 작사·작곡)을 다음과 같이 개사하여 불렀다.

나에게 애인이 있다면 나에게 애인이 있다면 / 언제까지 언제까지 행
복할 거야 / 나에게 애인이 있다면 / 나에게 애인이 있다면 언제까지
언제까지 즐거울 거야 / 기쁜 일도 함께하며 슬픈 일도 함께하고 / 이
세상에 끝이라도 함께할 거야 / 봄 여름이 가도 내 사랑은 / 해와 달이
가도 내 사랑은 변치 않으리

– 〈나에게 애인이 있다면〉 가사

우리에게 노조가 있는 한 우리에게 동지가 있는 한 / 언제든지 언제든
지 단결할 거야 / 우리에게 정의가 있는 한 우리에게 정의가 있는 한
/ 언제든지 언제든지 승리할 거야 / 슬픈 일도 함께하며 기쁜 일도 함
께하며/ 어떠한 불의라도 물리칠 거야 / 세월이 가도 우리 동지 / 해와
달이 가도 우리 동지 변치 않으리

– YH무역 여공들이 바꿔 부른 노래

노동운동에서 노래의 중요성이 부각되면서 1970년대 후반부터 '오리
지널 노동가요'가 본격적으로 등장하기 시작했다. 그중 여공 문제를 정
면으로 다룬 〈공장의 불빛〉은 문화운동의 총화였다. 노래극이라는 다
소 생소한 형식의 〈공장의 불빛〉은 당시 노동운동 탄압의 대표적인 사
례였던 동일방직 똥물 투척 사건을 총 35분 동안 극화했다. 시골에서
갓 올라온 여공들이 철야노동과 열악한 임금에 시달리다가 노조를 결
성하자 회사 측이 구사대를 동원해 파괴 공작에 나서는 과정을 직설적
인 노랫말로 표현했다. 서곡을 포함한 총 21편의 노래는 김민기의 자작
곡과 구전가요로 꾸며졌다. 여성 합창곡인 이 노래들에는 포크, 동요,
국악, 재즈, 로큰롤 등 다양한 양식이 고루 사용되었고, 포크의 기본 악
기인 어쿠스틱 기타는 물론 전자 기타, 드럼, 국악기인 장구, 대금, 피리

등이 쓰여 당시 문화운동을 총망라했다는 평가를 받았다.

〈공장의 불빛〉은 1978년 한국도시산업선교협의회 후원으로 가수 송창식의 녹음실에서 창문을 담요로 가린 채 제작되었으며 2000여 개가 복사된 카세트테이프는 비합법적 경로를 통해 대학가로, 공단으로 퍼졌다. 최초 제작 당시 김민기는 총 세 개의 마스터 테이프 사본을 만들었지만 각기 다른 사람에게 넘기고 누구에게 줬는지 스스로 기억에서 지웠다. 당국에 붙잡혀 고문을 받을 때 테이프를 맡겨둔 사람들의 이름을 자백해 그들에게 피해가 갈까 봐 선택한 일이었다. 이 작품은 1979년 2월 서울 중구의 제일교회에서 채희완 연출·안무로 처음 무대에 올려졌다. 공연물로 기획되었지만 사실상 음악으로 유명했다. 야근과 산업재해 등 공장의 힘겨운 삶, 노동조합 결성, 회사의 탄압 등 여공들이 직면한 노동현실을 정면으로 다루었고, 강렬한 멜로디와 가사가 돋보였다. 그리고 전파력이 강한(복사가 쉬운) 매체인 카세트테이프를 통해 여공뿐 아니라 대학가, 공연계 등에 급속히 확산되었다. 카세트테이프의 한 면에 작품 전체가 수록되고 뒷면에는 반주음악만 따로 수록되어 듣는 이들이 반주에 맞춰 공연하도록 유도했다.

〈공장의 불빛〉은 형식과 구성 면에서 문화계에도 신선한 충격을 주었다. 여기에 실린 노래들은 이후 여공들이 노동 현장에서 가장 많이 부르는 노래가 되었다. 그중 가장 널리 불린 곡은 〈이 세상 어딘가에〉와 구전민요에서 따온 〈야근〉, 로큰롤 음악을 활용한 〈돈만 벌어라〉였다.

이 세상 어딘가에 있을까 있을까 / 분홍빛 고운 꿈나라 행복만 가득한 나라 / 하늘빛 자동차 타고 나는 화사한 옷 입고 / 잘생긴 머슴애가 손짓하는 꿈의 나라

이 세상 아무 데도 없어요 정말 없어요 / 살며시 두 눈 떠봐요 밤하늘

바라봐요 / 어두운 넓은 세상 반짝이는 작은 별 / 이 밤을 지키는 우리

힘겨운 공장의 밤

고운 꿈 깨어나면 아쉬운 마음뿐 / 하지만 이젠 깨어요 온 세상이 파도

와 같이 / 큰 물결 몰아쳐 온다 너무도 가련한 우리 / 손에 손 놓치지

말고 파도와 맞서보아요 / 손에 손 놓치지 말고 파도와 맞서보아요

- 〈이 세상 어딘가에〉 가사

서방님의 손가락은 여섯 개래요 / 시퍼런 절단기에 뚝뚝 잘려서 / 한

개에 오만 원씩 이십만 원을 / 술 퍼먹고 돌아오니 빈털터리래

울고 짜고 해봐야 소용 있나요 / 막노동판에라도 나가봐야죠 / 불쌍한

언니는 어떡하나요 / 오늘도 철야 명단 올렸겠지요

돈 벌어 대는 것도 좋긴 하지만 / 무슨 통뼈 깡다구로 맨날 철야유 /

누군들 하고 싶어 하느냐면서 / 힘없이 하는 말이 폐병 삼 기래

남 좋은 일 해봐야 헛거지 / 고생하는 사람들만 손해야

- 〈야근〉 가사 일부

서울시에서 구로공단 벌집의 방을 재현한 모습과 구로공단 벌집의 복도. (서울역사박물관)

여공들의 성의식을 다룬 르포 기사. 《동아일보》 1974년 2월 11일자

공장에서도 여공에 대한 몸수색이 이루어졌다. 《동아일보》 1978년 10월 18일자

좁은 작업장에서 옷에
레이스를 달고 있는 여
공들. (경향신문사)

1980년 구로공단 복지
시설을 방문한 전두환
대통령. (국가기록원)

구로공단 여공들의 퇴근. (서울시 금천구)

1974년 11월 21일 전국연합노동조합 청계피복지
부는 '철야작업과 휴일근로 금지에 대한 안내 말
씀'을 공지했으나 성공을 거두지 못했다.

여공과 남자 대학생

 1980년 4월 1일, 당시 경상남도 마산(현재 창원시 마산합포구)에 위치한 경남대학교. 학생 수백 명이 모여 화형식을 거행했다. 1980년 봄 대학가는 그야말로 붉은 쇳물이 터지기 시작한 용광로였다. 1979년 박정희 대통령 암살로 유신독재가 막을 내리며 민주화의 바람이 거세게 불었지만, 신군부의 어두운 그림자가 점점 엄습하기 시작했다. 예전에도 그랬듯 이러한 정치적 격동에 가장 민감하게 반응한 곳은 캠퍼스였다. 겨울방학을 끝내고 돌아온 학생들은 '학원 민주화'의 기치 아래 조금도 주저하지 않고 지식인으로서 소명의식을 표현했다. 이전에 볼 수 없던 격렬한 민주화 투쟁이 시작되면서 긴장감이 최고조에 달했다.

 그런데 이날 경남대에서 벌어진 화형식의 대상은 연세대학교 이우주 총장이었다. 400킬로미터가량 멀리 떨어졌어도 대학생이라는 동질감이 지배하던 시절, 다른 학교 총장의 화형식을 거행한다는 것은 상상도 할 수 없는 일이었다. 사건의 발단은 3월 24일자 《연세춘추》 기사였다.

 (…) 그러나 마산에는 2개의 대학이 있음에도 이들은 그 선도적 기능을 수행하기는커녕 사회의 타성에 빠져 들어가고 있는 실정이다. 경남대학에 재학 중인 ㄱ 군(경제 2)은 "경남대학생의 많은 수가 개인적 접촉, 미팅을 핑계로 서로의 신분을 속이고 여공들과 접촉하고 있으며

심지어 어떤 학생들은 돈과 몸을 바라고 여공들을 유혹하고 있다"고 말하고 있어, 지역사회의 발전을 위해 대학이 해야 할 사명을 잊은 채 그 사회의 속성에 빨려 들어가고 있다는 것을 알 수 있다.

그리하여 이들 여공들 사이에는 '대학생 믿지 말자'는 것이 불문율처럼 되어 있는 실정이기도 하다. 민중이 사회의 변화를 인식하지 못하여 그 과정에 동참하지 못할 때 대학이 그 사회에 과감히 진출하여 그 기능을 담당해야 함에도 불구하고 사회의 타락성에 이렇게 동조한다는 것은 불행한 일이 아닐 수 없다. (…)

《연세춘추》는 4·19 혁명의 발단이었던 마산이 수출자유지역 지정 후 각종 오염 문제로 신음하고 '환락적 유흥'과 '문화적 변태'가 넘치는 도시로 변했다고 비판했다. 이어 경남대 학생들이 '선도적 기능'을 외면하고 여공의 돈과 몸을 바란다고 썼다. 경남대 학생들이라면 누구든 분노하지 않을 수 없는 기사였다. 이 사건은 연세대 총장과 신문사가 공식적으로 사과함으로써 막을 내린다.

근대화·경제개발 시기 대학생은 선망의 대상이었다. 공부를 잘했을 뿐 아니라 비싼 등록금을 댈 수 있는 부모를 만난 젊은이들이었다. 교육열이 높은 사회 분위기상 대학생은 학생증을 갖고 있다는 것만으로 존중을 받았다. 대학생들 역시 자신들이 가정과 국가, 정치와 경제 등 모든 분야에서 발전의 주역이며 사회에서 선도적 기능을 해야 한다는 엘리트의식이 강했다. 4·19 혁명, 한일국교 정상화, 유신독재 민주화 투쟁에서도 대학생들이 주역을 맡았다. 위 기사에도 나타나듯 유신 종말 후의 격변기에도 마찬가지였다.

이 '고귀한' 대학생은 식모, 버스안내양, 여공에게 까마득한 봉우리 같았다. 그들은 가족 중 한 명인 대학생을 위해 기꺼이 자신을 희생했다. 삼순이들에게 그것은 거부할 수 없는 '팔자'였다. 반면 여대생들은 한마디로 '공주' 같았다. 1970년대 중반에는 중졸 이하가 여성의 평균 학력이었으니, 여대생이 귀했음은 두말할 나위가 없다. 여공들은 힘겹게 신분 상승을 꾀하는 대신 관철동, 영등포, 명동, 신촌에서 여대생으로 '분장'하기도 했다.

이러한 분위기 속에서 여공과 남자 대학생의 '수평적 만남'은 언감생심이었다. 둘 사이의 간극은 여공와 여대생 간극보다 훨씬 컸으며, 그 차이는 가부장적 이데올로기 때문에 더욱 커졌다. 여공들은 자주 보는 '공돌이'는 무시했다. 지식은 물론 패션과 매너에서도 상대가 안 된다고 여겼다. 여공과 대학생의 미팅이 어쩌다 성사되더라도 상대방의 직업을 알고 나가는 경우는 거의 없었다. 남자 대학생 입장에서는 여공과 만난다는 사실이 창피해서였고, 여공 입장에서는 열등감 등이 이유였다. 여공들은 이렇게 자조했다. "대학생이 눈이 삐었나 공순이랑 사귀게?" 위 기사에 언급된 경남대 학생들만의 예는 아니었다.

그렇지만 자취하는 여공들이 많아 남자 대학생과 동거하는 사례는 제법 볼 수 있었다. 이런 커플들은 대중소설이나 영화의 단골 소재였고, 일제 강점기 신파극처럼 대부분 여공이 남자 대학생을 뒷바라지했다. 그러나 반대의 실증 사례도 있었다.

25일 오후 1시경 서울 성동구 하왕십리 2동 890 한○○ 씨 집 건넌방에 세들어 사는 항공대학 2년 한○○ 군(22)이 동거 중인 황○○ 양(22)을 20센티미터가량의 과도로 등과 허리 등을 마구 찔러 중태에 빠뜨렸다. 한 군은 지난해 10월부터 모 공장 여공인 황 양과 동거해왔는데 최근에 황 양이 생활비를 제대로 대주지 않는다고 불평을 하면서 고향으로 내려가겠다고 말해 순간적으로 화가 나 이 같은 범행을 저지른 것으로 알려졌다.

- 《동아일보》 1974년 1월 26일자

1970년대 후반 산업구조가 경공업에서 중화학공업 중심으로 옮겨지고, 여공들의 학력이 높아지기 시작했다. 공돌이들의 요람인 공업고등학교도 정부의 4차 5개년 계획(1977~1981) 추진 과정에서 중점적으로 지원받아 우수한 인재들이 많이 진학했다. 교과서와 교복이 공짜였고, 50퍼센트 이상의 학비 면제 혜택을 받았다. 재학 중 2급 자격증을 취득하면 당시로서는 거액인 연간 10만 원의 장학금을 받았다(1978년 9급 공무원 초임은 월 5만 5000원). 1980년대 들어 대학생 정원도 대폭 늘어났다. 이러한 사회적 변화는 1960~1970년대 여공과 남자 대학생의 간극을 급격히 좁히는 결과를 낳았다. 여공과 남자 대학생의 미팅이 흔하지는 않았지만 과거처럼 서로 신분을 속이는 경우는 없어지기 시작했다.

여공과 남자 대학생의 만남을 소재로 한 대표적인 작품은 이문열의 《구로아리랑》(문학과지성사, 1987)이다. "자꾸 공순이, 공순이, 캐쌓지 말어예. 대학생은 씨가 따로 있어예?"로 시작되는 이 소설은 노동운동을 하는 대학생 김현식과 '시다'인 여공의 이야기다. 1980년대 운동권 대학생들이 공부와 취업을 미루고 노동운동에 헌신하기 위해 현장에 '잠입'하는 일은 드물지 않았다. 김현식은 시위를 주도하다가 경찰에 쫓기면서 한 여공의 자취방에 들어가 그와 생활한다. 여공은 고향 노부모에게 보내기 위해 모은 돈까지 주면서 김현식에게 헌신한다. 그런데 김현식은 가짜 대학생이었다. 공장을 떠돌면서 노동운동과 계급투쟁을 들먹이며 여공을 대상으로 사기 행각을 벌인 파렴치한에 불과했다. 경찰로부터 그 사실을 들은 여공은, 그러나 자신에게 노동의 존엄성을 일깨

워준 사람이라며 "흔들리지 않겠다"고 결심한다.

> 혹 이걸로 노동운동 하는 대학생들 몽조리 도맷금으로 우째볼 생각이
> 믄 그건 틀렸어예. 우리가 아무리 몬 배우고 덜 됐다 캐도 그만 일로
> 흔들리지는 않아예. (…) 그 오빠는 우리한테 우리 권리하고 노동의 존
> 엄을 깨치준 사람이라예. 우리가 어떻게 억압받고 무엇을 착취당했는
> 지를 알려준 사람이고, 무엇으로 우리 스스로를 회복시켜야 되는지를
> 가르쳐준 사람이라예. (…) 그 사람의 동기야 우쨌건 인자 우리는 한번
> 출발한 이 길을 갈 꺼라예. 흔들리지 않게, 흔들리지 않게, 흔들리지 않
> 게….
>
> – 이문열, 《구로아리랑》, 문학과지성사, 1987

이 소설은 대학생들에게 필독서일 정도로 각광을 받았으나 점점 비
판의 소리가 높아졌다. 노동운동을 하러 뛰어든 학생들을 사기꾼으로
풍자시켜 야유를 보내려는 속셈으로 해석되기도 했다. 또 가짜 대학생
에게 세뇌된 여공의 무지를 은연중에 강조했고, 마지막 독백 '흔들리지
않게'도 학생운동을 비꼬려는 의도가 있다는 비판이 나왔다. 2년 후
이 소설은 박종원 감독에 의해 같은 제목의 영화(내용 각색)로 만들어
져 다시 주목을 받았다.

3
공순이들의 반란

1970년대 노동운동의 주역

1970년대에 이촌향도와 공업화의 결과 노동자가 급격히 늘어났다. 그런데 반독재 투쟁에 앞장섰던 대학생들에게 1970년 11월 13일 전태일의 분신은 크나큰 충격을 주었다. 반공 이데올로기의 결과 노동운동이 불온하게 여겨지고 억압되던 시절이었다. 전태일의 분신은 이러한 억압에 정면으로 문제를 제기한 사건이었다. 이 사건은 노동운동에 정당성을 부여했다. 일부 대학생뿐 아니라 노동자들도 생존권을 확보하고 인간다운 삶을 찾기 위해 노동운동에 적극 가담하게 되었다. 이후 1980년대 중반까지 노동운동은 억압 체제 아래 최소한의 기본권을 확보하기 위한 생존 투쟁으로 전개되었다.

분명한 것은 이 시기 노동운동의 주역이 여공이었다는 사실이다. 노동운동에 동조한 남성노동자들은 소수였다. 남성노동자 대부분은 노동운동을 방관했고 심지어 자본과 권력의 편에 서는 사람들도 있었다. 다른 나라와 달리 왜 여성들이 노동운동의 주역이 되었을까? 권위주의적 체제 아래 제대로 된 노동조합이 없었기 때문이다. 급격히 늘어난 노동자, 더군다나 성적으로, 가부장적 이데올로기로 차별받은 여성노동자들은 자신들의 권리를 찾기 위해 노동운동의 길을 스스로 개척해야 했다. 생존의 몸부림이었다.

당시 유일한 노동조직이었던 한국노총은 노동자들 위에 군림하는 기구로 변해가고 있었다. 유신체제는 한국노총을 중심으로 노동조합운동이 국가와 자본에 투항하도록 강제했다. 따라서 1970년대 들어 각성된 의식을 지닌 노동자들은 새롭게 노조를 결성하거나, 기존의 어용노조를 뒤집고 새로이 출범해 한국노총이나 산별연맹과는 성격이 다른 새로운 노조운동을 모색했다. 이러한 상황에서 민주노조운동은 경공업 중심의 여성노동자들이 중심을 이루었다. 서울과 인천 지역의 몇몇 단위노조는 민주화운동 세력과 종교계의 지원 속에서 새로운 노조운동을 모색했다.

1970년대 민주노조운동은 1970년 청계피복 노조 결성을 비롯해 1972년 원풍모방 노조 민주화와 동일방직 노조 민주화, 1973년 콘트롤데이타 노조 결성, 1974년 반도상사 노조 결성, 1975년 YH무역 노조 결성 등 신규 노조 결성과 어용노조 민주화를 통해 전개되었다. 이러한 조직들은 노동법 체계상 한국노총 산하 산별연맹의 지부나 분회 형태로 존재했지만 노조 운영은 물론이고 운동 방식 등에서도 정부와 자본에 굴욕적인 한국노총과 전혀 달랐을 뿐 아니라 그들을 '상급 단체'로 인정조차 하지 않았다.

민주노조운동의 전반적인 특징으로 첫째, 노조가 앞장서 소그룹 활

1970년대 가장 전투적인 노동운동을 전개한 청계피복노동조합은 전태일 열사가 분신하고 2주가 지난 1970년 11월 27일 결성되었다. 창립 당시 조합원 560명의 대다수가 여성노동자였다. 사진은 노동교실에서 노래 부르는 청계피복지부 노동자들. (경향신문사)

동에 힘을 쏟은 점을 들 수 있다. 청계피복 노조에는 삼동친목회, 아카시아회, 횃불회 등이 결성되어 1970년 내내 청계노조 활동의 근간이 되었다. 동일방직 노조는 도시산업선교회를 통한 소그룹 활동에 참여했고, 원풍모방 노조는 노조 간부들이 일상적으로 소그룹을 조직해 조합원의 50퍼센트 이상이 소그룹 활동에 참여했다. 둘째, 민주노조들은 어용노조와 달리 조직력을 강화하기 위해 다양한 교육활동을 벌였다. 노동조합 집행부는 자체적으로 조합원교육, 간부교육을 자주 실시했다. 청계피복 노조의 '노동교실', YH무역 노조의 '녹지야학' 등 독자적인 교육기관을 설치하기도 했다. 간부들은 크리스찬아카데미 등 외부 교육기관에서 전문교육을 받았다. 셋째, 노동 3권을 거의 행사할 수 없는 극도로 억압된 유신체제 아래에서 대부분의 노조는 교섭권이나 파업권 사용을 엄두도 못 냈지만, 민주노조들은 농성, 시위, 태업, 준법운동 등 단체행동을 통해 임금을 인상하고 노동조건을 개선했다. 그러나 신군부는 1981년 청계피복 노조 강제 해산을 시작으로, 1982년 원풍모방 노조를 강제 해산하면서 여공들 중심의 노동운동은 암흑기에 접어든다.

전태일마저 한문투성이인 근로기준법을 보고 "나에게 대학생 친구가 한 명이라도 있었으면" 하고 탄식했을 만큼 1970년대 노동자들에게 노동운동은 멀게 느껴졌다. 하물며 노동운동의 '노' 자도 들어본 적이 없는 시골 출신의 젊은 여성들, 산업역군으로서 희생할 각오가 되어 있던 여공들이 어떻게 자신들의 손으로 민주노조를 건설하고 용감하게 단체행동에 나설 수 있었을까? 노동운동사를 다룬 책들은 다양한 각도에서 이를 조명하고 있는데, 공통분모는 여공들에게는 전태일에게 없던 '친구'가 있었다는 사실이다. 바로 전태일 분신에 충격을 받은 대학생들과 열악한 여공의 현실을 목격한 종교인들이었다. 그중에서도 여공들과 가장 많이 접촉하고 영향을 주었던 '도시산업선교회'(이하 '산선')를 빼놓을 수 없다. 산선은 1970년대 여공 노동운동에서 핵심적 역할을 했다. 유신 종말의 신호탄이 되었던 YH무역 여공들의 신민당사 점거 당시 그들을 그곳으로 안내한 친구도 산선이었다. 산선은 어떤 곳이었고, 이에 영향을 받아 처절한 투쟁으로 '신화'가 된 원풍모방과 동일방직 여공들은 어떻게 싸웠을까?

여공들의 친구 도시산업선교회

오직 성령이 너희에게 임하시면 너희가 권능을 받고 예루살렘과 온 유대와 사마리아와 땅 끝까지 이르러 내 증인이 되리라 하시니라.

– 성경 〈사도행전〉 1장 8절

신의 말씀을 알리는 것은 종교인의 신성한 의무다. '말씀'을 전하고자 땅 끝에서 기꺼이 순교한 사람도 많으니, 가까운 이웃에게는 말할 것도 없다. 선교와 전도는 복음을 전한다는 점에서 같지만, 두 가지 점에서 다르다. 첫째, 복음을 전하는 지역의 차이. 선교는 해외나 타 문화권을, 전도는 국내를 대상 지역으로 삼는다. 둘째, 전도는 개인의 구원을 위한 사역에 집중하는 반면, 선교는 "교육, 문화, 심지어 경제적인 측면까지 다양"(《기독교타임즈》 2018년 1월 3일자)한 사역을 두루 일컫는다. 산선의 원래 이름은 '도시산업전도회'였다. '선교'를 붙여 이름을 바꾼 데는 개인의 구원 이상의 역할을 하겠다는 의지가 담겼다고 볼 수 있다.

'산업선교'는 산업현장에서 말씀을 전하는 사역이다. 산업선교 사역은 미국에서 많이 실시되었고, 미국 개신교의 영향을 많이 받은 한국

교회도 뒤를 따랐다. 1957년 대한예수교장로회(통합)가 교단 내에 산업전도위원회를 출범시키면서 공식적으로 시작됐다. 영등포산선, 청주산선, 구미산선이 통합이었다. 이후 기독교대한감리회(인천산선, 경수산선), 한국기독교장로회(성수산선), 성공회, 구세군 등 교단들도 산업전도에 발을 내디뎠다. 가장 땅 끝까지 증인이 되고 교세를 확장하려는 목적도 있었다. 교단이 직접, 혹은 해당 지역의 교회에서 공단과 공장에 교역자들을 파견하여 전도사역을 담당하게 했다. 이들은 신학대학을 갓 졸업한 신앙심이 가장 충만한 젊은 교역자로서 "노동자들을 어떻게 교회에 인도할 것인가" 하는 열정으로 무장되어 있었다. 순교자적 자세로 봉사활동을 펼치면서 전도지를 배포하고 예배를 주관하고 상담을 실시했다. 심신이 지친 여공들에게 예배당은 안식처가 되었고 목회자들도 그들의 열악한 처지를 안타까워하며 기도해주었다. 회사는 이러한 종교 활동을 말릴 이유가 없었다. 근면 성실과 정직, 그리고 순응하는 신앙인의 자세는 종업원들이 가져야 할 덕목과 일치하는 부분이 많았다. 신앙인이 된 여공의 다음과 같은 말을 가장 반길 사람은 사장이었다.

> 방직공장에서 일하는 한 크리스천 여성노동자는, 목사님의 말씀을 듣고 난 후부터, 저는 '와인다'에서 일하고 있어요. 끊어진 실을 잇는 일을 하고 있는데 실이 끊어질 때마다 늘어진 실은 죄악의 줄이고 실패에 감겨 있는 줄은 하느님의 은혜의 줄인데, 나는 이 두 줄을 잇는 매개자로 생각할 때 일이 정말 기뻤어요.
>
> ─《기독교사상》 1979년 7월호

애초에 산업전도는 노동자들을 대상으로 했고, 사용자들이나 간부와는 거리가 있었다. 그러나 여공 1명보다 사장 1명을 전도하는 게 효과가 더 컸다. 사장이 신앙인이 되면 종업원들도 교회에 나올 확률이 높았다. 실제 몇몇 공장에서는 기독교인 회사 간부가 여공들을 동원하는 '강제예배'를 실시하기도 했다. 따라서 목회자들은 사장이나 간부를 전도하는 데 많은 노력을 기울였다. 다음 자료는 1966년 도림교회 산업전도회가 발간한《급변하는 지역사회와 산업전도회》에 실린 서울 미원상사 산업전도 일지다. 이 일지는 산업전도가 고용주를 통해 이루어진 측면을 볼 수 있다.

1964. 12. 31   사장이 일요 휴무를 발표함(기도와 성령의 역사)

1965. 1   매월 1회씩 교회 출석–기독교 연구

1965. 7   산업스파이에 대한 신앙상 견해 질문–사장, 신학자들의 견해 전달. "죄가 됨"

1965. 8   노사쟁의에서 산업전도의 입장규명을 요청–선교하는 단체임을 밝힘

1966. 7. 31   사장 신앙 간증(도림 장로교회)

1966. 8. 16   사장 기업경영에 정신적 지원 필요 제안

– 김원,《여공 1970 그녀들의 反역사》, 이매진, 2006

'산업전도'는 1968년에 분기점을 맞는다. '산업선교'로 명칭을 변경하여 사용하기 시작했고, "가난한 자에게 복음을"이라는 표어도 이때 등장했다. '가난한 자' 모두를 통칭함으로써 개인의 구원 그 이상의 역할을 하겠다는 의지의 표명이었다. 왜 명칭을 바꿨을까? 무엇보다 노동자들이 산업전도에 부정적이었기 때문이다. 회사와 산업전도의 밀착 관계가 짙어지자 여공들은 산업전도자들이 사장 친구라고 생각했다. 체

계화된 노무관리 방식이 도입되면서 사장들에게 산업전도할 필요성도 예전보다 많이 감소했다. 무엇보다 월급 못 받고, 해고되고, 철야에 시달리고, 몸이 망가지는 노동자들에게 하느님 말씀은 멀게만 느껴졌다. 10년 동안 노동자들의 아픔을 지켜보고 그들의 처우를 개선하려 했던 산업전도 교역자들은 자신들의 한계를 절감할 수밖에 없었다. 퇴근 후 열린 선교모임에서 "기계에 손가락이 잘렸는데 치료비를 탈 수 있느냐?"는 질문에 그들은 말문이 막혔다. 무엇이 문제인가? 고민 끝에 내린 답은 '전도'가 아닌 '선교'였다. 노동자 개인의 구원이 아닌 그들을 둘러싼 환경, 즉 구조적인 문제로 눈을 돌리기 시작했다.

> 교회는 건물 중심에서 벗어나 일하는 세계와 근로자를 교회로 삼아야 할 것이다. 하늘을 나는 말씀이 아니라, 과도노동, 임금인상, 노사분쟁, 부당노동행위, 산재보험, 해고문제 등을 기독교적인 면에서 이해하고 해석해 피부에 닿는 설교를 통해 메시지가 전달돼야겠다. 말로만의 사랑이 아니라 우리가 현실적으로 섬겨야 할 그리스도가 근로대중임을 명심하고 십자가의 경험을 근로대중을 위한 행위를 통해서 경험하는, 마음의 자세가 성숙되어질 수 있는 데까지 교회는 나아가야겠다.
>
> – 조승혁, 《기독교사상》 1969년 9월호

이러한 입장 선회는 당시 한국 교회에서 혁명적이었다. 교회의 시각에서 산업현장을 바라보는 게 아니라, 산업현장에서 활동하는 사람들을 이해하고 그 안에서 선교의 과제와 사명을 찾는 방식으로의 변화를 모색했다. 산업현장 활동가들을 이해하려면 그들에게 가장 필요한 것을 알아야 했다. 각 교단은 산업현장에서 분투하는 젊은 교역자들의 목소리를 충분히 이해했다. 각 교단의 산업전도 담당 기관도 '산업선교'로 명칭을 바꿨고, 현장과 지역 중심의 위원회가 조직됐으며, 실무자의 자격도 현장 경험이 수반된 엄격한 훈련을 거쳐야만 인정받게 했다. 1971년 대한예수교장로회(통합), 기독교대한감리회, 한국기독교장로회 등 교단별 산업선교회는 한국도시산업선교연합회를 구성했다. 이런 외형적 변화 외에도 내용적으로 노동자들의 외로운 권리투쟁에 참여해야 한다는 당위가 발생했다. 산선은 천주교의 가톨릭노동청년회와 함께 1970년대 인권과 민주화를 위해 활동한 대표적인 종교단체로 자리매김하게 된다.

자연스럽게 산선은 노동법, 노동조합, 노동운동 지도자 교육, 노동자 조직 활동, 노동조합 지도자 육성 문제 등에 역점을 두면서 종교 활동으로써 노동자를 위한 예배와 성서 연구, 그리고 노동자 복지활동을 조직적으로 진행했다. 노동 현장에 뛰어들어 그들과 함께 부대꼈다. 노동의 '노' 자만 꺼내도 빨갱이로 몰아붙이던 시절, 산선은 노동자들에게 작은 등불이나 다름없었다. 노조 간부나 운동권 대학생 중 이곳의 '노동교회'(1983년 '성문밖교회'로 개칭) 집회에 한번쯤 참석해보지 않은 이가 드물 정도였다. 이러한 결실로 산선은 1970년대 초 동일방직, 태양공업, 진로주조, 대일화학, 원풍모방, 남영나일론, 경성방직, 방림방직, YH무역 등에서 주도적인 역할을 하면서 유신정권에 가장 위협적인 존재로 성장한다. 산선은 어떻게 활동했기에 노동자들의 등불이 되었을까? '한국노동운동의 대모'라 일컬어지는 조화순 목사의 여정이 단적으로 그 과정을 보여준다.

전도에서 선교로 탈바꿈하는 과도기였던 1966년 조화순은 인천산업선교회에서 한 달 교육을 받고 신분을 속여 동일방직에 취직했다. 첫 출근 날 그를 지도하던 조지 오글 목사로부터 "당신은 한 사람의 노동자로서 노동을 경험하고 배우러 가는 겁니다. 누구를 전도하겠다는 건

방진 생각은 버리세요"라는 충고를 들었다. 그의 나이 서른두 살. 첫날부터 나이 어린 소녀들로부터 반말과 잔소리 세례를 받고 갖은 모욕을 당했다. 가라는 데로 가고 시키면 시키는 대로 해야 했다. 조금만 실수해도 욕설이 쏟아졌고 피곤해 잠깐만 기대도 "근무 태도가 틀려먹었다"며 지적을 받았다. 몸이 아프고 괴로운 것은 뒷전이었다. 감당하기 힘든 것은 난생처음 느껴보는 수치심과 분노였다. 억울하고 분해서 매일매일 눈물을 흘렸고 "죽여버리고 싶다"는 충동까지 생겨 자신의 목사로서의 자질마저 회의가 들었다. 그런 삶을 통해 조화순은 "껍질이 깨어지던 순간"을 맞이한다. 유복한 가정 출신의 엘리트로서, 목사로서 남들로부터 우러름을 받고, 대접받는 것을 당연히 여기던 삶을 비로소 속죄하는 마음으로 돌이켜보았다. 그는 예수의 고난을 떠올리면서 회한의 눈물을 쏟아냈다. 위장취업 초기만 해도 툭하면 치고받고 싸우는 이들을 보며 '서로 조금씩만 참지, 왜 저럴까?' 의아해했다. 그러나 김치도 없이 새우젓과 간장만으로 밥 비벼 먹어가며 3교대 근무를 서야 하는 고달픈 삶, 그러면서도 시골에 있는 동생만은 공부시키겠다며 악착같이 돈을 벌어야 하는 삶, 이런 환경 속에서 악다구니를 쓰며 살아가는 여공들이 그럴 수밖에 없다는 것을 비로소 이해했다.

조화순은 당초 예정된 6개월의 '체험'을 마친 후에도 동일방직 여공들과 계속 교류했다. 성경 공부, 뜨개질, 꽃꽂이 등의 프로그램을 진행하며 30여 개의 소모임을 만들어낼 정도로 열심히 활동했다. 이후 다른 지역 산선에서도 5~10명 단위로 소모임을 만들고, 이 소모임이 모여 회사별, 교대 조별로 모임을 구성했다. 산선은 이들 소모임에 장소를 제공했다. 나중에 이 소모임은 산선이 현장에 영향력을 행사할 수 있는 통로가 되었다. 여공들은 조화순을 전적으로 믿고 따랐고, 개인적인 고민도 상담하고 임금 문제나 공장 내 불합리한 처우 문제도 터놓고 얘기하게 됐다. 근로기준법과 노동조합의 지식 기반이 약한 산선의 교역자들은 노동문제 전문가와 교수를 초빙하여 공부하면서 여성노동 자들과 함께 변화하기 시작했다. 그렇게 조화순이 산업선교를 시작한 지 6년 만인 1972년 5월 동일방직 노조의 정기대의원대회에서 이변이 일어났다. 3회에 걸쳐 위원장을 역임하고 회사의 지원을 받는 남성 후 보를 큰 표 차이로 누르고 여성 후보인 주길자가 지부장에 선출된 것 이다. 당시 한국노총 산하 448개 지부의 조합원은 총 49만 9000명으로 그중 여성은 12만 4500명에 달했지만, 여성 지부장이 탄생하기는 처음 이었다. 동일방직과 비슷한 방식으로 원풍모방, YH무역, 반도상사 등에 서도 여성 지부장이 당선되는 이변이 계속 일어났다.

산선은 초기에 한국노총과 공존 관계였다. 노조 간부 교육에 참여 했고, 반대의 경우도 있었다. 그러나 1971년 발생한 김진수 사건을 계기 로 그동안 누적됐던 갈등이 수면 위로 떠올랐다. 그해 5월, 영등포에 있 던 한영섬유에서 노동조합 활동을 하던 김진수가 구사대 폭력으로 사 망했다. 고용주에 매수된 상급 단체인 섬유노조와 한국노총 간부들은 진상 규명에 매우 소극적으로 임했다. 영등포 산선과 한영섬유 분회는 김진수의 억울한 죽음을 알리고자 대학생들과 함께 연좌농성과 시위 를 벌였고 가까스로 장례도 치를 수 있었다. 한국노총·섬유노조 간부 들과 밀접한 관계를 맺고 있던 산선은 큰 충격을 받았다. 그리고 한국 노총과는 이제 연대가 불가능함을 깨달았다. 이 사건을 계기로 산선은 더욱 비타협적·전투적으로 활동했고, 그들이 보기에 한국노총은 노동 자 권익을 보호하기 위해 가장 먼저 타파해야 할 적폐가 되었다.

산선의 활동은 점점 영역을 넓혀갔고 주로 여공들이 많은 사업장에 서 '민주노조'가 탄생하게 되었다. 산선에도 다양한 인재들이 합류했다. 대학생, 청년 등 많은 실무자들이 산선을 거쳐 갔는데, 실무자들은 노동자 출신 평신도 활동가와 지식인 출신 평신도 활동가로 대별해볼 수 있다. 동일방직 민주노조 초대 지부장 한순임을 교육시킨 최영희나 김근태·인재근 부부는 인천 산선에서 일했던 대표적인 지식인 출신 활동가였다. 산선은 도시빈민운동도 함께 하면서 활동의 폭을 확장했다. 그러나 산선은 고난의 여정을 걷게 된다. 정부와 사용자들이 노동 현장에 자주 등장하는 산선에 주목하기 시작한 것이다.

첫 번째 고난은 1972년 영등포도시산업선교회 사무실이 서울시경의 수색을 받은 데서 시작되었다. 이때 산선 실무자들은 농성을 사주한 혐의로 연행되었다. 중앙정보부는 산선과 노동자들을 분리하려고 했다. 1974년 3월 한순임 등 반도상사 노동자들을 연행했을 때 산선 실무자 최영희가 간첩인 것처럼 겁을 주었는데, 최영희가 민청학련 사건과 관련되어 도피하자 자연히 산선과 반도상사 여공들의 연계가 단절되었다. 5월에는 중앙정보부가 조화순 목사를 구속했다. 표면적으로는 야외예배 설교를 문제 삼았으나, 사실은 반도상사 노조 결성의 배후로 조화순을 지목한 것이었다.

1974년 산선 실무자들이 긴급조치 1호 위반으로 구속되자 때맞춰 한국노총은 "한국도시산업선교위원회를 비롯한 일부 종교인의 불순한 조직침해를 배격하고…"라는 결의문을 채택한다. 여기서 비롯된 시비는 1974~1975년 한국노총과 산선 단체 간에 벌어진 성명전으로 계속됐다. 당국은 기독교 내부에 권력과 야합한 일부 보수 세력을 내세워 산선을 공산주의자로 몰기 시작했다. 산선이 공산주의자들의 혁명 전략과 흡사한 신학 논리를 가지고 있다면서 《정치신학의 논리와 행태》, 《산업선교는 무엇을 노리나》 등의 책자를 발간하고 관제 반공 강연회에서 산선이 자생적 공산주의단체로서 국제공산당 전략에 이용되고 있다는 공격을 가하기도 했다. 산선은 국가보안법의 전신인 반공법 등으로 기소되기도 했지만 무죄를 선고받았다.

정부와 산선은 유신정권 내내 긴장의 끈을 놓지 않았다. 1979년 YH 무역 여공들의 신민당사 점거 사건 때 산선도 대대적인 탄압을 받았다. 정부는 여공들 배후에 산선이 있는 것을 알고 배후 수사를 확대했다. 당시 여당인 공화당과 유정회도 나섰다. 산선의 문동환·인명진 목사가 구속되었고, 신문들은 정부가 불러주는 대로 산선을 모략하는 기사를 대대적으로 보도하기 시작했다. 1979년 8월 18일자 《경향신문》은 '도시 선교회의 정체'라는 제목 아래 '재야와 손잡고 반체제 운동', '외세 지원 속 계급투쟁 고취' 등의 부제를 달아 지면의 3분의 2에 달하는 방대한 분량의 기사를 썼다. 이 기사는 체제 변혁을 위한 사회 혼란 야기, 사회주의 건설, 민중과 역사의 해방, 근로자 포섭, 침투, 점조직 등 반공이데올로기에 편승한 단어들을 총동원해 비난을 퍼부었다. 이어 산선의 활동 유형과 교육방법을 다음과 같이 소개했다.

- 근로기준법을 교육시켜 법정기준보다 부당한 대우를 받고 있다는 분개심을 북돋워준다.
- 기존 노조를 어용노조라고 불신케 하여 자파세력을 노동조합에 침투시킨다.
- 정부의 노동정책을 비판하여 대정부 불신감을 조성하기로 한다.
- 노동계의 문제점을 해외에 폭로하여 한국의 노동조합을 국제사회에서 고립시키기도 한다.
- 교육방법
  ① 5분 발언대를 마련하여 각자 대사용주 투쟁사를 발표토록 한다.
  ② 매일 아침 명상의 시간을 갖고 음악을 들려주면서 특정인의 대사용주 투쟁사를 낭독해준다.

③ 노동운동가로서 앞으로의 투쟁계획을 연도별로 수립토록 한다.

④ 죽은 뒤의 자기 비문을 스스로 작성케 한다(내용을 보면, 나는 극렬한 대사용주 투쟁을 하다가 투옥되고 그 뒤 탈옥하다가 잡혀서 총살을 당한다).

⑤ 마지막 촛불의 밤에는 전태일의 일대기와 분신자살을 묘사한 추모식을 가진다.

⑥ 농민과 노동자반원을 합석시켜 우리 노동자 농민이 대우받는 세상을 만들자고 결의를 시킨다.

⑦ 이조시대 상민이 양반을 우롱하는 풍자극을 보여준다.

⑧ 자료 반출은 일체 금한다.

⑨ 그들이 애창하는 노래 〈정의파〉.

산선은 이에 대해 "우리는 근로기준법을 준수하라고 요구한 것밖에 없다"고 강변했지만 "도산이 침투하면 기업이 도산한다"라는 말이 점점 퍼져나갔다. 최고 통치자도 산선에 대한 마녀사냥에 동참했다. 박정희 대통령은 1979년 8월 16일 법무장관에게 "종교를 빙자한 불순세력이 산업체와 노동조합에 침투하여 노사분규를 선동하고 사회불안을 조성하고 있는데 그 실태를 철저히 조사파악해 보고하라"고 지시했다. 대검찰청 공안부는 특별조사반을 구성하여 한 달 가까이 조사했다. 정권의 하수인이었지만 그들은 법률가였다. 특별조사반이 발표한 결론은 박정희의 기대와는 사뭇 달랐다.

일부 목사들이 불법투쟁을 교사하긴 했지만, "도시산업선교회가 용공단체라는 증거는 찾지 못했으며 용공단체가 아니다"라고 결론지었다. 박준양 검사는 많은 노동자들과 산업선교회 관계자들을 조사했는

신문 한 면을 거의 할애하여 '도시산업선교회의 정체'를 알렸다. '도산'이라는 부정적 단어를 쓴 것에서 알 수 있 듯 도시산업선교회는 유신시대 '마녀사냥'의 대표적인 사례로 꼽힌다. (《경향신문》 1979년 8월 18일자)

데 이들은 자신들의 주장은 근로기준법대로 해달라는 것이었다면서
도대체 우리가 무슨 잘못을 했느냐고 항의하여 곤욕을 치렀다고 한다.
그는 박정희에게 산업선교회가 과격하긴 하지만 용공도 불순세력도
아니라면서 "각하! 이거는 법대로 해달라캅니다!"라고 보고했다고 한
다. 박정희는 중앙정보부장을 지낸 뒤 법률특보로 있던 신직수를 불러
"신 특보! 당신 유신 때 법 고치라고 할 때 뭐 고쳤노? 엉?"이라며 화를
냈다고 한다.

-《한겨레신문》 2013년 1월 18일자

　　그러나 1979년 9월 11일 검찰이 산선 관계자 5명을 '국가보위에관한
특별조치법' 위반으로 기소하여 조화순 목사는 징역 3년을 선고받았
다. 유신이 종말을 맞았지만 제5공화국 정권은 노동의 암흑기를 더욱
어둡게 만들었다. 산선은 지속적으로 탄압을 받았다. 전두환이 광주
학살로 집권한 뒤 국가보위입법회의에서 노동조합법을 개악할 때 악명
높은 '3자 개입 금지' 조항을 넣은 것도 바로 산선의 활동을 의식했기
때문이었다. 산선은 1982년 콘트롤데이타사와 원풍모방 사건을 계기로
'기업의 적', '빨갱이 집단'으로 매도되기도 했다. 각 교단도 총회에서 산
선 활동 중지 안건이 상정되기도 하고 지원을 축소하는 등 점점 산선
을 멀리했다. 산선 출신이라는 이유로, 산선 모임에 나간다는 이유만으
로 해고된 노동자도 속출했다. 언론들은 '산선'을 기업을 망하게 하는
'도산'으로 부르길 주저하지 않았다. 이러한 전방위 마녀사냥 속에 산선
은 예전에 비해 조직과 활동이 많이 축소되었지만, 인천과 영등포 산선
은 산업선교의 소명의 끈을 놓지 않았다. 그리고 1980년대 중후반부터
노동운동이 폭발적으로 성장하면서 그동안 했던 자신들의 역할을 노
조와 다른 노동단체에 내주게 되었다. 자연스러운 변화였다.

동일방직 똥물 투척 사건

동일방직의 역사는 1934년 도오요방적주식회사가 인천시 동구 만석동에 인천공장을 건설하면서 시작되었다. 1945년 해방이 되자 이 공장은 적산으로 미군정청에 귀속되어 동양방적공사에 흡수되었다가 1947년 제일방적공사로 명칭이 변경되었고 1948년 정부 수립 후에는 정부에 귀속되어 상공부 관할 아래 들어갔다.

1949년 인천공장의 공장장이었던 서정익은 적산의 민영화 방침을 이용하여 동양방적주식회사를 설립하고, 스스로 사장이 되어 1955년 동양방적공사를 인수했다. 1966년에는 회사 명칭을 동일방직주식회사로 바꾸었다. 동일방직은 1971년 수출 500만 달러를 기록하여 방직업계 5위 규모의 대기업으로 성장했다. 그러나 여느 회사와 마찬가지로 그 이면에서는 여공들의 노동 착취가 만연했다. 동일방직은 조합원 1383명 가운데 1214명이 여성이었다.

동일방직의 노동운동은 1972년 한국 최초로 여성 지부장(주길자, 당시 27세)이 탄생하면서부터 주목을 받았다. 기존 노조는 동일방직에 근무하는 다수의 여공들을 소외시킨 채 회사 측과 적당히 타협한 어용단체였다. 이러한 남성 독점 노조를 깨고 노동자의 권익을 우선시하는 새로운 노조 집행부를 구성한 것이다. 워낙 특이한 사건이라 신문은 "근로자 여성의 지위 향상에 개가를 올렸다"고 보도하며 주길자 지부장의 활짝 웃는 사진과 함께 그의 포부를 실었다.

방직업계에서 여종업원의 임금은 저소득층에 속하는 편이므로 소득의 상승, 종업원의 교육문제를 중점적으로 다루겠다고. 중임을 맡게 되어 결혼도 자연히 5, 6년 뒤로 미루고 단 하나의 동생을 돌보며 맹렬히 뛰어보겠다고 주 양은 서늘히 웃는다.

- 《동아일보》 1972년 5월 16일자

이후 동일방직 노조는 자주적이고 민주적인 노동조합으로 변하기 시작한다. 이와 같은 변화에 산선의 역할이 크게 작용했음은 물론이다. 여성 지부장이 탄생했을 때 회사 측은 "여자들이 해봐야 얼마나 하겠냐", "남성 간부보다 다루기 쉬울 것"이라며 별로 신경 쓰지 않았지만 전망은 보기 좋게 어긋났다. 새 집행부는 우선 식사 시간 확보, 환풍기 설치 등을 요구했다. 회사는 '새로운 집행부니 그럴 수 있다'고 생각했다. 그러나 노동조합이 남녀 임금 차별 철폐, 생리휴가 쟁취 등 사안을 단체협약에서 공식적으로 올리자 당황했다. 근로기준법과 노동조합법에 명시된 기본적 권리였지만 이전 협상에서는 볼 수 없는 사안이었다. 예전 같으면 회사가 간부들을 매수하는 방법을 동원했겠지만, 새로운 집행부는 비타협적 태도로 일관했다. 또한 그들은 조합원들의 강력한 지지를 받고 있었다. 회사는 딱히 방법이 없어 시간 끌기 작전에 돌입했다. 여공들의 또 하나의 숙원은 기숙사 문제였다. 결국 1973년 7월 동일방직은 당시로서는 대규모 예산이 투입되는 1200명을 수용할 수 있는 기숙사를 건립하겠다고 발표하기에 이르렀다.

회사는 노조 간부들의 부서를 이동하고, 노조 활동에 적극적이던 여공들을 하찮은 이유로 해고하는 등 노동조합을 탄압했다. 그럼에도 조합원과 노동조합의 강고한 대오는 무너지지 않았다. 회사는 새로운 지부장 선출을 위한 정기대의원대회가 열리는 1976년을 벼르고 별렀다. 지부장 선거를 앞두고 회사 측은 남성 조합원들을 매수하여 대의원에 나가게 했다. 그들은 먼저 대의원대회에 불참하여 네 차례나 대회를 무산시키고 동시에 집행부 불신임을 시도했다. 이어 지부장이 노조원들의 단결을 호소하는 유인물을 배포했다는 이유로 경찰에 연행되었다. 그러한 가운데 1976년 7월 23일, 고두영을 비롯한 남자 대의원들이 기숙사 강당 문을 걸어 잠그고 자파 대의원들만으로 대의원대회를 개최했다. 이들은 집행부 불신임안을 통과시킨 후 남성 대의원을 신임 지부장으로 선출했다. 회사는 여공들의 집단적 항의를 막기 위해 미리 기숙사 대문에 못질을 했다. 중앙정보부도 산선이 노조활동의 배후 세력임을 간파하고 이러한 시나리오에 개입했다.

조합원 200여 명은 노조 사무실 앞에서 철야농성에 돌입했다. 기숙사에 있던 여공들은 창문을 깨고 뛰어내려 담을 넘어 농성장에 합류했다. 농성자는 800여 명으로 늘어났다. 회사는 정문을 봉쇄해 음식물과 외부 지원을 막고 노조 사무실과 기숙사의 수도와 전기를 끊어버렸다. 여공들은 "지부장을 석방하라", "회사는 자율적인 노조활동에 개입하지 말라", "7·23 대회는 무효다", "무릎을 꿇고 사느니 서서 죽기를 원한다"를 외치며 농성을 계속했다.

농성 3일째인 7월 25일 오후, 곤봉으로 완전무장한 전투경찰이 농성장에 진입했다. 여공들은 처음 보는 살벌한 풍경에 울음을 터뜨렸다. 그때 누군가가 외쳤다. "벗은 몸은 손을 못 대!" 여공들은 작업복을 벗고 팬티와 브래지어 차림으로 노래를 부르며 저항했다. 여성의 수치스러움과 두려움, 분노가 뒤섞인 공간에서 강구된 최후 수단이었다. 수백 명의 여성이 속옷 차림으로 팔짱을 끼고 저항하자 경찰은 흠칫 놀랐다. 경찰은 대의원 이상의 간부만 나오면 물러가겠다고 설득했으나 여공들은 "우리 모두 주동자다"라고 외쳤다. 경찰은 회사 간부의 손짓에 따라 주동자를 대오 속에서 끌어냈다. 여공들은 온몸으로 저항했지만 곤봉을 휘두르고 머리채를 잡아끄는 경찰 병력을 저지할 수 없었다. 작전 개시 30분 만에 72명을 버스에 태웠다. 여공들이 버스가 출발 못 하게 버스 바퀴 밑에 들어가고 인천 동부경찰서까지 쫓아갔으나 소용없었다. 이날 50여 명이 졸도했고 14명은 병원으로 실려 갔다.

당시 언론에는 한 줄도 보도되지 않았지만 조합원들은 유인물을 통해 이 사실을 알려 노동계에 관심을 불러일으켰다. 회사는 집행부가 와해되어 노동조합활동이 잠잠해지리라 예상했지만, 여공들의 동지애는 이 사건 이후 더욱 견고해졌다. 1977년 1월 21일 동일방직 사건 수습 투쟁위원회가 구성됐다. 위원회는 사건의 진상을 꾸준히 알려나갔다. 이윽고 1977년 4월 열린 수습 대의원대회를 통해 이총각을 지부장으로 선출하고 새로운 집행부를 구성했다. 그동안 회사는 온갖 수단을 동원하여 민주노조의 재등장을 막으려 했지만 여공들의 단결된 힘은 꺾이지 않았다.

중앙정보부의 후원 아래 회사는 노조 탄압을 멈추지 않았다. 한국노총 섬유노조도 노골적으로 가세했다. "산선과 가톨릭노동청년회는 불온단체이며 노동자들을 의식화하여 순진무구한 조합원들을 동원, 투쟁을 선동한다"고 선전했다. 산선을 빨갱이 단체로 모는 《산업선교는 무엇을 노리나》라는 책을 배포하기도 했다. 회사 측은 동인천 문화여관에 방을 빌려 반도상사 노조 지부장이었던 한순임을 강사로 초빙했다. 한순임은 "나도 옛날에 산업선교회원이었으며 산업선교는 공산주의자들이 하는 것이니 그곳에 가면 큰일 나니까 가지도 말고 그 단체의 회원들과 상종도 하지 말라"며 "현 동일방직 지부는 빨갱이와 연결되어 있다"고 비난했다. 회사는 QC 교육, 안전교육, 새마을교육 등의 명목으로 여공들을 문화여관에 강제 동원했다. 한순임은 산선의 도움으로 반도상사 민주노조 지부장이 되었으나 투쟁을 우선하는 산선과 선을 긋고 있었다. 그는 한국노총 모두가 어용노조는 아니라고 주장했다. 일리가 없지는 않았지만, 그의 주장은 중앙정보부와 보수 기독교세력이 산선을 비난하는 무기로 사용되었다.

이러한 긴장 속에 한국노동운동사에서 가장 엽기적인 노동 탄압으로 기록된 '똥물 투척' 사건이 일어났다. 1978년 2월 21일은 대의원 선거일이었다. 노동조합 간부들과 대의원들은 노조 사무실에서 밤샘 선거 실무 작업을 하고 당일 새벽 투표하러 오는 퇴근조를 기다리고 있었다. 5시 30분, 날카로운 고함이 어둠을 뚫었다. "이 빨갱이 년들아!" 6명의 남성들이 소리치며 사무실에 진입했다. 그들은 투표함과 책상, 책장 들을 몽둥이로 모조리 때려 부수고 노동조합 사무실의 기물을 파괴했다. 여공들의 비명이 고요한 새벽하늘을 뒤흔들었다. 남성들은 똥냄새가 나는 방화수통을 들고 있었다. 이 사건의 진상을 알리는 유인물 〈아무리 가난하게 살아왔어도 똥을 먹고 살지는 않겠다〉에는 다음과 같은 내용이 적나라하게 적혀 있었다.

지난 21일 새벽 출근하는 저희들은 희망과 기대를 갖고 선거장으로 갔는데 몇몇 술 먹은 회사 측 남자들이 몽둥이로 노동조합 사무실의 기물을 무자비하게 파괴하고 투표함을 모두 때려 부셨고 투표하러 온 저희 조합원들을 패고 고무장갑을 낀 손으로 걸레에 똥을 묻혀 얼굴에 문지르며 입에 먹이고 가슴 속에 집어넣으며 노동조합 사무실과 탈의장에 벗어놓은 옷에도 모두 바께쓰로 똥을 뿌려 놓았으며 회사의 조종을 받는 박복례는 똥을 들고 다니는 깡패 같은 남자들에게 "저년에게 먹여라"고 지시를 하고 있었습니다. 탈의장에서 옷도 못 갈아입은 저희들은 얇은 치마와 반팔 작업복을 입은 채로 영하의 새벽 공기 속에서 이들에게서 똥을 뒤집어쓰고 눈도 못 뜨고 귀와 입으로 온통 들어간 이 울분을 어떻게 표현할 수가 있겠습니까. 추운 줄도 모르고 발을 뒹굴며 우리는 "아무리 가난하게 살고 있지만 우리도 인간이다. 우리는 똥을 먹을 수는 없다"라고 가슴을 쥐어뜯으며 통곡을 하였습니다. 치안 유지를 위해 동원된 정복경찰들은 도와달라고 외치는 저희들에게 "야 이 쌍년들아 입 닥쳐! 이따가 말릴 꺼야" 하며 욕설만 퍼붓고 구경만 하는 것이었습니다. 이래도 대한민국이 법치국가입니까? 이렇게 매를 맞고 똥을 뒤집어썼어도 우리는 투표하려고 노조사무실을 들어가려 했으나 깡패 남자들이 점령하여 난투극이 벌어져 우리는 70명이 부상을 당하고 내던지는 유리에 손이 찢겨 7바늘이나 꿰매야 하는 중상을 입었습니다.

이 처참한 광경을 알린 언론사는 단 한 군데도 없었다. 똥통을 든 남성들은 회사에서 고용한 깡패들이었고, 이 엽기적인 행각의 아이디어를 낸 곳은 놀랍게도 중앙정보부였음이 나중에 밝혀졌다. 사건은 너무나 조용히 묻혔다. 섬유노조는 다음 날인 22일 긴급집행위원회를 소집하여 23일 12시까지 현 노동조합 지부장인 이총각과 회사 측의 지부장 입후보로 나선 박복례가 본조의 명령에 무조건 복종한다는 각서를 쓰면 사고지부 처리를 하지 않겠다고 통보했다. 상급단체로서 중립적인 위치에 서려는 모습을 보였으나, 사실 그들은 똥물 투척 현장에 있었다. 노동조합이 이를 거부하자 섬유노조는 이들을 제명하고 '사고지부'로 지정했다. 회사 내에서 노조활동이 불가능해진 것이다.

이에 '민주파'는 노조 복구를 위해 전례 없는 온갖 투쟁 방법을 동원했다. 3월 10일 전국에 텔레비전과 라디오로 중계되는 노동절 행사장에서 "동일방직 문제 해결하라!", "우리는 똥을 먹고 살 수 없다!" 등의 플래카드를 펼치고 구호를 외치며 유인물을 뿌렸고 단식농성도 했다. 3월 26일 부활절 연합 예배장에서 "노동3권을 보장하라", "동일방직사건을 해결하라", "가톨릭노동청년회와 산업선교회는 빨갱이가 아니다" 등

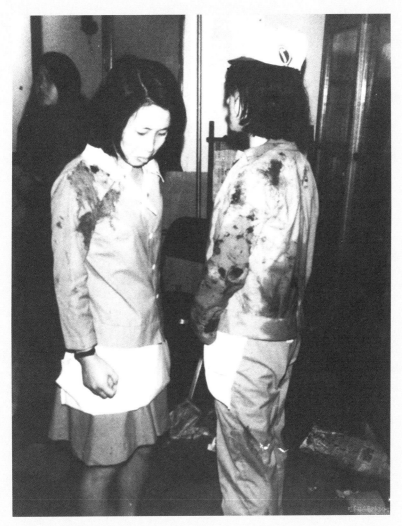

똥물을 뒤집어쓴 동일방직 여공들. (이기복)

의 구호를 외치며 단상을 점령하기도 했다. 그러나 과감한 투쟁에도 불구하고 이른바 '똥물 사건'이라 불리는 '동일방직 사건'으로 124명이 해고되었다. 이 조치도 중앙정보부의 명령에 따른 것이었다. 이후 동일방직 민주노조운동은 해고노동자들의 복직투쟁으로 전환되었다. 노동조합에는 예전과 같이 어용 집행부가 들어섰다. '동일방직 해고자 일동' 명의의 유인물 〈저희들의 간절한 호소를 들어 주십시오〉에는 복직투쟁에 임하는 이들의 심정이 절절히 드러나 있다.

> 그러나 저희들은 결코 좌절하지 않고 끝까지 싸워 똥물을 뒤집어쓰면서까지 정의를 죽여버리지 않으면 아니 되었던 그들의 허위와 위선을 벗겨 보겠습니다. (…) 언젠가는 진리의 알몸뚱이가 낱낱이 밝혀져 만천하에 공개되어 불의는 정의 앞에 무릎을 꿇을 수밖에 없다는 것을 확신하면서 우리들은 그날이 오기까지 싸울 것을 밝히며 끝까지 성원해주시길 부탁드립니다.

이 해고자들은 '블랙리스트'에 올라 어느 사업장에도 취직할 수 없었다. 이들이 바란 '그날'은 20년이 넘어서야 돌아왔다. 2001년 8월 정부는 이총각 등 동일방직에서 해고된 29명을 민주화운동 관련자로 인정했다. 대법원은 2004년 전원 복직 판결을 내렸다. 이어 2006년 4월부터 '진실·화해를 위한 과거사정리위원회'가 동일방직 사태를 조사하여 2010년 6월 30일 "국가가 위법한 공권력을 행사하여 당시 노조원들의 노동기본권, 직업선택의 자유, 신체의 자유 등을 침해하였고 이는 중대한 인권침해에 해당한다"고 결정했다. 2011년 대법원은 개인당 2000만 원씩 국가가 배상하라고 판결했다. 이로써 동일방직 사건은 기나긴 여정에 마침표를 찍었다.

노동운동의 신화, 원풍모방

서울 신대방동에 있던 원풍모방은 1953년 한국견방주식회사에서 비롯되었다. 1958년 한국모방으로 이름을 바꾼 후 사세가 확장되었으나 1973년 부도가 났다. 이듬해 12월 원풍산업에서 인수하여 원풍모방으로 이름을 바꿨다. 이곳에 노조가 결성된 것은 1963년이었지만 역시 어용노조였다. 회사는 경영 악화를 이유로 1968년 임금 인상은 물론 상여금 지급까지 중단했다. 불만이 높아 노동조합 지부장이 조합원을 만나길 겁낼 정도였다. 그러한 가운데 1968년 8월 30일 이른바 '강금옥 사건'이 일어났다. 장기근속자 여공 강금옥의 주도하에 밤 10시 다수 노동자들이 파업에 참여했으나 요구 관철은 못 하고 강금옥은 해고되었다. 이 사건은 실패로 끝났지만 여공들이 저항의 목소리를 내기 시작했고, 기존 노조의 무능과 비민주성을 드러냈다는 점에서 의의가 크다. 동시에 민주노조의 필요성도 대두되었다.

1970년대 초 한국모방의 노동임금은 동일업종 다른 회사에 비해 30 퍼센트나 적을 만큼 열악했다. 노동자들은 연말 상여금을 2년 동안이나 받지 못했고 퇴직금까지 밀린 상태였다. 10분 지각에 1시간 30분에 해당하는 임금을 공제했고 작업복, 모자 등 작업 소모품도 여공들 각자가 구입해야 했다. 이런 경영 악화 속에 퇴직한 노동자들이 회사를 방문해 퇴직금 지급을 요구했으나 회사는 돈이 없다는 이유로 차일피일 미루기만 했다. 퇴직자들은 1972년 4월 18일 영등포 산선의 협조로 '한국모방 퇴직금 받기 투쟁위원회'를 결성하고, 한국모방의 근로기준법 위반 행위에 관한 진정서를 노동청에 보냈으나 그곳마저 반응이 없었다. 투쟁위원회는 회사와 노동청을 검찰에 동시 고발하는 법적 대응에 들어갔고, 각계에 지원을 요청했다. 영등포 산선을 비롯해 고려대 노동문제연구소, 한국산업선교연합회 등 종교계, 학계, 사회단체 등은 5월 12일 모여 한국모방 퇴직 노동자들을 위해 법적·재정적 지원을 하기로 결의했다. 그러자 여론이 심상치 않았다.

근로기준법의 벌칙규정이 미약함을 악용, 근로자들에게 지불해야 할 퇴직금과 예수금을 지불하지 않고 있는 기업이 있어 문제.

국내 섬유업체인 H모방은 80여 명의 퇴직자에게 지불해야 할 600여만 원의 퇴직금과 근로자들이 회사에 월 3분 이자로 맡겨 두었던 예수금을 이자는 물론 원금조차도 지불하지 않는가 하면 근로자들의 예수금, 퇴직금 요구에 "벌금 몇만 원 내면 된다" "소송할 테면 해보라. 1년이고 2년이고 질질 끌 테니까"라는 식의 고자세로 일관해오고 있다는 것. 섬유업체의 근로자들은 대부분 저임금에다 여성들로서 기업 측의 이런 고자세에 해결 방법을 몰라 우왕좌왕하는 형편. 이래서 각계에서는 기업윤리가 떨어졌다고 장탄식.

− 《매일경제신문》 1972년 7월 20일자

이런 움직임이 사회문제로 비화될까 우려한 중앙정보부는 노동청에 적극 개입하라고 지시했다. 결국 10월 10일 회사 측은 퇴직금 전액을 영등포 산선회관에서 노동자들에게 지급했다. 그러나 예수금은 정부의 8·3 조치(기업 사채 동결)로 지급되지 않았다.

현직 조합원들은 '퇴직금 받기 운동'을 수수방관한 노동조합에 노골적으로 불만을 제기했다. 여공들은 노조를 민주화하고자 지부장을 지동진으로 바꾸기 위한 활동을 시작했다. 이를 눈치챈 회사는 그의 사표를 유도하기 위해 작업 배치 변경 등 부당노동행위를 자행했다. 이에 맞서 노동조합 부녀부장과 소모임 대표가 중심이 되어 7월 9일 '한국모방노조 정상화 투쟁위원회'를 결성하고, 1000여 명의 조합원으로부터 서명을 받은 대의원대회 소집요청서를 섬유노조에 제출했다. 회사는 지동진의 출마 포기를 강요하는 한편, 여공들에게 "2인 이상 모이지 말라", "변소에 갈 때에는 반장에게 보고하라" 등 13개 특별사항을 발표했다. 결국 지동진을 노량진 공장으로 전출하는 명령이 내려지자, 이에 분노한 1000여 명의 노동자들은 지동진 전출 명령이 철회되지 않으면 전원이 자진 퇴사하겠다며 농성에 들어갔다. 이와 같은 저항으로 지동진의 전출 명령이 취소되고, 8월 17일 지동진은 대의원대회에서 지부장으로 선출되었다.

그러나 노조 결성 다음 날부터 탄압이 시작되었다. 회사가 노조 간부와 조합원을 무더기로 징계하여 해고 14명, 부서 이동 20명, 직위해제 23명에 이르렀다. 여공들은 특근 거부로 맞섰고 회사 측은 식당 폐쇄, 무기휴업 공고로 대응했다. 약 600명의 노동자들이 명동성당에 집결해 농성에 돌입했으나, 중앙정보부 등의 중재로 농성을 풀고 귀가했다. 얼마 후 회사 측의 고발로 지동진 지부장을 포함한 노조 간부들이 경찰에 체포되어 조사를 받았다. 지부장 등 노조 간부들이 풀려났으나, 간부 2명은 국가보위법 위반 등으로 구속되었다. 파업, 명동성당 농성 등의 사건이 퇴직금 체불과 맞물려 여론이 악화되자 정부는 사장을 근로기준법 위반으로 입건했다. 결국 회사 측은 노조활동 보장, 단체협약 체결, 해고자 복직 등에 합의했다.

한국모방은 수출업체로서 특혜를 받은 기업이었다. 그러나 안이한 경영으로 부실해지면서 임금체불 누적, 실업 등이 사회문제로 대두되었다. 1973년 4월 정부가 발표한 반사회적 기업인 81개 업체 73명의 명단에는 한국모방 사장 박용운도 포함되어 있었다. 결국 1973년 6월 회사가 부도를 내고 말았다. 노동조합을 중심으로 '한국모방 수습대책위원회'(위원장 지동진)가 구성되었다. 한국모방 노조는 기업 도산에 적극적으로 대처하고 성공했다는 점에서 다른 노조들과 구별된다. 이러한 경험은 한국모방 노조가 이후 다른 민주노조에 비해 강력한 힘을 가진 채 1970년대를 견디는 원동력이 되었다.

새로운 경영진이 나타날 때까지 경영권을 인수한 수습대책위는 하청 방식으로 공장을 운영하겠다고 밝혔다. 이러한 임가공賃加工을 통한 회사 운영에 대해 상공부는 현재의 시설로 수출에 기여하고 종업원의 급료를 지급하기 위해 필요한 조치로 받아들였으며, 관계 기관에 자금 지원 등의 협조를 구했다. 수습대책위는 신임 사장이 결정될 때까지 4개월 동안 1600여 명 노동자의 임금을 체불하지 않았을 뿐 아니라 8월에는 31퍼센트의 임금 인상을 하고도 3000만 원의 잉여금을 적립하는 흑자경영 실적을 보여주었다. 이러한 결과는 그동안 누적된 경영 악화가 사주 측의 부실한 경영에 기인한 것으로, 경영을 합리화하기만 하면 임금을 대폭 인상하고도 흑자를 올릴 수 있다는 사실을 증명해주었다.

그러나 새로운 사장은 이러한 노조의 '회사 살리기' 노력을 불신했고 불만이 많았다. 취임 시 약속했던 종업원 퇴직금 전액 은행 예치도 이행하지 않았다. 이런 갈등 속에 1973년 송년파티가 끝난 후 회사 측 간부들이 지부장을 집단폭행하는 사건이 일어났다. 노조는 즉각 '누가 우리를 분노케 하는가?'라는 성명을 발표하여 회사를 규탄했다. 종교계 등 18개 단체로 구성된 '신구교노동문제공동협의회'가 1974년 1월 5일 '노동사회의 인권 유린(근로자 구타 사건)에 대하여'라는 성명을 통해 기업과 정부를 공격하는 동시에 "한국노총과 섬유노조는 노동자들의 기본권 보장을 위해 일하지 못할 바에는 즉각 해체하고 근로자를 착취하는 제2 기구로 전락한 사실을 400만 근로자와 전 국민 앞에 사죄하라"고 요구함으로써 한국노총의 공식적인 규탄의 첫발을 내디뎠다. 이

사건은 사장 구속이라는 의외의 결과를 낳았고, 한국노총과 산선의
갈등은 더욱 노골화되었다.

회사 측은 1974년 1월 임시주주총회를 열어 회사 주식의 20퍼센트
를 노조에 무상 양도하고, 지동진 지부장을 전무이사로 발령하여 경영
에 참여시켰다. 노동자 대표가 경영에 참여하는 것은 당시 처음 시도되
는 일이었다. 자산보다 부채가 훨씬 많은 상태에서 '실적'이 있는 노조
의 정상화 요구를 스스로는 해결할 수 없고, '노사 화합'을 보여줌으로
써 은행과 정부 기관 등의 지원을 얻기 위한 방안이었다. 그러나 부실
화된 회사의 정상화는 제대로 이루어지지 않았다. 회사 측은 노조 때
문에 회사 정상화가 되지 않는 것처럼 흑색선전을 하고, 이른바 내사
보고서를 작성하여 노조 파괴 공작을 시도했다. 이 사실이 발각되자
노동조합은 긴급조합원총회를 소집하여, 노조 파괴 음모를 꾸민 2명에
대한 징계 조치를 회사에 요구하여 관철했다.

한국모방은 1974년 말 원풍산업에 인수되었다. 인수인계 과정에서
원풍은 고용 승계 등을 약속했고 1975년 1월 노사합의서에 서명까지
했지만, 인수 시기부터 노조 파괴 계획을 세웠다. 이 때문에 방용석 지
부장이 구속되었다. 조합원들은 서명 운동, 진정서 보내기, 리본 달기
등의 방법으로 맞섰고 노동절인 3월 10일에는 항의집회 후 구치소까지
도보 행진을 했다. 이후에도 집단면회 신청, 하루 2~3회 지부장 면회
요구 등을 통해 노조의 단결력을 과시했다. 이에 관계 당국에서는 보석
신청을 받아들여 방 지부장을 석방했다.

또한 1975년 회사 측이 3일간의 하기휴가를 추석 휴무에 포함시키
려고 했으나 노조는 연장작업 거부, 생산량 줄이기 등의 '준법' 행위를
통해 이를 철회시켰다. 상여금 120퍼센트 지급, 정기승급 연 2회 실시
와 금액 인상 등의 합의도 이루었다. 1976년 12월 완료한 단체협약에서

는 임시공 폐지 및 필요시 노사가 합의하여 채용한다는 합의를 이루어 냈다. 한편 1973년 부도 후 수출 작업량을 확보하지 못한 제2공장이 폐업하게 되었다. 노조는 폐업 조건으로 노사합의에 의해 5개월분의 해고수당을 지급할 것 등을 관철했다. 이 해고수당은 당시 최고 대우를 받던 외자 기업도 3개월분 정도만을 지급한 것과 비교해볼 때 노동조합이 이룬 또 하나의 성과였다. 1979년도 임금인상률은 면방사업장의 28퍼센트 인상보다 6퍼센트 높은 34퍼센트로 체결되어, 섬유노조사업장 중 가장 높은 것이었다. 이로써 원풍모방은 해당 업계에서 최고 임금 수준을 유지한 사업장이 되었다. 퇴직금과 상여금 제도도 정착되었고, 1970년대 거의 모든 공장에서 한 달에 두 번만 일요일 휴무를 했던데 비해 원풍모방에서는 일요일과 공휴일 휴무제가 정착되었다.

억압적인 유신체제 속에 단일 노동조합이 이 같은 성과를 쟁취한 것은 원풍모방이 유일하다시피 했다. 노동운동의 선두에 선 원풍모방 노동조합은 항의, 농성, 사회 각계 호소 및 여론화, 태업, 파업 등 다양한 전술을 구사해 다른 사업장의 모범이 되었다. 그리하여 노동운동의 신화를 만들었고 전설이 되었다.

그러나 유신이 종말을 고하자 아이러니하게도 노동조합의 시련이 시작되었다. 1978년 모방업체 중 최고의 수익을 올린 원풍모방은 1979년 4월 국제그룹에 인수되었다.

신군부 쿠데타 정권의 노동자 억압은 유신체제보다 훨씬 강했고 집요했다. '노동계 정화'라는 명목으로 노동운동가들을 삼청교육대에 보냈으며 강제 사표를 쓰게 했다. 국제그룹은 이 분위기를 틈타 신규 인력을 채용하지 않고 작업 물량을 하청으로 처리했다. 노동부는 원풍노동조합 지부장을 정치활동 규제 명단에 올려놓고 산선의 교회 출입 금지를 노조 규정에 포함시키고 임금 인상, 상여금 지급, 징계권 등 회사

가 요구하는 대로 승낙하라는 결의문을 조합원 총회를 소집하여 결의
하라고 요구했다. 국가가 자행한 명백한 부당노동행위였다. 당연히 노
조는 이를 거부했다. 노조 파괴 공작이 번번이 실패하자 회사는 1982
년 9월 27일 폭력배를 동원하여 조합장을 감금하고 사표를 강요했다.
이에 노조원들은 농성에 돌입했다. 4박 5일간의 단식농성에 회사 측에
서는 노동자들의 부모를 농성장에 들여보내 조합원을 회사 밖으로 데
리고 나가도록 했으며, 10월 1일에는 경찰이 마지막 남은 50여 명의 노
동자들을 강제로 회사 밖으로 끌어냈다. 출근투쟁은 경찰의 저지에 막
혔다. 이어 조합원 사표 강요, 강제 귀향 조치에 그들의 부모뿐 아니라
군수 등 행정기관장까지 동원되었다. 이날은 민주노조의 신화였던 원
풍노동조합의 마지막 날이 되었다.

9월 30일, 농성이 나흘째로 접어들었다. 다음 날은 추석이었다. 계속
된 단식으로 노조원들은 지쳐 있었고, 회사의 엄포를 들고 달려온 수
십 명의 가족들이 딸들의 이름을 애타게 부르며 농성장을 헤맸다. 오
후가 되자 회사 밖에 대기 중이던 기동경찰이 증원됐고 회사 안에 들
어와 있던 사복경찰과 낯모르는 폭력배들도 불어나기 시작했다. 그리
고 오후 5시 200여 명이 각목을 휘두르며 농성장으로 난입해 노조원들
을 끌어냈다. 끌려나간 250명의 노조원들은 회사 앞에서 필사적으로
시위를 벌였으며, 노조원 수의 몇 배에 이르는 정·사복 경찰이 이들을
강제로 해산시키면서 대림동 일대는 차량 통행이 차단됐다. 밤 10시에
똑같은 일이 다시 벌어졌고 두 차례에 걸친 폭력해산 과정에서 200여
명의 노동자가 부상을 입고 입원했다. 이제 농성장에 남은 노조원은
50여 명에 불과했다.
10월 1일 새벽 5시, 한가위 달이 환하게 비추는 가운데 수백 명의 사복

출근투쟁으로 연행되는 원풍모방 여공들.

경찰들이 마지막까지 버티고 있던 노조원들을 덮쳤다. 비명과 통곡, 울부짖음…. 경찰의 몽둥이에 쫓긴 그들은 인적조차 없는 회사 앞 6차선 도로를 맨발로 내달렸다. 도로 위 육교에는 '선진조국 창조'라는 현수막이 펄럭이고 있었다.

-《경향신문》2004년 3월 14일자

결국 559명의 노동자가 집단 해고되었고, 지부장 등 노조 간부 4명이 '제3자 개입'이나 '집시법 위반'으로 구속되었다. 1983년 8월, 구속되었던 원풍모방 노동자들이 형 집행정지로 석방되었다. 물론 직장으로 돌아갈 수는 없었다. 그들은 동일방직, 콘트롤데이타, YH무역, 반도상사, 서통, 고려피복, 동남전기 등 1970년대 민주노조운동세력과 함께 1984년 3월 10일 '한국노동자복지협의회'를 결성했다. 이들은 "비조직적이고 고립분산적인 한계를 극복하고 노동운동의 주체성, 통일성, 연대성을 드높여서" 1980년대의 기업별 노조운동의 한계를 극복할 것을 목표로 삼았다. 이러한 움직임은 1970년대 민주노조운동이 1980년대 노동운동으로 이어질 수 있는 다리가 되었다. 한편 원풍모방 구속 해고자들은 동일방직의 노동자들과 비슷한 경로를 거쳐 민주화운동 관련자로 지정되고 국가 배상을 받았다.

동일방직 여공들의 시위 모습. (경향신문사)

인천도시산업선교회 초창기 모습. (인천문화재단)

잠사과 기계 사이에서 단식농성을 하는 원풍모방 여공들. (《원풍모방노동운동사》)

기독교 교육기관인 '크리스찬아카데미'에서 '중간집단교육'을 마친 여성 노동운동가들. 이곳에서는 노동조합 여성 간부들을 중심으로 노동교육을 실시했다. 1970년대에 기독교는 민주화 투쟁을 지원하고 노동자와 여성 등 소외계층을 보호하는 역할을 했다. (크리스찬아카데미)

4
"망할 놈의 비정규직 세상"

달라진 노동운동의 주축

1987년은 한국노동운동사에 한 획을 그은 해였다. 노동자들은 그해 6월 민주 항쟁을 경험 삼아 자신들의 권익을 쟁취하기 위해 투쟁했고 정치·사회적인 계급투쟁의 양상을 보이기 시작했다. 이 시기 노동자 대투쟁의 주역은 자동차·조선·화학·기계 분야에 종사하는 남성들이었다. 이들은 민주노동조합을 건설하면서 한국노총의 타협주의에 대항하는 전투적인 민주노총을 건설했고, 노동자의 이익을 대변하는 계급정당을 의회에 진출시켰으며, 정부의 노동법 개악을 물리적으로 막는 성과를 냈다.

여성노동자, 즉 1970년대 노동운동의 주역이었던 여공들은 1987년 노동자 대투쟁 때 어떻게 지냈을까? 성별 통계는 없지만, 이 시기 노동

쟁의 중 37퍼센트가 100명 미만의 소기업에서, 40퍼센트가 100~299명
의 중소기업에서 발생했다. 1000명 이상 대기업의 노동쟁의는 220건으
로 발생 건 비율로 보면 10퍼센트에도 미치지 못했다. 여성 중심 사업
장인 섬유와 전기전자는 각각 253건과 271건으로 기계금속 593건, 화
학 83건에 비해 그리 뒤지지 않는 수치를 나타낸다. 노동쟁의 건수를
보면 여성들의 참여가 저조하지는 않았다. 그럼에도 여공들의 투쟁이
주목받지 못한 이유는 그들의 일터가 이제 산업의 변방이 되었기 때문
이다.

　1987년 여성노동자들의 투쟁 중 성공적인 사례는 한국수미다 전자
회사 노동쟁의였다. 보수적인 언론도 "비도덕적인 외국 투자기업들에
경종"이라며 관심을 표했다. 마산수출자유지역에 자리 잡은 한국수미
다에서 1987년 7월 노동조합이 설립되자 회사는 공장 폐쇄를 선언했
다. 노동자들은 공장을 점거하고 파업에 들어갔지만, 회사는 생산을
하청에 맡기고 공장 이전을 감행했으며, 1년 계약으로 고용된 기혼 여
성을 해고했다. 1989년 사측은 파산을 선언하고 공장에 남은 자산을
팔아 월급을 지급했다. 그러고는 체불임금과 퇴직금 지급은 하지 않은
채 본국(일본)으로 철수했다. 노동조합은 일본으로 건너가 그곳 사회운
동가들과 합세하여 시위를 계속했고, 결국 회사는 여론에 굴복하여 노
동조합이 요구하는 조건대로 금액을 지불했다.

작년 10월 14일 경영난을 이유로 폐업과 함께 근로자 450명을 해고한
뒤 일본으로 잠적한 일본 자본가를 동경 수미다 전기 본사로 찾아간
정 위원장은 회사측과 30여 차례 협상을 벌여 일본 수미다 전기로부터
일방적 폐업 및 해고에 대한 사과와 함께 밀린 임금·퇴직금은 물론 끝
까지 투쟁을 벌여온 조합원 91명에 대한 생계 대책비 3억 9600만 원을

받아내 비도덕적인 외국인 투자 기업들에 경종을 울렸다.

– 《중앙일보》 1990년 7월 1일자

기계나 중화학같이 대규모 시설을 기반으로 하는 사업과 달리 부품 생산과 조립을 주로 하는 한국수미다와 같은 전자회사는 쉽게 자본을 이동할 수 있는 조건을 갖추었다. 미국계 한국TC전자와 일본계 한국시티즌 등 외국 투자기업은 노동조합이 결성되자 자본을 철수했다.

1970년 중후반부터 한국 경제는 경공업 중심 공업화에서 석유·화학·자동차 등 중화학 중심 공업화로 전환하기 시작했다. 섬유와 가발, 백색가전 조립 등 노동집약적인 공장들이 하나둘 자취를 감추기 시작하면서 그곳에 있던 여공들도 사라지기 시작했다. 한때 우리나라 수출의 10퍼센트를 담당하며 수출한국의 견인차 역할을 했던 구로공단의 변신이 가장 대표적이다. 1980년대 후반부터 노동집약적인 경공업이 경쟁력을 급속히 상실하면서 공장들은 문을 닫거나 값싼 노동력을 찾아 생산 거점을 중국·동남아시아 등지로 옮겨 갔다. 텅 빈 공장으로 을씨년스러워진 구로공단은 서울 변두리 공해 지역으로 낙인 찍혔다. 그러나 지금은 디지털밸리로 화려하게 부활했고, 역명도 '구로공단역'에서 '구로디지털단지역'으로 바뀌며 지식산업단지의 대명사가 되었다.

여공의 감소에는 이러한 산업구조 변화와 함께 소득 수준이 향상되고 교육에 대한 가부장적 차별 의식이 엷어진 이유도 있었다. 가정 형편도 어린 딸을 생산 현장으로 내몰 만큼 절박하지 않았고, 여성의 권리의식도 높아졌다.

이에 따라 공장에서 일하는 여성들의 연령이 높아졌다. 15~19세 연령층 여성의 경제활동참가율은 1975년 47.6퍼센트로 정점을 찍은 이래 계속 하락해 1990년에는 16.7퍼센트, 1996년에는 10퍼센트 아래로 떨어졌다. 대신 고등학교 졸업은 기본이고 대학에 진학하는 여성들이 크게 늘어났다. 그 결과 생산직 여성 근로자의 연령 중앙값은 1990년 이후 30세를 넘어섰고 1995년에는 38세로 상승했다. 생산직 여성노동자의 대부분은 기혼 여성이 차지했다. 시집 안 간 '순이' 대신 '아줌마'들이 생산라인을 점령한 것이다. 이들이 근무하는 사업체도 대부분 중소기업이었다.

1987년 이후 노동자들의 정치·사회적 투쟁 과정에서 중소기업의 여성노동운동은 배제되었다. 나아가 1970년대 노동운동은 '경제적 투쟁'으로 해석되었다. 즉 임금 인상이나 처우 개선에만 머물렀을 뿐, 노동자로서 정치·사회적인 계급투쟁으로 확장하지 못했다는 비판을 받았다. 이렇게 1970년대 똥물을 뒤집어쓴 여공들은 노동계에서조차 점점 멀어져갔고 노동운동은 남성노동자들의 전유물이 되었다. 여성노동자들의 노동운동은 결혼과 가족 때문에라도 지속되지 못했다.

TC전자의 노조 지도자였던 김정임은 복역 이후 투사 대접을 받으며 돌아왔지만 그녀가 투쟁했던 노조는 존재하지 않았고 블랙리스트에 올라 일자리를 찾을 수 없었다. 결국 그녀는 아프신 어머니를 돌볼 사람이 없었던 상황까지 겹쳐 귀향을 선택해야 했으며 결혼 이후에는 어린 딸을 돌볼 사람이 없어서 노동운동에 참여할 수 없었다.

또 다른 여성은 87년 당시 마산 노조들 가운데 최대의 임금 인상을 획득하고 마창노련의 부위원장까지 지내면서 노동운동가로서 탄탄한 경력을 쌓았지만 마산-창원 연대파업을 이끌다 투옥되었다. 출소한 이후 그녀가 이끌던 노조가 파괴된 상황을 맞이했다. 그녀는 마창노련 위원장과 결혼했는데 출소 후 남편과 상의 끝에 남편이 풀타임으로 조직 일을 하고 자신의 가게를 운영하게 된다. 그녀는 남편보다 그녀가

더 뛰어난 조직가였다는 세간의 평가를 애써 부정하며 남편의 노조활
동을 보조했으며 그가 마창노련 위원장에서 쫓겨난 이후에도 돌봐야
할 아이와 가게 운영으로 인해 노동운동 판으로 돌아갈 수 없었다.

– 이진실, 〈한국 경제의 재구조화와 여성노동자: 1987~1996년 한국 여성노동자의

주변화에 대한 연구〉, 서강대학교 석사학위 논문, 2007

"노동운동 그러는 거 아입니다"

　자본주의 사회에서 '을'일 수밖에 없는 노동자들은 노동운동을 통해
'갑'과 싸워 지위를 향상시키고 요구 사항을 쟁취하곤 했다. 같은 약자
로서 노동자들은 남녀를 막론하고 뭉쳐야 했지만, 1987년 이후 노동운
동이 남성노동자들의 전유물이 되면서 노동계에서 여성들이 차지하는
비중이 점점 작아졌다. 중화학을 필두로 한 대기업과 이곳을 활동 무
대로 삼은 노동조합 구성원 대다수가 남성인 까닭에 필연적인 현상일
수도 있지만, 그것이 '차별'로 이어진다면? 남녀 차별이야 사회 전반적
으로 이어져왔지만, 약자들이 뭉친 노동계에서조차 나타난 남녀 차별
을 어떻게 해석해야 할까?

　'을' 밑에 '병'이 생긴 것은 1987년으로부터 10년 후였다. 1997년 12
월 대한민국은 졸지에 경제식민지 국가로 전락했다. 한강의 기적, 올림
픽 개최, 선진국의 대명사인 OECD 가입에 이르기까지 승승장구하던
나라의 금고가 순식간에 텅텅 비었다. 내로라하는 재벌과 대기업 들이
줄줄이 망했다. IMF는 구제금융을 제공하는 대신 여러 요구 조건을 내
걸었다. 모라토리엄에 직면한 정부는 그 요구 조건들을 수용할 수밖에
없었는데 그중 하나가 '노동 유연화'였다. IMF는 "투자를 촉진하고 고급

일자리를 창출하기 위해 노동시장의 유연성을 제고하는 데 정책의 우선순위를 둬야 한다"면서 정규직 노동자에 대한 고용보호 장벽을 낮출 것을 주문했다. 외국 자본이 보기에 1987년 이후 급성장한 한국의 노동운동이 외환위기를 초래한 원인 중 하나라는 진단이었다. 1998년 여름, 국회에서 정리해고가 법제화되고 파견법이 제정됐다.

태풍 속에 살아남은 기업들은 칼바람이 부는 경제 상황에서 구조조정에 착수했다. 인건비 절약, 즉 인원 축소는 구조조정의 핵심이었다. 현대자동차도 예외는 아니었다. 1998년 8월 울산 현대자동차노동조합은 정리해고에 반발해 36일간 총파업을 단행했다. 그러나 노사가 277명 정리해고안에 합의하면서 공권력 투입 없이 평화적으로 끝났다. 대규모 사업장에서 인정된 첫 번째 정리해고였다. 이 합의는 '새로운 노사 문화의 창출', '노사 화합의 대역사'라는 미담으로 기록되었다.

그렇지만 악마는 디테일에 있었다. 해고자 277명 가운데 144명은 현대자동차공장의 구내식당 여성노동자 전원이었다. 애초에 노사는 파업 이전 식당 여성노동자 전원인 276명과 남성 직원 1명을 정리해고 대상으로 삼았으나, 132명이 위로금을 받고 자진퇴사하자 나머지 133명을 여러 부서의 남성노동자로 채웠다. 그리고 노동조합은 회사로부터 식당을 인수받아 경영한다는 편법으로 식당 여성노동자 144명을 정리해고 대상에 포함시켰다. 식당 여성노동자들의 평균 나이는 48세, 평균 근무 연수는 14년이었으며 가족의 생계를 책임지는 실질적 가장이었다. 그들은 공장에서는 동료 남성의 음식을 만들고 집에서는 가족의 밥을 지었다. 총파업 기간 동안 '밥주걱 부대'로 불리며 투쟁의 선두에 섰고, 밤샘을 하는 간부들과 사수대의 밥을 짓느라 파업에만 전념할 수 없었다. 총파업 마지막 날 이들이 정리해고자로 발표되자, 현장은 아수라장이 된다.

"식당 아줌마들 한 명도 내보낼 수 없습니다. 우리는 공권력 하나도 두렵지 않습니다." "약한 자들 돕는 거가 인간 도리 아입니꺼? 제발 부탁입니다. 노동운동 그러는 거 아입니다." 식당 아줌마들을 넘겨주고 살아남은 동료 노동자들의 울부짖음에도 불구하고, 아줌마들은 다음 날 천막을 철거하고 가족의 품으로 돌아가는 동료들을 멀찍이서 바라볼 수밖에 없었다.

"우리가 남자였다면 부서를 통째 날려버릴 수 있었을까?" "우리가 생산직 노동자였다면?" "처음부터 우리를 희생양 삼아 노사협상에 들어간 것은 아니었을까?" 아줌마들은 의심을 품을 수밖에 없었다.

－《한겨레신문》 2002년 3월 25일자

식당 여성노동자들도 엄연한 현대자동차 정규직 직원이자 노동조합 조합원이었다. 그러나 합의 후 이들은 노동조합의 하청노동자로 재고용된다. 현대자동차 경영진이 아니라 노동조합에 고용되었다. 임금은 이전보다 60퍼센트로 깎이고, 인원은 절반으로 줄었다. 이들은 상황이 좋아지면 복직될 거라는 노동조합의 약속을 믿었다. 이듬해 현대자동차가 '4000억'의 사상 최고 순이익을 내자, 식당 노동자들은 해고된 남성 생산직 노동자들과 함께 복직투쟁에 나섰다. 133명 남성노동자들은 전원 복직되었다. 그러나 식당 여성노동자들의 복직에 대해 회사는 협상을 거부했고, 노동조합도 노사협의회 안건 상정을 회피했다.

이때부터 식당 노동자들은 노동조합을 상대로 힘겨운 싸움에 들어간다. 다섯 달 동안 단식과 삭발을 하고 심지어 알몸 시위까지 감행했지만, 이들은 결국 뿔뿔이 흩어지고 말았다. 일부는 생산라인의 보조직으로, 혹은 다른 식당으로 갔다. 남은 사람들은 여전히 하청노동자였다. '밥'하는 아줌마들은 투쟁의 '꽃'이었다가 정리해고의 희생'양'이

되었다. 이들의 사연은 2002년 〈밥. 꽃. 양〉이라는 다큐멘터리 영화로 재조명되었다. 《매일노동뉴스》 2002년 4월 1일자에 따르면 이 작품을 제작한 임인애 감독은 시사회에서 "영화 상영을 둘러싼 논란은 단결의 이데올로기로 인한 내부의 구조적·중층적 문제를 안고 있는 한국의 진보운동의 현실"이라고 밝혔다.

사실 현대자동차의 정리해고 합의는 경영 악화로 인한 것이 아니라 단지 정부 정책의 시범 케이스였다. 당시만 해도 국내 최대 최고의 강성임을 자랑하던 현대자동차노동조합은 총파업 끝에 타협을 선택했다. 그들은 정리해고를 받아들이되 인원 규모를 최소화하기로 하고, 정규직 중 맨 끄트머리에 있는 것 같은 식당 노동자들을 희생양으로 삼았다. 노동조합은 물론 남성노동자들 중 아무도 이들의 투쟁에 동조하지 않았다. 식당 노동자들을 외면한 그들은 무사했을까? 그해 말까지 식당 노동자 말고도 1만 2000명이 구조조정의 희생양이 되었다. 여성노동자들의 해고는 시작에 불과했던 것이다.

한국은 IMF 관리 체제를 조속히 졸업하여 다시 한 번 성공신화의 주인공으로 각광받았다. 그러나 IMF가 그 짧은 기간 동안 이식한 '신자유주의'는 떠나지 않고 이 땅에 주저앉았다. 신자유주의자들은 국가가 지나치게 시장에 개입하면 경제의 효율성이 떨어지므로 자유시장, 즉 규제 완화, 국제금융 자유화, 시장 개방을 통해 안정된 경제 성장에 도달할 수 있다는 경제 이론을 퍼뜨렸다. 이러한 이론은 현장을 순식간에 지배했다. 신자유주의에서 파생된 노동 유연화라는 이름 아래, 한국 노동시장에는 이전에 미미했던 계층이 급증했고 이들이 결국 다수가 되었다. 바로 비정규직이었다. 비용의 최소화를 금과옥조로 여기는 사용자들이 이들을 '정식 직원'으로 대우해줄 리 만무했다. 임금과 후생복지 차별은 당연했고 계약 기간이 만료되면 재고용 여부는 전적으로 사용자의 결정에 달렸다.

비정규직 노동자는 외환위기가 낳은 사생아, 아니 적자였다. 이전에도 비정규직이 없지는 않았으나 이렇게 차별이 노골화(제도화)된 적은 없었다. YH무역, 동일방직의 여공들은 비인간적인 대우를 받았지만 적어도 일터를 소중하게 생각했고, 동병상련하며 단결할 수 있었다. 하지만 계약 기간이 끝나면 일터를 떠나는 비정규직 노동자들이 어떤 희망을 찾을 수 있을까? '회사의 주인은 나'라는 사훈은 이들에게 해당되지 않는다. 하지만 사용자들이 이런 마인드를 가진 노동자들을 달가워할리 없다. 그래서 있는 동안 최선을 다하도록 계약 기간 연장과 정규직 전환이라는 미끼를 사용하고, 비정규직 노동자들은 그 막연한 약속을 믿고 불나방이 되어야 했다.

또 하나의 비극은 노동계층에 균열이 생긴 것이다. 정규직과 비정규직은 밥도 따로 먹었다. 제도화된 차별은 노동자 자신들에게도 내재화되어 정규직임을 과시하고 비정규직임을 창피하게 여기게 만들었다. 노동자라고 다 같은 노동자가 아니다. 더럽고 위험한 일은 비정규직의 몫이 되었다. 얼마 안 있다가 떠날 그들에게 노동조합은 신기루였다. 비정규직은 조합원이 될 수 없었고, 노동조합은 정규직만의 이익을 대변할 수밖에 없었다. 더욱이 경영 위기에 처했을 때 정규직 노동자들은 비정규직 노동자를 방패로 삼았다. 노사 협상에서 비정규직은 구조조정의 첫 번째 타깃이 되었다. 현대자동차노동조합 '밥. 꽃. 양'은 그 시작이었다.

외환위기가 낳은 또 하나의 신생아는 '파견노동자'였다. 사용자는 직접 고용하지 않더라도 외부에서 인력을 공급받을 수 있다. 파견노동자에게 '사장'은 일터에 있는 게 아니라 공장 밖에 있다. 고용과 사용이 분리된 이 새로운 계약 관계를 맺은 노동자들의 가장 큰 비애는 하소연

할 데가 없다는 점이다. 기업은 노동자가 아닌 '파견업체 사장'과 계약하기 때문에 파견노동자들의 목소리에 신경 쓰지 않아도 된다. 반대로 파견노동자는 기업의 눈치를 안 보려 해도 안 볼 수가 없다. 비정규직 직원에게 그랬듯 파견근로자에게 '계약직 전환'은 달콤한 미끼였다. 기업의 눈 밖에 난 파견노동자에게 해고 통보를 하는 당사자는 파견업체 사장이다. 이렇게 같은 공간 안에 정규직·계약직·파견직 세 가지 노동자가 함께 일하는 기묘한 구조가 탄생했다. 결국 전체 노동자 중 파견노동자를 포함한 비정규직이 차지하는 비율은 1999년 50퍼센트를 넘겨 노동시장은 외환위기 이전보다 훨씬 열악해졌으며 비정규직의 70퍼센트가 여성이었다. 비정규직이 없던 시절 '공순이'였던 여성들은 '나이든 비정규직 노동자'가 되었다. 이들의 사정을 가장 극명하게 보여준 사건이 기륭전자 사태였다.

12년 만에 마침표를 찍은 기륭전자 사태

구로공단에 있던 기륭전자는 전자 부품을 만드는 회사다. 외환위기 후 일방적으로 개인휴가를 한 달씩 사용하게 하고, 결혼을 앞둔 여성 노동자에게 모멸감을 주면서 스스로 사직하도록 압박했다. 그러면서 정규직 노동자를 줄여나갔고, 2000년부터 부족한 인원을 채우기 위해 계약직 노동자들을 고용했다. 2002년 초부터 위성라디오를 개발하면서 신규 인력을 본격적으로 채용하기 시작했다. 2002년 6월 현장 생산직 노동자가 50~60명 정도였다가 2~3개월 사이에 100명이 넘는 노동자들을 고용하게 되었다. 12월 말쯤에는 일거리가 줄어든다며 사람들을 해고해 다시 50여 명만 남게 되었다. 불과 한 달 새에 노동자가 절반

정도 줄어든 것이다. 이 같은 일이 반복되었고 위성라디오 생산이 본격화되면서 생산직 노동자가 늘기 시작해서 2004년 말에는 300여 명으로 증가했다.

기륭전자는 파견직으로 이들을 고용했지만, 일거리가 줄어 잔업이나 특근이 일주일 이상 없으면 파견노동자 스스로 회사를 그만두는 경우가 빈번했다. 임금이 너무 적어 잔업·특근마저 없으면 생활이 불가능했기 때문이다. 관리자들은 파견노동자를 인간적으로 대우해주기는커녕 고정된 자리 배치도 해주지 않았다. 파견노동자를 대하는 동료들의 시선도 차가웠다. 이 때문에 입사해서 2~3일을 넘기지 못하는 노동자가 많았다. 입사 첫날 점심시간에 식당을 안내해주는 사람도 없었고, 기존 노동자들은 신입이 언제 그만둘지 모르는 사람이라고 생각해서 3~4일은 대부분 외면했다. 공식적인 회식 자리가 아니면 같은 부서끼리 어울리는 자리도 없었고, 회식 자리에서도 정규직 따로 비정규직 따로 앉아서 밥만 먹고 돌아왔다. 경조사가 있어도 아무도 챙겨주지 않았다.

높은 이직률로 생산에 차질을 빚은 기륭전자는 2002년 하반기부터 파견직 노동자들 중 3~6개월 정도 일하면 조장·반장의 추천을 받아 계약직으로 전환해서 생산라인의 안정화를 꾀했고, 2004년부터는 일정 수의 계약직을 유지하며 파견이 1년 이상 된 사람들에 한해 일부 계약직 전환을 해주기도 했다. 그러다 보니 파견노동자들은 조장·반장에게 불만이 있어도 말을 못 하고 명절 선물은 물론이고 일상적으로 간식거리 등을 사다가 바쳤다. 조장·반장은 동료들끼리 경쟁하게 하여 라인을 쉽게 통제했다. 계약직 전환 내용도 가관이었다. 결혼할 가능성이 적은 어린 여성은 6개월, 나이가 차서 곧 출산휴가를 요구할 가능성이 있는 여성은 3개월, 나이 든 기혼 여성은 1년 식으로 기간을 나누어 고용계약이 맺어졌다.

　무엇보다 기륭전자는 파견직은 계약직보다 못하고 계약직은 정규직보다 못하다는 생각을 노동자들에게 심어주기 위해 노력했다. 1등 직원, 2등 직원, 3등 직원으로 구분한 것이다. 정규직 직원들은 파견노동자들에게 인사조차 하지 않고, 업무상 문제 당사자가 파견노동자일 경우 당사자가 아니라 조장·반장과 이야기하는 경우가 허다했다. 기륭전자는 시키는 대로 일하게 만들기 위해 파견직 노동자들을 수시로 해고했다. 해고 통보 방식은 휴대폰 문자메시지였다.

　　이○○입니다. 내일부터 출근하지 마세요. 궁금한 점 있으면 저에게 전화하세요.

　퇴근 후나 휴일에 느닷없이 문자메시지를 받은 노동자들은 해고 사유를 알 수 없었다. 이런 일이 얼마나 빈번했으면 노동자들 사이에 휴대폰을 없애자는 말까지 나왔다. 해고 사유를 들으려고 다음 날 회사를 찾아가면 이○○은 회의 참석, 출장 등을 이유로 면담을 거부했다. 가까스로 만난 자리에서 들은 해고 이유도 기가 막혔다. 정규직(조장·반장)에게 말대꾸했다고, 잡담했다고, 잔업을 거부했다고, 몸이 아파서 결근했다고 등등이 그 이유였다. "건강이 너무 안 좋으니 공정을 바꿔줄 수 없나"라고 요구했다가 계약 해지를 당하기도 했다. 몸이 아픈데도 휴가를 내면 해고될까 봐 감기약을 과다 복용해 실신한 사람도 있었다. 그는 결국 병원에 실려 갔다가 회사를 그만둬야 했다. 공장에서 화재가 일어나 화상을 입었는데도 밉보일까 봐 쉬쉬했다는 노동자도 있었다.

　일방적 해고는 비정규직에게만 해당되지 않았다. 회사 측은 아침 조회 때면 영원한 계약직도 영원한 정규직도 없다는 말로 은근히 위협하며 몇 명 되지 않는 정규직을 정리하려고 혈안이 되어 있었다. 정규직 노동자 중 시키는 대로 하지 않고 잔업을 하지 않거나 문제 제기를 하는 사람은 이른바 뺑뺑이를 돌렸고, 적성에 맞지 않는 라인 관리를 강제로 시키면서 하지 않을 거면 그만두라고 윽박질렀다. 이 과정에서 퇴사한 사람도 있었다. 입사 9년 차인 정규직 여성은 출산휴가를 썼다는 이유로 계약직을 통보받았다. 이렇게 노동자들은 옆에서 일하던 동료가 다음 날 보이지 않으면 해고당했다고 한숨을 쉬며 넘어갔다.

현실에 순응하던 노동자들은 2005년 4월 근무 중 잡담을 트집 잡은 '잡담해고', 일방적인 '문자해고'에 분노가 폭발했다. 그들은 1년 가까이 열심히 일한 계약직 여성노동자가 해고되는 모습을 보며 남의 일이 아니라고 생각했다. 분노는 2005년 7월 5일 노동조합 분회 결성으로 폭발했다. 쉬는 시간 10분 동안 150여 명의 노동자가 조합가입원서를 작성했다. 정규직·계약직·파견직 노동자 모두가 조합원이 된 첫 번째 사례였다.

2005년 8월 노동부는 기륭전자의 파견근무를 불법으로 판정했지만 회사는 오히려 생산라인에서 정규직을 모두 없애고 도급 전환했다. 명백한 '위장 도급'이었다. 그리고 노동조합에 가입한 직원들에게 "내일부터 출근하지 마세요"라는 문자메시지를 발송했다. 노동조합은 즉시 '복직투쟁'에 들어갔다. 이들이 전한 기륭전자 소식은 사회적 파장을 일으켰다. 외환위기 이후 비정규직 문제가 대두되기는 했지만 이 정도일 줄은 몰랐던 것이다. 《한겨레신문》 2005년 9월 2일자에는 "노동법 이전의 야만의 시대"라는 개탄의 소리가 나왔다. 전태일의 어머니 이소선은 "망할 놈의 비정규직 세상"이라며 분노했다.

기륭전자 노동조합은 투쟁에 돌입했다. 농성과 점거, 파업, 3보 1배,

오체투지, 알몸 시위, 단식, 고공 시위, 해외 원정 투쟁 등 끈질기고 극
단적인 투쟁의 연속이었다. 이유는 간단했다. "자극적인 투쟁을 해야
언론에 그림이 되기 때문"이었다. 김소연 분회장은 단식을 94일 동안이
나 감행했다. 기륭전자 투쟁은 대한민국 사회의 비정규직 문제를 정면
으로 건드렸고, 이어 KTX 승무원 해고가 도마에 올랐다. 보수 언론에
서는 기륭전자 노동조합의 투쟁을 '비정규 투쟁의 본산'이라며 사실을
왜곡하기 시작했다.

기륭전자는 위성라디오와 내비게이션 등을 만드는 중소기업이다.
2004년 매출 1711억 원, 220억 원 흑자를 냈다. 그러나 노조 파업으로
인해 지난해 매출은 447억 원으로 급감했고, 269억 원 적자가 났다. 노
사 분규 3년 동안 회사가 거덜난 것이다.
그 사이 대주주는 아세아시멘트에서 세 번이나 바뀌었고, 대표이사는
네 명이 바뀌었다. 노조는 회사 정문 앞 천막 농성 외에도 대주주와 대
표이사가 바뀔 때마다 사무실, 집, 고향을 찾아가 데모를 했다. 지난 5
월 구로역과 서울광장 철탑에 올라가 고공 시위를 벌이고 6월 광화문
도심에서 3보 1배 시위를 벌인데 이어 7월에는 한나라당 원내대표실
점거 투쟁을 벌여 여론의 관심을 끌었다.
결국 회사 측은 지난해 10월 공장의 모든 생산라인을 아예 중국 상하
이로 옮겼다. 현재는 연구소와 영업 부문만 남아 있다. 이 과정에서 정
규직 근로자 70여 명도 희망퇴직 형식으로 사표를 내고 회사를 떠났
다.
대법원이 '해고가 정당하다'고 판결한 사안인데도 노동계의 대표적인
'비정규직 투쟁'의 상징이 된 데는 사태가 장기화되면서 다른 노조와
시민단체, 정당까지 개입했기 때문이다.

또한 기룡전자 분회를 이끌며 단식 농성을 이어가고 있는 김소연 씨는 IMF 금융위기 당시(1997년) 부도가 났던 갑을전자 노조위원장 출신이다. 김 씨는 2000년 9월 1일부터 부도난 갑을전자의 대표이사를 상대로 파산 위로금(6억 원)을 받기 위해 155일간 본사 점거 농성을 벌였던 인물이다.

–《조선일보》2008년 8월 22일자

명백한 오보, 아니 의도성 깊은 기사였다. 이 신문은 두 달 후 다음과 같은 정정 기사를 내보냈다.

본지 8월 22일자 A11면 '기룡전자에선 무슨 일이' 제하의 기사와 관련, 기룡전자가 공장을 중국으로 이전한 것은 노조 파업과 무관하며, 적자의 주된 이유는 노조 파업이 아니라 다른 경영상 이유인 것으로 밝혀져 이를 바로잡습니다. 또한 기룡전자 노조는 노사 합의가 결렬된 주된 이유는 보상금이 아니라 재고용 및 고용보장 기간의 문제 때문이었으며, 김소연 분회장이 2000년 당시 부도난 갑을전자를 상대로 농성한 것은 위로금이 아니라 퇴직금, 체불임금을 받기 위해서였다고 밝혀왔습니다.

1895일에 걸친 끈질긴 투쟁은 2010년 11월 1일 결실을 맺었다. 조합원 10명의 직접고용, 노사 양측이 서로에게 제기한 고소·고발 취하, 노조 측의 농성 중단, 노사 양측 상호 비방 중단 등이 합의되었다. 노동자들은 승리를 거두기까지 수배, 수감, 손해배상에 시달려야 했다. 200여 명에 달하던 조합원은 32명밖에 안 남았고, 합의서 효력 대상자는 10명에 불과했다. 그럼에도 합의 사항은 제대로 지켜지지 않았다. 회사

측은 경영 사정을 들어 이들의 복직에 대해 1년 연장을 요구했다. 1년이 지난 다음에도 회사가 고용 의사를 내비치지 않자 조합원들은 서울 동작구 신대방동 회사 사무실로 출근하기 시작했다. 이들을 유령처럼 취급하던 회사가 2013년 12월 몰래 이사하는 황당한 상황이 벌어졌고, 조합원들은 그날부터 계속 빈 사무실에서 농성하며 체불임금 지급 소송을 제기했다.

그들은 도망간 회사를 찾을 수 없어 어쩔 수 없이 회장 집을 찾아갔다. 그러나 아파트 현관문 벨을 눌렀다는 이유로 '주거침입죄'가 되어 벌금 150만 원을 내야 했다. 그들은 불의한 돈은 한 푼도 낼 수 없다는 결심 아래 감옥에 들어가 노역하는 길을 선택했다. 2014년 10월 법원은 조합원들에게 임금을 지불하라는 결정을 내렸지만, 회사 측은 이를 계속 거부했고 직원들의 복직마저 제대로 이행하지 않았다. 노동조합은 회장을 검찰에 고발했고, 2017년 10월 11일 서울중앙지법 형사18단독 재판부는 임금체불 이유 등으로 회장에게 징역 1년을 선고하고 법정구속하는 조치를 내렸다. 법원이 임금체불 혐의로 법정구속하는 것은 굉장히 이례적인 일이었다. 판사는 "노동자들을 직접고용한다는 합의 내용을 전면 부인하고 있고, 기륭전자 노동자로 인정하지 않는 태도로 일관해 책임이 절대 가볍지 않다"고 판결 이유를 설명했다. 구속되자 회장은 체불임금 전액을 공탁하고 법정구속 16일 만에 석방되었고, 2심에서 집행유예로 풀려났다.

이로써 12년 만에 마침표를 찍은 기륭전자 사태는 처음으로 단기 파견직의 고용을 보장하기로 약속했다는 점에서 의미를 찾을 수 있다. 기륭전자 노동자와 유사한 투쟁들이 연이어 발생하면서 비정규직법, 파견법 등이 개정되어 비정규직 노동자의 처우가 개선되었다. 비정규직 노동자는 오늘날 전체 노동자 중 30퍼센트 내외라는 통계가 있어 외환위기 직후보다 많이 줄었다. 그렇지만 이러한 통계에는 비정규직 노동자들 중 절대 다수가 여성이라는 불편한 진실이 숨겨져 있다. 1987년 노동자 대투쟁 이후 '공돌이'들은 '노동자'가 되었지만 '공순이'들은 '비정규직 아줌마'로 남았다.

서울 중구 인현동 인쇄골목에서 봉투 수작업을 하고 있는 여성노동자들. 이들은 일감이 있을 때만 일을 한다.
(서울역사박물관)

1987년 3월 21일 한국여성노동자회 창립. (민주화운동기념사업회, 박용수)

2011년 경기도 학교 비정규직 노동자 결의대회. (기아자동차노동조합)

KTX 여승무원 해고철회 투쟁. (참세상)

일부 지방자치단체에서 비정규직 여성노동자를 대상으로 지원센터를 운영하고 있다. 사진은 부천시 비정규직지원센터 노동인권지킴이 수료식 장면. (경기도 부천시)

여성 비정규직 차별 철폐를 위한 퍼포먼스. (서울여성노동자회)

에필로그

아마 10여 년 전이었을 게다. '버스안내양은 다 어디 갔지?' 하는 생
각이 불현듯 머리를 스치고 지나갔다. 중학교 때 61번 버스를, 고등학
교 때 542번 버스를 타고 다녔던, 아니 그 이전부터 동네를 오가던 79
번과 80번 버스, 그리고 버스안내양의 기억이 생생한데 현실에서는 홀
연 사라진 것이다. 10장짜리 회수권을 11장으로 만들어 '부정승차' 무
용담을 자랑하던, 버스안내양을 흠모했던 까까머리 친구들도 있었다.

추억을 되살리려고 버스안내양 기록을 뒤져보았지만 만족할 만한
정보를 찾지 못했다. 검색 능력이 딸리기도 했지만, 예전 신문이나 잡지
에 실린 단편 기사 또는 주위 사람들의 기억 속에만 존재할 뿐 버스안
내양에 대한 '종합적'인 정보는 없었다. 내친김에 식모 기록도 찾아보았
다. 식모 누나는 버스안내양처럼 깊이 각인되지는 않았지만, 초등학교
때 부자였던 친구네 집에서 만난 적이 있었다. 식모 기록은 버스안내양

보다 더 찾기 힘들었다. 당연히 있을 줄 알았는데 이상하다 싶을 정도로 자료가 없었다. 여공들도 김원의 《여공 1970 그녀들의 反역사》를 읽기 전에는 '여성과 노동' 거대담론에 묻혀 왠지 허전했다. 비단 '삼순이'만이 아니었다. 지난날 아이들을 두려움에 떨게 했던 넝마주이도 기록이 전무하다시피 했다.

'왜 없을까?' 그들은 분명 시대의 아이콘이었고 그때 그 시절 우리의 자화상이었다. 그들이 사라진 이유를 제대로 캐기도 전에 '내가 직접 쓰자!'라는 만용을 부렸다. 고백하자면 '역사는 승자의 기록 또는 지배계급의 전유물'이라는 데 반발하는 심리도 없지 않았다.

기록이 파편적이다 보니 글의 구성 잡기가 여간 어렵지 않았다. 그래서 먼저 마구잡이로 자료를 수집한 뒤 본격적으로 작업을 시작하기로 했다. 다행히 많은 기록이 디지털 자료로 만들어져 있어서 예상보다는 수월하게 작업을 할 수 있었다. 자료를 최대한 모으고 나서는 당사자들을 인터뷰하기로 했다. 생생한 체험담을 담아야 내용의 완성도를 높일 수 있기 때문이었다. 그런 사람을 '찾기'는 쉬웠다. 미처 몰랐는데 필자와 아주 가까운 사람도 있었다. 그렇지만 그들을 '만나기'란 무척 어려웠다. 인터뷰를 청했지만 대부분 거절했다.

"뭘 그런 걸 쓰려고 하나!"

모두 9명의 식모와 버스안내양(남차장 포함)을 만났다. 인간관계를 내세워 가까스로 성사된 만남이었다. 그러나 기억에서 지우고 싶은 시간인 만큼 그들의 이야기는 '팩트'가 약했다. 당시 언론 보도나 논문 등을 제시하며 기억을 끄집어내려 했지만 두어 명을 제외하고는 한시바삐 자리를 뜨고 싶어 했다. 더 많은 사람을 만나기에는 시간이 허락하지 않았다. 그들이 인터뷰를 꺼린 이유는 이 책의 독자라면 능히 짐작하리라 믿는다. 그렇게 자료를 수집하고 인터뷰하고, 필자와 지인들의 기억을 뭉쳐 원고를 써 내려갔다.

원고를 다 쓰고 나서도 부족한 부분이 곳곳에서 튀어나왔다. 원본 자료의 신뢰성을 확보하는 기초적인 일부터 아쉬움이 남은 인터뷰, 치밀하지 못한 구성 등등. 역사와 사회에 대한 아마추어 티를 내지 않았나 싶다. 과연 이 책이 삼순이의 '최대공약수'로서 낙제점을 면할 수 있는가 또한 필자를 잔뜩 긴장하게 했다. 염치없지만 이에 대한 답은 독자의 판단, 특히 이 책의 주인공인 왕년의 '삼순이'들에게 맡기려 한다.

자신 있게 말할 수 있는 하나는 사라진 삼순이를 소환하려는 뚜렷한 목적의식을 갖고 이 책을 썼다는 사실이다. 그들이 얼마나 치열하게 살았는지를 독자들이 기억해주길 바란다. 차마 글로 쓰기에는 민망하고 처절한 장면도 많았는데, 그런 장면 속 주인공들은 다름 아닌 우리 어머니와 언니, 누이였다.

눈치 빠른 독자라면 목차만 보고도 삼순이의 '전성시대'가 약간의 시차가 있음을 알 것이다. 식모는 한국전쟁 이후부터 1970년대 중반, 버스안내양은 1960년대 초부터 1980년대 초반, 여공은 1970년대 초부터 1980년대 후반까지 생활 전선에서 맹활약했다. 대략 20년 간격으로 흥망성쇠를 보여주는데, 이는 삼순이가 시대적 산물이라는 증거다. 그렇다면 이름을 달리한 삼순이가 지금도 존재하고 미래에도 존재할 거라는 논리가 성립한다. 실제로 그렇다. 지금 우리 주변에도 있다. 국제 결혼을 통해 한국으로 시집 온 동남아시아 이주 여성은 과거의 삼순이와 기시감이 들 정도로 유사하다. 기회가 닿을지 모르지만 이들의 이야기는 '현대판 삼순이'에 반드시 추가되어야 한다고 생각한다. 미래의 삼순이는 누구일까? 필자의 짧은 지식으로는 가늠할 수 없지만, 누가 되었든 그들을 맞이할 우리의 자세에 이 책이 참고가 되길 바란다.

참고문헌

1부 식모

단행본

공지영,《봉순이 언니》, 푸른숲, 1998

김원,《여공 1970 그녀들의 反역사》, 이매진, 2005

김택현 외,《민족운동과 노동》, 선인, 2009

윤정용,《식모살이 가기 싫어서 시집갔는데》, 남희출판사, 1996

이범선 외,《꺼삐딴 리 외》, 금성출판사, 1996

이임하,《계집은 어떻게 여성이 되었나》, 서해문집, 2004

전경옥 외,《한국 근현대 여성사: 정치·사회 1~3》, 모티브북, 2011

논문

강석금,〈가사노동자 노동주체와 노동성격 변화과정연구〉, 성공회대학교, 2012

강이수,〈가사 서비스 노동의 변화의 맥락과 실태〉,《사회와 역사》 82, 한국사회사학회, 2009

권경미,〈1970년대 여성노동자 담론과 비노동자로서의 가정부〉,《현대소설연구》 61, 한국현대소설학회, 2016

김낙중,〈식모소녀 생활조사 보고와 사회적 보호를 위한 소견〉, 보건사회부 중앙사회사업종사자훈련소,《사회사업》 2, 1961

김영삼,〈'객관적 폭력'의 비가시성과 폐제되는 식모들의 목소리 – 조선작과 최일남의 소설을 중심으로-〉,《열린정신 인문학연구》 17-1, 원광대학교 인문학연구소, 2016

김원,〈근대화시기 주변부 여성노동에 대한 담론―'식모'(食母)〉,《아시아여성연구》 43-1, 숙명여자대학교 아시아여성연구원, 2004

김정화,〈1960년대 여성노동 – 식모와 버스안내양을 중심으로-〉,《역사연구》 11, 역사학연구소, 2002

김현경, 〈지불 가사 노동자의 탄생 : 1950~70년대 초 '식모'의 문제화에 대한 여성주의적
검토〉, 《이원술논집》, 이화여자대학교 대학원 학생회, 2008

김현철, 〈여성노동자를 둘러싼 스크린의 정치: 1960-80년대 영화 속 여공과 여차장, 식
모와 다방레지〉, 《여성연구논총》 28, 서울여자대학교 여성연구소, 2013

박춘자, 〈가정에 있어서 식모실태에 관한 조사연구〉, 《사대논문집》, 조선대학교 사범대학,
1973

백명희, 〈식모론〉, 《교육연구》, 이화여자대학교 사범대학 교육학과, 1957

서정자, 〈가사노동 담론을 통해 본 여성 이미지-1910년대부터 1970년대까지 여성소설을
중심으로-〉, 동국대학교 한국문학연구소, 《한국문학연구》 19, 1997

소영현, 〈1920~1930년대 '하녀'의 '노동'과 '감정'― 감정의 위계와 여성 하위주체의 감정
규율〉, 《민족문화사연구》 50, 민족문학사학회, 2012

송효정, 〈1970년 전후(前後) 코미디 영화의 아이콘― 남자 식모에서 여자 운전사까지〉,
《우리어문연구》 45, 우리어문학회, 2013

신경아, 〈산업화 이후 일-가족문제의 담론적 지형과 변화〉, 《한국여성학》 23-2, 한국여성
학회, 2007

이임하, 〈한국전쟁과 여성노동의 확대〉, 《한국사학보》 14, 고려사학회, 2003

이정은, 〈근대도시의 소외된 사람들― 소수자와 인권의 사회사〉, 《도시연구》 10, 도시사
학회, 2013

2부 버스안내양

단행본

김대숙 외, 《버스안내양의 일기》, 동아일보사, 1980

김분임, 《대중교통이 바로 서야 나라가 바로 선다》, 좋은땅, 2011

김수용, 《나의 사랑 씨네마》, 씨네21, 2005

김인만, 《박정희 일화에서 신화까지》, 서림문화사, 2008

김택현 외, 《민족운동과 노동》, 선인, 2009

서울특별시사편찬위원회, 《서울교통사》, 서울특별시, 2000

송호익, 《깃발 없는 세대》, 청기사, 1978

심철호, 《휴가 받은 어릿광대》, 문화출판사, 1979

전국자동차노동조합연맹 편, 《자동차노련40년사》, 전국자동차노동조합연맹, 2003

전영선, 《고종 캐딜락을 타다: 한국 자동차 110년의 이야기》, 인물과사상사, 2010

정현백 외, 《글로벌시대에 읽는 한국여성사》, 성균관대학교 출판부, 2016

중앙일보, 《아! 대한민국》, 랜덤하우스코리아, 2005

최명자, 《우리들 소원》, 풀빛, 1985

논문

김정화, 〈1960년대 여성노동-식모와 버스안내양을 중심으로-〉, 《역사연구》 11, 역사학연
　　구소, 2002

박순자, 〈산업면학 여성들의 건강 및 여유생활에 관한 실태조사-부산 시내 신발공, 봉재
　　공, 버스안내양을 중심으로-〉, 영남대학교 대학원 체육교육학과 석사학위 논문, 1983

양선희, 〈일 도시지역 버스안내원의 건강 및 근로실태에 관한 조사연구〉, 연세대학교 대
　　학원 보건학과 석사학위 논문, 1981

왕건굉, 〈1960년대 한국사회의 이농현상과 도시빈민 연구〉, 건국대학교 대학원 사학과
　　석사학위 논문, 2016

이병태, 〈자동차여성근로자 연구―안내원의 실태조사와 분석〉, 전국자동차노동조합,
　　1975

이순애, 〈서울시내 버스안내양의 영양섭취실태 및 건강상태 조사연구〉, 이화여자대학교
　　교육대학원 가정과교육전공 석사학위논문, 1982

최난규, 〈버스안내양의 사회적 배경을 통해서 본 사회복지 프로그램 조사〉, 《사회사업》
　　3, 강남사회복지대학교 학도호국단 사회사업학회, 1978

3부 여공

단행본

강준만, 《한국 현대사 산책 3》, 인물과사상사, 2002

구해근, 신광영 옮김, 《한국노동계급의 형성》, 창작과비평사, 2002

김원, 《여공 1970 그녀들의 反역사》, 이매진, 2005

루스 베러클러프, 김원·노지승 옮김, 《여공문학: 섹슈얼리티, 폭력 그리고 재현의 문제》,
　　후마니타스, 2017

석정남, 《공장의 불빛》, 일월서각, 1984

신경숙, 《외딴방》, 문학동네, 1995

신순애, 《열세 살 여공의 삶》, 한겨레출판, 2014

신인령, 《여성·노동·법》, 풀빛, 1985

안치용 외, 《구로공단에서 G밸리로: 서울디지털산업단지 50년 50인의 사람들》, 한스컨텐
　　츠, 2014

이옥지,《한국여성노동자운동사 1》, 한울, 2001

이재경 외,《'조국 근대화'의 젠더정치: 가족·노동·섹슈얼리티》, 아르케, 2015

장남수,《빼앗긴 일터》, 창작과비평사, 1984

장숙경,《산업선교, 그리고 70년대 노동운동》, 선인, 2013

정현백,《노동운동과 노동자문화》, 한길사, 1991

조영래,《전태일평전》, 아름다운전태일(전태일재단), 2009

차성환 외,《1970년대 민중운동 연구》, 민주화운동기념사업회, 2005

논문

강남식,〈70년대 여성노동자의 정체성 형성과 노동운동〉,《산업노동연구》 10-2, 한국산
　　업노동학회, 2004

강태수,〈1930년대 여성노동자의 실태: 면방직업을 중심으로〉,《국사관논총》 51, 국사편
　　찬위원회, 1994

류제철,〈산업화시기 한국 여성노동자의 일상생활 연구-가족·공장·여가의 노동자문화
　　를 중심으로-〉, 한국학중앙연구원 한국학대학원 사회학 박사학위 논문, 2009

방혜신,〈70년대 여성노동운동에서 여성특수과제의 실현조건에 관한 연구〉, 서강대학교
　　대학원 사회학과 석사학위 논문, 1993

여성유권자연맹,〈여성근로자 실태조사 보고서-구미, 구로공단을 중심으로-〉, 1980

이진실,〈한국 경제의 재구조화와 여성노동자: 1987~1996년 한국 여성노동자의 주변화
　　에 대한 연구〉, 서강대학교 대학원 정치외교학과 석사학위 논문, 2007

홍현영,〈1970년대 개신교의 도시산업선교회 활동〉, 한양대학교 대학원 사학과 석사학
　　위 논문, 2002

삼순이-식모, 버스안내양, 여공

시대가 만들고 역사가 잊은 이름

1판 1쇄 2019년 9월 16일
1판 2쇄 2019년 9월 27일

지은이 | 정찬일

펴낸이 | 류종필
편집 | 이정우, 최형욱
마케팅 | 김연일, 김유리
표지·본문디자인 | 박미정
교정교열 | 정헌경

펴낸곳 | (주) 도서출판 책과함께
　　　　주소 (04022) 서울시 마포구 동교로 70 소와소빌딩 2층
　　　　전화 (02) 335-1982
　　　　팩스 (02) 335-1316
　　　　전자우편 prpub@hanmail.net
　　　　블로그 blog.naver.com/prpub
　　　　등록 2003년 4월 3일 제25100-2003-392호

ISBN 979-11-88990-42-9 03910

이 도서의 국립중앙도서관 출판시도서목록(CIP)은 서지정보유통지원시스템 홈페이지(http://seoji.nl.go.kr)와 국가자료종합목록 구축시스템(http://kolis-net.nl.go.kr)에서 이용하실 수 있습니다. (CIP제어번호 : CIP2019033030)